AF346267

GARIBALDI

Indro MONTANELLI

Marco NOZZA

Titre original :

GARIBALDI

Traduit de l'italien par
C. A. Ciccione

SOMMAIRE

Avertissement

Les auteurs ne prétendent pas, loin de là, révéler quoi que ce soit de nouveau sur Garibaldi, en dehors peut-être de quelques détails ignorés, ou peu connus, de ses aventures de jeunesse en Amérique du Sud, aventures que ses biographes n'ont fait que survoler, jusqu'à aujourd'hui, sans que l'on puisse s'expliquer pourquoi, et de certains dessous des années 1860-1870, tirés de documents peu exploités. Leur intention n'a pas été, non plus, de se servir de Garibaldi comme d'un prétexte à une reconstitution historique des événements du *Risorgimento* auquel ils se sont contentés de ne faire que de brèves et concises allusions.

Leur seul but a été de rapprocher du grand public la figure d'un homme qui, durant un siècle, a été considéré comme un monument, image de lui-même qu'il avait voulue et créée de son vivant.

Garibaldi fut son propre biographe et il refit plusieurs fois ses Mémoires, en appauvrissant toujours plus ces épisodes et ces anecdotes qui donnent de la vie et des dimensions humaines à un personnage. Il s'en montrait avare jusque dans ses veillées au coin du feu, jusque dans les confidences qu'il fit à Dumas et à Speranza von Schwartz ; et c'est ce vide, rempli seulement par une rhétorique insoutenable et des radotages abstraits, qui rend si insignifiants ses écrits. Quant à ses hagiographes ultérieurs, loin de remédier à cela, ils ne firent qu'aggraver les choses en désincarnant toujours plus Garibaldi et en l'exilant dans les nuages d'un ciel abstrait et mythologique. Et c'est ainsi que le protagoniste du *Risorgimento* le plus populaire et le plus proche du peuple en est resté également le moins connu.

Toutefois, les auteurs tiennent à informer qu'il ne s'agit pas ici d'une biographie romancée. Ils n'ont pas prêté à leur Héros un seul geste ni une seule phrase qui ne soient mentionnés dans les textes ; et, chaque fois qu'ils ont été contraints d'interpréter les faits, ils ont

averti le lecteur qu'il ne s'agissait que d'une interprétation de leur part. S'ils sont tombés dans quelque inexactitude, ils seront très reconnaissants à quiconque voudra bien la leur signaler, afin qu'ils puissent la corriger dans d'éventuelles éditions ultérieures. Ils croient cependant, non sans quelque manque de modestie sans doute, que, dans son ensemble, le portrait qu'ils tracent de Garibaldi est vrai et assez vivant. C'est le seul but auquel ils aient visé, et c'est la raison pour laquelle ils se sont abstenus de citer leurs sources et de placer en bas des pages ces notes qui allèchent les professeurs d'histoire autant qu'elles fatiguent le lecteur moyen[1].
Car c'est à ce dernier que ces pages sont dédiées.

INDRO MONTANELLI
MARCO NOZZA

---

[1] L'éditeur français a dû contrevenir à cette règle de l'auteur en plaçant en bas des pages quelques notes — fort succinctes — chaque fois qu'il a été nécessaire d'informer le lecteur au sujet d'un événement, d'un lien ou d'un personnage historique connu en Italie, mais non en France.

GARIBALDI

Première partie

--

Les années d'apprentissage
(1807-1839)

Nice, 1807

Dès que Garibaldi fut devenu un personnage important, les généalogistes allemands se dépêchèrent de l'annexer. Mme Speranza von Schwartz — dont le pseudonyme artistique était Elpis Melena qui, en grec, signifie « Noire Espérance » — découvrit que, dans les veines du Héros, coulait le sang du baron von Neuhof, une sorte de Münchausen du XVIII*, qui avait réussi à se faire couronner roi de Corse, pour peu de temps il est vrai. Une nièce du baron, affirmait Frau Speranza, avait épousé à Rüggelberg un Garibaldi, aïeul de Giuseppe, dans lequel, évidemment, étaient ressuscitées les vertus guerrières de la famille allemande.

Malheureusement, interrogé, le prévôt de Rüggelberg ne parvint pas à trouver trace de ce mariage dans les registres de la paroisse. Et personne ne sut jamais qui avait fourni cette information à Mme von Schwartz, laquelle se trouvait en correspondance amoureuse avec le Héros et fut la première personne à prendre connaissance de ses essais autobiographiques. Personne ne semble d'en avoir soupçonné Garibaldi d'en être lui-même l'auteur. Non par snobisme : par passion de l'histoire. N'a-t-il pas raconté un jour à Alexandre Dumas qu'il était né à Nice, dans la maison et même dans la chambre où, quarante-neuf ans auparavant, le maréchal Masséna avait vu le jour ? Ce qui était faux, également.

Pas le moins du monde découragés par l'échec de la tentative d'Elpis Melena, d'autres héraldistes allemands découvrirent que son type physique — ses cheveux blonds et ses yeux que tout le monde s'est toujours obstiné à croire bleu clair alors qu'ils étaient marron — n'était pas la seule caractéristique nordique de Garibaldi : son nom aussi venait du nord, ce nom qui était composé de *Garo* et de *bald* qui, en ancien allemand, signifient respectivement « guerrier » et

« audace ». En fouillant les archives, l'un d'eux exhuma un Garibaldi, duc de Bavière, dont la fille Théodolinde avait épousé Agilulf de Turin, plus tard roi des Lombards.

Avec tous les hôtes que nous avons accueillis chez nous au cours des siècles, on sait qu'il suffit d'un peu de bonne volonté pour trouver des trésors dans les ascendances d'un Italien. Mais, pour s'en tenir aux faits certains, nous devons dire que, dans le cas de Garibaldi, nous ne sommes pas parvenus à remonter au-delà de son grand-père, lequel s'appelait Angelo Maria, avait vu le jour à Chiavari et exerçait la profession de capitaine de bateau. Il épousa Margherita Puccio, appelée Isabella, dont il eut six enfants : quatre garçons et deux filles. Plus tard, il déménagea à Gènes avec toute sa nichée, et c'est là que son ainé, Domenico, épousa — on ne sait si c'est en 1802 ou 1803 — Rosa Maria Nicoletta Raimondi, une Ligure elle aussi.

Nous ne savons pas grand-chose sur ce « patron Domenico », comme on l'appelait dans le port. La légende garibaldienne en a fait un vieux loup de mer, rompu à toutes les fatigues et à tous les dangers. Il ne semble pas qu'il ait été précisément ainsi. Il se contenta toujours de commander des tartanes qui s'éloignaient peu des côtes. Domenico les connaissait très bien, ces côtes, particulièrement celles de Ligurie. Sa « traversée » était un itinéraire fixe et passablement casanier : Riviera du Levant, Riviera du Ponant, parfois peut-être Catalogne. Mais jamais il ne s'approcha du détroit de Gibraltar, pas plus qu'il ne semble avoir traversé celui de Messine. Pour le peu que nous en sachions, il n'y avait pas de place dans son caractère pour des rêves d'aventure et des démangeaisons de corsaire. Patron Domenico était un marin sédentaire, un honnête travailleur de la grande bleue, un brave homme de peu de fantaisie, aux idées étroites, ne sortant pas de ses habitudes, timoré et pieux. Sur le mât de sa tartane il avait hissé un étendard où était figuré un Saint-Georges à cheval et ; chaque matin, il se découvrait et se signait devant cette image sainte. Et lorsque, après de longues années passées au service d'autrui, il parvint à avoir un bateau à lui, un vingt-neuf tonneaux, il lui donna le nom de *Santa Reparata* ; la patronne de Nice, où il avait déménagé. Malheureusement, il devait s'agir d'une sainte passablement ingrate, car elle ne fit rien pour sauver la barque confiée à sa protection et la laissa couler à pic au cours d'une tempête.

Mais cela arriva pas mal de temps après.

À Nice, les époux Garibaldi avaient trouvé à se loger quai Lunel, en bordure du port Lympia, au second étage d'une petite maison où Masséna n'était pas né et qui appartenait à leurs cousins Gustavin. C'est là qu'à 6 heures du matin, le 4 juillet 1807, Mme Rosa donna le jour à un fils de sexe masculin et de nationalité française, car Nice appartenait alors à la France.

Le 4 juillet était déjà une date destinée à être retenue par l'Histoire : ce jour-là, Napoléon signait l'armistice avec le Tsar de Russie, à Tilsitt sur Memel. Mme Rosa, qui avait déjà un fils, aurait préféré une fille. Et lorsqu'on lui montra l'enfant, elle dit : « Enfin… Espérons qu'il deviendra prêtre. Les prêtres, au moins, ne vont pas à la guerre. »

Le nouveau-né fut conduit à la mairie douze heures plus tard, c'est-à-dire à 6 heures du soir. La sage-femme ouvrait le cortège avec *le porte-enfant* et *l'enfant* ; par-derrière, les deux témoins : le grand-père Angelo, qui était déjà un petit vieux, et un de ses amis, Honoré Blanqui, ancien prêtre. La déclaration fut établie par Francois Constantin, adjoint au maire, qui faisait fonction d'officier d'état civil.

Le baptême fut célébré dans l'église de Saint-Martin par le recteur Pio Papacin. Parrain : un certain Giuseppe Garibaldi. Marraine : une certaine Giulia Maria Garibaldi, sa sœur. On notait parmi les présents : le père, Domenico, et les cousins, Félix et Michel Gustavin, propriétaires de l'immeuble du quai Lunel. On notait parmi les absents : le grand-père Angelo et son ami Honoré qui, on le voit, devaient peu s'entendre avec les curés. Nous ne voudrions pas imiter l'exemple des héraldistes allemands en hasardant des hypothèses difficilement contrôlables ; mais, sans doute existait-il dans la famille

Garibaldi, comme du reste dans toutes les familles italiennes de l'époque (et de celles qui ont suivi) à côté d'une branche cléricale, une branche de bouffe-curés.

Maman Rosa avait pris place résolument dans la première, un peu par inclination sans doute, un peu aussi par mimétisme à l'égard de son mari. Sur elle non plus nous ne savons que peu de choses. Mais ce peu de choses la peint comme une maman italienne type, toute tendresse et indulgence. Elle était issue d'une famille savoyarde, mais n'avait guère conservé le caractère montagnard, avare et irascible. Elle était célèbre, au contraire, pour sa générosité expansive et son besoin de protéger toujours quelqu'un. Lorsque son mari se trouva sur le pavé, après la perte de la *Santa Reparata*, elle ouvrit un magasin ; mais les clients trouvaient régulièrement à sa place un billet ou elle avait écrit : « Je reviens tout de suite. » Mais c'était toujours tard qu'elle revenait — quand elle revenait. Une fois, elle était en train de distribuer la soupe aux sans-travail, sur le port ; une autre, elle se trouvait chez une voisine malade pour la soigner et la chouchouter. Ou bien elle récitait son rosaire, à l'église. On l'accusait d'avoir les « mains trouées ». Évidemment, dans les familles ligures, on n'a pas besoin d'être un gaspilleur pour se faire cette réputation ; mais il parait que Maman Rosa, elle, la justifiait pleinement.

Elle avait trente et un ans lorsque lui naquit Giuseppe dont, naturellement, on fit tout de suite Peppino. Angelo, l'ainé, en avait trois et la *Santa Reparata* n'avait pas rejoint les grands fonds. À la tête d'une famille modeste et d'un bateau a lui sur la mer, Patron Domenico pouvait voir l'avenir en rose, malgré Napoléon.

Le pire qu'il pouvait leur arriver, a lui et aux siens, c'était de redevenir piémontais si Nice, dans sa destinée pendulaire, venait à être rattachée de nouveau au Royaume de Sardaigne. Mais, pour eux, cela n'aurait pas fait une grande différence. À cette époque, la cité n'était composée que de l'actuelle vieille ville, ramassée autour de son port, entre la mer et un torrent, le Paillon. Les rues en étaient très étroites, mal pavées, très souvent balayées par le vent qui y soulevait des nuages de poussière et faisait danser les soixante-quatre lumignons qui constituaient l'éclairage urbain tout entier. Un peu maigre, cet éclairage, c'est certain. Mais, pour suppléer à ses insuffisances, on comptait sur l'initiative privée. Et les lanternes permettaient de reconstituer le tableau de la société niçoise. Pour voir où ils posaient le pied, le soir, ouvriers et paysans utilisaient un bidon muni d'une mèche plongée dans un godet plein d'huile. Les bourgeois en avaient une de fer-blanc renfermant une bougie ; ils la confiaient au domestique qui ne manquait pas de les accompagner. Les nobles se faisaient précéder d'un éclaireur, porteur d'une lampe dont les dimensions étaient en proportion avec l'importance du blason et des biens de son propriétaire.

C'était une société restreinte et provinciale que n'avait pas contaminée le tourisme, lequel ne l'avait pas encore découverte, pas plus qu'il ne s'était découvert lui-même. Les carrosses ne dépassaient pas la douzaine, appartenaient à des particuliers et servaient surtout à conduire les joueurs de whist et leurs dames chez la marquise di Sant'Anna qui tenait le salon le plus coté. Alors, on parlait déjà de « mondanités corrompues » et de « vêtements licencieux ». En réalité, le grand divertissement de ces « libertins », qui continuaient à suivre le ton de la Cour de Turin plutôt que celui de la Cour de Paris, était les *pique-niques* sur les collines de Saint-Étienne et de Cimiez, plantées d'olives et d'agrumes, où les gentilshommes se rendaient à cheval et les dames sur des ânes équipés de selles espagnoles.

Mais le grand lieu de rencontre de la ville, l'endroit où *le tout Nice* bourgeois se donnait rendez-vous et où les nobles eux-mêmes condescendaient de temps en temps à faire des apparitions, c'était la Terrasse dont les Niçois disaient qu'elle était la « huitième merveille du monde » et qu'ils proclamaient nettement au-dessus de la Canebière marseillaise. Plutôt qu'une promenade, c'était un salon où se formaient les groupes et se croisaient les conversations, surtout le dimanche, de cinq à sept. Il y avait également un café. Mais la noblesse ne le fréquentait pas, car un autre lui était réservé, Le Royal, tandis que la bourgeoisie disposait de l'Américain et de celui du Commerce. Les autres, ceux qu'on appellerait les prolétaires, de nos jours, se rendaient à celui de la place aux Herbes où une tasse coutait trois sous.

La vie n'était pas très chère. Selon les calculs établis par l'abbé Bonifassi, chroniqueur modèle à cette époque, pour vivre décemment, une personne de condition moyenne devait inscrire dans son budget une dépense annuelle d'environ sept cent cinquante francs : trois cent soixante-cinq francs pour la nourriture, deux cents pour le logement, cinquante-quatre pour la chandelle, cent huit pour le vêtement et douze pour les impôts.

Dans le port, où était ancrée la *Santa Reparata*, jamais encore n'avait pénétré aucun bâtiment à vapeur. Il y avait cent trente bateaux de pêche, mais les affaires connaissaient déjà la crise, un peu du fait que la mer, le long des côtes, avait été dépeuplée par l'emploi de filets aux mailles trop serrées, un peu aussi parce que le sel pour conserver le poisson coutait jusqu'à trente sous le *rup*, unité de mesure qui correspondait à un peu plus de sept kilos. À la différence des autorités sardes, le gouvernement français avait accordé des facilités. Mais les affaires n'avaient pas repris. La vente de l'huile et des oranges marchait mieux et ces produits constituaient le fret préféré de Patron Domenico.

Peppino avait quatre mois et douze jours lorsque la petite cité somnolente fut révolutionnée par un grand événement à la fois politique et mondain : l'arrivée de Pauline Borghèse, sœur de l'Empereur.

Elle fit son entrée accompagnée du peintre provençal amateur Auguste de Forbin, lequel était également comte, ou du moins se faisait passer pour tel, d'un Noir prénommé Paul, d'un secrétaire, d'un conservateur de sa galerie d'art, d'un chirurgien, d'un valet de chambre et de deux laquais. Tous de sexe masculin. La belle Pauline ne voulait aucune femme dans le personnel à son service : la femme, c'était elle et elle suffisait. La duchesse des Cars, qu'on appelait « la Gazette de la Côte d'Azur », ne compta plus les occasions de faire travailler sa méchante langue ni de répandre ses rancœurs savoyardes et ses humeurs réactionnaires.

Surtout lorsque Pauline eut renvoyé son peintre pour le remplacer (avec les mêmes attributions, semble-t-il) par un chef d'orchestre italien du nom de Blangini, en compagnie duquel elle défilait le long de la Terrasse, dans un grand carrosse blanc tiré par quatre chevaux, également blancs.

Au sein de cette société niçoise timorée, le scandale fut énorme. On parla d'orgies, de messes noires célébrées avec la participation du Noir, bien entendu. Il s'agissait là certainement de fantaisies. Pauline était une femme aux appétits gaillards, mais sains. Mais ces bruits parvinrent aux oreilles de Napoléon qui, pour y couper court, donna l'ordre à sa sœur de rejoindre son mari à Turin. Pauline se déclara prête à obéir, à condition toutefois que Blangini la suivît. L'empereur accepta. Il ne semble pas que le prince consort ait été même consulté. Elle y retourna six ans plus tard, Pauline, à Nice. Mais à énumérer les rides de son visage, il semblait qu'il en eût passé plus de soixante. Son dernier amant, Jules de Canouville, était mort sur le champ de bataille. C'était après la Campagne de Russie et l'étoile des Bonaparte pâlissait à vue d'œil. La princesse s'établit à la Villa Grandis, dans le quartier des Beaumettes, mais cette fois elle n'avait aucune suite avec elle. Elle était malade et ne sortait presque jamais. Un jour, on apprit qu'elle avait vendu son collier de diamants pour en envoyer le montant, trois mille lires, à son frère impérial. Pour les Niçois, ce fut le signe prémonitoire de la défaite finale, et la course aux mérites pour avoir résisté à Napoléon et aux Français commença.

Avant de partir, Pauline eut le temps de voir le peuple en fête se rendre en cortège à la rencontre du pape Pie VII qui retournait à

Rome, venant de Grenoble, après un exil de cinq ans dont Napoléon était responsable. Parvenue à la Croix de marbre, Sa Sainteté fut hissée sur les épaules des manifestants et portée en triomphe. Des hauteurs des Alpes Maritimes étaient descendues des bandes de Marie-Louise, comme on surnommait les jeunes gens de la classe 95, appelés sous les drapeaux par l'Impératrice en l'absence de son mari ; déserteurs, ils avaient pris le maquis dans la montagne, où ils étaient venus grossir les rangs des rebelles à la solde du roi de Sardaigne, les *Barbetti*. En réalité, que ces *Barbetti*, tout comme les Marie-Louise, aient véritablement mené la guérilla contre les Français ou qu'ils se soient plutôt livrés au pillage des poulaillers, on ne l'a jamais su avec précision. Mais les diplomates piémontais trouvèrent utile de les faire passer pour d'« héroïques patriotes » et c'est comme tels que l'Histoire a fini par les retenir.

Le comte Dubouchage, qui avait exercé la charge de préfet pour le compte des Français pendant douze ans, fit afficher une proclamation pour annoncer l'heureux changement, heureux changement qui, comme on l'a déjà facilement deviné, n'était autre que le retour de Nice sous la souveraineté du Piémont, et même du Bon Gouvernement, comme il était de mode d'appeler celui de Turin.

Le 30 mai (1814), le Bon Gouvernement envoya des émissaires afin de réannexer officiellement la ville au royaume de Sardaigne.

Le comte Dubouchage ne fut pas reconduit dans sa charge, mais on lui décerna une médaille d'or pour les services qu'il avait rendus à la patrie : avoir invité les ballets italiens à se produire à Nice, avoir surtout chassé les prostituées de la ville, et n'avoir fréquenté Pauline Borghèse qu'avec modération. Monseigneur l'évêque, qui maintenant ne dépendait plus de l'archevêque d'Aix, mais de celui de Gênes, célébra un *Te Deum* solennel d'actions de grâce, le même *Te Deum* qui avait servi, douze ans auparavant, à célébrer un autre heureux événement, celui du transfert de Nice de la souveraineté piémontaise à la souveraineté française.

Le Bon Gouvernement procéda sans attendre à une série de réformés énergiques. Les trois consuls qui administraient la cité — un membre de la noblesse, un commerçant, un agriculteur — se virent contraints de remplacer leur perruque par un chapeau à l'espagnole, orné de trois plumes noires. Le lycée, fondé par Napoléon, fut remplacé par le Collège Royal dont le corps enseignant fut entièrement composé de prêtres, jésuites pour la plupart. On menaça d'une suspension de traitement les enseignants qui ne feraient pas retour immédiatement aux beautés de la langue italienne. « *Como dinans* » — comme d'avant — disait la circulaire, afin de donner un bon exemple de cette belle langue.

« Et cependant », commentait l'abbé Bonifassi qui, dans toute cette affaire, avait conservé tout son bon sens, « nous sommes toujours dépendants de la France, il ne peut en être autrement. Nous sommes allés trop loin pour retourner en arrière… ».

Il ne semble pas que ces événements aient eu de grosses répercussions idéologiques ou sentimentales sur la famille Garibaldi. Mais il est probable que Patron Domenico et Maman Rosa considérèrent, en raison de leurs scrupules religieux, l'un et l'autre comme *heureux* le *changement* du 14 mai. Ils n'étaient pas gens à avoir pris dans le sang les idées libertaires, laïques et progressistes des Français.

La famille s'était accrue de deux autres fils. Mais le chéri de la maison — tout au moins en ce qui concernait la mère — était resté Peppino, en raison de son caractère joyeux, bien que peu obéissant. Angelo, âgé maintenant de dix ans, ne donnait guère de satisfactions à ses parents qui l'appelaient « Tête Dure », attribuant son obstination noire et hargneuse à un manque d'intelligence. Ce fut par la suite le membre de la famille qui se débrouilla le mieux, le plus normalement en tout cas, et ce fut de lui que ses proches reçurent l'aide la plus importante en bons conseils et espèces sonnantes. Mais, à l'époque, on ne laurait pas dit. Les deux derniers étaient encore trop petits ; mais le peu qu'on en pouvait voir ne témoignait pas de beaucoup de personnalité.

Peppino, lui, en avait trop, de personnalité, — et le diable au corps. Il n'avait pas fait une bêtise qu'il en avait déjà dix autres en tête. Mais il mettait dans ses blagues et ses polissonneries tant de candeur ; une fraîcheur si innocente, que Maman Rosa, qui déjà avait de la peiné à punir, ne parvenait jamais à lui infliger un châtiment.

Il ne fait aucun doute que, dans la carrière de ce séducteur, la première victime fut sa mère.

Elle avait toujours dans l'idée d'en faire un prêtre. Et c'est la raison pour laquelle elle le flanqua d'une espèce de pédagogue. Nous ne savons pas grand-chose de ce don Giaccone dont l'élève semble bien, avec les années, avoir même oublié le nom, puisque, dans les notes autobiographiques rassemblées par Elpis Melena, on le trouve mentionné comme « don Giaume ». Ici, Garibaldi en parle, furtivement, il est vrai, comme d'un « cher souvenir ». Mais dans les états ultérieurs de ses *Mémoires*, le « cher souvenir » disparaît et le pauvre don Giaccone ne conserve plus aucune marque d'affection ni de respect de la part de son pupille. Quant à la trace laissée dans sa culture, inutile de la chercher.

Don Giaccone était un ami de la famille et sans doute se fit-il le complice de Maman Rosa dans le complot destiné à envoyer Peppino au séminaire. Le pauvre ! Ses efforts ne pouvaient pas être plus malheureux, puisque, dans l'esprit du garçon, l'Église finit par s'identifier avec ce prêtre, ce prêtre avec l'étude, et l'étude avec l'ennui. Qui sait ? Peut-être l'anticléricalisme forcené de Garibaldi commença-t-il à couver précisément au cours des leçons de Don Giaccone qui, du reste, ne parvint pas à lui apprendre grand-chose. La plupart du temps, l'infortuné professeur attendait dans la cuisine du quai de Lunel, tandis que son élève se tenait caché dans quelque recoin du port.

Son enfance, c'est bien là, sur le port, qu'il la passa ; et plus souvent dans l'eau que sur la terre ferme, car il était né amphibie. « Je vous dirai franchement que je suis, pour ma part, l'un des nageurs les plus vigoureux qu'il y ait au monde », aurait-il raconté un jour à Dumas. « Il n'y a donc aucun mérite à m'attribuer si, avec cette grande confiance que j'ai toujours eue en moi-même, je n'ai jamais hésité à me jeter à la mer pour secourir un de mes semblables ». Et, cette fois, il disait la vérité. Sa carrière de sauveteur avait commencé précisément le lendemain de *l'heureux événement,* alors qu'il avait à peine accompli ses huit ans. Il revenait de la chasse en compagnie d'un de ses cousins. En passant auprès d'un groupe de femmes qui lavaient le chanvre dans un étang voisin du Var, il en vit une s'y précipiter la tête la première. Qu'il y eût assez d'eau pour s'y noyer, c'est ce que nous ne savons pas. Mais c'est ce qu'ignorait Peppino, lui aussi, en s'y jetant pour repêcher la malheureuse.

Maman Rosa qui, pour calmer les impatiences de don Giaccone, assis avec résignation auprès du feu, une grammaire latine sur les genoux, se lançait inutilement à la recherche du garnement parmi les cordages des bateaux du port, le voyait revenir le soir, dépenaillé, barbouillé, harassé, mais les yeux brillants d'enthousiasme. Quand il n'avait pas joué aux pirates dans les rochers, avec les autres garçons, il était allé aux bécassines ou aux perdreaux dans les vallons, avec son cousin, auquel il servait de chien pour fouiller les buissons et rabattre le gibier. Et, naturellement, il n'était plus en état de subir la *consecutio temporum.* Don Giaccone essayait en vain de la lui infliger, mais il finissait par se lever, dépité, et s'en allait en emportant la promesse de sévères sanctions de la part de Maman Rosa. Mais comment aurait-on pu les appliquer à ce petit chéri qui avait l'air si innocent et ne se rendait pas du tout compte qu'il avait fait quelque chose de mal ? « Tête Dure », lui, avec sa bêtise hargneuse, oui, elle le battait de ses mains, même pour beaucoup moins. Mais Peppino… Comment aurait-on pu ne pas lui pardonner, à Peppino, avec ces cheveux blonds, ces yeux candides, ce petit visage rieur et fin, un visage de bébé, presque ? D'autant plus que, dès que le prêtre était parti, ne sachant pas du tout quelles étaient les intentions de sa mère, il se précipitait dans ses bras. Car c'était une tête brûlée, mais il était affectueux.

Et puis, on ne pouvait pas dire qu'il éprouvait de l'aversion pour les études. Puisque l'autre professeur qu'on lui avait donné pour compléter les efforts de don Giaccone, M. Arena, un vieux militaire en retraite, n'était pas du tout mécontent de son élève. Pour ce qui est de la grammaire et de la syntaxe italiennes, il ne réussit jamais à les lui faire entrer dans la tête : Garibaldi y resta réfractaire jusqu'à la fin de sa vie et malheureusement ne le prouva que trop chaque fois que l'occasion se présenta. Mais pour ce qui est de l'autre matière, l'histoire romaine, il n'eut jamais besoin de stimulant. Il la dévorait, Peppino, l'histoire romaine. Et puis, également, il lisait. Pour son plaisir et sans méthode, bien entendu. Il ne savait pas encore discerner une « coordonnée » d'une « subordonnée » qu'il connaissait déjà par cœur tous les *Sépulcres*[2], dont il gardait le texte dans sa poche, et récitait des morceaux entiers de *l'Iliade*, de la *Divine Comédie* et de la *Jérusalem délivrée*. Et sur ce buisson hétéroclite de culture classique et de poésie épique, étaient venues se greffer des pousses illuministes, pages entières de la *Zaïre* de Voltaire dont il était un grand admirateur. Bref, déjà se trouvaient en place toutes les prémisses de cette terrible confusion mentale qui resta, toute sa vie, l'un de ses principaux traits de caractère.

La conséquence de tout cela, ce fut qu'un jour don Giaccone abandonna la partie et déclara clairement et sans détour à Maman Rosa qu'il fallait qu'elle renonçât complètement à l'idée de tirer un prêtre de son fils. Mais peut-être cela ne fut-il pas, pour Maman Rosa, une douloureuse surprise ? Elle devait s'y être résignée, elle aussi.

---

[2] Titre d'un célèbre recueil d'Ugo Foscolo, poète et écrivain italien de la fin du XVIIIe et du début du XIXe siècle.

Comme Peppino, Nice était en pleine croissance. Elle recevait sans cesse de nouveaux étrangers, malgré un accueil dépourvu de civilité. Mais le rythme de la vie était provincial et somnolent. Les contacts avec la France étaient rares, volontairement. Le pont sur le Var, qui reliait la ville à Marseille, considérée comme un repaire de républicains bouffe-curés, était resté de bois et grinçait tellement que, lorsqu'un personnage d'importance devait le traverser, les douaniers sardes se signaient. Frissons avant-coureurs de progrès, échanges intellectuels, ardeur de réformes, rien de tout cela. Le journal local s'appelait *Affiches et avis divers* ; il était imprimé par François Cougnet et sortait chaque vendredi, fait d'informations officielles et d'ordonnances préfectorales uniquement. Rejetée hors d'Italie par la géographie et hors de France par la politique, repliée sur elle-même, Nice ne développait qu'une « couleur locale ». Rosalinde Rancher — un homme, malgré son nom — en devint le poète et chanta la dispute des sacristains et des marguilliers, scandant les louanges de la cuisine niçoise et de ses spécialités : le *stock-fish*, la *rayole* et la *pissaladière*. Les fêtes populaires eurent droit à des cadres fastueux. On assista à un véritable gaspillage de processions.

Et tout allait très, très bien, particulièrement pour les propriétaires d'hôtels et de restaurants. Mais, pour un adolescent comme Peppino, nourri — un peu n'importe comment, il est vrai — d'histoire romaine et de poésie épique, c'était peu. Comme tous les garçons, il ne savait pas, avec précision, ce qu'il voulait ; mais il le voulait tout de suite ; et Nice, cette Nice touristique et folklorique, ne pouvait pas le lui offrir : c'est pourquoi, un beau matin, il donna rendez-vous sur le port à trois de ses camarades — Cesare Parodi, Raffaello de Andreis et Celestin Bermond ; tous quatre s'emparèrent d'une barque de pêche, en hissèrent les voiles dans le vent et firent route vers le levant, peut-être dans le but de rejoindre Gênes, peut-être dans celui d'aller encore plus loin. Mais quelqu'un les avait vus et en informa Patron Domenico qui lança un de ses amis sur les traces des fugitifs. Ces derniers furent rejoints au large de Monaco et reconduits tant bien que mal chez eux où nous croyons que l'accueil réservé au « chéri » ne dut pas être très tendre, même de la part de Maman Rosa. Humiliation, coups reçus, peut-être. Dans ces conditions, quelle ne fut pas la colère de Peppino lorsqu'il apprit que l'espion qui les avait dénoncés était un prêtre ! Un prêtre, c'était toujours à un prêtre qu'il se heurtait : d'abord le professeur, aujourd'hui le mouchard… Cela commençait déjà à sentir la persécution.

Deux années plus tard, on était en 1821, il finit par se passer quelque chose, même à Nice.

Le 19 mars, on apprit la nouvelle de l'abdication du roi Victor-Emmanuel I en faveur de Charles-Albert et de l'acceptation de la Constitution par ce dernier.

Le peuple de Nice envahit la place pour manifester un enthousiasme peut-être plus bruyant que sincère et intima l'ordre à la musique des Chasseurs Alpins de jouer *l'Hymne Royal*. Le commandant fit montre de quelque perplexité : la requête lui semblait dangereusement subversive. D'un autre côté, c'était *Hymne Royal* qu'on lui demandait, et non la *Marseillaise*. Et dans le but d'honorer un geste du roi. Et puis, n'avait-on pas vu la veille le commandant de la place, Annibale di Saluzzo, de la famille des comtes de Menusiglio, non content de rendre leur liberté aux « rebelles » lesquels du reste ne s'étaient jamais rebellés contre personne, fraterniser avec eux et leur offrir même un repas ?

La musique joua. Et le peuple, satisfait, applaudit.

Le lendemain, autre banquet digne d'une liberté acquise à si bon marché, dans la grande salle de la Philharmonie. Tout le monde y participa, y compris les touristes anglais ; on se saoula comme des charretiers et, dans les fumées de l'ivresse, on se mit à injurier Victor-Emmanuel, les prêtres et la réaction. Dans l'assistance, personne ne se doutait que, justement, Victor-Emmanuel se trouvait à Nice, lui aussi. Il y était arrivé de nuit, dans le plus strict *incognito*, et à cette heure, il tenait conseil avec le général Antonio de Bres, commandant de la province, le comte Alessandro Crotti, préfet, le chevalier Stefano di Candia, commandant de la garde des Chasseurs Alpins, et avec Mgr Giovanni Battista d'Istria, évêque. Tous avaient été secoués par les « terribles » événements de la matinée, ce peuple sur la place qui saluait la Constitution comme une bonne nouvelle et ce chef de musique qui s'associait à tout cela en entonnant *l'Hymne Royal*. Ou n'en était-on pas arrivé! Mais qui donc était responsable de tout cela ? Le comte de Menusiglio ne pouvait avoir lancé l'ordre puisqu'il n'était pas à sa résidence. Il s'était rendu au col de Tende, à la rencontre de Sa Majesté. La responsabilité retombait donc fatalement sur le vice-commandant : le chevalier Hilaire Saint-Pierre, comte de Neubourg.

Convoqué d'urgence, celui-ci, au lieu de se disculper, demanda ce qu'il aurait bien pu faire, dépendant comme il dépendait d'un supérieur direct qui s'était solidarisé avec la « sédition » — un vieil ami intime de Pauline Borghèse, écuyer de Napoléon, colonel du Troisième Régiment de la Garde Impériale, créé baron d'Empire par le Bonaparte, croix de la Légion d'honneur, bref qui avait attiré sur sa seule personne toutes les récompenses de la Révolution ?

Mais le général Annibale di Saluzzo n'avait pas encore épuisé le chapitre de ses récompenses. Il en acquit tout de suite une nouvelle : durant une bonne semaine, il monta la garde devant la porte du roi fugitif, barricadé dans le palais du gouverneur et passablement effrayé par des dangers qu'il était loin de courir. Et pour finir, il le « libéra », en détournant la fureur libertaire du bon peuple niçois par une belle fête assez carnavalesque dont le clou fut l'arrivée dans le port d'un bateau couvert de fleurs et de draperies qu'un groupe de pécheurs, chantant et dansant, porta sur ses épaules à travers les rues de la ville, précédée de jeunes filles de blanc vêtues et suivi d'un mouton orné d'une couronne de roses rouges.

Au terme de la manifestation, la foule en liesse disposa sur la place tables, sièges, vivres et boissons. Et lorsque Sa Majesté, tout à fait remise à cette vue, parut au balcon, un tonnerre d'applaudissements l'accueillit.

Entre-temps, monseigneur l'évêque avait annoncé un autre *Te Deum* d'action de grâces pour célébrer un énième *heureux changement*.

Le croyant de Taganrog

Nous ne disposons d'aucun élément nous permettant de l'affirmer puisque les *Mémoires* de Garibaldi n'y font aucune allusion et qu'il n'existe pas d'autres sources où puiser, mais, étant donné le caractère du garçon, nous ne serions pas spécialement étonnés s'il avait participé à ces événements — qui n'étaient pas, loin de là, la révolution, mais qui en dégageaient un vague effluve — par des activités secondaires et marginales, bien entendu : applaudissements, sifflets et jets de pierres. De toute façon, nous sommes certains que les sympathies instinctives de Peppino allèrent, à l'opposé de celles de Patron Domenico, plutôt à la place qu'au balcon.

Des quatre fils, il était celui qui donnait le plus de fil à retordre à la famille, le seul même, car les autres, somme toute, grandissaient de façon normale. Plus « Tête Dure » que jamais, Angelo avait fini par se montrer moins réfractaire aux études que prévu.

À l'école, il progressait lentement mais sûrement. Il avait de la difficulté à apprendre : mais une fois qu'il était parvenu à retenir quelque chose, il ne l'oubliait jamais plus. C'était un jeune homme qui parlait peu et n'avait aucune fantaisie, mais qui possédait un sens pratique sûr et une solide moralité. Sans doute le tirait-il de sa mère, ou plus exactement des ancêtres montagnards de sa mère (car elle, la pauvre femme, elle en était assez dépourvue, de sens pratique) : il détestait la mer, ne rêvait pas de gloire et, lorsqu'il pensait à l'Amérique, ce n'était pas comme à un champ d'aventures possibles, mais comme à un « endroit sans agrément » où aller pour faire une belle carrière en très peu de temps. En fait, il y émigra un peu plus tard et, bien qu'on ne sache rien de ses activités, il est certain qu'il s'y débrouilla bien puisqu'il finit par être nommé consul de Sardaigne à Philadelphie.

Le troisième fils, Michelino, tenait immanquablement la promesse qu'il semblait faire dès sa petite enfance : celle de grandir en restant un âne à l'école et un garçon obéissant à la maison. Il n'avait qu'une passion : celle des fleurs et des plantes. Mais pour lui faire entrer dans la tête la grammaire et la syntaxe, il n'y avait pas moyen. Bien des années plus tard, voici ce qu'il écrivait à Peppino, qui s'était alors retiré à Caprera : « Je t'envoie un petit paquet de plants d'oranges et de citrons de première qualité ; pour les semailles de raves on n'est pas encore à la saison je te les enverrai plus tard voilà les courges qui donnent des fruits qui rapportent le triple, deux pommes de pin domestique pour que tu en plantes partout comme ça tu as de quoi en soigner toute l'île et c'est le seul moyen pour en avoir… ». En compensation, c'était un garçon serviable et tout le monde, y compris Maman Rosa, l'expédiait faire des commissions de côté et d'autre. Tant il y avait peu de danger de le distraire de l'étude. Felice était le petit dernier de la famille Garibaldi, et même Garibaldi, comme il avait pris l'habitude de signer, trouvant que cela faisait plus fin, à la grande rage d'Angelo qui, lui, au contraire, était très attaché à la langue italienne. Il était déjà fou de beaux vêtements et, pour satisfaire cette passion, il pensait déjà se diriger vers le commerce : c'est d'ailleurs ce qu'il fit par la suite en devenant le représentant pour les Pouilles de la Maison d'Exportation Avigdor. Là-bas, il abandonna ses lubies françaises, même en matière de langue, et se mit à étudier l'italien avec un certain profit. Mais, tout compte fait, lui aussi, tout comme Angelo et Michelino, faisait partie de ces enfants qui ne donnent pas énormément de préoccupations à leurs parents.

En dernier lieu, il était né également une fille. Mais seul son nom nous est connu — son nom et la manière tragique dont elle mourut : brûlée dans un incendie. Cela dut être un deuil immense pour la famille Garibaldi où, si les tempéraments et les goûts étaient discordants, les affections étaient unanimes. Patron Domenico ne manquait sans doute jamais de prétexte à se servir de sa ceinture, et Maman

Rosa ne trouvait jamais assez de temps pour remédier aux tours innombrables de sa marmaille ni pour réparer les dégâts ; mais tout le monde s'aimait bien.

Et Peppino aussi, on l'aimait bien, quoiqu'il fût désormais manifeste qu'il ne deviendrait jamais prêtre et qu'on ne pourrait pas même le diriger vers une carrière régulière, fût-elle laïque. Nous ne croyons donc pas que sa vocation de marin ait été contrariée, une fois que Maman Rosa eut été contrainte de reconnaître que, de ce bois-là, on n'aurait jamais pu en tirer un curé. Et d'autres voies à essayer, il n'y en avait pas. Ce n'était pas que Peppino fût resté à proprement parler un illettré. À sa manière, il avait étudié. Mais il avait étudié précisément ce qui ne permettait guère que de devenir un « déclassé ». Les seules choses qu'il savait réellement bien, c'était grimper dans les cordages, détacher les voiles, guider une barque parmi les récifs au milieu des tempêtes et, le cas échéant, se jeter à la mer et rejoindre la côte à la nage, à quelque distance que ce fût. Un bon petit stage de mousse, en dehors du fait qu'il y gagnerait l'expérience nécessaire à devenir un jour capitaine, pourrait peut-être lui enseigner également un peu de discipline.

Patron Domenico, cependant, ne devait se fier à lui que jusqu'à un certain point, car il ne le prit pas à bord de sa propre tartane. Ou bien peut-être pensa-t-il que, pour lui apprendre l'obéissance, mieux valait le placer dans les mains d'autrui ? Quoi qu'il en soit, il préféra le confier à un de ses collègues, Antonio Pesante, de San Remo, dont le brigantin *Costanza* était sur le point d'appareiller pour Odessa.

Cela se passait en 1822 au lendemain des « mouvements », dont l'onde affaiblie avait atteint même Nice. Peppino n'avait par conséquent que quinze ans. L'adieu dut être terrible pour Maman Rosa qu'on imagine en larmes sur le môle, le jour du départ. Et, sans doute, le garçon éprouva-t-il lui aussi un serrement de cœur. Mais le sentiment de sa libération et le frisson de l'aventure durent être encore plus violents, au fur et à mesure que les voiles se gonflaient de vent et que l'horizon s'élargissait. Odessa, le Levant, la Mer Noire, ces noms tentateurs excitaient son romantisme et sa fantaisie, et pour y parvenir, il fallait suivre des routes infestées de pirates grecs. Et ce n'était pas, loin de là, une plaisanterie ; les pirates, ils existaient bel et bien.

Soyons sûrs que ce fut avec enthousiasme, et non avec tristesse que du haut d'une vergue, il salua sa mère en larmes et la côte ligure en train de s'éloigner.

Les *Mémoires* autobiographiques, tels qu'ils furent réunis par Elpis Melena, sont extrêmement discrets à l'égard de ces voyages qui occupèrent onze ans de la vie du Héros ; quant à ses *Mémoire* officiels, sur lesquels s'est basée son hagiographie et a été bâtie la légende, ils les passent presque sous silence. Qui sait pourquoi ces biographes, à commencer par lui, ont sauté à pieds joints par-dessus cette période qui doit pourtant avoir eu une importance bien décisive sur la formation de son caractère et aussi le choix dont elle lui offrit l'occasion ?

Les corsaires grecs, il les rencontra effectivement. Et même, au cours de l'un de ses voyages, il ne les rencontra pas moins de deux fois. Les premiers s'emparèrent de la cargaison. Et ceux de la seconde vague, ne trouvant plus rien à bord, menacèrent d'expédier l'équipage dans l'autre monde et le brigantin au fond de l'eau. Mais ce devaient être des corsaires raisonnables et ils devaient avoir bon cœur car, pour finir, personne ne subit le plus petit dommage. Peppino se conduisit bien, dans les deux occasions. Et, en en faisant par écrit le compte rendu, il se demande comme l'avait fait Nelson : « Qu'est-ce que la peur ? »

Par la suite, les événements devaient le lui enseigner, à lui aussi, ce qu'est la peur. Mais nous le croyons sur parole lorsqu'il affirme qu'alors il n'en éprouva pas. Peut-être éprouva-t-il une certaine sympathie, au contraire, à l'égard de ces corsaires ; peut-être alla-t-il même jusqu'à envier leur sort. Surtout après qu'ils lui eurent expliqué qu'ils se livraient à la guerre de course, essentiellement pour gêner les Turcs qui opprimaient leur pays, et que leurs motifs étaient uniquement politiques et patriotiques. Qu'ensuite il ait réfléchi à la difficulté de distinguer, dans des cas de ce genre, patriotisme et vol de marchandise pur et simple, cela reste douteux car, par la suite, lorsqu'il s'est agi de lui-même, il a bien montré qu'il n'était pas toujours capable d'établir cette distinction.

Tout laisse à penser que ses attributions de mousse lui convenaient parfaitement, résistant à la fatigue comme il l'était, aussi à l'aise qu'un singe dans les cordages et, avec ça, bon camarade.

Peppino était courageux au travail quand le travail lui plaisait (mais, sur l'eau, il lui plaisait toujours, le travail), c'était un joyeux compagnon et — chose que beaucoup ignorent — un ténor à la voix discrète. Après ses tours de garde, dans les nuits tièdes du Sud, on s'asseyait en cercle, autour de lui, et il chantait d'une petite voix sans grand timbre, mais juste, agréable. Bref, c'était une « bonne gueule » qui savait se faire bien voir et il est probable que les vieux loups de mer les plus endurcis aient eu pour lui un petit faible. Au retour de l'une de ces traversées, son père l'amena avec lui à Rome où la *Santa Reparata* devait conduire une cargaison de vin. On était au mois d'avril 1825 et Patron Domenico se dit qu'il ne devait pas rater ni faire rater à son fils les festivités de l'Année sainte, vu que l'occasion se présentait de s'y rendre gratuitement, et même en gagnant de l'argent.

Ils arrivèrent le 12 à Fiumicino, port de la ville, d'où il fallait remonter le Tibre. Malheureusement, le fleuve était à sec. Il ne restait plus qu'à se faire tirer par des couples de buffles à un tarif qui n'était pas donné ! En bon Ligure qu'il était, Patron Domenico crut tourner la difficulté en s'entendant avec un Sicilien qui, alourdi d'une cargaison de chaux, se trouvait dans les mêmes conditions et avait déjà frété des buffles. Le Niçois lui proposa d'accrocher la cargaison de vin à celle de chaux, moyennant quoi il lui rembourserait la moitié de la dépense. Malheureusement, le concessionnaire des bêtes s'aperçut de la chose et, après une discussion interminable avec Patron Domenico, le contraignit à payer plein tarif. Alors le père de Peppino, confiant comme il l'était dans la justice de Notre Sainte Mère l'Église, rédigea et adressa un long exposé au cardinal camerlingue, Mgr Galeffi. Lequel, après avoir examiné le cas, fit porter les torts tant sur le capitaine qui avait tenté de ne pas payer le tarif, qu'au concessionnaire des bêtes qui, à charge double, n'avait pas fourni un train double d'animaux. Et ainsi il réussit à mécontenter les deux parties.

Pendant ce temps, à Rome, Peppino voyait défiler des rois, des reines, des princes, des cardinaux, des évêques, des frères, des prêtres et des pèlerins psalmodiant des cantiques. Mais il n'en resta pas très impressionné. Ce qui le frappa beaucoup plus, ce furent les ruines de la Rome républicaine et impériale, dont M. Arena lui avait enseigné l'histoire avec un succès relatif. Et, dès ce moment, il y eut deux Rome à ses yeux : celle des héros et celle des prêtres. Et lorsque son père lui eut appris l'affaire des buffles, il fut convaincu définitivement que tout le miel se trouvait dans celle des héros. Dans celle des prêtres, il ne restait donc que le fiel.

En mars 1833, à bord du *Clorinda*, ancré dans le port de Marseille et en partance pour l'Orient, embarqua un étrange personnage ; il s'appelait Emile Barrault et venait de Paris, il était suivi de douze compagnons. À eux tous, ils formaient la *Mission des compagnons de la femme*.

Barrault portait une très longue barbe ; il avait le regard inspiré, la voix grave, le geste plein de solennité. Dans sa jeunesse, il avait écrit des comédies dont l'une, *La Crainte de l'Opinion*, avait obtenu un certain succès au Théâtre Français. Mais une crise de conscience lui avait fait abandonner cette activité. Barrault s'était converti aux idées de Saint-Simon et en était devenu le plus ardent apôtre. Tout d'abord, la police n'avait pas fait cas du contenu révolutionnaire de cette prédication. Mais, par la suite, alarmée, elle avait mis la secte hors-la-loi.

La plus grande partie de ses membres — Rodriguez, Chevalier, Duveyrier — se firent une raison et rentrèrent dans le giron de l'ordre établi. Barrault et ses douze grands fidèles décidèrent d'émigrer à la recherche de terres libres où il fût possible d'instaurer la religion nouvelle du Couple Humain et de fonder le Temple de la Théologie Industrielle.

C'est pourquoi ils étaient venus s'embarquer sur le *Clorinda* à destination de la Mer Noire, sous le commandement du capitaine Clari qui avait comme « second » Giuseppe Garibaldi. Lequel avait aujourd'hui vingt-six ans et n'était donc plus un gamin. Le grade qu'il occupait nous montre qu'il était devenu compétent dans son métier. Durant les onze dernières années, il avait accompli plus de vingt-sept mois de navigation effective, il connaissait Ia Méditerranée presque comme sa poche et savait quelle règle de conduite adopter quel que fût le danger, depuis les assauts des corsaires jusqu'à la menace de la tempête, particulièrement sur les routes du Levant. Mais, dans sa tête, était demeurée une grande nébuleuse où flottaient idées vagues et aspirations indéfinies qui attendaient avec angoisse l'occasion de prendre corps.

De son époque, il n'avait compris et retenu qu'une seule chose : à savoir qu'un grand frémissement de liberté agitait le monde.

Il l'avait humé dans tous les ports grecs et russes où il avait touché et en avait entendu l'écho dans la bouche de tous ceux qu'il y avait rencontrés. Un type sociable, expansif et naturellement « sympathique » comme lui, s'était fait certainement des amis et des confidents partout. Mais ils appartenaient à la moyenne des gens. Avec Barrault, pour la première fois de sa vie, il se trouvait en face d'un « intellectuel » qui possédait un bagage de culture et de lectures qui donnait à ses « visions » mêmes une syntaxe et de la rigueur.

Peppino devint tout de suite son ami. N'avait-il pas le don d'inspirer confiance à n'importe qui ? Alors, figurez-vous un peu à un missionnaire ! Et, sur le tillac du *Clorinda*, eurent lieu des discussions à n'en plus finir, ou plus exactement des monologues de Barrault, que le jeune « second » écoutait bouche bée, soulevé d'enthousiasme même lorsqu'il ne les comprenait pas, surtout peut-être lorsqu'il ne les comprenait pas. Car, dans cette religion nouvelle, il y avait effectivement des choses passablement difficiles à assimiler : le dogme de la Femme-Messie, en particulier. Mais il y en avait d'autres tout à fait à la mesure de la cervelle de Peppino : par exemple, l'instance, comme on dirait aujourd'hui, de l'union entre grands et petits de ce monde, et la différence entre le Soldat et le Héros.

Cette dernière fut probablement ce qui le frappa le plus. Selon Barrault, le Soldat était « celui qui défend sa patrie ou attaque celle d'autrui, digne de pitié dans la première hypothèse, il manque à la justice dans la seconde ».

Le Héros, au contraire, c'est « celui qui, en devenant un individu cosmopolite, adopte pour Patrie l'Humanité et offre son Épée et son Sang à tout Peuple qui lutte contre la tyrannie. »

Si nous avons mis des majuscules à ces mots, c'est que Barrault y mettait des majuscules en les prononçant, et que Peppino en mettait d'encore plus grandes en se les répétant lorsqu'il était seul. Voilà la grande révélation qu'il attendait depuis tant d'années. Voilà ce qu'il était, lui, ou, pour mieux dire, ce qu'il devait devenir : pas un Soldat, un Héros. Longtemps, très longtemps après, quand il se mit à écrire ses *Mémoires*, dans son souvenir, le *Clorinda* était resté « non un véhicule chargé d'échanger des produits d'un pays à l'autre, mais le messager ailé qui porte la parole du Seigneur et l'épée de l'Archange ».

Quand il rentra chez lui, après ce voyage décisif, il en parla également à sa mère qui en comprit assez pour s'effrayer et se mit à faire le tour des maisons du voisinage en répétant, consternée : « Ils me l'ont perdu, ces saint-simoniens !... Les saint-simoniens me l'ont perdu... ».

Mais en réalité, celui qui l'avait « perdu », c'était, plutôt que les saint-simoniens, le Croyant, autre rencontre décisive qu'il avait faite à Taganrog. Dans la première mouture de ses *Mémoires*, Garibaldi en parle tout au long. Et, bien que sans jamais citer le nom du personnage, il raconte que, en lui entendant prononcer le mot « Patrie », il éprouva la même impression que Christophe Colomb entendant prononcer le mot « Terre ! ». Par la suite, dans la version définitive, il n'est presque plus rien resté de cette révélation fulgurante.

Pour en venir aux faits concrets, ce mystérieux Croyant, dans lequel la plupart des historiens reconnaissent Giambattista Cuneo, un matelot d'Oneglia affilié à la Jeune Italie, en dehors du mot « Patrie », prononça le mot « Mazzini », nom que Peppino entendit pour la première fois de sa bouche, dans une taverne pleine à craquer de marins de toutes nationalités.

À l'extrémité d'une table, le Croyant prêcha pendant toute la soirée. Quand il eut terminé ; Garibaldi se leva d'un bond et courut l'embrasser en criant : « Je suis des tiens ! ».

Il s'inscrivit le soir même en se faisant donner l'adresse de ce Mazzini, à Marseille.

Cléombrote

La seule chose à propos de laquelle Mazzini et Garibaldi se soient trouvés entièrement d'accord pour une fois, c'est sans doute de n'avoir jamais rappelé leur première rencontre, comme si tous deux en eussent eu vergogne et eussent tenu à la faire oublier. Cela n'a pas de quoi trop étonner, du reste.

Quand, au retour de Taganrog, à la fin de 1833, Peppino débarqua du *Clorinda* à Marseille, dans son esprit Mazzini était l'apôtre à vénérer. Il n'en connaissait les idées que d'une manière très vague, mais ce que lui en avait révélé le Croyant suffisait. Durant tout le voyage de retour, il n'avait fait que penser à Lui, comme au grand Chef, auréolé de Conspiration, d'Exil et de Mystère, qu'inconsciemment il cherchait. Et il n'eut pas plus tôt mis pied à terre qu'il n'avait d'autre idée en tête que d'entrer en contact avec lui.

Son adresse, le Croyant ne la lui avait pas donnée : Mazzini aimait la clandestinité. Mais, à cette époque, la notion de clandestinité était toute relative. Quoiqu'encore inconnu dans le milieu des exilés, Peppino n'eut pas de peine à trouver un ami qui le fréquentait et était lui-même un ami de Mazzini, un certain Covi, qui le conduisit chez le Maître et le présenta. Il n'assista toutefois pas à la conversation.

Pour Mazzini, ce matelot de vingt-six ans qui lui était recommandé par son affilié à Taganrog, ne fut probablement qu'un des innombrables garçons italiens qui désiraient s'inscrire à la Jeune Italie, mais dont, au moment opportun, il n'y avait pas d'autre contribution à attendre que celle de leurs bras. Il lui suffit de le regarder et, dès ses premières paroles, il en fut convaincu. De taille moyenne, musclé et trapu, les jambes un peu arquées, le visage ouvert, deux yeux dans lesquels on lisait clairement ce qu'il y avait par-derrière et même ce qu'il n'y avait pas, Peppino n'avait pas besoin de la longue tignasse blonde qui retombait sur son col pour avoir tout à fait l'aspect d'un personnage byronien.

Et sa bouche venait confirmer cette impression, dès qu'elle s'ouvrait. Le garçon était excessivement fruste, approximatif et débordait d'ignorance. Et Mazzini, qui manquait lui-même énormément de psychologie, n'était pas homme à reconnaître ni apprécier les qualités qui, d'ordinaire, vont de pair avec ces défauts et étaient cependant très visibles chez Peppino : l'honnêteté, la bonne foi, l'enthousiasme et le courage ; bref, ce qui donne charme et chaleur humaine à un caractère. Car, en dépit de toutes ses « instances » démocratiques, en dépit de tous ses « Dieu et le Peuple », Mazzini était un produit de l'aristocratie ; il dédaignait profondément tout ce qui n'était pas culture, intelligence et rigueur de pensée. Il n'y a pas à s'étonner qu'il n'ait pas trouvé grand-chose à admirer chez Garibaldi. Ni même qu'il le lui ait montré.

Peppino réussit peut-être, au contraire, à cacher sa désillusion. Mais elle dut être grande en face de cet homme abstrait et lointain qui a toujours exercé son ascendant de loin, et davantage sur la postérité que sur ses contemporains. Au fond, Mazzini n'avait que deux ans de plus que lui ; à vingt-huit ans, il était déjà vieux, alors qu'à vingt-six, Garibaldi était encore un enfant. Ils avaient le même prénom, mais l'un était irrémédiablement Peppino, tandis que l'autre était tout aussi irrémédiablement Giuseppe.

Je ne prétends pas que tous deux n'aient pas senti dès l'abord cette différence indélébile qui devait en faire deux étrangers pour le reste de leur vie, en dépit de la fraternité à laquelle les a condamnés la mythologie du Risorgimento, ni qu'ils se la soient jetée à la face dès le premier instant. Mais cette rencontre ne fut assurément pas « la chance de l'Italie », comme la définit par la suite Jessie White Mario. Et, le fait qu'aucun des deux ne se soit jamais soucié d'en faire mention ni de consigner pour l'histoire les détails d'une conversation d'où naquit cependant une collaboration qui eut un certain poids sur les affaires italiennes au cours du xix° siècle, et, en un certain sens, continue à en avoir, fut tout profit pour les équivoques. Sans doute Mazzini l'avait-il réellement oubliée, lorsque Garibaldi commença à avoir un nom : des garçons comme lui, il en était tellement venu chez lui demander leur inscription à la Jeune Italie que, dans son aristocratique dédain envers cette « main-d'œuvre révolutionnaire », il avait confondu leurs noms et leurs visages. Mais, de la part de Peppino qui avait tant soupiré après cette rencontre et s'y était rendu, soyons-en sûrs, tremblant d'émotion et débordant d'enthousiasme, le silence ne peut s'expliquer que par son antipathie ou sa déception. Toutefois, l'entrevue se termina par l'administration du baptême au nouvel affilié qui prit l'engagement solennel de servir « la cause en attirant sur ma tête la colère de Dieu, l'abomination des hommes et l'infamie du parjure, si je viens à trahir tout ou partie de mon serment ». Telle était la formule.

Peppino la prononça sans hésitation, et il demanda à être mis à l'épreuve sans attendre. Le Maître répondit : « Il suffirait d'une étincelle pour transformer l'Italie en volcan ». Et le disciple riposta que, cette étincelle, il était prêt, lui, à la faire jaillir. Que devait-il faire ? Rentrer en Italie. La police ne le suspectait pas encore, lui. Il devait faire entrer dans la conjuration le plus d'adhérents possible, en attendant l'ordre d'insurrection qui ne tarderait pas. Pour remplir sa mission, il avait naturellement besoin d'argent. Et on lui en donna sans qu'il en demandât. On lui en donna si facilement et si généreusement qu'on finit par se demander si la Jeune Italie était bien aussi pauvre que cela a été dit et si ses administrateurs, en le distribuant, obéissaient vraiment à des critères d'économie très scrupuleux.

D'après les événements qui s'ensuivirent, on est largement en droit de croire que Peppino ne s'appropria pas même un centime de ces fonds, pas plus qu'il ne prit de grandes précautions afin de cacher à quelles fins il les dépensait. Dans son zèle missionnaire, il erra sans repos entre Nice et Gênes, contactant tout le monde, bourgeois et gens du peuple, avec cette facilité d'abord qui lui attirait la sympathie et qui, aujourd'hui, se trouvait multipliée par quatre du fait que, de l'argent plein les poches, il pouvait les persuader, au cabaret ou à l'hostellerie, les adhérents, en payant à boire et en payant à manger à tous. Avec de semblables moyens de racolage, qui aurait pu résister à ce conspirateur à l'italienne qui paraissait si content de conspirer, et pas seulement de conspirer, mais également de dire et de bien prouver que tels étaient bien ses agissements ? Cette technique avait tout pour plaire aux sympathisants : spaghetti par grosses ventrées, et gratis, petit vin des Cinque Terre et, pour finir, toasts à une révolution qui, pour le moment, restait encore à venir — oh ! tout ce qu'il y avait de plus à venir ! —, comportant un programme de rédemption nationale, d'autant plus alléchant qu'il demeurait vague, mais qui autorisait à faire l'esprit subversif contre Charles Albert, les prêtres et la « réaction ».

Après un mois de déplacements, d'allées et venues dans toutes les cités ligures, et d'une agitation qui dut semer l'inquiétude dans l'âme déjà troublée de Maman Rosa, Peppino avait en poche une liste de plusieurs milliers de noms de « grands fidèles », lesquels s'étaient déclarés « prêts à tous les sacrifices », et il s'était donc convaincu que Mazzini, malgré tout, avait raison : l'Italie était bien un volcan qui n'attendait qu'une étincelle pour prendre feu et érupter. Et c'est dans ce sens qu'il rédigea ses rapports — on ne sait si ce fut oralement ou par écrit — aux dirigeants de la Jeune Italie. Mais ces derniers, au lieu de faire jaillir l'étincelle souhaitée, lui donnèrent l'ordre de s'enrôler dans la marine sarde et d'y recommencer son action de prosélytisme. Peppino n'avait pas encore rempli ses obligations militaires. Et il se décida donc à remédier à cette lacune dans le sens et en vue des objectifs qu'on lui suggérait, sans réfléchir le moins du monde que conspirer dans les rangs des forces armées l'exposait à des risques d'une tout autre gravité. Le Piémont était un État réactionnaire, soit, mais l'on n'y plaisantait pas. Ses cours martiales y prononçaient des arrêts de mort que l'on y appliquait sans sourciller. Mais ses chefs lui avaient dit que l'étincelle était imminente et qu'on lui avait réservé la mission de s'emparer du bâtiment sur lequel il embarquerait, d'en devenir le commandant et de se mettre au service de l'insurrection ; voici de l'argent, beaucoup d'argent afin de le distribuer à l'équipage pour qu'il donne un coup de main au moment du signal. L'entreprise semblait faite aux mesures précises du protagoniste.

Le jour de Saint-Étienne, en 1833, voilà Peppino qui se présente au Bureau des Équipages Royaux en compagnie de son ami, pays et complice Edoardo Mutru. On l'immatricula et, sous son nom, on nota les caractéristiques suivantes : « Cheveux et cils : roux ; yeux : noisette ; front : large ; nez : aquilin ; bouche : moyenne ; menton : arrondi ; visage : rond ; peau : couleur naturelle ; taille : 39 pouces trois quarts », ce qui revenait à dire : un mètre soixante. Dans la marine sarde, il existait, pour les recrues, une curieuse coutume : celle de se choisir un pseudonyme. Quand on demanda à Garibaldi lequel il avait choisi, il répondit, imperturbable « Cleombrote ». Nous ne connaissons pas sa réaction, mais nous pouvons très bien imaginer son embarras en transcrivant le nom du héros de la Sparte antique, frère de Léonidas et père de Pausanias. Et quand on adressa la même invitation à Mutru, celui-ci répondit : « Mutru ». Il avait raison : il n'y avait pas besoin de le changer, ce nom-là ; il avait réellement l'air d'un pseudonyme. Puis les deux recrues endossèrent leur uniforme : frac noir, pantalons blancs, chapeau haut de forme et, ainsi accoutrés, ils embarquèrent sur l'*Euridyce*.

Ils y restèrent trente-neuf jours, et il ne leur en fallut pas tant pour transformer tout l'équipage en une cellule révolutionnaire. L'imminence de l'étincelle enlevait à Peppino toute prudence — en admettant qu'il en fût capable. Il fallait agir tout de suite, en profondeur, dans un esprit d'expansion, et multiplier les adhésions, pas seulement sur l'*Euridyce*, mais même dans les équipages des autres bâtiments. Pour distribuer de « petites envies » et communiquer son enthousiasme, il était infatigable, Peppino. Les adhésions pleuvaient à verse. Partout, on parlait de Cleombrote et de sa générosité. Peut-être plus de sa générosité que de son programme, et sur quel ton, nous n'en savons rien.

Et puis, le 3 février, surprise : les matelots de troisième classe, Giuseppe Garibaldi, dit Cleombrote, et Edoardo Mutru, dit Mutru, étaient transférés de l'*Euridyce* sur le *De Geneys*.

Que s'était-il passé ? Les officiers avaient-ils subodoré quelque chose, sous l'activité forcenée dont faisaient preuve les deux recrues ?

Peppino n'eut pas le temps de se le demander et, encore moins, de s'en inquiéter : la nouvelle venait de lui parvenir que l'étincelle devait jaillir dans quelques heures. Ainsi en avait décidé le Chef qui tenait ses quartiers à Genève. Le feu sera allumé là, en Suisse, et, par contagion, il se propagera à toute l'Italie où le général Ramorino est prêt à accourir pour se mettre à la tête des insurgés. C'est ainsi que Mazzini se figurait la révolution : les cloches sonnent, les gens sortent dans les rues en chantant pour dresser des barricades, les soldats se mutinent dans les casernes, les matelots en font autant sur les navires et, l'un après l'autre, les petits tyrans d'Italie, de Charles Albert au pape, des gouverneurs autrichiens du royaume lombardo-vénitien au grand-duc de Toscane et au Bourbon de Naples, après avoir tiré toutes les sonnettes sans recevoir de réponse de personne, tombent l'un sur l'autre comme des quilles.

Cleombrote, non : il espérait qu'il lui faudrait mettre la main à la pâte, et il se présenta à bord du *De Geneys* en compagnie de son complice pour explorer le champ de bataille et s'assurer du moral des troupes.

Ce dernier n'était pas des plus réconfortants. Tout le monde connaissait Cleombrote de vue ou de nom, même les sous-officiers et les officiers, mais ils étaient loin de le traiter et de lui parler comme on le fait habituellement avec un chef. Il était le gars des « petites envies », d'accord. Il était le gars qui payait, d'accord. Mais il était aussi le gars qui vous dit qu'il veut faire la révolution, et puis (qui sait ?) vous dénonce aux supérieurs et vous met dans le bain.

Il avait beau être naïf, Peppino, il avait beau manquer d'expérience, il vit tout de suite de quoi il retournait et il comprit qu'il ne restait plus qu'une chose à faire : s'évanouir dans la nature au plus tôt, tous les deux. Mais quelle excuse trouver pour descendre à terre ? Et lui en donnerait-on l'autorisation ?

De toute façon, il fallait le tenter. Ils se rendirent tous les deux chez le médecin du bord et lui demandèrent une permission « pour soigner une petite maladie de jeunesse ».

Contrôla-t-il, le médecin ? Dans de telles circonstances, il serait étonnant qu'il ne l'ait pas fait. Et que, s'il l'a fait et n'a rien trouvé, il ait tout de même accordé la permission demandée. Alors qu'il ne serait pas étonnant du tout que la « petite maladie de jeunesse » ait été authentique, du moins en ce qui concernait Peppino, auquel n'avaient certainement pas manqué les occasions de s'en munir. Le jeune homme n'avait jamais encore éprouvé un véritable amour, mais dans tous les ports où il avait touché il s'était toujours comporté en bon matelot. Et, pour plaire aux femmes, il ne lui manquait rien, surtout pas l'appétit.

Il est dommage que l'histoire, si tatillonne lorsqu'il s'agit de faits d'armes, néglige les détails humains de ce genre. Dans le cas qui nous intéresse, elle s'est contentée d'enregistrer le fait que la permission a été accordée et que les deux hommes purent descendre à terre. De la douane, ils coururent place Sarzano où se trouvait la caserne d'où, selon les « plans préétablis », devait jaillir l'étincelle. Tout était calme. Au cours du trajet qui les conduisait place de la Marine, où le programme prévoyait un rassemblement de conjurés, voilà Mutru qui se perd. Seigneur ! Filait-il au dernier moment, lui aussi, lui qui était au courant de tout et connaissait les listes et tous les noms ?

Du rassemblement, pas trace. Pas la moindre. De plus en plus inquiet, Cleombrote se transporte place Saint-Georges où devaient se concentrer les Noirs, autrement dit les travailleurs du port. Rien. La seule personne qu'il y rencontre, c'est Edoardo Reta, un vieux complice et un vieil ami, que les destinées de la révolution commencent à inquiéter, lui aussi, et à qui elles apparaissent beaucoup moins « inéluctables ». Tous deux courent place des Fontaines Amoureuses. Et là, finalement, ils trouvent du monde, beaucoup de monde, même, mais pas dehors : entassé à l'intérieur des cabarets et des bars.

Ils entrèrent. Peppino reconnut là des dizaines, des centaines de conjurés, la Jeune Italie de Gênes au complet, ou presque. Mais tout ça ne conspirait pas. Tout ça dansait.

Déjà minuit : que faire ? Ils cherchèrent tous deux un abri pour attendre le lendemain. Reta s'endormit tout de suite. Peppino, inquiet, se retourna toute la nuit sur son lit et, à l'aube, il était déjà dans la rue à acheter le journal.

C'était le seul endroit où elle eût éclaté, la révolution : le journal, dont les grands titres annonçaient son échec. Il parcourut les nouvelles, les yeux embués par le désespoir. Lorsqu'il les releva, il eut la sensation, purement imaginaire sans doute, que d'autres yeux étaient en train de l'épier. Et celui qui, quelques années auparavant, se demandait comme Nelson : « Qu'est-ce que la peur ? », le sut immédiatement, maintenant. Et il le sut à tel point qu'il ne s'aventura pas même à revenir sur ses pas pour éveiller Reta et qu'il prit ses jambes à son cou, le cœur battant la chamade, convaincu qu'il était suivi par des patrouilles de police. Mais où aller, où, tant qu'il était vêtu de son uniforme ?

Place Sarzano, en face de la caserne, se trouvait une grande maison. Et dans cette maison, un magasin de fruits et légumes. Il y entra, par une de ces intuitions que son instinct ne devait jamais lui refuser. La patronne était là, seule : une bonne dame qui, en le voyant si bouleversé, ne voulut pas même lui demander, ni se demander, pour quelle raison il venait lui réclamer asile.

Et elle le cacha dans son arrière-boutique où il put même passer la nuit.

Le lendemain matin, à sept heures, Peppino — il n'y avait plus de Cleombrote — sortit de là, habillé en paysan. Le premier pas vers le salut était fait.

Effectuons-en un dans le temps, nous aussi, et plaçons ici un « flash », pour employer le vocabulaire cinématographique, afin de montrer, en 1888, à l'occasion du « dix-huitième anniversaire de la Libération de Rome », le Cercle de la Libre Pensée de Gênes, décidant de poser sur la façade du célèbre magasin de la place Sarzano, une plaque portant cette inscription :

PEUPLE DÉCOUVRE-TOI AVEC RESPECT

DEVANT CETTE MAISON

QUI GRÂCE A LA PITIÉ FRATERNELLE DE NATALINA POZZO

ACCUEILLIT LORSQU'IL ÉTAIT FUGITIF

GIUSEPPE GARIBALDI

AU SEUIL DE L'ÉPOPÉE QU'ALLAIENT ÊTRE SES ACTES

GLORIEUX

Crispi est alors au gouvernement, et ça se voit. Dans la poésie, dans l'art oratoire, règne alors Giosuè Carducci[3], et ça s'entend.

Mais au beau milieu de cette cérémonie patriotique, voilà qu'une petite dame s'avance. C'est une certaine Caterina della Colomba. Elle demande quelqu'un du Cercle et lui déclare que c'est dans son hostellerie, située passage de l'Acquavite, que Garibaldi trouva refuge, le jour en question, et que c'est elle qui le sauva et non Natalina Pozzo.

---

[3] Poète et essayiste italien de la seconde moitié du XIX° siècle. Il s'opposa aux excès du romantisme.

Moment de consternation chez les Libres Penseurs, lesquels se réunissent pour se consulter et demandent à Caterina une preuve à l'appui de ses dires. À leur grand soulagement, des preuves, Caterina leur déclare qu'elle n'en a pas. Mais le soulagement est de courte durée, car immédiatement s'avance une autre petite dame, une certaine Teresa Schenone, cette fois, pour fournir une troisième version de l'héroïque épisode, version où ne figurent ni Caterina ni Natalina. C'est chez elle que Garibaldi vint ce jour-là, via Carlo Felice, et c'est à elle qu'il raconta tout : qu'il était un conspirateur mazzinien et que la police était à ses trousses. Elle le cacha dans son arrière-boutique, le fit dormir et, le lendemain, lui donna des vêtements à son mari afin qu'il pût filer sans être reconnu. Des siens, dit-elle, elle ne lui laissa que son grand chapeau noir, car il était assez grand pour lui cacher le visage. Mais, dès qu'il eut passé le seuil, elle le rappela, courut à la cuisine pour y prendre du pain et du fromage et les lui glissa dans ses affaires. Adieu, Peppino, mon fils. Bon voyage et bonne chance.

Après l'avoir écoutée, sceptiques, instruits de leur précédente expérience, les Libres Penseurs demandèrent des preuves. Mais des preuves, cette fois, il y en a. La petite dame tire de sa poche une lettre et, avant de la montrer à ses inquisiteurs, elle explique qu'en 1866, après avoir tant entendu parler de Garibaldi et avoir si souvent vu des images le représentant, elle lui écrivit en lui rappelant l'épisode pour savoir si c'était bien lui, l'homme en question. Le 23 septembre, le facteur lui remit cette lettre, portant le cachet de Brescia, et il la lui remit comme, à présent, elle la leur remet à eux.

Les inquisiteurs se saisissent du papier jauni et lisent : « Ma chère Teiscinin, c'est bien moi-même… ».

Hélas ! c'est bien l'écriture de Garibaldi, et ce « moi-même » c'est bien son style « impossible à confondre ».

Mais la Teiscinin en possède encore une, de lettre, et elle la montre. Et voici ce qu'elle dit : « Illustrissime maire et ami, voici trente-deux ans, condamné à mort et pourchassé dans les rues de Gênes, je trouvai refuge chez la dame dont je vous parle. Cette dame ne se contenta pas de m'accueillir avec bienveillance, elle me facilita en outre les moyens de quitter Gênes en toute sécurité. Je dois beaucoup de reconnaissance à cette bienfaitrice et c'est ce qui me pousse à faire appel à votre amitié, au cas où il vous serait possible de procurer un petit emploi à son mari… ».

Eh oui : il s'était terminé sur une « recommandation », l'héroïque épisode. Et comment aurait-il pu finir autrement, maintenant que l'Italie, bien ou mal, était faite ?

Adieu, Europe

Parmi les si nombreux détails que l'histoire a négligé de noter, signalons encore la mésaventure qui arriva précisément à ce moment-là, très exactement le 8 février de cette malheureuse année 1834, à M. Giribaldi Andrea Antonio, fils de Giovanni, né et domicilié à Nice, patron de deuxième classe et commandant de la felouque *Provvidenza*.

Il était très tranquillement installé à bord de son bâtiment ancré dans le port, lorsque deux carabiniers grimpèrent la passerelle et s'approchèrent de lui ; le premier lui posa la main sur l'épaule, le second lui passa les menottes aux poignets et tous deux le conduisirent à la caserne devant un brigadier qui, assis derrière une table, le fixa d'un air sombre et, en le menaçant, le somma d'avouer.

Avouer quoi ?

Allez, ne faites donc pas l'ahuri, vous le savez fichtrement bien ce que vous avez à avouer.

Et le malheureux a beau jurer sur sa propre tête, sur celles de sa femme et de ses enfants, qu'il n'en a pas la plus petite, la plus vague idée, on le hisse sur un gros bâtiment du corps d'élite des carabiniers et, les fers aux poignets toujours, on le conduit à Gênes. Où, après un second interrogatoire soigné, on finit par découvrir qu'on s'est trompé. L'innocent n'a plus qu'à pardonner et à regagner son domicile et ses occupations habituelles.

Disons pour la chronique que M. Giribaldi ne pardonna rien du tout. Et qu'il adressa une réclamation au gouverneur dans laquelle il énumérait tous les dommages, moraux et pécuniaires, à lui causés : honte des menottes, plus cinq cent soixante francs pour la perte du fret de la *Provvidenza*.

Quelle fut l'issue de cette démarche ? On ne sait.

Mais M. Giribaldi ne fut pas le seul à payer de sa poche une partie, modeste il est vrai, des comptes laissés derrière lui par son presque homonyme Peppino, en fuite vers la frontière. Il y eut même un vrai Garibaldi, qui dut donner sa contribution. Il s'agissait de Felice, le quatrième, le petit dernier de la famille, celui qui, par snobisme de distinction, avait toujours signé son nom avec un « *y* ». Sans doute, eût-il continué à le faire, ne lui serait-il rien arrivé de désagréable. Mais depuis qu'il était représentant de la maison Avigdor, à Bari, il avait abandonné cette habitude. Et c'était avec un « i » naturel qu'il s'était inscrit sur le registre de la police d'un hôtel de Pietrasanta où il s'était logé pour affaires, précisément en ces jours de février. Et là, à la requête du marquis Paolucci, gouverneur civil et militaire de Gênes, les gardes toscanes vinrent l'arrêter. Le motif ? Toujours le même : il s'appelait Garibaldi.

Le pauvre Felice n'était absolument pas au courant de ce qui s'était passé, ou plutôt de ce qui ne s'était pas passé, mais qu'on avait craint qu'il ne se passât, de l'autre côté des Apennins : il avait seulement lu dans les journaux qu'une tentative de révolution avait échoué. Cependant il comprit sur-le-champ que le Garibaldi qui était mêlé dans des affaires de ce genre et dont les méfaits jetaient leur sinistre lumière sur lui ne pouvait être que Peppino.

Et il s'évertua à bien souligner leur manque d'identité.

La police du Grand-Duc était plus compréhensive que celle de Charles Albert. Et elle n'eut aucun besoin de procéder à de nombreuses « vérifications » pour se rendre compte que ce type-là n'avait pas l'étoffe d'un révolutionnaire. Cependant, afin de prévenir un incident éventuel avec les Piémontais, elle le mit en demeure de prendre le large, dans les délais les plus brefs. Felice ne se le fit pas dire deux fois. D'une seule traite, il gagna Livourne, s'embarqua, rejoignit la Corse d'où il retourna à Bari. Mais ce n'était pas un homme fait pour ce genre de mésaventures. Il lui en resta une terreur telle qu'il s'employa sur-le-champ à étouffer en lui-même le peu de sentiments libéraux et patriotiques qui lui était entré dans le corps au cours des dernières années et qui l'avait poussé à changer et à italianiser l'orthographe de son nom. Dorénavant, il ne voulut plus entendre parler de politique ni de politiciens. Et, quatorze ans plus tard, lorsqu'éclatèrent les mouvements de 1848, il se dépêcha d'adresser spontanément l'attestation suivante aux représentants du roi Bomba à Bari : « Je promets et je jure ne jamais accepter d'appartenir, dans le présent et dans l'avenir, à aucune association secrète, quelle qu'elle soit. Ainsi Dieu me vienne en aide ».

Le pauvre, avec le poids d'un tel nom sur les épaules, on ne peut pas même le blâmer.

Ainsi avait débuté dans la politique, en compromettant amis, parents et homonymes, Peppino qui maintenant fuyait vers Nice dans les vêtements du mari de Teiscinin. Mais les journaux qu'il trouva sur sa route et qu'il lut juché sur les carrioles, où, à l'occasion, on lui faisait place, ne l'éclairèrent guère sur les raisons qui avaient provoqué l'échec de la révolution.

Mazzini l'avait conçue à Genève, où il s'était transporté en juillet 1835, en amenant à sa suite une charmante petite veuve lombarde, Giuditta Ballerio Sidoli, dont il avait fait la connaissance à Marseille. Il avait alors vingt-huit ans et sortait tout juste de la crise de désespoir où l'avait plongé le suicide de son ami Jacopo Ruffini (tous deux avaient le même âge et étaient nés le même jour, le 22 juin 1805).

Le jeune agitateur avait bâti toute l'affaire en partant d'une base erronée. Ses informateurs lui avaient dit qu'en Savoie le mécontentement avait atteint son paroxysme et cela était vrai. Mais c'était sur les raisons de ce mécontentement qu'il y avait maldonne. Il n'était pas né d'une impatience patriotique, mais des conditions économiques déprimantes qui étaient faites au prolétariat local.

Dans les filatures, on travaillait depuis quatre heures du matin jusqu'à huit heures du soir ; mais les salaires étaient si bas que les enfants de sept ans eux-mêmes devaient se mettre devant le métier afin d'aider le chef de famille à faire vivre toute la nichée. Et la France était à deux pas, où les ouvriers jouissaient déjà d'une situation bien différente. Il était naturel que les Savoyards commençassent à être agités de frémissements de révolte. Mais ce n'était pas Charles Albert, ni l'absolutisme, ni l'Autriche, ni le pape, ni l'écartèlement de l'Italie qu'elle visait, cette révolte ; sa cible naturelle, c'étaient les *mull-jenny*, comme on les appelait ici, les patrons, en majorité anglais, et les fileurs, les chefs d'équipe, en majorité allemands.

Mais les problèmes sociaux, pour employer le vocabulaire d'aujourd'hui, Mazzini était incapable de les voir, comme l'étaient aussi tous les exilés polonais, allemands et français, parmi lesquels il vivait, à Genève, tout pétris qu'ils étaient d'idéaux nationalistes et libertaires. Et tous ces exilés se déclaraient prêts à lui donner un coup de main si l'étincelle venait à jaillir en Piémont. Et, surtout les Polonais, ils ne posaient qu'une seule condition : avoir comme chef, pour les conduire dans cette expédition en Savoie, Gerolamo Ramorino.

La carrière de Ramorino, petit, trapu, laid et d'aspect vulgaire, un visage rond et deux énormes mâchoires, était celle d'un aventurier ou à peu près. On le disait fils naturel du maréchal Lannes, mais sans doute était-ce une histoire qu'il avait lui-même fait courir. À seize ans, il s'était engagé dans l'armée piémontaise dont il avait ensuite déserté pour rejoindre les rangs français où il avait été nommé officier d'ordonnance de Napoléon. Après l'Empire, il s'était retiré en Savoie ; lors des mouvements de 1821, on avait pu le voir aux côtés de Santorre di Santarosa ; après quoi, il s'était enfui à Paris. Il y avait vécu de complots et d'expédients, séduisant les dames, se battant en duel pour elles et se faisant entretenir. En 1830, dès qu'il apprit que la révolte venait d'éclater à Varsovie, il y accourut immédiatement. Et ce qu'il y fit exactement, personne n'a jamais pu le savoir. Harro Harring, le grand patriote polonais, on écrit de lui : « Un grand méchant caractère. La retraite de Galicie ne tourna pas à son honneur ». Et Bianco di Baye, autre héros de ces climats : « C'était un charlatan de tout premier ordre. Il se fit préparer une entrée en triomphe à Strasbourg avec les fonds de l'insurrection ».

Bref, c'était un aventurier italien type, poussant l'absence de scrupules jusqu'au cynisme et remplaçant le courage par la bravade. Mais c'est sans doute la raison pour laquelle il avait frappé l'imagination de ces exilés qui étaient presque de la même farine et qui à présent le proclamaient général.

Mazzini tenta de s'y opposer. Il détestait ce compatriote qui jurait et séduisait les femmes ; mais il dut céder à la volonté de la « base ». Ramorino fit le voyage, vit l'affaire, empocha le montant de son engagement (car, disait-il, l'argent n'a rien à voir avec le patriotisme) et regagna Paris où il le mangea aux dés et avec des femmes, en attendant que tout fût prêt.

Tout fut prêt en octobre, mais Ramorino ne vint pas. Il vint en janvier, après de nombreuses sollicitations, quand tout le monde était déjà au courant de ce qui se tramait et que la Suisse, harcelée de protestations piémontaises, françaises et autrichiennes, s'était vue obligée de renforcer la garde de sa frontière. L'agitation donnait de la fièvre à Mazzini et, depuis de longues nuits, il ne dormait plus. Giuditta elle-même n'était pas là pour le calmer. Il l'avait expédiée en Toscane, chargée d'une « mission secrète ». Tout d'abord, il l'avait fait suivre de lettres passionnées, mais à présent il commençait très rapidement à l'oublier.

Le rassemblement de l'armée de libération eut lieu le 1er février 1834, à Saint-Julien. Mais lorsque les conjurés se comptèrent, ils s'aperçurent qu'ils ne formaient guère qu'un tout petit peloton. Pour faire preuve de ses bonnes intentions et justifier l'argent qu'il avait empoché, Ramorino traversa l'Arve, occupa le poste de douane, poussa une pointe jusqu'à Annemasse, et s'en tint là. La révolution venait de se terminer avant même d'avoir commencé, abandonnant à leur triste sort, face au danger, les Garibaldi italiens qui avaient cru en elle.

Mazzini, qui avait participé à l'expédition d'Annemasse et s'était évanoui en entendant le crépitement d'une fusillade, retomba dans une nouvelle crise de désespoir dont ne réussirent à le soulager que les cigares que sa mère continuait à lui expédier, et les soins amoureux de Madeleine de Mandrot, une enfant de seize ans, fille des époux suisses qui lui avaient accordé leur hospitalité. Veuve pour la deuxième fois, Giuditta était retournée à Parme, chez ses enfants, abandonnant à Marseille celui qu'elle avait eu de Mazzini, en 1832, et qui devait mourir du choléra en 1835, sans que son père ne se soit jamais occupé de lui, semble-t-il.

Garibaldi était bien loin de les soupçonner, toutes ces histoires de coulisses. Il ne savait qu'une chose, lui, mais il la savait avec précision : c'était qu'au bon moment, on n'en avait pas vu un seul, de tous ces grands chefs politiques et civils qui l'avaient conçue, qui l'avaient organisée, la révolution, tandis que lui, Peppino, il était bel et bien en fuite, à présent, afin d'échapper à une police qui, si elle mettait la main sur lui, ne ferait ni une ni deux et le conduirait directement devant le poteau d'exécution, pour haute trahison.

C'est avec de tels soucis, c'est avec de telles pensées qu'il finit par arriver à Nice, où il prit bien soin de n'entrer qu'à la faveur de la nuit que les soixante-trois lanternes publiques éclairaient si mal ; et il se garda bien d'aller frapper à la porte de chez lui : un peu parce qu'il craignait qu'elle ne fût surveillée, un peu aussi parce qu'il imaginait très bien la façon dont il y serait accueilli.

Il chercha donc refuge chez l'une de ses tantes qui, en le voyant, manqua s'évanouir. À présent, dans la ville, tout le monde était au courant des accusations qui pesaient sur la tête de Peppino et la pauvre femme croyait peut-être qu'on l'avait déjà arrêté et fusillé. Elle le fit entrer tout de même et, jetant un châle sur ses épaules, elle courut informer de la nouvelle Maman Rosa et Patron Domenico, en les suppliant de venir voir leur petit qui devait repartir sous peu.

Au lieu de se montrer content qu'il fût encore vivant (bien qu'au fond, il l'était certainement), Patron Domenico monta sur ses grands chevaux et se mit à vociférer qu'il ne le considérait plus comme son fils, ce maudit garçon. C'est en vain que Maman Rosa se jeta à ses pieds en le conjurant d'aller trouver les notabilités qu'il connaissait, afin d'obtenir la grâce de son fils, tandis que, de son côté, elle courrait retenir Peppino. Imperturbable, le vieil honnête homme timoré, qui était toujours resté soumis à l'ordre établi, répondit qu'ils devaient tous remercier le bon Dieu s'il n'allait pas plutôt chez les gendarmes pour leur dénoncer la présence du criminel dans la ville. Et — on ne sait pas quel effort il lui fallut accomplir pour faire taire ses sentiments — il ne bougea point.

La rencontre entre la mère et son petit en fuite, menacé de toutes parts de dangers qui en compromettaient à jamais le retour, dut être pathétique : « Pourquoi as-tu fait ça, figlio mio ?... Mais pourquoi as-tu fait ça ? » a dû lui demander la pauvre femme en pleurant. Espérons que Peppino ne lui aura pas répondu : « Pour Mazzini », cela ne lui aurait pas ressemblé, dans un tel moment, et sa mère ne l'aurait plus reconnu. Mais sans doute Mazzini lui était-il sorti de la tête, il n'était plus Cleombrote, il n'était plus qu'un pauvre garçon en danger de mort, le cœur lourd d'angoisse, dans les bras de sa mère au visage baigné de larmes et creusé des rides qu'il lui avait fait venir. Lorsque, plusieurs heures plus tard, ils se dirent adieu sur le seuil de la maison (il fallait qu'il partît avant l'aube), tous deux crurent que c'était pour toujours. Ils devaient se revoir, pourtant, une quinzaine d'années plus tard.

Le sac au dos, où certainement sa mère et sa tante avaient glissé toutes les nippes et toutes les provisions qu'elles avaient pu, il se remit à marcher dans l'obscurité, en direction du Var, où était la frontière. Mais il n'avait pas besoin de lumière pour s'orienter dans ces parages qu'il connaissait comme sa poche depuis le temps où il les avait battus en long et en large avec son cousin le chasseur, en courant après les perdrix et les bécasses. Il ne rencontra aucune difficulté à traverser le petit torrent. Et, une fois le pied sur l'autre rive, il respira.

À présent, il était sur le sol de France, pays libre et accueillant.

Si libre, si accueillant que Peppino, lorsqu'il aperçut une patrouille de gardes, loin de se dissimuler, se présenta volontairement devant eux et leur déclina ses nom et prénom, affublés du qualificatif d'« émigré clandestin », ainsi que les motifs qui l'avaient conduit à le devenir. Les douaniers le regardèrent, puis ils se regardèrent entre eux avec cette expression soupçonneuse que prennent les agents du fisc lorsqu'un étourdi leur déclare honnêtement ses revenus, sans y jeter le moindre voile. Ils pensèrent certainement : « Si cet homme avoue des délits politiques, c'est qu'il doit avoir sur la conscience au moins un assassinat de droit commun ». Et sur cette présomption, au lieu de le complimenter comme il s'y attendait, ils l'arrêtèrent et, en attendant les directives de sa majesté Louis-Philippe, dit Égalité, enfant et protecteur de la Révolution, ils le conduisirent d'abord à Grasse, puis de Grasse à Draguignan, où ils l'enfermèrent dans une salle du premier étage de la gendarmerie.

Par chance, il y avait là une fenêtre que personne n'avait pensé à barricader et qui donnait sur le jardin. Resté seul, Peppino n'eut pas une hésitation. Il enjamba l'appui et en route à travers la campagne. Et les gardiens ? Ils ne l'avaient donc pas vu ? Ou bien avaient-ils fait semblant de ne pas le voir ?

Le lendemain, au crépuscule, tenaillé par la faim, il arriva dans un petit pays inconnu. Avisant une auberge, il s'y engouffra. Ce devait même être, à proprement parler, une faim de loup puisqu'il commanda tant de plats que l'hôte en fut impressionné et en devint soupçonneux. Peppino lui expliqua qu'il n'avait pas mangé depuis dix-huit heures. Et, au grand étonnement de l'autre, il lui en expliqua également les raisons, sans aucune méfiance, lui répétant ce qu'il avait dit aux douaniers. Il était vraiment incorrigible, dans sa candeur, ce jeune homme. Et il devait le rester toute sa vie, malgré toutes les désillusions. Du reste, c'était précisément ce qui faisait son charme.

Mais l'hôte ne manqua pas de réagir de la même façon que les gardes : il lui dit que son devoir le contraignait de l'arrêter.

Peppino se mit à rire. Ils étaient tous les deux seuls, dans la pièce, et, homme contre homme, il savait très bien comment se tirer d'affaire. C'est pourquoi il continua tranquillement à manger sous le regard du patron, furieux de se sentir impuissant.

Cela dura jusqu'à ce que, l'un après l'autre, commencèrent à entrer dans l'auberge de nouveaux clients, tous jeunes gaillards du lieu qui se réunissaient là chaque soir pour boire, chanter et jouer aux cartes. À chacun d'eux, l'hôte, qui naturellement était l'ami de tous, murmurait quelque chose à l'oreille. Et, en peu de temps, Peppino se trouva le centre d'une attention qui n'avait rien d'amical.

Alors il lui vint une idée. À dire vrai, on ne comprend pas qu'il ait tant tardé à l'avoir : il mit une main dans sa poche et y fit résonner les quelques écus que sa mère lui avait glissés au moment de la séparation. Le visage de l'hôte s'éclaira sur-le-champ. Restait à désarmer les autres qui, tout en continuant à chanter, le regardaient d'un œil hostile. Peppino attendit qu'ils eussent terminé leur chanson. Puis il se leva résolument, le verre à la main, et cria : « À moi » et il entonna *Le Dieu des bonnes gens*, de Béranger, le poète le plus populaire à l'époque.

Tout d'abord, ils le regardèrent un peu étonnés. Puis, séduits par cette voix juste et charmeuse, ils reprirent en chœur avec lui, et tout se termina par une longue série de toasts, ponctués de grandes tapes sur l'épaule, à Béranger, à la France, à l'Italie, à la Liberté, à la Justice, à la Fraternité. À l'aube, lorsque Peppino se remit en route vers Marseille, ses amis improvisés lui firent un bout de conduite, toujours en chantant.

À Marseille, où il arriva quelques jours après, la première chose qu'il vit ce fut son nom, imprimé en lettres énormes, en première page du *Peuple souverain*, le journal local, qui rapportait la peine que lui avait infligée par contumace le tribunal militaire de Gênes. Il avait eu droit à être condamné à une « mort infamante », c'est-à-dire à être fusillé dans le dos, châtiment réservé aux « criminels de premier choix ». Il en éprouva un certain orgueil. En bien ou en mal, il était devenu un homme public, un personnage, il avait joué un rôle. Toutefois, instruit par ses récentes expériences, il pensa qu'il valait mieux changer de nom. Et, comme il avait faim, pour conjurer le sort, il choisit celui de Pane, en lui ajoutant celui de Borel, en souvenir d'un insurgé français de Savoie, capturé et fusillé par les gendarmes piémontais.

Naturellement, il se mit tout de suite à la besogne, afin de prendre contact avec ses compatriotes affiliés à la Jeune Italie : pour des raisons politiques, mais pas uniquement pour cela ; il lui fallait également trouver du travail afin de se sortir de là. Cela ne fut pas difficile : à Marseille, les réfugiés italiens pullulaient. Et c'est par eux qu'il apprit que le Maître, bien loin de fournir une explication de la faillite révolutionnaire, en avait rejeté les responsabilités sur Ramorino et sur les organisateurs du Piémont et de Ligurie, c'est-à-dire sur les différents Garibaldi qui devaient s'insurger et ne l'avaient pas fait.

Il en frémit de colère et c'est ainsi qu'entre Mazzini et lui commença cette petite guerre froide de médisances, d'histoires, de bouderies et d'accusations réciproques qui devaient ponctuer tout le *Risorgimento* et que leur première rencontre avait déjà laissé présager du reste. Dans les réunions d'exilés qu'il fréquentait à présent, Pane-Borel réagissait vivement aux paroles d'indignation et de mépris que le Maître avait prononcées : « Incroyable ! Les conjurés ont laissé passer le moment de la manœuvre. Que Dieu les frappe de sa foudre, moi avant eux ! ».

Heureusement qu'il a ajouté ce « moi avant eux », aura pensé Pane-Borel ! Car si les conjurés l'avaient laissé passer, le moment fixé, qu'avait-il fait, lui, personnellement, pour qu'ils ne le laissassent pas passer ? Où était-il, lui, au fameux moment de la « manœuvre » ? Pourquoi ne s'était-il pas montré ? Il se repentait du choix de Ramorino, à présent, car la nuit où l'étincelle devait jaillir, il s'était enfui de chez lui et personne ne l'avait plus revu. Et cela aussi aura été une des causes de l'échec. Mais qui lui avait donné le commandement des opérations militaires, à Ramorino ? Elles ne valaient rien du tout, les raisons qu'il mettait en avant à présent, Mazzini : qu'il s'était toujours défié de Ramorino, qu'il avait dû le subir parce que les Polonais le lui avaient imposé, car ils l'avaient en grande estime depuis le temps où il avait combattu avec eux en Pologne, et qu'aujourd'hui ils n'auraient accepté d'intervenir aux côtés des Italiens qu'à la condition d'être commandés par lui. Et elle tenait encore moins debout, cette histoire selon laquelle, après s'être rendu compte de la faillite du mouvement, le Maître avait voulu se suicider et qu'il avait raconté aux quatre points cardinaux qu'il avait cherché du poison et qu'il n'en avait pas trouvé. Allons donc ! Les seuls poisons qui comptent sont ceux qu'on avale vraiment et à une dose qui ne laisse aucune issue. Les autres ne sont que plaisanteries.

Les mêmes polémiques naissent dans tous les repaires de réfugiés, quel que soit le lieu ou l'époque ; et ce sont elles qui en rendent l'existence si stérile et si vide. Les premiers temps, Peppino y participa activement ; puis, à la longue, il s'en fatigua. Très souvent, elles déviaient sur le plan idéologique où lui, homme pratique, se trouvait mal à son aise ; et elles le laissaient toujours sur sa faim. Pane avait surtout besoin de pain. Tant bien que mal, il parvenait toujours à s'en procurer car, entre eux, en dépit de leurs discussions, les exilés se venaient en aide. Mais cette lutte l'humiliait et chaque jour il fallait la recommencer, offrir son travail d'un côté et de l'autre, fréquemment pour des besognes avilissantes.

Un jour, le capitaine de l'*Union*, Gazan, lui proposa le poste de « second » à bord de son bâtiment. Peppino accepta sans une hésitation, un peu parce que c'était son métier, un peu pour se sortir de ce repaire de mauvaises langues et de diatribes stériles.

Il monta à bord en pensant peut-être que, pour lui, la parenthèse politique était fermée, que, pour l'Italie et pour la révolution, tout était désormais perdu et qu'il était temps de devenir raisonnable. Il s'acquitta bien de ses attributions, en bon matelot qu'il était. Et de ce fait, il trouva toujours de l'emploi, par la suite, sur d'autres navires qui n'étaient pas tous français. Il commanda un brigantin de nationalité turque, puis une frégate portant les couleurs du bey de Tunis, lequel lui offrit un poste stable dans la flotte qu'il était en train d'organiser. Peut-être aurait-il accepté si quelqu'un ne lui avait mis la puce à l'oreille en le faisant réfléchir au fait que la France, qui venait d'annexer l'Algérie, n'allait pas s'arrêter en si bon chemin et qu'elle ne ferait guère qu'une bouchée de la Tunisie. Voulait-il devenir l'ennemi de Louis-Philippe, lui qui était déjà celui de Charles Albert ?

À peu de temps de là, le choléra se déclara à Marseille. Beaucoup de gens mouraient, la peur de la contagion était telle que beaucoup d'autres fuyaient ; et il n'y avait plus personne pour assister les malades. Pane-Borel se porta volontaire et, pendant quelques semaines, il revêtit la blouse des « bonnes volontés », comme on appelait alors les infirmiers.

Tout se passa très bien. Et, pour lui, ce fut naturel. Dans cette affaire, comme dans tous les dangers qu'il lui arriva de courir dans sa vie, il agit avec la confiance tranquille de quelqu'un qui se sait invulnérable.

Ce volontariat était à peine terminé que se présenta à lui l'occasion à laquelle il rêvait peut-être depuis longtemps : un capitaine de Nantes, Beauregard, lui proposa le poste de « second » sur le brigantin *Nautonnier*, en partance pour Rio de Janeiro.

Il y avait pas mal de temps que Peppino pensait à l'Amérique ; mais c'était à celle du Nord, où il comptait rejoindre Angelo qui s'y était établi, il y avait déjà quelques années. Toutefois, il n'hésita pas : Sud ou Nord, c'était toujours l'Amérique.

Il raconte qu'au moment de traverser le Détroit de Gibraltar, il adressa un adieu ému à la vieille Europe : à sa mère, à son père, à ses frères, à ses amis, à Nice, à Marseille, et peut-être même à Mazzini. L'exilé politique n'était plus qu'un émigrant quelconque.

Deuxième partie

--

Le « Caudillo »

(1836-1848)

L'« Ordre de Marche »

À Rio, il ne s'attendait guère à ce qu'on l'attendît. Mais, au fur et à mesure que le *Nautonier* se rangeait le long du quai, il commença à distinguer une petite foule qui saluait le navire de la main ou avec des mouchoirs, puis des visages anxieux qui fouillaient du regard les passagers penchés sur le bastingage.

« C'est celui-là !... C'est celui-là ! » entendit-il crier lorsqu'il fut à portée de voix. Et qui pouvait bien être « celui-là » sinon lui, Garibaldi, ramené ainsi brutalement à la certitude d'être quelqu'un, de représenter quelque chose ? Du reste, on ne pouvait pas se tromper sur son identité, car Garibaldi avait pris soin, pour l'occasion, de se présenter habillé en Garibaldi, un béret de marine sur la tête, des pantalons et une veste de pilote, en drap noir, et une chemise de flanelle rouge.

Il descendit la passerelle pour se retrouver dans les bras de Luigi Rosselli, neveu de Gabriele, le poète, qui était venu là après avoir fui Genève, deux ans auparavant, pour une affaire analogue à celle de Peppino. Et, derrière lui, voici qu'apparaît un autre visage connu... Mais ce n'est pas possible. Ça ne peut pas être lui... C'est lui, tout juste lui, Giambattista Cuneo, le Croyant de Taganrog, toujours « clandestin » à cette heure, mais sous un autre nom, celui de *Farinata degli Uberti* — que l'on pourrait traduire en français par quelque chose comme « L'Écrabouilleur des Riches » — directeur de l'organe mazzinien de Rio. Les deux *carbonari* présentèrent aux autres ce confrère qui avait parlé avec Mazzini et sur la tête de qui pesait une condamnation à mort. Autour de lui, des yeux luisaient d'émotion et des mains s'agitaient afin de serrer la sienne. Le petit cortège se dirigea vers la rue Frasca où l'attendait la plus importante personnalité de la colonie mazzinienne, Luigi Dalecazi. C'était un ingénieur suisse de

Vérone qui, au temps où il était étudiant, s'était amouraché de la mer et de la révolution, était allé à Gênes, s'était enrôlé parmi les conspirateurs, avait pris une part active au mouvement de 1834 et avait échappé à la gendarmerie piémontaise en se cachant dans la maison du consul de France qui lui procura le moyen de fuir en Amérique avec un bagage et de l'argent. De l'argent, il n'en manquait pas : il en avait eu assez pour se monter une maison à Bahia, se marier, acheter un bateau avec lequel il s'était promené jusqu'en Océanie. À Rio, il y venait rarement et il n'y restait pas. Mais, cette fois, il devait y demeurer plus longtemps qu'à l'accoutumée du fait que son bateau avait dû entrer, pour réparations, aux chantiers de la Praina. Il accueillit Peppino comme un vieil ami et décida de le présenter officiellement aux autres « frères », le dimanche suivant.

Le dimanche suivant, les honneurs de la maison de la rue Frasca lui furent faits par donna Emilia, la femme portugaise de Luigi, et par sa nièce, Anita de Lima Barreto, qui, bien qu'elle n'eût que quinze ans, savait déjà dix langues, y compris le chinois ; aussi bien, elle babillait du matin au soir. Le salon était spacieux, mais il ne suffisait pas pour contenir tous les invités où se côtoyaient le meilleur et le pire de la colonie. Il y avait — outre, bien sûr, Rossetti et Cuneo — Giacomo Picasso dit Garelli, Giorgio Bonelli dit Spartacus, Domenico Terrissano dit Santa Rosa, sans oublier Giuseppe Stefani Grondona, chef de la section de la Jeune Europe (projection de la Jeune Italie sur le plan international), et tout un tas d'autres gens que Garibaldi baptisa en vrac du nom de *Libéranosdomine*.

Bien entendu, Garibaldi fut la vedette de cette réunion. Et une vedette qui plut. Non que son analyse de la situation politique italienne ait paru particulièrement pénétrante, mais le récit de sa fuite, de sa rencontre avec Mazzini, de sa vie à Marseille, du choléra, des réunions des exilés, enleva le morceau par sa chaleur et son pittoresque. Dans un petit salon adjacent à celui des « grands », Anita avait réuni quelques jeunes filles de son âge sur lesquelles ce jeune homme au visage de bébé, à crinière de lion et à barbe blonde, fit grand effet. Elles l'écoutèrent bouche bée, bien que beaucoup ne comprissent pas l'italien.

Lors de ce premier contact avec ses nouveaux amis, Peppino comprit immédiatement une chose : que Mazzini était toujours Mazzini, que son prestige et son ascendant étaient intacts et même plus grands que jamais, malgré les déceptions et les échecs. Et il s'adapta tout de suite à la situation, en s'abstenant d'exprimer les critiques dont, après avoir fui Gênes, il avait si copieusement agrémenté sa conversation, lorsqu'il s'agissait du Maître. Il alla même jusqu'à se faire à l'idée de reprendre contact avec lui et, le 27 janvier 1836, il lui écrivit une longue lettre pour lui exposer la situation à Rio.

Ce n'était pas une situation brillante, disait-il. Le nom de Mazzini « est prononcé avec respect » parmi les Italiens, mais ceux-ci ne sont pas très aimés par les autres Européens ; et, malheureusement, ils sont également divisés entre eux. Grondona est un brave homme, bon patriote, assez énergique même, si l'on pense qu'il a dépassé soixante-dix ans ; mais son instabilité et ses bavardages sont dangereux. Lorsqu'il fut élu président de la Jeune Europe, le matin il jurait solennellement une « fraternité éternelle » à ses camarades. Le soir même, il en disait pis que pendre et, le lendemain, il s'arrangea pour que cela parût dans les journaux. Grâce à Dieu, il existait aussi des éléments décidés auxquels on pouvait se fier, comme Farinata, comme Santa Rosa, comme Rossetti dit Olgiati, comme Spartacus, etc. Mais il fallait espérer que « 1836 ne se passera pas sans que l'on assiste à la levée universelle », sinon l'inaction risquait de corrompre également ces tiges saines. Le danger est si grand que lui, Garibaldi, pour l'écarter, a élaboré un projet qu'il désire soumettre à l'approbation du Maître. À Rio, mouille déjà « le premier bâtiment italien » : *un bateau de course* de vingt tonneaux appartenant à Garelli, alias Giacomo Picasso, et qui porte le nom de *Mazzini*. C'est « un hippogriffe qui se cabre avant même d'avoir entendu résonner la trompette donnant le signal du départ » ; et, lorsque cette trompette aura retenti, il « traversera l'Océan comme un pont ». Mais en attendant que cela advienne, et toujours afin d'écarter le danger de l'inaction, ne serait-il pas opportun de se garder prêt, en faisant des expéditions contre les navires ennemis, sardes et autrichiens ? Si le Maître est d'accord qu'il lui envoie tout de suite l'« ordre de marche », c'est-à-dire l'autorisation d'agir.

Cette lettre à Pippo, comme on appelait alors Mazzini dans le jargon de ces conjurés toujours assoiffés de clandestinité et de mystère, mais qui ne se libéraient jamais d'une onomastique provinciale et familière, fut rouverte deux jours après pour être munie de ce *post-scriptum* : « Aujourd'hui vingt-neuf courant, je vous le dis avec une joie immense, est arrivé ici un membre-recruteur de la Jeune Europe, commandant une superbe goélette, qui est sienne et dont il ne veut disposer que pour le service de la Sainte Cause : le bâtiment est déjà armé pour la guerre, ou presque, et compte parmi son équipage des individus très dévoués. Arduini doit vous en avoir donné communication puisqu'il en a fait partie, nous avons pris langue aujourd'hui pour la première fois et nous sommes convenus d'agir en accord. Cette circonstance donnera un immense encouragement aux Italiens d'Amérique, et de grandes choses se feront. L'ordre de marche, pour l'amour de Dieu, et des instructions au plus vite sur ce que nous devons faire ».

Le message fut enfermé dans un paquet qui en contenait beaucoup d'autres, parmi lesquels un de Picasso qui confirmait l'offre de son bâtiment et médisait à son tour de Grondona, et un de Rossetti qui informait le Maître qu'il avait fait reproduire et diffuser en deux cents exemplaires la fameuse lettre de Mazzini à Charles-Albert, dont cinq étaient parvenus entre les mains des officiers d'une frégate de la marine sarde pendant une escale à Rio. Mais le paquet fit lui aussi une escale, à Gibraltar, et là, parvint sur la table de M. Magnetti, consul du Piémont. Le service des postes sardes, qui dépendait du ministère des Affaires étrangères, se devait d'être exemplaire. Dans tous les domaines. Mais c'était surtout un exemple de correction. Les destinataires ne s'apercevaient jamais que les lettres qu'ils recevaient avaient été ouvertes. Comment le paquet se trouva-t-il dérouté jusque dans les bureaux des fonctionnaires de Charles-Albert ? On ne sait. Mais cela paraît bien être l'ouvrage de certains des *Libéranosdomine*.

La réponse de Pippo se fit attendre. Si prompt à s'enthousiasmer qu'il fût, et d'ailleurs assez bien disposé à l'égard des initiatives de ses fidèles, l'idée qu'un bâtiment qui portait son nom put se lancer dans la guerre de course, tant contre les navires sardes que contre les Autrichiens, devait pour le moins le faire hésiter. Et l'inaction commença à exercer les effets délétères que Garibaldi redoutait.

Ce dernier, tout de suite après la première réunion chez Dalecazi, avait commencé à se dépenser énormément. Il avait écrit un violent article contre Charles-Albert dans le *Paquet du Rio*. Il avait rédigé un certain nombre de tracts et de manifestes. Il avait confectionné un grand drapeau de la République italienne — « si grand, disait un rapport de la légation piémontaise au Brésil, que le territoire de cet État ne parviendra jamais à l'être autant » — qu'il avait fait hisser sur le *Mazzini*. Le 26 mars 1836, le comte Palma di Borgofranco, ministre plénipotentiaire sarde à Rio, écrivait à Turin : « Dans le Golfe de Rio, à côté du brick *La Nuova Italia*, sont apparus deux nouveaux bâtiments battant pavillon de la République italienne. Ils ne cessent de passer auprès des navires de Sa Majesté Sarde auxquels leurs équipages profèrent des injures et adressent des gestes inconvenants. Une représentation auprès du gouvernement brésilien a déjà été tentée, mais il ne serait pas opportun de la renouveler, car ces messieurs en informent les journaux et tout le monde finit par nous tourner en dérision… J'aurais donc une idée à proposer : profiter des dispositions favorables de deux capitaines de notre marine marchande, dont les bâtiments sont discrètement armés et qui se sont offerts à faire cesser ces activités. C'est une petite liberté que l'on peut prendre, en Amérique, et qui délivrerait notre navigation des craintes que suscite ce nouveau genre de pirates. »

Mais l'autorisation ne vint pas. De même que Mazzini n'avait pas voulu être mêlé à une guerre de course, Charles-Albert se refusa à avaliser des opérations d'escadre. Et, pour soulager ses envies de révolution, il ne resta plus à Garibaldi qu'une seule solution, une solution très italienne : continuer à bombarder les impassibles navires piémontais au mouillage de toute la gamme habituelle des injures et des gestes obscènes.

On restait des après-midis entiers chez les Dalecazi à discuter passionnément du passé, du présent et de l'avenir de la Jeune Italie. On décida de fonder une revue bimensuelle qu'on composerait aux presses de l'imprimerie Lafuente, rue Cadea, après avoir lancé une souscription de mille reis par mois, parmi les émigrés. À grand-peine, ils arrivèrent à rassembler de quoi payer l'impression du premier numéro, qui sortit en avril. Le second dut attendre jusqu'en décembre pour paraître. Ce fut aussi le dernier.

Petit à petit, Garibaldi en était venu à s'apercevoir qu'à peu d'exceptions près, il n'y avait pas de véritable ardeur révolutionnaire parmi les conjurés de Rio. Tant qu'il ne s'agissait que de parler, ils n'avaient pas leurs pareils, et Grondona était leur maître à tous. Il était conspirateur depuis de si longues années que, pour lui, à présent, c'était devenu une profession en soi. Mais les autres ne lui devaient rien. Pour eux, désormais échoués au bout du monde, dans un coin riche de promesses et d'avenir, béni par un climat qui semblait fait exprès pour favoriser les compromis et les accommodements avec le ciel, la révolution était une sorte de hobby que l'on cultivait à côté des occupations sérieuses, mais qu'il fallait maintenir parmi les activités du dimanche. Picasso, par exemple, qui paraissait l'un des plus engagés dans le mouvement, ne manquait pas de travail dans sa florissante maison de commerce de la rue Ouvidor. On y trouvait de tout, depuis les tissus jusqu'aux liqueurs et aux épices, et même, installé dans un angle, un petit orchestre qui faisait danser des filles importées de Paris, qualifiées officiellement de « commises ».

Les réunions chez les Dalecazi reprenaient peu à peu le ton académique qu'elles avaient eu avant que la présence de Garibaldi ne fût venue leur apporter son stimulant. Anita de Lima Barreto, devenue plus tard Mrs Walker à la suite d'un mariage avec un notable de Boston, a raconté que le bel exilé niçois se fatigua vite des conspirations qui s'organisaient dans la demeure de son oncle et qui se terminaient par des médisances réciproques ; il abandonna le salon des « grands » pour élire domicile dans celui des « nymphettes » dont il devint tout de suite l'idole. Un jour, la maîtresse de maison le surprit, une jeune personne sur les genoux, tandis qu'une seconde était en train de lui faire les poches et qu'une troisième lui emmêlait sa crinière de lion pour en faire de vagues petites tresses. Décidément, lui non plus n'avait pas échappé au danger de l'inaction.

À la fin de cette année 1836, qui n'aurait pas dû se terminer sans « la levée universelle », Garibaldi écrivait à Giambattista Cuneo, qui s'était installé à Montevideo dans l'espoir d'y trouver une atmosphère plus tonique : « Nom de Dieu ! je suis fatigué de traîner sur terre une existence aussi inutile, c'est certain : nous sommes destinés à de plus grandes choses, nous ne sommes pas dans notre élément ».

Rio était à peu près aussi vivante qu'un cimetière. On ne l'aurait pas cru, lorsqu'on arrivait de la mer ; car toute la vie était concentrée là, dans le port, aussi important que ceux de Gênes, de Marseille, de Hambourg, avec toutes ces voiles multicolores qui se pressaient aux *ancoradores* et tout ce tohu-bohu de matelots appartenant à toutes les races et parlant toutes les langues. Les rues y puaient le goudron et le poisson pourri, et pullulaient de *public houses* et de *ship shandlers*, où entraient à jet continu des matelots que rendait nerveux une longue abstinence et qui en sortaient peu après, titubant sous l'ivresse, des femmes à leurs bras, avec lesquelles ils se mettaient à danser ou pour lesquelles ils s'ouvraient le ventre à coups de couteau.

Mais, hormis son port, Rio avait un rythme de vie provincial, paroissial même, accordé aux vœux de la très timide Maison de Bragance, qui occupait encore le trône du Brésil et que représentaient à cette époque un garçon de onze ans, Pedro II et surtout le tout-puissant Feijò, son tuteur. La cité comptait quarante mille habitants environ, blancs, et en grande majorité portugais. Loin derrière venaient les Espagnols, puis les Français et les Italiens. Auprès de cette population européenne, il y en avait une indigène, celle des *indios civilizados*, civilisés seulement dans la mesure où ils étaient baptisés. Enfin venaient les noirs, qui constituaient la main-d'œuvre des plantations et représentaient les parias de cette société composite. Sur eux, leur propriétaire avait droit de vie ou de mort. Et il existait même un fonctionnaire spécial, *le capitão do mato*, chargé d'aller les débusquer dans les forêts où de temps en temps les malheureux se réfugiaient pour les restituer à leurs légitimes propriétaires. Pendant des siècles, l'intérieur du Brésil ressembla à une immense « Loterie ».

L'« ordre de marche » n'arrivant pas, Garibaldi s'était lancé avec Rossetti dans le commerce des grains, commerce qui était plein de promesses. Tous ceux qui l'avaient entrepris s'y étaient rapidement enrichis : il suffisait d'acheter la marchandise au cap Frio ; dans cette capitale qui se développait rapidement, l'offre ne parvenait jamais à satisfaire la demande et on pouvait la revendre dix fois plus cher. Garibaldi et Rossetti furent sans doute les seuls à ne rien y gagner — à s'y ruiner, au contraire.

« La raison en est notre confiance en des gens que nous croyons amis et que nous ne rencontrons rien que des voleurs », expliqua Peppino à Cuneo, dans une lettre pleine d'amertume. Et il devait bien en être ainsi.

Un jour, tous deux lurent dans le journal que la prison de Santa-Cruz, située juste en face de Rio, venait d'accueillir un hôte d'honneur : Tito Livio Zambeccari, originaire de Bologne, qui s'était fait l'âme et le cerveau du mouvement sécessionniste du Rio Grande do Sul.

Ingénieur et comte, il était le fils d'un pionnier de l'aéronautique, Francesco Zambeccari, qui était mort longtemps auparavant ; son ballon s'était empêtré dans les branches d'un arbre et avait pris feu. Tito Livio avait hérité le courage et l'esprit d'aventure de son père. Grand, maigre, blond, élégant, la bouche tombante, il avait écumé la moitié de l'Europe, séduisant les femmes et participant à tous les mouvements révolutionnaires. En 1831, il était sur les barricades de

Modène, en compagnie de Ciro Menotti qu'il eût accompagné jusque sur la potence s'il n'était parvenu à s'enfuir. Après bien des vicissitudes, il avait rallié lui aussi le Brésil, mais à Porto Alegre où, sans attendre, il avait fondé un parti républicain dirigé contre le gouvernement de Rio.

Le moment était propice. Le Rio Grande do Sul avait toujours été la province du Brésil la plus riche, la plus remuante et la plus autonomiste. Le gouvernement central des Bragance n'avait jamais réussi à venir à bout de la résistance des grands feudataires locaux, roitelets orgueilleux, brutaux et ignorants, qui entretenaient chacun leur petite armée de *gauchos*. Les De Silva appartenaient aux plus insoumis et aux plus agressifs d'entre eux. En septembre 1836, le chef de cette dynastie, Bento Gonçalves, avait proclamé la république et la guerre sainte contre don Pedro, son tuteur Feijo et le gouvernement du président Ribeira.

Bento avait quarante-sept ans. De larges épaules, une barbe touffue et des jambes arquées par une vie presque entièrement passée à cheval. Tout gamin, son père l'avait expédié au séminaire de Sao Paulo dans le but d'en faire un prêtre. À quelqu'un qui lui objectait que le garçon ne témoignait pas d'une grande vocation, il avait répliqué : « Qu'est-ce que ça fait, puisqu'il a beaucoup de mémoire ? » Mais Bento s'intéressait moins aux âmes qu'aux pouliches. Il retourna à Trionfo, son village natal et, en un rien de temps, il n'y eut pas dans toute la région gaucho aussi gaucho que lui pour monter à cheval, lancer le lasso, tirer à l'épée, au pistolet et manier le couteau. C'était chez lui une si grande passion que, pour la satisfaire, il organisa de petites guerres privées contre ses voisins jusqu'à ce qu'il ait réussi à les rassembler tous sous un seul drapeau, en vue de la croisade contre l'État unitaire et monarchique des Bragance.

Automatiquement, Zambeccari se retrouva au côté de Bento ; et, avec l'expérience qu'il avait des complots et des révolutions, il s'en fit le conseiller et le guide. La rencontre décisive entre les deux armées eut lieu à Fanfa. Les riograndistes y furent écrasés, Bento et Zambeccari capturés.

Bento fut interné dans la forteresse de la Lage. Pour le gouvernement de Pedro, c'était un prisonnier embarrassant. Le gracier revenait à encourager les opposants à suivre son exemple. Le fusiller risquait de provoquer une nouvelle insurrection dans le Rio Grande. On décida donc de s'en débarrasser par mort naturelle. Sachant qu'il était gourmand, on lui fit parvenir un pâté. Bento le flaira et lui trouva un parfum d'oignon. Or les oignons lui causaient des nausées. Plein de dégoût, il donna le pâté au chien qui lui tenait compagnie. Le chien l'engloutit, ses yeux louchèrent, il tomba raide mort. Bento cacha son cadavre : puis, quand le gardien revint chercher son écuelle, il lui dit, en se tenant le ventre à deux mains, qu'il voulait aller sur la plage pour soulager de pressants besoins. Convaincu que c'était le poison qui commençait à faire son effet, le gardien y consentit. Traînant la jambe, Bento entra dans la mer comme pour y chercher un soulagement. Puis il se mit à nager sous le regard ironique du geôlier qui lui criait : « Continue ! continue ! Tu n'iras pas loin ! » Et ce fut ainsi qu'il arriva hors de portée de tir et disparut à sa vue. À quelques jours de là, la province du Rio Grande était de nouveau en feu.

Ce fut après tous ces événements que Garibaldi et Rossetti se présentèrent devant le ministre de la Guerre, le comte De Lage, en lui disant qu'ils arrivaient d'Italie et venaient lui demander la permission de visiter Zambeccari dans sa prison, afin de lui donner des nouvelles de sa famille bolonaise. Le comte De Lage était un brave homme; il y consentit. Les visiteurs et le prisonnier eurent une discussion animée. Garibaldi et Rossetti dirent à Zambeccari que la révolution riograndiste avait échoué par manque de forces navales. Or, des forces navales, ils étaient en mesure d'en fournir, eux. Il s'agissait naturellement du *Mazzini*. Zambeccari avait-il la possibilité d'informer Bento que le navire et son commandant étaient prêts à se mettre à son service, dès qu'ils auraient reçu un « ordre de marche » signé de sa main.

Zambeccari en prit l'engagement formel.

Un mois plus tard, rue Frasca, un inconnu se présentait chez Dalecazi et demandait Garibaldi. Sachant de quoi il retournait, Dalecazi le conduisit au port où Peppino était en train de décharger des poissons de sa barque. L'inconnu lui remit une enveloppe que Peppino ouvrit avec des mains tremblantes. À l'intérieur se trouvait une lettre qui disait : « Le gouvernement de la République Riograndiste autorise la *Sumaca Farropilha,* de cent vingt tonneaux, à croiser dans toutes les mers et les fleuves où naviguent des bâtiments de guerre ou de commerce sous pavillon du gouvernement brésilien, qu'elle pourra s'approprier par la force des armes, étant déclarés de bonne prise, par ordre de l'autorité légitime et compétente ».

En vérité, cette autorité n'était ni légitime ni compétente. Et, de plus, les données du bateau auquel elle accordait cette autorisation étaient fausses : *Farropilha* au lieu de *Mazzini* et 120 tonneaux au lieu de 20. Mais, afin d'éviter des complications et des retards, Garibaldi s'en contenta. Il avait si longtemps soupiré après cet « ordre de marche » qu'aujourd'hui qu'il l'avait en poche il n'avait pas du tout l'intention de faire des subtilités sur la validité de ses cachets. Et que ce fût Bento Gonçalves qui le lui eût envoyé, et non Mazzini, et pour la cause d'une province brésilienne en rébellion et non pour celle de l'indépendance italienne, peu lui importait.

En trois jours, il eut complété son équipage, tandis que Rossetti s'occupait des munitions et des vivres, grâce aux huit mille lires que versa Picasso pour financer l'expédition. Le 8 mai 1837, le *Mazzini* appareilla. « Il aurait défié un empire », écrira plus tard Garibaldi dans ses *Mémoires.* Et, en parlant de ses huit compagnons d'aventure, il ajoutera : « Tous n'étaient pas des Rossetti, je veux dire des hommes purs. Et certains avaient des physionomies qui n'étaient pas trop rassurantes ». C'étaient : Luigi Rossetti, Luigi Carniglia,

Giovanni Lamberti, Giacomo Fiorentino, Gabarroni, Maurizio Garibaldi (un homonyme de Peppino sans lien de parenté avec lui) et deux Maltais dont on ignore les noms.

L'occasion d'utiliser l'« ordre de marche » ne se fit pas attendre.

Le Mazzini était tout juste sorti des eaux territoriales de Rio quand fut signalée une goélette. Pour l'époque, la *Lucia* était un beau bateau, plus rapide que le *Mazzini* et d'une capacité supérieure de quatre tonneaux. Garibaldi se rangea le long de son flanc et sauta sur le pont, suivi de Rossetti et de quatre autres membres de son équipage, le sabre au poing. « Au nom de la République du Rio Grande do Sul, tonna-t-il, je vous ordonne de me rendre votre bâtiment ! ».

En voyant leurs visages, le capitaine ne fit aucune opposition. Un passager, blanc comme un linge, courut dans sa cabine et en revint avec une boîte pleine de diamants. Garibaldi déclina le présent et passa à la vérification de la cargaison et des livres de bord. La *Lucia* renfermait dans ses entrailles pour trois mille roubles de café destiné à la Russie et — découverte encore bien plus électrisante — elle avait pour armateur un Autrichien. Et c'est ainsi qu'en combattant pour le Rio Grande do Sul, on travaillait pour le *Risorgimento* !

Magnanime, Garibaldi embarqua les hommes de l'équipage sur l'unique canot de sauvetage qu'il y avait à bord, puis il les abandonna sur la mer : du reste, la côte était à deux brasses. Il ne garda avec lui que cinq esclaves noirs qu'il affranchit solennellement.

À présent, il s'agissait cependant de se remettre en route, avec deux navires alors qu'il était seul à savoir tenir la barre, et qu'aucun des deux bâtiments n'était capable de remorquer l'autre. Il était donc nécessaire d'en saborder un. Ce ne pouvait être que le *Mazzini*, plus petit et plus lent. Garibaldi ne s'y décida qu'à contrecœur, les larmes aux yeux, après avoir transbordé vivres et munitions sur la *Lucia* dont il changea le nom afin qu'il fût plus conforme à l'« ordre de marche ». Il la rebaptisa donc *Farropilha*, du portugais Farrapos, qui signifie « Gueux », y hissa le drapeau vert-rouge-jaune de la république de Bento, et fit voile vers le Rio de la Plata.

Il toucha Maldonado, en Uruguay, le 28 mai et, sachant qu'il existait de bons rapports entre ce pays et le Rio Grande, il jeta l'ancre dans le port et expédia Rossetti à Montevideo, distante d'une quarantaine de kilomètres, afin d'y chercher un acquéreur pour le café. Une cargaison qui puait, ce café : il fallait s'en débarrasser au plus vite.

Mais, après le départ de Rossetti sur un cheval de louage, on trouva sur place un client disposé à acquérir une partie de la cargaison. Garibaldi se réjouit de conclure l'affaire. Une moitié des sacs fut déchargée sur le quai et l'acquéreur promit de revenir le lendemain avec l'argent. Mais le lendemain, ce ne fut pas le négociant qui se présenta devant Garibaldi, ce fut le *capataz* du lieu tenant une feuille de papier à la main l'ordre de confisquer le navire et d'interner son équipage.

La chose parut à Garibaldi en contradiction avec les bons rapports diplomatiques entretenus par l'Uruguay et le Rio Grande do Sud dont il battait pavillon. Mais le *capataz* l'invita à réviser ses connaissances sur la question : ces rapports avaient été bons jusqu'au jour où le général Emmanuel Oribe, président de l'Uruguay, s'était trouvé aux prises avec le général Fructuoso Rivera, ancien président du même pays ; depuis, les choses avaient changé. En Amérique latine, il était dangereux de rester vingt jours en mer ; au retour, on pouvait retrouver une situation exactement contraire à celle qu'on avait laissée au moment de l'embarquement. Cependant, le *capataz* se montra raisonnable. Il dit qu'il était disposé à fermer les yeux si la *Farropilha* levait l'ancre immédiatement. Et s'il n'ajouta pas : « Sans attendre l'argent pour le café », Garibaldi le lut dans ses yeux.

Garibaldi remonta à bord et attendit que la nuit tombât ; alors, il redescendit à terre. Il alla tout droit à la maison du marchand, lui mit deux pistolets sous le nez et lui enjoignit de lui remettre l'argent. L'autre obéit sans soulever la moindre objection : c'était une canaille, mais il était beau joueur.

À onze heures, la *Farropilha* prenait le large sans être inquiétée. Il y avait un magnifique clair de lune. Mais, soudain, comme à arrive fréquemment dans ces parages, une rafale de vent rida les eaux de l'Océan, d'énormes nuages commencèrent à monter à l'horizon. La nuit fut un enfer. Aux lueurs de l'aube, dans un bruit de craquements, le navire ballotté se trouvait dans un labyrinthe : d'écueils noirâtres et les noirs se jetèrent à genoux en hurlant de terreur :

« *Las piedras negras ! Las piedras negras !* »

Grimpé au sommet du mât de trinquet, le capitaine Garibaldi guida le bâtiment en hurlant ses ordres au timonier et, grâce à un slalom impressionnant, il le tira de là corps et biens. Mais il ne put pas s'éloigner, car il fallait attendre Rossetti avec lequel il avait rendez-vous ici, à la pointe Jésus-Maria. Pendant des jours et des jours, sur la mer en tempête, le *Farropilha* accosta et appareilla, appareilla et accosta. Les vivres étaient épuisés. Les hommes se nourrissaient seulement de café, ce qui les rendait nerveux et irascibles.

Pour finir, Garibaldi décida de descendre à terre afin de se ravitailler dans une ferme qu'il avait aperçue au sommet d'une colline. Puisqu'il avait abandonné le canot à l'équipage de la *Lucia*, il improvisa un radeau avec quatre barils et une table et s'embarqua avec son homonyme, Maurizio, qui resta monter la garde sur le rivage tandis qu'il gravissait la colline.

Dans l'estancia, il trouva une gracieuse jeune femme, un livre à la main. Il lui dit en mauvais portugais qu'il désirait acheter quelque chose et elle lui répondit dans un italien parfait qu'elle ne pouvait pas conclure d'affaires en l'absence de son mari. Il fallait donc attendre celui-ci. Elle lui prépara un *maté* et, en attendant, elle se mit à parler du Dante, de Petrarque, du Tasse, en en récitant des strophes par cœur. Et, puisqu'elle y était, elle continua par des vers qu'elle avait composés elle-même et que son hôte trouva stupéfiants.

« Je passai tout le reste de la journée et presque toute la nuit à l'écouter », écrivit plus tard Garibaldi dans ses *Mémoires*, sans nous éclairer ni sur ce qu'était ni sur le nom que portait cette fermière intellectuelle. Et nous ne saurons jamais comment une personne aussi distinguée avait été amenée à devenir la femme d'un bouvier.

Le bouvier, lorsqu'il rentra, les trouva qui parlaient encore de tercets, de quatrains, de dizains, autour d'une tasse de *mate* ; mais il ne vit là rien d'extraordinaire et ne s'intéressa qu'à l'affaire que l'Italien lui proposait. Il empocha l'argent et dit qu'à l'aube il amènerait un bœuf sur la plage.

Garibaldi redescendit la colline à contrecœur. Il enviait la vie du *gaucho* et jusqu'à celle de l'étalon « qui élit la plus gracieuse des odalisques sans user du ministère servile et infâme de la créature la plus dégradée sur terre : l'eunuque ». Et sans doute se serait-il abandonné lui aussi à composer des vers si les jurons de Maurizio ne l'avaient rappelé à la réalité. Trempé jusqu'aux os et mourant de froid, le malheureux commençait à craindre qu'il ne fût arrivé quelque chose à son capitaine et homonyme.

Le bouvier tint promesse. À l'aube, il se présenta avec un bœuf qui fut équarri sur la plage et dévoré par l'équipage affamé. Puis la *Farropilha* se remit à danser devant la pointe Jésus-Maria jusqu'au lendemain, en attendant le retour de Rossetti.

Le lendemain, on aperçut deux canots, loin à l'horizon. Ce ne pouvait être que Rossetti. Pourtant, sur aucun ne flottait le drapeau rouge, selon le signal convenu. Inquiet, Garibaldi donna l'ordre à ses hommes de se tenir prêts au combat. Parvenu à portée de voix, l'un des gros canots intima à la *Farropilha* l'ordre de se rendre, au nom du gouvernement brésilien. Pour toute réponse, Garibaldi dégaina le sabre qui ne quittait jamais son côté, même en haute mer ; puis il le remit dans sa gaine et se saisit d'un fusil.

La bataille ne dura que quelques minutes, mais elle fut sanglante. Fiorentino, qui était à la barre, reçut une balle dans le crâne et tomba. Garibaldi prit sa place, mais une balle l'atteignit à son tour entre l'oreille et la carotide. Il fut remplacé par Carniglia qui, bien que ne connaissant pas le fonctionnement de la barre, mit le cap sur le Rio de la Plata. Les occupants des canots tentèrent de prendre le navire à l'abordage. Mais les premiers assaillants qui réussissent à s'accrocher au bastingage de la *Farropilha* eurent les doigts coupés à coups de sabre et furent rejetés à la mer.

Après cet échec, les canots renoncèrent à la poursuite et firent demi-tour.

N'ayant pas encore repris ses sens, Garibaldi ne put adresser un dernier salut au pauvre Fiorentino, quand on le jeta à la mer. Mais il comprit tout de même de quoi il retournait et, lorsque les autres s'approchèrent de lui, il trouva la force de murmurer : « Pas moi !... Pas moi !... ». Carniglia lui fit couler dans la gorge une goutte de café et le blessé tomba dans un sommeil plein de cauchemars. Lorsqu'il s'éveilla, il se sentit à peu près bien et se mit à déclamer des vers dans lesquels il était question d'un rocher « semant la mort sur terre et sur mer ».

Les autres le regardèrent avec épouvante.

« C'est de Foscolo »[4], dit Garibaldi.

Entre-temps, les cinq noirs qui, durant le combat, s'étaient réfugiés dans la cale, fous de terreur, s'étaient jetés à la mer en un point où le rivage était proche. Mieux valait être esclaves, mais en sécurité, que libres dans le déchaînement des éléments.

« Sans posséder cette instruction navale qui fait le pilote, Luigi Carniglia conduisit la *Farropilha* jusqu'à Gualeguay, sans y être jamais allé, avec la sagesse et le bonheur d'un expert », écrivit plus tard Garibaldi dans ses *Mémoires*. Et c'est le premier d'une série de mensonges et d'inexactitudes dont il orna ce chapitre de son passé,

---

[4] Né en 1778 et mort en 1827. L'un des premiers écrivains d'Italie moderne par la qualité de son œuvre et qui montra toujours un noble attachement à la liberté. Sa prose est parfois déclamatoire.

consacré à l'année de « prison » passée dans l'Entrerios, où il arriva en août 1837. Pendant quatre-vingt-dix ans, l'histoire s'en tint à son récit. Ce n'est qu'en 1933 qu'un journal de Concordia publia une vieille chronique signée Criollo Viejo, dans laquelle tout l'épisode de Gualiguay était reconstitué avec un luxe de détails qui ne laissait aucun doute sur leur authenticité.

Ce ne fut pas du tout Carniglia qui conduisit la *Farropilha* dans l'Entrerios. Elle fut remorquée par une goélette argentine, la *Pintonesca*, qui assurait le service des passagers entre Gualiguay et Buenos Aires. Elle était commandée par un Espagnol, Lucas Tartabul, qui, en passant près de la Farropilha, s'aperçut que ses voiles étaient toutes déchirées et que beaucoup d'hommes de son équipage étaient blessés. Il l'accosta, monta à son bord avec un certain Jacinto Andreu, un gros négociant catalan, son ami et son « frère » en maçonnerie. Et ce dernier, apprenant que le « frère » Garibaldi se trouvait dans un état grave, proposa de le remorquer à Gualiguay pour l'y faire soigner.

Garibaldi accepta et, durant le voyage, il lui raconta ses mésaventures. Mais Andreu n'était pas seul à l'écouter. Il y avait là également le général Pascual Echagüe, gouverneur de la province, personnalité si estimée qu'on l'avait surnommé « *el Restaurador del Sosiego Publico* ». À Gualiguay, le gouverneur fit venir au chevet du blessé son médecin personnel qui retira du cou, outre la balle, un lambeau de veste. Puis il permit à Garibaldi de descendre à terre. Cependant, en s'efforçant de justifier les actes de son protégé, le gouverneur ne put les qualifier autrement : c'étaient des actes de « piraterie ». Et cela le contraignit à mettre l'Italien en prison et à confisquer son bâtiment, avec toute sa cargaison.

Certes, ce ne fut pas une prison bien dure, puisque Garibaldi eut, comme on disait là-bas, « *el pueblo por carcel* » — la ville pour prison ». Il pouvait se promener jusqu'à douze mille dans l'intérieur, avec pour seule obligation de se présenter chaque jour au chef de la police. Il avait retrouvé la santé avec la même rapidité qu'il avait gagné les sympathies du général-gouverneur. Et, pendant toute l'année, il resta à la mode, à Gualiguay, dont les dames se le disputaient à goûter et à diner.

Et c'est peut-être en ayant honte de cette vie de parasite que Garibaldi écrivit plus tard que le gouvernement argentin lui versait un « peso fuerte » journalier. Mais il semble quelque peu étrange qu'on lui servît une pension. Cuyas y Sampere, un de ses amis de l'époque, nous a laissé, par contre, les lignes suivantes : « Sans argent, sans travail et sans rien, il vivait aux crochets de certains voisins qui l'invitaient à manger ». Aucun mal à ça du reste : il peut arriver à tout le monde de rester en panne et d'avoir besoin de son prochain.

Envers ses compagnons, la conduite de Garibaldi reste légèrement plus obscure. Il n'en souffle mot, dans ses *Mémoires*, comme s'ils s'étaient mystérieusement évanouis. Mais Criollo Viejo, témoin direct, assure qu'il les congédia : ce qui revient à dire, dans ces conditions, qu'il les abandonna à leur sort ; et on ne sait ce qu'ils sont devenus.

Somme toute, ce fut une année agréable. Entre deux invitations, Garibaldi apprit à boire le *maté*, à fumer le cigare et à manier les *bolas*, une espèce de lasso muni de deux boules en fer. Avec ces *bolas*, il captura des chevaux en liberté, apprit à les dompter et à les monter, et devint lui-même presque un gaucho. Mais un gaucho tranquille, en dépit des grands coutelas qu'il portait à la ceinture, à la place de son sabre, en dépit de sa crinière dont les boucles lui retombaient sur les épaules, et des éperons.

Malheureusement, l'intermède fut gâté par Rosas, le terrible dictateur au pouvoir à Buenos Aires. Rosas vint à entendre parler de Garibaldi et de ses menées révolutionnaires. Et il envoya à Echagüe l'ordre de le transférer à Parana, sous l'escorte d'un officier noir. Garibaldi s'indigna. Il avait toujours fait profession d'antiracisme, mais « il considérait déshonorant » d'être placé sous la surveillance d'un noir, écrit son ami Rafael de Zavalla. À tel point que, pour se soustraire à cette honte, il s'échappa.

Et, pour s'enfuir, il lui fallut obtenir l'aide d'un guide, Juan Pérez, que lui avait indiqué un ami. On choisit une nuit d'orage, sombre, si sombre que Pérez, presque tout de suite, dut revenir sur ses pas afin de se munir de briquets. Ils franchirent à cheval cinquante-quatre milles d'une seule traite et, à l'aube, ils étaient en vue d'Ibicuy où l'Italien comptait trouver un petit bâtiment qui le conduirait à Montevideo.

Pérez partit s'informer en ville. Étendu sur le sol, les os endoloris, Garibaldi s'endormit. Quand il rouvrit les yeux, il se vit entouré par les gardes de Gualiguay, qui lui lièrent les chevilles sous le ventre de son cheval et le ramenèrent à son point de départ.

Et ils y arrivèrent une heure après. C'est seulement à ce moment-là que Garibaldi, l'incorrigible naïf Garibaldi, se rendit compte de la trahison de Pérez. Ce dernier, profitant de l'obscurité, l'avait fait tourner en rond, puis en même temps que chercher des briquets, il était allé prévenir le chef de la police, un certain Millan ; enfin, à l'aube, il était parti à la rencontre des gardes pour les conduire jusqu'au fugitif. Les gardes étaient commandés par un Italien, Elias Campodoniso, qui remit l'évadé à Millan. Celui-ci le fit pendre par les pieds à une poutre pour le forcer à révéler les noms de ceux qui avaient favorisé sa fuite. Garibaldi resta muet. On le fouetta jusqu'au sang, mais il continua à se taire. Sur un simple soupçon, Millan fit même arrêter Andreu. Ce fut un faux pas : Andreu était un citoyen très estimé. Cuyas y Sampere, qui avait voix au chapitre, écrivit une lettre indignée à Echagüe. Et Echagüe, sans même se soucier de Rosas, ordonna la libération des deux prisonniers. Garibaldi recevait alors les soins d'une infirmière bénévole, Mme Senabria de Alleman, qui, ayant un grand faible pour lui, avait obtenu de Millan la permission de soigner ses blessures. Il resta encore deux mois à se faire chouchouter. Pendant deux autres mois, on le garda à Bajada, capitale de la province. Enfin on préféra se débarrasser de lui, en lui accordant la permission de rejoindre Montevideo. Il ne semait que révolutions et que cornes, derrière lui, ce nomade !

Anita

À Montevideo, Garibaldi retrouva Cuneo, Rossetti et Carniglia qui le logèrent chez Giuseppe Pazanti. Il y vécut caché un mois, un mandat d'arrêt ayant été lancé par le gouvernement uruguayen contre le commandant du bateau pirate *Farrapilha*.

Clandestinité toute relative. Tout le monde, en ville, connaissait la présence de Garibaldi et personne ne se gênait pour venir le voir : pas seulement Cuneo, qui était journaliste, pas seulement Rossetti qui espérait le devenir et était en train de mettre sur pied *O Povo* — Le Peuple —, organe officiel du gouvernement révolutionnaire rio-grandiste, pas seulement Carniglia, pour le moment sans travail ; tous les autres membres de la colonie italienne défilaient chez Pazanti et jusqu'à deux officiers de la marine brésilienne, fidèles au gouvernement de Rio, bien sûr, mais encore plus grands admirateurs de Garibaldi.

Au cours de ce mois, le réfugié put se remettre au courant de la situation politique générale, qui continuait à être plus que jamais difficile à évaluer.

À Rio, Pedro II, l'enfant-roi, avait perdu son meilleur allié et conseiller en la personne de son tuteur : Antonio Feijò. Feijò était prêtre, mais il avait des idées modernes et plutôt mal vues par la Cour où dominaient les éléments réactionnaires. Quand éclata la rébellion du Rio Grande, ces derniers l'imputèrent au réformisme de Feijò, le renversèrent et le remplacèrent par le chef des conservateurs Araujo Lima. L'enfant-roi devait attendre 1840, ses seize ans accomplis, pour être proclamé empereur et assumer le pouvoir effectif. Pour le moment, il devait se contenter de signer les décrets que préparait pour lui Araujo Lima.

La « poigne de fer » des conservateurs n'était pas parvenue du tout à éteindre la révolte du Rio Grande qui s'était au contraire rallumée après le retour de Bento Gonçalves. C'était une guerre ancienne dans laquelle alternaient les périodes « froides », comme l'on dirait aujourd'hui, et les périodes « chaudes », mais qui, jamais, ne s'était tout à fait éteinte, parce qu'elle reposait sur une question raciale. Les Rio-grandistes étaient en majorité d'origine espagnole et, à la différence des Brésiliens, ils avaient pratiqué une politique ségrégationniste intégrale à l'égard des Indiens et des Noirs. Ils cultivaient l'orgueil de leur peau blanche qu'ils n'entendaient pas contaminer avec celle, métissée, des autres Brésiliens. Ils ne se considéraient pas comme une province, mais comme un continent à part, et ils s'appelaient entre eux, du reste, les « continentaux ». Ce nom de Rio Grande, on le leur avait donné par erreur. Les premiers explorateurs, lorsqu'ils avaient découvert la Laguna dos Patos, c'est-à-dire des canards, avaient cru qu'il s'agissait de l'embouchure d'un *rio*, c'est-à-dire d'un fleuve. Mais ce n'était pas un fleuve, c'était la mer. Et sur cette mer laguneuse, il n'y avait pas de ports, chose qui avait contribué à renforcer l'isolationnisme de ces *gauchos* individualistes, impulsifs, violents, agressifs et gais, enthousiastes et fanfarons, qui préféraient la vie des pâturages à celle des villes et ne restaient pas en place, à cheval ou à bord de leurs chariots, un grand manteau sur le dos, le mouchoir noué sur la tête, les savates aux pieds, le lasso et la cravache pendus à la selle. Ils avaient un faible pour la lecture.

Mais, bien plus que de livres, ils étaient avides de journaux. Ils en possédaient une vingtaine et il suffisait de lire leurs titres pour comprendre quel air on y respirait : *Inflexivel* — l'Inflexible — ; *Inexoravel* — l'Inexorable — ; *Idade de pao* — L'âge du bâton. Lorsqu'ils avaient des doutes et croyaient ne pas s'être expliqués suffisamment avec leur plume, leurs rédacteurs sortaient le couteau et descendaient dans la rue.

Sans doute, le gouvernement de don Pedro aurait-il pu étouffer dans l'œuf le séparatisme riograndiste si le dictateur argentin, Rosas, ne se fût mêlé à la querelle. C'était un gaucho, lui aussi et, dans l'exercice du pouvoir absolu, il avait gagné le surnom de Cortacabezas, ce qui signifie « Coupe tête ». Il possédait un grand dessein politique : fonder une confédération des États de la Plata, Argentine, Rio Grande et Uruguay. Le moment lui parut venu en 1835, lorsque, à Montevideo, le général Rivera, champion de l'indépendance, perdit la présidence et que fut élu à sa place un grand ami de Rosas, Oribe. Si l'on réussissait à détacher définitivement le Rio Grande du Brésil, le tour était joué.

Pour gagner des partisans à sa cause, Rosas, qui connaissait le faible des Riograndistes pour les journaux, expédia deux de ses hommes noyauter la presse de Porto-Alegre : d'abord Emanuel Roedas, ensuite Tito Livio Zambeccari, qui devint rédacteur en chef de *O republicano*. Ce fut grâce à l'arrivée de Zambeccari que Bento fut gagné à la Cause. Comme nous l'avons vu, tous les deux avaient été faits prisonniers par les Brésiliens après la défaite de Fanfa. À présent, avec l'évasion et le retour de Bento, la lutte avait repris. Mais, pour Rosas, les perspectives n'étaient plus ce qu'elles étaient auparavant, depuis la chute d'Oribe, à Montevideo, où le pouvoir était retourné à Rivera, le vieux champion de l'indépendance uruguayenne. Oribe s'était réfugié à Buenos Aires et là, sous la protection de Cortacabezas, il complotait contre son pays en vue de la fameuse *guerra grande* qui, d'ici peu, devait éclater entre l'Argentine et l'Uruguay.

Garibaldi était arrivé à Montevideo en juillet. Mais un mois plus tard, en août (toujours de cette même année 1838), il repartait en direction du Rio Grande où on l'attendait toujours pour lui confier le commandement des forces navales. Rossetti l'accompagnait. Carniglia devait suivre, tout de suite après.

Voyageant sans bagage et à *l'escotero*, c'est-à-dire avec une vingtaine de chevaux de façon à en avoir toujours un de frais en réserve, ils se dirigèrent vers Piratiny où, avaient-ils entendu dire, Bento avait installé sa capitale provisoire depuis que la vraie, Porto-Alegre, était tombée aux mains des Brésiliens. Ils y arrivèrent en quelques jours, mais n'y trouvèrent pas Bento. Le gouvernement révolutionnaire s'était converti au nomadisme et ses bureaux s'étaient installés dans d'énormes chariots traînés par quatre, huit, jusqu'à douze couples de bœufs qui battaient dans tous les sens l'immense espace de la prairie, escortés de patrouilles de gauchos à cheval.

Pour accueillir Garibaldi, il n'y eut guère que le ministre des Finances, d'Almeida, un ploutocrate local, grand de corps et gros de portefeuille. Il s'était brouillé avec le gouvernement de Rio, depuis qu'on lui avait retiré le monopole des transports fluviaux dont il avait été l'organisateur. Il avait des cheveux noirs, longs, une barbiche à la Napoléon III, une bouche petite et sans lèvres, des yeux bovins. Il parla aimablement avec l'Italien et l'informa qu'à son intention on avait établi un chantier à l'embouchure du Camagua, où deux navires étaient presque prêts ; mais il ne voulut pas prendre sur lui la responsabilité de les lui confier. Seul Bento était habilité à le faire.

Garibaldi se rendit chez Bento, qui était alors à San Gonzalo.

Les deux hommes se firent mutuellement grande impression.

Garibaldi vit en Bento « un chevalier errant du siècle de Charlemagne » et « un chevalier de l'Arioste ». Il avait les cheveux tout blancs et accusait dix ans de plus que sa cinquantaine. Mais quand il montait à cheval, il en perdait vingt-cinq, tant il était souple et solide. Bento reconnut en Garibaldi un véritable amiral, le garda auprès de lui pendant quelques jours, après quoi il le nomma commandant en chef de toutes les forces navales riograndistes, qui étaient représentées en tout et pour tout par les deux navires en construction dont avait parlé d'Almeida : l'un de quinze, l'autre de dix-huit tonneaux. Camagua était un fief de la dynastie Bento. L'arsenal était situé dans une propriété appartenant à la sœur du président, donna Anna

Gioacchina Gonçalves ; Garibaldi en prit possession et établit ses quartiers dans un baraquement voisin. Tout de suite, il s'entendit bien avec le directeur des travaux, un aventurier qui appartenait à une bonne famille américaine — riche, de surcroît. Ce John Griggs avait parcouru la moitié du monde, dans l'attente d'un gros héritage dont il parlait sans arrêt et auquel personne ne croyait. La chose était vraie cependant. Toutefois, il n'eut pas de chance : cet héritage ne lui échut que quelques jours après qu'il eut définitivement cessé de l'attendre, quand il fut mort. L'équipage qui devait embarquer était composé, écrira Garibaldi lui-même, d'hommes « connus sur les côtes américaines, de l'Atlantique au Pacifique, sous le nom de *Frères de la côte*, espèce qui avait jadis fourni en équipage les flibustiers et les boucaniers et qui, aujourd'hui, donnait encore son contingent à la traite des nègres ». Mais, dans le fond, c'était justement pour cela qu'il lui plaisait.

Du reste, quand les deux bateaux furent prêts, chacun muni de sa paire de canons de bronze, Garibaldi les manœuvra en obéissant aux règles d'une stratégie qui convenait très bien au caractère de pirate de cet équipage. Il ne pouvait faire différemment. À la sortie de la Laguna dos Patos, croisait une escadre brésilienne de trente navires, commandée par un certain John Pascüe Grenfell. On ne pouvait donc les attaquer qu'un par un, chaque fois qu'un bâtiment s'écartait des autres.

C'est ce que Garibaldi faisait en général la nuit, au cours d'actions fulgurantes, s'avançant sous le bord du bâtiment et entrainant son équipage à l'abordage. On tuait, pillait et on filait. Arrivés sur les bas-fonds de la lagune, Garibaldi hurlait : « *À l'agua, patos !* » « A l'eau, canards ! » Les matelots se jetaient du bord, leurs selles en bandoulière et, à la force des bras, ils poussaient les canots dans une zone de sécurité — parmi les canetons — là où les vaisseaux ennemis, plus gros, plus pesants, n'étaient pas en mesure de les suivre. À distance s'échangeaient des dialogues pittoresques entre les Brésiliens qui hurlaient : « Lâches ! » et les corsaires qui leur répondaient par des injures et des gestes obscènes.

À terre, les matelots capturaient des chevaux en liberté, les sellaient et se livraient à des razzias à compte personnel. Les poules, les vaches et les femmes en faisaient les frais. Les femmes étaient très belles, nous dit Garibaldi. Il en connut une, Manuela, qu'il eût peut-être épousée si elle n'avait pas été fiancée avec un neveu de Bento. Le 4 septembre eut lieu une expédition particulièrement heureuse. Les corsaires surprirent une goélette, la *Mineira*, qui arrivait de Rio. Ils la capturèrent. Elle portait une cargaison de vêtements, tous de premier choix. Quand ils rentrèrent à leur base, en remorquant leur prise de guerre, ces soldats d'aventure, puants, hirsutes, barbus, avaient tout à fait l'allure de freluquets équivoques et, pendant des jours et des jours, ils se pavanèrent ainsi costumés.

Par cette série de succès, quoique d'un caractère purement épiso-dique, Garibaldi s'était fait un nom — un nom enviable. Il n'avait pas mis en fuite la flotte ennemie, mais son habile guérilla la retenait hors de la lagune. Toutefois, son plus grand crédit, celui qui lui octroya le respect général, ce fut une action de terre qui le lui valut, passée à l'histoire sous le nom de « combat du baraquement ».

Ce baraquement était celui qu'habitait Garibaldi ; il servait de can-tine à tout l'équipage. Un matin d'avril 1839, Garibaldi s'y trouvait ainsi que plusieurs de ses compagnons, quand un des hommes ar-riva en courant et, essoufflé, hurla :

« Le Moringue a débarqué ! ».

Moringue signifie littéralement « bouteille à gros bedon ». En fait, c'était le surnom qu'on avait donné à un type de la région, moitié soldat, moitié bandit, qui, pour l'heure, combattait cependant au ser-vice de l'armée impériale avec le grade de lieutenant-colonel.

Son véritable nom était Cecco Pietro de Abreu et, loin d'être « une bouteille à gros bedon », c'était un athlète ; grand, élancé, avec une magnifique crinière noire et des pommettes saillantes. C'était son père qui l'avait mérité, ce surnom, car effectivement il était bedonnant et court sur pattes ; du père, le surnom était passé au fils — et l'avait rendu enragé. Sous le couvert de sa tenue et de son grade, le Moringue menait une guerre privée contre ses compatriotes pour assouvir les haines personnelles, ses rancœurs, enlever des femmes et dérober du bétail. C'était un « dur », comme on dirait aujourd'hui, et son nom seul inspirait la crainte. Il attaquait uniquement de nuit ; le jour, il montait la garde. On ne sait pas quand il dormait. Mais on prétendait que trois heures de sommeil lui suffisaient.

Garibaldi sauta en bas de son lit, s'arma, fit armer les siens et attendit. Moringue ne donnait pas signe de vie. Garibaldi pensa qu'il s'agissait d'une fausse alarme, d'autant plus qu'on était déjà en plein jour. Par acquit de conscience, cependant, il expédia une patrouille inspecter les buissons des alentours. Quand elle revint sans avoir rien vu de suspect, il envoya tous les hommes travailler dans le chantier et se mit à siroter une *cuia* de thé, assis à califourchon sur un tronc d'arbre. Pour toute compagnie, il lui restait le cuisinier.

Brusquement, un bruit de fusillade crépita autour de lui, et une balle traversa son poncho. Garibaldi se jeta d'un bond dans le baraquement où, posés contre les murs, se trouvaient les fusils chargés de ses hommes. L'un après l'autre, il commença à les décharger sur le Moringue et ses soixante-dix énergumènes qui faisaient irruption à cheval, la lance en arrêt. Les premiers avaient déjà pénétré dans le baraquement ; mais ils hésitèrent devant ce feu nourri, pensant qu'il y avait à l'intérieur au moins la moitié d'un régiment ; et ils commencèrent à reculer. Garibaldi continuait à tirer comme un possédé, pendant que le cuisinier, à ses côtés, rechargeait les fusils. Les hommes du Moringue se montrèrent en cette occasion au-dessous de leur réputation ; ils s'éparpillèrent de nouveau dans les buissons pour profiter de leur abri et reprendre souffle. Au bruit de la fusillade, dix hommes arrivèrent pour prêter main-forte à leur commandant et la bataille continua, de loin, jusqu'à trois heures de l'après-midi. Dans le baraquement, les combattants hurlaient et chantaient à se casser les cordes vocales pour faire croire qu'ils étaient plus nombreux.

À trois heures, une arquebusade tirée par le noir Procope frappa le Moringue au bras. Les assaillants se retirèrent en laissant six morts sur le terrain, sans parler des blessés qu'ils emmenaient avec eux. Du côté des défenseurs, on comptait un mort et six blessés. De retour à sa base, le Moringue se refusa à se laisser retirer la balle ; la gangrène s'y mit et on dut l'amputer.

« Au moins, on ne m'appellera plus Moringue », dit-il avec amertume. Il se trompait. On continua à l'appeler Moringue, comme si de rien n'était.

Après avoir effectué une reconnaissance sur le terrain où il avait trouvé la victoire, Garibaldi, de retour au baraquement, s'aperçut que la caisse avait disparu. Il était manifeste qu'un de ses hommes avait fêté ce succès, en s'appropriant les fonds. Garibaldi déclara donc le vol dans un rapport adressé à son supérieur le ministre. D'Almeida, fou de rage, ordonna une enquête. Mais Bento se félicita de cette victoire éclatante qui avait libéré l'arrière de ce maudit Moringue.

Tout de suite après cet épisode qui avait valu à Garibaldi la réputation d'un homme intrépide et invincible, on lui confia une expédition d'un caractère beaucoup plus périlleux. Le bruit courait que Santa Catarina grondait contre la garnison impériale et ne demandait qu'à être libérée. Il fallait donc la libérer. Et, comme la ville était située sur la mer, c'était au commandant en chef des forces navales qu'il incombait de le faire, autrement dit à Garibaldi. Mais les forces navales ne comprenaient toujours, en tout et pour tout, que les deux gros canots que nous connaissons : la *Farropilha* et le *Seival*, enfermés dans la lagune par l'escadre brésilienne.

Garibaldi tourna la difficulté par une trouvaille digne d'Hannibal qui souleva d'enthousiasme Bento et son chef d'état-major, Canavarro. L'Italien rassembla tous les charpentiers et tous les calfats de la région et, en les faisant travailler jour et nuit, en une semaine il eut un énorme plateau muni de huit roues, auquel il attela vingt-cinq couples de bœufs : et, après y avoir chargé les deux bâtiments, il dirigea cet équipage vers le lac Tramandahy, qui se jetait dans l'Océan. Il y avait cinquante-quatre milles à parcourir ainsi ; cette étrange flotte carrossée les franchit en six jours.

On atteignit le lagon le 11 juillet. Garibaldi prit le commandement de la *Farropilha*, abandonnant à John Griggs celui du *Seival*.

En réalité, le Tramandahy était constitué par une série de petits étangs qui communiquaient entre eux par des chenaux extrêmement étroits. Et, avant cette entreprise de désespérés, aucun navire n'avait jamais réussi l'exploit de les parcourir tous jusqu'à son embouchure. Garibaldi le réussit. Il mit immédiatement le cap sur Laguna, tandis qu'une colonne de Canavarro s'y dirigeait également de l'intérieur.

En débouchant sur l'Atlantique, ils sentirent l'odeur du « menuisier de la côte », un vent de type sirocco avec lequel les matelots aimaient mieux ne pas avoir affaire. Mais Garibaldi donna l'ordre de poursuivre, et il y parvint durant toute la nuit et une bonne partie de la journée du 13, manœuvrant entre les vagues et les écueils. Mais, à trois heures de l'après-midi, il se rendit compte que continuer était une folie. Il confia la barre à Carniglia et a grimpa au mât de trinquet pour lui indiquer la route de la côte. Il n'en avait pas encore atteint le sommet, qu'un choc violent le précipita dans la mer écumante. Il aperçut Carniglia qui avait subi un sort identique, et luttait maintenant avec désespoir pour se libérer d'une capote qui le gênait pour nager. Il se rapprocha de lui afin de l'aider avec son couteau. Mais une vague les submergea. Quand il sortit la tête de l'eau, il ne vit plus son compagnon, englouti par les flots ainsi que tous les autres Italiens du bord.

Il se retrouva sur le rivage où le ressac l'avait rejeté. Il était sans force. Il entendit des gémissements, mais il ne put faire un mouvement, épuisé, engourdi par le vent glacé de la nuit.

À l'aube, il découvrit un baril d'eau-de-vie. Aurait pu être le salut. Malheureusement, il était fermé. Il se leva, obligea tous les rescapés à en faire autant, leur donna l'ordre de se prendre par la main et les traîna sur les pentes qui dominaient la plage, en courant comme un fou. Réchauffés, ils reprirent leur souffle puis se jetèrent vers l'intérieur où ils trouvèrent refuge chez un paysan qui leur donna à manger.

Le lendemain, ils rejoignirent la colonne Canavarro qui marchait sur Laguna. Loin de leur opposer de la résistance, la cité les acclama en « libérateurs », se proclama république indépendante, changea son nom pour celui de Juliana, puisqu'on était en juillet, s'inventa un drapeau vert-blanc-jaune, et confia le pouvoir à un vicaire, don Vincente Ferreira Dos Santos Cardoso ; Rossetti fut nommé secrétaire d'État.

Garibaldi passa quatre mois à Juliana, établi sur un des navires ennemis capturés dans le port, l'*Itaparica*. Ce furent des mois de repos, mais aussi de solitude. Tous ses compagnons italiens étaient morts dans le naufrage. Il ne lui restait que Rossetti, mais un Rossetti très affairé et presque continuellement en voyage. Pour se distraire, il n'avait plus que le *maté* qui, chez lui, avait pris les proportions d'un vice. Et l'inaction le frappait de mélancolie et de découragement.

Un jour où, avec des jumelles, il était en train de contempler le mouvement du port, raconte-t-il, depuis la dunette, il aperçut sur le quai une femme. Elle était grande et ses formes indiquaient beaucoup de générosité, particulièrement à la hauteur de la poitrine. Elle avait de grands yeux noirs au milieu d'un visage ovale semé de grains de beauté. Ce fut un coup de foudre, comme l'on dirait aujourd'hui. Il se fit conduire à terre dans une chaloupe et se mit à la chercher dans un groupe de maisons où il l'avait vue disparaître.

Un passant lui propose de boire un café. Une porte. Garibaldi franchit le seuil. Il se trouve en face d'elle. Alors, dans une extase, il la fixe et lui dit (c'est toujours lui qui raconte) : « Vierge, tu dois être mienne ! ».

C'était Anita.

Bien des années plus tard, lorsque Dumas lut ce passage — il était encore manuscrit et attendait toujours d'être ajouté aux *Mémoires* — il fit remarquer à Garibaldi qu'il ne lui paraissait pas suffisamment clair ni circonstancié. Et Garibaldi répondit en soupirant : « Il doit être ainsi ».

En réalité, les choses s'étaient passées d'une façon assez différente.

Anita n'était pas du tout vierge, lorsque Garibaldi la rencontra.

Pour la simple raison qu'elle était mariée depuis six ans avec un pêcheur de Laguna, Emmanuel José Duarte. Elle n'était pas de la ville. Elle était de Morrinhos, près de Tubarao, et, à quatorze ans, elle avait déjà fait parler d'elle en éteignant sur le visage d'un charretier le cigare que ce dernier tenait dans sa bouche, alors qu'il fixait la jeune personne d'un regard qui lui avait paru une offense pour sa pudeur. Ce fut peut-être à la suite de cette affaire que son père, Bento Ribeiro de Silva, dit le Gros Bento, décida de transporter sa famille à Laguna, où il mourut peu de temps après, suivi à court terme dans la tombe par ses trois fils. La veuve, Maria Antonia de Jésus, resta seule avec les trois filles : Manuela, Felicidad et Anita. Et leur chaumière, où chaque jour déjeuner et dîner posaient le même problème, devint « La casa de las tres niñas » — la maison des trois demoiselles.

Anita était la plus belle, mais aussi la plus difficile à manier, en raison d'un caractère agressif. Elle refusa un bon parti, le sergent Juan Gonçalves Padilha, et épousa Duarte, pêcheur sans un sou. Ce fut une déception. Sans un sou, Emmanuel José était de plus bigot, tatillon et timoré. Quand on commença à respirer quelques effluves de brise révolutionnaire, à Laguna, il se rangea du côté de l'ordre établi. Et, chez les Duarte, on pouvait entendre le mari entonner le couplet des loyalistes :

« Cuando Garibaldi/
toca la corneta/
todos sus soldados/
manyan la polenta »,

et sa femme lui répliquer — car Anita était déjà gagnée à la cause de la rébellion :

« Arriba, muchados/
que las cuatro son/
viene Garibaldi/
con su batallón ! »

Garibaldi. Avant même qu'il soit arrivé à Laguna, son nom avait déjà pénétré dans la maison du pêcheur Duarte, et dans les oreilles et le cœur d'Anita. Et ce fut elle qui voulut le voir. Ce fut elle qui voulut qu'il la vît. Ce fut elle qui pointa dans ce but une poitrine prospère dans la direction des jumelles du Héros. Il raconte — et il est peut-être de bonne foi — que la première fois où ils s'adressèrent la parole, Anita ne savait pas qui il était et qu'elle ne le comprit qu'à l'église, pendant un *Te Deum* d'action de grâces célébré à l'occasion de la « libération », quand elle l'aperçut, parmi les autorités, aux côtés de Canavarro.

Sur ce qui s'est passé ensuite, on ne possède aucune précision. Garibaldi écrit qu'il la suivit à la fontaine où elle allait remplir son broc. Et qu'elle l'accueillit très mal. C'est possible, car Anita pouvait désormais se le permettre : le poisson était ferré. La première fois qu'il alla frapper à sa porte, une voix d'homme, à l'intérieur, cria :

« Ici, on ne reçoit pas les *farrapos*. Et encore moins les gringos. »

Ils jouèrent à cache-cache pendant deux mois : et il est vraisemblable qu'on parlait plus de cette affaire, à Laguna, que de la guerre, toujours au point mort, ou de la politique, de plus en plus embrouillée. On a prétendu que Duarte n'avait pas pu défendre la paix de son foyer, un peu parce que, la paix, il n'avait jamais pu l'obtenir, de cette épouse insatisfaite et arrogante, un peu parce qu'il était tombé malade et avait dû entrer à l'hôpital. Mais une seconde version ignore cette histoire d'hôpital et la remplace par le départ du mari ; Duarte aurait, en ce cas, suivi les troupes impériales lorsqu'elles avaient quitté la ville. Comme il le dit à Dumas, Garibaldi avait essayé moins d'éclaircir l'affaire que de l'embrouiller. « Si ce fut un péché, j'en porte toute la responsabilité. Et ce fut un péché. Oui ! Deux cœurs s'unirent avec un immense amour, et la vie d'un innocent en fut brisée ».

Le 23 octobre de cette même année 1839, Garibaldi — béret à pompon, blouse ouverte sur la poitrine, sabre au ceinturon et poncho sur le bras — se présenta chez Anita et l'emmena sans rencontrer de résistance de la part de quiconque — surtout pas de sa part à elle — sur l'*Itaparica*. Le navire leur servit de garçonnière et ils firent leur voyage de noces à l'ancre, bercés par les vagues et veillés par la solidarité affectueuse de cet équipage de canailles, qui n'étaient pas cependant dépourvues d'indulgence envers certaines faiblesses.

Ce fut la canonnade qui interrompit cette lune de miel.

Tout d'abord, Garibaldi fit semblant de ne pas l'entendre : Anita était enceinte. Mais la canonnade investit la ville et il fallut déloger.

Bento était un gaucho, et c'était en gaucho qu'il avait fait la guerre : sans plan stratégique, sans plan politique, sans préparation adéquate, sans armement, sans rien. Son chef d'état-major, Canavarro, n'était pas homme à suppléer à ces lacunes. C'était un adjudant-chef, courageux, certes, et dur avec les hommes : mais enfin, avec sa truculence, un bouvier. Quant à la troupe, elle était plus douée pour la razzia que pour la bataille.

Au début de 1840, Garibaldi reçut l'ordre de faire voile vers Imaruhy qui venait de se révolter, dans le but de lui infliger une sévère correction. Il partit donc, avec Anita, sur le *Rio pardo* qu'il lui avait donné, le jour où il l'avait prise avec lui, en bon amiral sud-américain qui peut disposer de ses bâtiments en toute liberté. Suivaient le

Casapava, commandé par John Griggs, et le *Seival*, placé sous les ordres d'un Italien, Lorenzi.

Quand elle eut entendu qu'il s'agissait de représailles, sa bande de fripouilles y mit un tel zèle que Garibaldi ne sut plus comment l'arrêter. « Impossible de raconter dans le détail toutes leurs infamies et leurs scélératesses », écrivit-il plus tard. Et nous le croyons sur parole. Après avoir inutilement couru en tous sens, sabre au poing, pour tenter de modérer ces énergumènes occupés à incendier, à piller et à violer, il se mit à crier : « Les *caramurù* arrivent ! » C'était le surnom que les *ferrapos* avaient donné aux impériaux. Et ce fut seulement ainsi qu'il parvint à les ramener à bord. En plus d'un butin de guerre qui consistait surtout en bouteilles d'eau-de-vie, ils ramenaient avec eux le cadavre d'un de leur compagnon, un Allemand, qui avait été éventré au cours de l'une des innombrables rixes qui avaient éclaté dans la ville. Au milieu de la nuit, lorsqu'ils eurent repris le large, Garibaldi, faisant son quart, vit plusieurs des hommes qui, à la lumière d'une chandelle, jouaient aux cartes et aux dés sur la panse de leur camarade mort.

Il rejoignit Laguna au moment où les républicains étaient sur le point de l'abandonner sous le harcèlement des impériaux. Il reçut l'ordre de protéger la retraite, mais il n'eut pas le loisir de l'exécuter. L'escadre brésilienne lui tomba dessus alors que presque tous les équipages étaient à terre et, cette fois, ce furent ses adversaires qui bénéficièrent de la surprise. Le commandant de l'*Itaparica*, Juan Enriquez, trouva la mort dans la bataille, ainsi que celui du *Seival*, John Griggs, précisément la veille du jour où devait lui échoir son fameux héritage. Sous la canonnade, Anita faisait la navette entre le *Rio pardo* et la terre ferme pour conjurer Canavarro d'envoyer de l'aide. Mais ce ne fut pas de l'aide qu'il expédia, ce fut l'ordre d'incendier les navires et de se replier. Garibaldi l'exécuta. Perché sur une colline, d'où il avait assisté au désastre sans remuer le petit doigt, l'équipage prit beaucoup de plaisir à voir cet autodafé sur la mer.

Alors commença une retraite désastreuse. À cheval, suivi d'Anita à cheval elle aussi, l'amiral Garibaldi devenu chef de bande, prit part à différents combats. Une fois, au terme d'un engagement, Anita ne le trouva plus à ses côtés. Elle se mit à le chercher avec désespoir parmi les morts jonchant le champ de bataille. Un détachement d'impériaux arriva alors à bride abattue et la fit prisonnière. On l'enferma dans une maison du voisinage. Mais, au cours de la nuit, elle s'échappa par la fenêtre.

Le sergent de garde qui lui cria : « Halte ! » l'appela par son prénom. C'était Juan Goncalves Padilha, le soupirant qu'elle avait sacrifié à Emmanuel Duarte. Pour lui, ce pouvait être l'occasion de se venger. Il n'en fit rien. Il lui laissa le champ libre. Par esprit chevaleresque ? Pour la remercier de lui avoir évité un grand danger ? Impossible de le savoir.

Juste à ce moment-là arrivait un cavalier portant un poncho blanc sur le dos, le poncho de Garibaldi ; elle l'aurait reconnu entre mille. Anita lui demanda où il l'avait pris et, dès qu'elle le sut, elle y courut. Là aussi, il y avait beaucoup de morts. Mais elle n'y trouva pas son Peppino. Ce ne fut qu'après huit jours de recherches désespérées qu'elle le retrouva, à Vaccaria.

À San José del Norte, le sort de la guerre parut un moment pencher à nouveau en faveur des républicains. San José était une position-clef et ce fut à Garibaldi que revint le mérite et la gloire de l'emporter. Pour escalader les murailles, ses hommes grimpèrent sur les épaules les uns des autres et, la surprise aidant, leur audace fut couronnée de succès. C'eût été la victoire si les assaillants, après avoir conquis trois des quatre forts impériaux, eussent insisté.

Mais San José était un bourg riche et bien approvisionné. À la vue de toutes les vitrines pleines de beaux vêtements, les fripouilles s'abandonnèrent à corps perdu au pillage, s'habillèrent de neuf des pieds à la tête (c'était leur faible, à ces truands), puis ils se lancèrent dans une chasse au vin et aux femmes, comme ils avaient fait à Imaruhy.

À l'aube, ils étaient tous saouls et avaient perdu jusqu'à la pierre à feu de leurs fusils. En vain, Garibaldi se démenait pour remettre un peu d'ordre dans cette horde avinée.

À midi, une explosion fracassante secoua la petite cité. Bourré de munitions, l'un des trois forts avait sauté. « Ils furent projetés en l'air comme des lucioles », dit Garibaldi de ses hommes. Mais pas même cela ne leur servit de leçon. Et l'exode désespéré reprit au milieu de l'anarchie habituelle. Entre morts, blessés et déserteurs, il ne restait plus à Garibaldi que soixante-trois hommes. Un jour, une fausse alarme les fit tous disparaître dans les buissons environnants. Lorsqu'il les rassembla à nouveau, il s'aperçut qu'ils n'étaient plus qu'une cinquantaine. Les autres avaient pris le large avec une grande partie des chevaux.

Ce fut au milieu de cette confusion et de ces souffrances que naquit Menotti. Il naquit avec un creux dans le front, conséquence d'une chute de cheval d'Anita — on disait —, d'Anita qui n'était pas descendue de sa monture même au cours du neuvième mois. C'était le 16 septembre 1840. Ils avaient fait halte à Mustarda, où ils avaient été hébergés par une famille de pauvres paysans nommés Costa. Comme on ne disposait pas de la layette dont le nouveau-né avait besoin, Garibaldi décida d'aller se la procurer à Settembrina où il avait beaucoup d'amis. Et il partit. Mais, à son retour, il ne trouva pas Anita. Elle avait dû fuir durant la nuit, emportant le bébé, pour éviter les représailles du Moringue, lequel était rentré en scène, avec son unique bras. Après de laborieuses recherches, il la retrouva dans un bois ; elle était encore en chemise de nuit.

Il était donc impossible de faire halte ; et cette terre si vaste n'offrait elle-même aucun refuge sûr, il fallait réintégrer l'armée républicaine vaincue et suivre sa désastreuse retraite à travers la Serra de Espinasso. En fait, ils ne la suivirent pas, cette retraite. Quand, au cours d'une énième rencontre, Rossetti aussi eut perdu la vie, Garibaldi se rendit chez Bento et lui fit part de la situation dans laquelle il se trouvait, avec une Anita épuisée et un Menotti au maillot. Et Bento, qui était un brave homme, lui permit de s'en aller et l'autorisa même à emporter avec lui neuf cents bovins capturés dans une estancia de l'intérieur, le Corral de Pedras. Et cette fois, même l'avare D'Almeida l'approuva : d'autant plus que s'ils ne les emmenaient pas, les impériaux s'en empareraient.

C'est ainsi que Garibaldi se fit *gaucho*, enrôla quelques *capataz* de l'endroit et, à la tête de cet immense troupeau, se mit en route en direction de Montevideo. Pour la première fois de sa vie, il était riche, ou plutôt aurait pu le devenir, à condition d'être pourvu d'un minimum de malice. Mais il était ce qu'il était, ce qu'il devait rester pendant toute sa vie : un gros garçon plein d'innocence, un pauvre gars qu'on dépossédait facilement. Les *capataz* lui firent disparaître ses bêtes sous ses yeux sans même qu'il s'en aperçût. Ils lui disaient qu'elles s'étaient perdues dans les buissons : après quoi, ils les vendaient sur leur chemin et empochaient l'argent. Au cours d'une malheureuse traversée à gué, le Rio Negro lui en emporta d'autres. Garibaldi n'y faisait que peu de cas. Anita chevauchait à ses côtés ; Menotti tétait le sein de sa mère ; le vent de la prairie sentait bon l'herbe fraîche ; et, le soir, le bivouac leur offrait sa douceur. N'avait-il pas toujours rêvé de cette vie-là ? L'argent n'y tenait aucune place.

Bref, quand il arriva en Uruguay, sur neuf cents bêtes, il ne lui restait que trois cents peaux dont il retira une centaine d'écus. Ce furent ses seuls profits de guerre. Et je crois que, dans toute l'histoire de l'Amérique du Sud, on ne trouverait pas un seul général qui se soit contenté d'aussi peu. En compensation, il avait rencontré sur sa route un nouvel ami, Francesco Anzani, dit Brianza, qui était venu grossir la famille Garibaldi.

Anzani avait une chemise et deux pantalons. Garibaldi avait un pantalon et deux chemises. Ils les mirent en commun. Anita lavait et repassait cette garde-robe, en même temps que les langes de Menotti.

« C'est Garibaldi qui s'en va ! »

Il arriva à Montevideo au printemps de 1841. Et tout de suite l'atteignit une nouvelle qui le bouleversa : son père était mort, le 3 avril, à Nice.

Pour un fils, la mort d'un père est toujours une douleur mêlée de remords. Ce fut particulièrement le cas de Peppino, qui retrouva dans sa mémoire, et sur sa conscience, tous les déplaisirs qu'il avait causés au pauvre homme. À la faveur de cette tristesse et de ces souvenirs, la nostalgie s'empara de lui. Le bilan de sa vie lui parut une faillite. Parti de Saint-Simon et de Mazzini, des idéaux de Liberté, de Justice et de Patrie, il était maintenant occupé à faire la guerre contre le Moringue à la tête d'autres Moringue. Quel sens cela avait-il ?

Anita essaya de profiter de cet état d'âme pour l'inciter à mener enfin une vie normale. Elle n'était pas l'Amazone campée par l'hagiographe du Risorgimento. Elle était seulement une femme très courageuse, capable de partager aux côtés de son mari tous les risques et tous les dangers, mais que cela n'empêchait pas d'avoir toujours peur de le perdre. Dans les combats, elle saluait la mitraille en levant la main lorsque les balles l'effleuraient : mais dès qu'elle avait perdu de vue son José, elle avait aussi perdu la tête. Très superstitieuse, elle croyait aveuglément aux liseuses d'avenir et aux voyantes. L'une d'elles lui avait prédit qu'un jour elle rencontrerait « un homme au poil roux et que ça finirait mal ». Ça ne l'avait pas empêchée de tomber amoureuse du Héros.

Mais, à présent qu'elle était devenue sa compagne, elle voulait en faire un mari et rien qu'un mari — un mari tranquille et casanier, satisfait, comme elle, de la petite maison qu'ils avaient louée au numéro 14 de la rue del Poton : une cuisine, deux chambres, une petite terrasse d'où l'on avait vue sur le port et une courette. D'autant qu'elle voulait « régulariser la situation ». De fait, à force de le harce-ler, elle réussit à se faire épouser. À l'église, naturellement : en Uruguay, le mariage religieux était seul valable.

Ils célébrèrent leurs noces un an après leur arrivée, le 26 mars 1849, car il leur fallut trouver le moyen de proclamer la mort de Duarte qui était sans doute toujours en vie. Et ce fut Garibaldi lui-même qui indiqua sous serment l'endroit où il était enseveli. Quand ce fut fait, elle essaya de l'amener à se couper la barbe. Sur ce point, elle dut se contenter d'un simple raccourcissement. Elle ne comprit jamais rien aux idéaux de son José. Cela ne l'empêcha pas de les partager toute sa vie, intégralement, jusqu'à donner sa vie pour eux, au besoin, car ils lui semblaient sacro-saints puisqu'il les considérait comme tels. Elle était jalouse et elle redevenait arrogante si José négligeait ses devoirs conjugaux. Mais elle se radoucissait tout de suite. Elle n'eut jamais aucune ambition, ni intellectuelle, ni mondaine. Elle accepta sa propre ignorance comme une situation irréversible ; et lorsque José fut devenu un personnage important et une célébrité, elle resta une femme modeste, sans prétention, sans ambition matérielle même, satisfaite de vivre dans son ombre.

Voilà comment était la femme de Garibaldi : elle n'avait rien de la Jeanne d'Arc de la légende. Quant à lui, travaillant un peu comme placier, un peu comme professeur, il faisait ce qu'il pouvait pour faire marcher la baraque. Ses amis de Montevideo (l'inévitable Cuneo, toujours très occupé à fonder et à saborder des journaux, Napoleone Castellini, Giovanni Risso, les frères Stefano et Paolo Antonini) lui avaient confié de la représentation ; et un prêtre corse, Paolo Felice Semidei — lequel sentait un peu l'hérésie à cause d'un libelle qui, publié à Paris, un an auparavant, l'avait contraint à émigrer et à changer son nom pour celui de Abbé Paul —, lui avait procuré une suppléance de mathématiques de géographie et d'écriture, au collège dont il était directeur. Garibaldi faisait tout son possible pour se contenter de cette existence. Les gens du môle le voyaient se promener chaque soir, un livre sous le bras, préparant ses leçons du lendemain. Il avait bien besoin de rafraîchir les rares notions que don Giaccone avait réussi, à force de taloches, à lui faire entrer dans la tête, et il aimait à le faire là, parmi les filets qui séchaient, dans le va-et-vient des gens de mer, dans l'odeur du poisson et du goudron. Puis il courait à la rédaction de *l'Italiano*, le énième journal de Cuneo, bureau central des informations en provenance d'Italie. Il en arrivait énormément, des fausses et des vraies, plus de fausses que de vraies. Mais Garibaldi préférait les croire toutes, car elles donnaient pour imminente la fameuse « étincelle qui mettrait le feu aux poudres ». Car, malgré tout l'amour qu'il portait à Anita et à Menotti, cette vie sédentaire, cette vie de famille, il commençait à y étouffer. Homme d'action, et de *n'importe quelle action*, pourvu que ce fût de l'action, l'inaction lui ôtait tout courage. Cuneo était toujours resté en correspondance avec Mazzini. Il en recevait des lettres pleines d'espoir, d'un espoir qui faisait rêver le pauvre Garibaldi, tandis que Stefano Antonini, son ami l'armateur, lui disait : « Dès que l'incendie éclate en Italie, je te donne un bateau pour y retourner ».

On peut ainsi comprendre que, lorsque l'incendie éclata, mais à Montevideo et non pas en Italie, Garibaldi se soit d'abord tenu à l'écart. Un jour, il put suivre avec ses jumelles, de sa petite terrasse, l'affrontement d'un navire uruguayen et d'un bâtiment argentin.

Quand il rentra au port, l'Uruguayen avait le flanc ouvert, des morts et des blessés à bord, et il s'échoua. Peu après, le commandant de la base, M. Larrobla, frappait à la porte de Garibaldi pour lui demander s'il voulait bien donner un coup de main afin de dégager le navire. Moyennant quoi, on lui abandonnerait les deux passerelles, les deux canots et le mât.

C'était une affaire, rien qu'une affaire. Ça ne l'engageait à rien d'autre. Il accepta. Mais d'avoir retroussé ses manches et assumé à nouveau le commandement d'un équipage, il en éprouva un bonheur fou. D'autant que sa réussite fut brillante et que tant de bravoure et de compétence frappèrent les esprits. Pourtant, lorsqu'on vint lui proposer du service permanent et effectif, avec le grade d'amiral de la marine uruguayenne pour toute la durée de la guerre contre l'Argentine, il répondit qu'il ne pouvait accepter, parce qu'il n'était pas libre : il était à la disposition de la fameuse « étincelle », qui devait jaillir d'un moment à l'autre en Italie.

Mais il ne parvint pas à partager la joie que le refus de son José fit éprouver à Anita.

Cette offre lui avait été faite parce que l'Uruguay était dans une situation désespérée. La guerre civile qui avait opposé Oribe et Rivera avait eu pour conséquence la *guerra grande* entre l'Uruguay et l'Argentine. Le vaincu, Oribe, s'était placé sous la protection de Rosas, qui avait confié à ce Coriolan le commandement de ses troupes terrestres, tandis que ses forces navales étaient mises sous les ordres de l'amiral Brown.

Dans l'histoire sud-américaine, Rosas est peut-être destiné à rester le type le plus accompli du caudillo. Bien qu'il fût d'une famille des Asturies, il semblait avoir une origine nordique, avec sa haute taille, ses cheveux blonds et ses yeux clairs. Dans sa jeunesse, il avait giflé sa mère ; son père l'avait chassé de la maison et il était parti vivre dans la pampa avec les gauchos. Il fut tout d'abord leur élève, puis devint leur maître, puis les enrôla au cours d'une des si nombreuses révolutions qui mirent le pays à feu et à sang, puis se fit proclamer général. Pour se débarrasser de lui, ses alliés l'envoyèrent mater une révolte d'Indiens. Rosas vint, vit, vainquit et se proclama dictateur en promulguant une déclaration au peuple dont le ton emphatique fit rire tout Buenos Aires. Rosas prit les dix premiers qui riaient et les fit fusiller.

Buenos Aires n'eut plus envie de rire.

Ce fut lui qui, bien avant Staline, inventa le « culte de la personnalité ». Les gens durent adopter son uniforme ; chaque homme teignit ses pantalons en rouge, chaque femme son châle. Pour lui témoigner leur dévotion, ses *supporters* détachaient les chevaux de son carrosse, lorsqu'il passait dans la rue, et le tiraient à bras. Il n'y avait pas jusqu'aux prêtres qui ne dussent se résigner à placer son image sur les autels, à côté de celle du Christ. Et pour s'occuper de ceux qui n'obéissaient pas aux consignes, il y avait la police secrète, la *Mashorca*, ce qui signifie littéralement la « plus-que-potence », composée de ses prétoriens.

Toutefois, ce maître absolu avait à son tour un maître absolu : Encarnacion Ezcurra, sa femme. C'était elle qui avait organisé la *revolucion de los restauradores* qui l'avait conduit au pouvoir.

C'était elle qui avait renversé le gouvernement Balcarce. C'était elle qui tenait les rênes du pouvoir durant les absences de son mari et réprimait les complots avec l'aide de la *Mashorca*. Elle aimait le dictateur d'un amour frénétique, despotique et, fréquemment, elle faisait supprimer ses ennemis sans même l'en informer. Bref, elle fut le modèle dont, un siècle plus tard, devait s'inspirer Eva Péron. Unique faiblesse de ce couple terrible : leur petite fille Manuelita, qui, pour s'amuser, demandait et — bien entendu —, obtenait, la grâce de certains condamnés à mort.

La terreur de Rosas avait provoqué la fuite de beaucoup d'Argentins à Montevideo où, naturellement, ils complotaient contre lui. Tout d'abord, le dictateur avait cru pouvoir s'emparer de l'Uruguay en jouant la diplomatie, le pays étant gouverné par un ami, Oribe. Toujours dans le même but, il avait contracté une alliance étroite avec le Rio Grande et apporté toute son aide à Bento dans sa lutte sécessionniste contre le Brésil. Si le coup avait réussi — l'Uruguay pris en tenaille entre les deux alliés —, Oribe aurait pu facilement persuader ses concitoyens d'entrer dans cette confédération des États de la Plata dont le *leadership* serait naturellement revenu à l'Argentine et à Rosas. Mais Bento avait été écrasé et, presque au même moment, Oribe, contraint de fuir à Buenos Aires, abandonnant le pouvoir à Rivera, le champion de l'indépendance uruguayenne. Pour réaliser ses plans, il ne restait plus à Rosas que la guerre.

La situation de Montevideo semblait désespérée. Petite capitale d'un petit État, elle ne comptait guère que trente mille habitants, dont un tiers seulement d'Uruguayens. Si les six mille et quelque Français, les quatre mille et quelque Italiens, les Espagnols, les Argentins, etc., ne prêtaient pas main-forte, la défense devenait impossible. Voilà pourquoi on était venu trouver Garibaldi.

Et, à cause de l'« étincelle », Garibaldi avait répondu non.

Mais, étant donné les circonstances et le tempérament de l'homme, ce « non » ne pouvait être que provisoire.

Différentes choses contribuèrent à le faire changer d'avis. La première, ce fut l'exemple d'Anzani, le nouvel ami qu'il avait rencontré sur sa route à la fin de son aventure riograndiste — exemple accompagné de nombreuses exhortations.

Anzani représentait assez bien le type du révolutionnaire chevaleresque ; mais c'était un homme sérieux, positif et qui avait de l'autorité. Très jeune, il avait participé à la guerre d'indépendance grecque, comme Byron. Revenu étudier les mathématiques à Pavie, il avait de nouveau émigré à Paris afin de prendre part au mouvement républicain. Puis, après avoir traversé l'Espagne et le Portugal, il avait abordé au Brésil où il avait trouvé un emploi de caissier dans des espèces de Galeries Lafayette, à San Gabriele, dans le Rio Grande. Et, en peu de jours, il en était devenu directeur général. Cette promotion lui avait été procurée par un petit fait dont on parla pendant des années avec admiration dans la région.

Anzani était assis à sa caisse quand, dans le magasin, fit irruption le chef des *mattos* — un Indien dont l'extrême férocité terrorisait toute la contrée —, armé de pied en cap et suivi de plusieurs des siens. Dans le pays, on faisait le désert devant lui, et les propriétaires de magasins se résignaient à le servir sans contrepartie. Anzani fit exception à la règle. Il demanda à l'Indien ce qu'il voulait, puis le somma de payer la marchandise. Et comme l'Indien, pour la deuxième fois, lui éclatait de rire à la figure, il lui dit en le fixant dans les yeux :

« Si tu te permets de rire encore une fois, je te fous dehors à coups de pied au cul ».

À son tour, l'Indien le fixa, entre l'effroi et la fureur, sa main caressa la crosse de son pistolet, puis il fourra son arme dans sa poche, en tira de l'argent, paya et s'en alla. Garibaldi raconte dans ses *Mémoires* que la maxime d'Anzani était la suivante : « Tu dois regarder l'homme qui te regarde, fixement, avec courage, avec obstination : s'il baisse les yeux, tu es son maître ».

C'était un type qui avait de l'autorité, Anzani, et il en imposait, avec ce visage renfrogné que bien peu avaient vu rire. Et aujourd'hui, bien que sa santé chancelante le qualifiât peu pour le métier des armes, il était pour l'action, et il regardait fixement et avec obstination Garibaldi qui tergiversait en invoquant l'excuse de l'« étincelle », mais qui, en réalité, avait peur d'Anita à qui il ne savait pas comment en parler.

Il finit par renoncer à l'excuse de l'« étincelle » quand on revint chez lui le solliciter à nouveau en lui disant qu'on souhaitait son intervention, mais que ce n'était pas pour la cause de l'Uruguay ; c'était pour celle de l'Humanité tout entière, menacée par le despote Rosas, allié en puissance de tous les autres despotes du monde : autrichiens, piémontais, etc. Ah ! Garibaldi ne demandait, n'avait jamais demandé que cela : un alibi lui permettant d'être en paix avec sa conscience. Pour lui, la guerre était « la *verdadera vida del hombre* », comme disaient les Espagnols, mais il avait toujours besoin de la justifier par de bonnes raisons. C'est pourquoi, à l'époque, il avait tant soupiré après l'« ordre de marche » de Mazzini et n'avait pas bougé jusqu'au moment où il avait reçu celui de Bento. Il lui importait peu — et même pas du tout — que pas plus Bento que Mazzini ne fussent habilités à lancer des « ordres de marche » : son impatience ne lui permettait pas de telles subtilités à propos de pareilles bagatelles. Il était un homme d'action éternellement à la recherche d'un idéal qui précisément justifiât l'action. Et voilà qu'à présent l'Uruguay lui en offrait justement un.

Il désira toutefois que cela fût écrit noir sur blanc sur le document qui l'investissait du commandement de trois bâtiments, avec le grade de colonel, et lui confiait la charge des opérations. Ces trois navires étaient : la *Constitucion*, ancien bateau marchand français armé de dix-huit canons ; le *Procida*, ex-goélette sarde ; et le *Pereira*, qui faisait bien ses cent soixante-six tonneaux. Avec eux, il devait forcer la passe Martin Garcia et rejoindre le Parana jusqu'à La Badaja, dans l'Entre-rios, afin de porter armes et munitions à la population argentine de la région qui, à ce qu'on disait, s'était soulevée contre Rosas. Tout cela « au nom de l'Humanité ».

Nous ne savons pas comment il s'arrangea avec Anita. Depuis ce qu'il s'était remis à fréquenter les cercles révolutionnaires et les tavernes du port, chaque soir, elle l'attendait, un revolver dans chaque poing. Quand il rentrait, elle l'avertissait : « Celui-ci, c'est pour toi. Et celui-là pour *l'autre* ! ».

Qui était *l'autre*, la jalouse Anita ne le savait pas. Elle s'imaginait seulement qu'il y en avait une, et elle ne se trompait peut-être pas.

Lorsque Garibaldi appareilla avec ses trois bâtiments, les gens dirent : « Voilà la flottille du suicide qui s'en va ».

Nombreux furent ceux qui virent dans cette entreprise, tant elle était désespérée, un expédient sournois de cette canaille de ministre de la Guerre, Vidal, lequel, voyant que ses trois bateaux restaient immobilisés à coûter beaucoup d'argent sans être d'aucune utilité, avait pris la décision de les offrir sur un plat à Brown avec leur commandant italien et leurs équipages composés presque entièrement d'étrangers. Rien ne nous autorise à le croire. Mais si tel était le cas, Vidal dut être assez déçu lorsque, à la fin de ce mois de juin 1842, il reçut ce message de Garibaldi : « Le 26, à dix heures, j'ai forcé la passe Martin

Garcia. Nos équipages ont prouvé qu'ils étaient conscients de combattre pour la Cause de l'Humanité ». Il tenait à bien rappeler de quelle cause il s'agissait.

Comment les choses s'étaient-elles passées ? On ne le sait pas exactement. Ancien officier de la marine britannique, Brown avait appris à manœuvrer sous les ordres de Nelson, un amiral pour de bon, celui-là. Petit, malingre, souple en dépit de son âge, plein de tics et d'une extrême rouerie, il connaissait son métier. Et il serait bien étonnant qu'il se fût laissé surprendre. Il est plus probable qu'il ait voulu laisser passer Garibaldi pour le couper ensuite de sa base et l'écraser de toute la supériorité de ses forces. Et il savait où allaient ces marins du désespoir : ses espions de Montevideo l'avaient informé qu'ils avaient pris à leur bord des guides (ou, comme on disait là-bas, des « experts ») qui connaissaient le fleuve Uruguay. Il était évident que c'était ce fleuve qu'ils avaient dans l'esprit de remonter et, par conséquent, là, il pourrait facilement les bloquer.

Il se mit à les suivre sans se hâter. Et, le lendemain même, alors qu'on était encore en mer, il les repéra. Son grand poids avait fait s'échouer la *Constitucion* et les deux autres bateaux s'évertuaient à la dégager en la débarrassant de ses dix-huit canons. Les équipages de Brown commencèrent à piailler de joie et à bombarder leurs adversaires d'injures ; car, chez eux aussi, il y avait beaucoup d'Italiens. Mais, juste à ce moment, le *Belgrano*, le « bateau-amiral » argentin, heurta lui aussi le fond et un rideau de brouillard sépara les deux escadres. Le lendemain, lorsque le *Belgrano* fut de nouveau à flot et la visibilité normale, Garibaldi n'était plus à l'horizon. Brown s'engouffra dans l'Uruguay et c'est seulement après trois jours et trois nuits de remontée qu'il apprit que l'ennemi n'avait rien à faire sur ce fleuve et qu'il était en train de remonter le Parana. Il redescendit le mauvais fleuve en toute hâte, s'engouffra dans le bon et, le 15 août, à Caballu-Cuatia, il se retrouva face à face avec l'escadre de Garibaldi.

Celle-ci avait dû s'arrêter par suite d'un abaissement des eaux imprévu, mais elle avait été renforcée par l'arrivée de trois canots envoyés à la rencontre de leurs alliés par les insurgés de Corrientes, qui en avaient confié le commandement au lieutenant Villegas. Toutefois, la disproportion était grande. Contre les trois bâtiments et les trois canots de Garibaldi, Brown alignait lui aussi trois canots, mais il disposait de sept bâtiments. La bataille éclata le lendemain 16 août. Elle dura jusqu'au 18 et se termina par un désastre pour Garibaldi. Au cours de la nuit qui sépara les deux journées de combat, Villegas tenta de persuader l'Italien de prendre la fuite ; et, comme l'Italien s'y refusait, il la prit tout seul. À l'aube, la bataille recommença, violente, désespérée. Les trois navires uruguayens étaient pilonnés par la canonnade des Argentins et on n'y comptait plus les morts ni les blessés. Lorsqu'il n'eut plus un seul projectile à tirer, Garibaldi donna l'ordre à ceux qui étaient encore vivants de descendre dans les soutes pour y chercher les barriques d'eau-de-vie, d'en arroser les ponts et d'y mettre le feu. Les hommes obéirent ; mais au lieu d'arroser les ponts, ils s'en arrosèrent le gosier et, au bout de quelques minutes, ceux qui n'étaient pas morts ni blessés étaient saouls. « C'étaient de vraies canailles sans frein », écrira Garibaldi. « Ils avaient été chassés de toutes les armées de la terre, pour toute sorte de délits, beaucoup pour homicide ». Il est vrai qu'il s'agissait de justifier sa décision de les abandonner à bord, le soir du 17, après avoir mis le feu aux soutes à munitions.

« Ce fut un cas de conscience très douloureux : se trouver dans l'impérieuse nécessité d'abandonner ces hommes braves et infortunés en proie aux flammes ! » Mortes, les « canailles » redeviennent des « braves ». Mais sans doute n'avait-il pas pu agir différemment. La nouvelle de la bataille atteignit les deux capitales — Buenos Aires et Montevideo — au bout d'un certain nombre de jours et chacune d'elles l'interpréta comme une victoire pour son camp. Pendant ce temps, redevenu combattant de terre ferme, Garibaldi attendait de prendre part aux combats. Une série d'ordres et de contre-ordres lui parvint à Corrientes, dont la population l'avait accueilli avec enthousiasme, organisant des bals en son honneur. Corrientes était remplie de jolies filles qui brûlaient d'admiration patriotique à l'endroit du Héros. Et la jalousie et les pistolets d'Anita étaient loin.

Pour finir, dans les derniers jours de novembre, le chef d'état-major des armées alliées (à savoir de l'Uruguay et de l'Entrerios) lui confia le commandement d'une nouvelle escadre à San Francisco. Mais alors qu'il était sur le point de prendre la mer, l'ordre lui parvint de l'incendier. Diable, le prenait-on pour un pyromane ? On ne l'avait pas pris pour un pyromane. Il fallait seulement empêcher que les navires ne tombassent entre les mains de l'ennemi qui était à présent maître de tout le Parana, à la suite de la défaite subie par Rivera sur l'Arroyo Grande. Oribe avait pris sa revanche.

C'est à pied que Garibaldi regagna Montevideo. La ville était en état de siège. À la tête de l'armée, on avait placé le général Paz, et Pacheco y Obes avait été substitué à Vidal. C'étaient des hommes décidés à aller jusqu'au bout ; et ils le demeurèrent même lorsque l'armée d'Oribe, à peu de temps de là (février 1843), fit son apparition sur les hauteurs entourant la ville.

Cette fois, les étrangers eux-mêmes, qui jusqu'alors avaient montré beaucoup d'hésitation à épouser la cause uruguayenne, comprirent qu'elle était la leur, celle de leurs libertés, de leurs affaires, de leur commerce. L'exemple fut donné par les Français qui, au chant de la Marseillaise, se constituèrent en Légion. Dans ces conditions, les Italiens pouvaient-ils faire moins ? Ils décidèrent qu'ils ne le pouvaient pas. Ils n'en posèrent pas moins une condition, la condition que posent toujours les Italiens et qui peut se résumer en un mot, le mot rémunération.

Et ils spécifièrent ; c'était *tant* pour leur participation, *tant* plus *tant* en cas de blessure, *tant* plus *tant* plus *tant* en cas d'« invalidité permanente ». On trouvait là, déjà toute cette casuistique pointilleuse qui afflige les après-guerres nationaux.

Le jour suivant, parut dans le *Constitucional* cette lettre au directeur : « Monsieur le directeur, dans votre numéro d'hier, parlant du rassemblement de la population étrangère de la ville et des manifestations en faveur de la Cause nationale, V.S. a mentionné la présence du "drapeau italien". Comme cette affirmation est très vague du fait qu'il existe aujourd'hui nombre de drapeaux en Italie, et comme je suis intéressé à ce que personne ne s'attribue le mérite de s'être prononcé en faveur de la bonne Cause sinon celui qui y a droit, je rappelle que le drapeau déployé dans la nuit du 8 courant était celui de S. M. le Roi de Sardaigne. À chacun son dû. Un sujet sarde ».

Furieux, Garibaldi et ses amis décidèrent de faire choix d'un drapeau : ils le choisirent noir avec, en son centre, le Vésuve en éruption. « Ce drapeau est le symbole de notre deuil et de notre colère », expliqua le commandant Missaglia, le jour de la cérémonie solennelle de la remise des drapeaux à la Légion par Bernardina de Rivera, femme du président. Les mauvaises langues françaises prétendirent que ce deuil et cette colère venaient du fait que les Italiens étaient loin d'avoir fait bonne figure lors du baptême du feu, quelques jours auparavant, baptême du feu à l'occasion duquel ils avaient pris la fuite. Chose qui, malheureusement, était vraie.

Il convenait donc de se réhabiliter, et au plus tôt, d'autant qu'il fallait mettre le holà aux petites guerres intestines, aux divisions, aux médisances qui avaient tout de suite éclaté à cause de l'assignation des grades et de la répartition des charges. Resté commandant de ses matelots sans marine, Garibaldi demanda et obtint d'être incorporé, avec la Légion, dans les forces du général Bauza, chargées de déloger l'ennemi du Cerro, un petit îlot situé en face de Montevideo.

Ces mêmes Italiens qui, quelques jours auparavant, n'avaient pas su résister à la tentation de fuir ignominieusement, sous le commandement de Garibaldi, partirent à l'assaut comme un seul homme et obligèrent l'ennemi à abandonner ses positions sous l'œil complaisant de Pacheco qui assistait aux opérations. Ils eurent droit à un éloge solennel et rentrèrent chez eux satisfaits : satisfaits surtout de pouvoir rendre leurs sarcasmes aux Français.

Malheureusement, quelque chose vint troubler l'enthousiasme général. Au cours des opérations qui se déroulaient au Cerro, Garibaldi pénétra un jour dans la maison d'un sujet brésilien et la mit sens dessus dessous. Le Brésilien se plaignit au chargé d'affaires de Rio à Montevideo, M. Régis, lequel rédigea une protestation formelle où il taxait Garibaldi de corsaire.

Corsaire ! Encore corsaire. Toujours corsaire.

Furibond, Garibaldi se précipita à la légation en tenue de campagne, fit essuyer à M. Régis un mitraillage en règle de toutes sortes de grossièretés empruntées au vocabulaire des marins, puis le provoqua en duel. Mais au lieu de se rendre sur le pré, M. Régis rédigea une seconde et violente protestation où il demandait la destitution immédiate ainsi que l'arrestation du « pirate » ; et, avec toute sa suite, il partit à Rio, y attendre qu'on lui accordât satisfaction, rompant ainsi toutes les relations diplomatiques entre les deux pays.

Il ne leur manquait plus que ça, à ces pauvres Uruguayens !

Convoqué au ministère de la Guerre, Garibaldi se défendit en assurant que c'était l'homme privé qui avait insulté M. Régis par sa bouche, uniquement l'homme privé et non celui qui portait l'uniforme uruguayen. Mais la raison d'État a ses raisons que la raison ne connaît pas. Garibaldi fut mis aux arrêts, à bord de l'un de ses navires.

On ne sait pas avec exactitude combien de temps il y resta.

Quoi qu'il en soit, lorsqu'il en sortit, il eut l'agréable surprise de trouver la Légion — *sa* Légion, même si, officiellement, il n'en était plus le commandant — en chemise rouge — *sa* chemise rouge.

Il existe deux versions de l'origine de cette chemise rouge. Si l'on en croit certains, l'idée en serait venue tout d'abord à un peintre italien établi à Montevideo, pendant qu'il faisait le portrait de Garibaldi, lequel portait toujours quelque chose de rouge sur lui. Mais, selon d'autres, les choses se seraient passées de la façon suivante. La Légion avait peu d'argent. Sa seule source de financement était la Compagnie des Amis du Théâtre Italien, dirigée par Lagomarsino et Corinna Campodonico, dont les recettes étaient très modestes. On ne disposait donc d'aucun moyen pour se procurer des uniformes. Puis eut lieu la liquidation d'une maison de Commerce qui avait toujours écoulé sa marchandise à Buenos Aires et, du fait du blocus provoqué par la guerre, se trouvait réduite à la faillite. Parmi bien d'autres articles, il y avait un lot important de tabliers destinés aux saladeros argentins, c'est-à-dire aux bouchers, rouges afin que le sang n'y fît pas de taches. La Légion se les vit offrir au-dessous du prix coûtant ; la réponse fut positive et les Italiens eurent ainsi un uniforme, qui fut complété par un chapeau à large bord orné de plumes.

Malheureusement, l'apparence était le seul élément qui fût bien au point, dans cette Légion divisée par les différends, les rivalités et les commérages. Sur le conseil même de Garibaldi, le premier commandant en chef, Vacarezza, avait été remplacé par Mancini. Le chef d'état-major, Missaglia, parlait mieux — et plus — qu'il n'agissait. Sur le major Danuzio et sur le capitaine Ramella circulaient de vilains bruits. De discipline, il n'en était pas même question. Il y avait chaque soir un peu moins de présents à l'appel. Le ministère de la Guerre était submergé par les protestations des citoyens qui dénonçaient toutes sortes de vols perpétrés par les Chemises Rouges italiennes.

Garibaldi frappa du poing sur la table et envoya chercher Anzani, l'homme qui savait fixer les gens dans les yeux. Anzani n'allait pas bien, ses attaques de toux devenaient plus fréquentes, il avait à présent de la fièvre. Il vint tout de même. Il fixa les officiers, les sous-officiers et les soldats dans les yeux, vit qu'il n'y avait pas grand choix, opéra quelques mouvements hiérarchiques, infligea quelques punitions, et recommanda surtout à Garibaldi de conduire ses hommes au feu : seule l'action était capable de guérir leur défaitisme. L'occasion ne s'en fit pas attendre. Le 17 novembre, le colonel Neira, commandant la légion espagnole, était mortellement frappé et sa dépouille restait aux mains des soldats argentins. Pour la dégager, Garibaldi monta à l'assaut avec une poignée des siens et il se laissa encercler. Pour dégager Garibaldi, toute la légion italienne partit à la charge et subit le même sort. Pour dégager la légion italienne, tout le reste de l'armée uruguayenne se lança dans le combat et la bataille se transforma en mêlée générale. Elle dura huit heures et, pour finir, les Uruguayens eurent soixante hommes mis hors de combat : une perte qui, à l'échelle du temps, fut qualifiée de « grave ». Le gouvernement envoya ses regrets à Garibaldi, en lui représentant qu'engager une bataille sous le seul prétexte de reprendre un cadavre à l'ennemi n'était pas le fait d'un bon général. Mais, pour Garibaldi, peu importait. Il voulait que ses hommes combattissent au lieu de hanter les tavernes pour s'enivrer et les poulaillers pour voler les poules. Et il avait réussi à les faire combattre.

Du reste, ce fut en guerroyant ainsi, avec courage, mais à tort et à travers, que sa légende prit naissance, ouvrit les ailes et vola jusqu'en Italie. Dans ce conflit interminable et passablement monotone, il prenait figure de « numéro » exceptionnel. Au cri de : « C'est Garibaldi qui s'en va ! » ; toutes les terrasses qui donnaient sur le port se remplissaient de spectateurs et de spectatrices, comme les loges d'un théâtre. D'ailleurs, il y avait dans ces départs quelque chose de spectaculaire qui payait les pauvres Montévidéens de toutes les restrictions que le blocus naval imposait à la cité. Au large du port, à portée de vue de son public, ou tout au moins de jumelles de celui-ci, Garibaldi attaquait une goélette argentine, la pillait et revenait avec une cargaison de sucre ou de farine. Ou encore, il simulait une attaque contre la flotte de Brown, afin de la tenir occupée pendant que quelque navire marchand brésilien ou européen se glissait dans le bassin de Montevideo, avec tout son fret. Quelquefois, il y laissait un mât ou un panneau de son bâtiment, et quelques-uns de ses marins leur peau. Mais, pour lui, tout se passait toujours bien.

L'enthousiasme à l'égard de Garibaldi était énorme, à Montevideo. La seule à ne pas le partager était Anita, qui après avoir donné une petite sœur à Menotti, était enceinte pour la troisième fois et, depuis lors, ne vivait plus en voyant que le père d'une famille si nombreuse se refusait à mettre sa tête à l'abri. De l'argent, il continuait à y en avoir peu dans la maison, alors que tous les autres fainéants de la légion engraissaient. Et, pour faire bonne mesure, il y avait en plus toutes ces demoiselles montévidéennes, amoureuses du héros qui, s'il n'avait pas le temps d'en profiter, laissait bien voir qu'il n'y était pas indifférent.

Un jour il se présenta devant Pacheco muni d'un plan merveilleux. Après avoir évité, de nuit, le blocus de Brown, il comptait débarquer secrètement sur les côtes argentines, marcher sur Buenos Aires avec quelques-uns de ses compagnons déguisés, pénétrer dans le palais de Rosas et enlever le dictateur. Le gouvernement était-il d'accord ? Malheureusement, il ne l'était pas.

Un autre jour, Anzani vint le voir, visiblement préoccupé. En passant l'inspection à la caserne de la légion, il y avait trouvé un tract signé Savoldi qui invitait les légionnaires au nom des Argentins à passer dans leur camp où ils seraient bien accueillis et se verraient mieux payés. Et le tract se terminait sur ces mots : « Ne croyez pas cet infâme de Garibaldi qui, par de bonnes paroles, essaie de se servir de vous pour satisfaire ses propres intérêts. »

Garibaldi et Anzani décidèrent de procéder à une enquête. Mais, avant même qu'elle s'ouvrît, les responsables désertèrent et passèrent à l'ennemi. Parmi eux se trouvaient le colonel Mancini, le major Danuzio et sept ou huit autres officiers dont un s'appelait Savoia. Garibaldi adressa à la légion une proclamation dans laquelle il rendait grâce à Dieu pour cette « épuration » spontanée et engageait ceux qui restaient à prêter serment de fidélité. Mais, dans son for intérieur, il était dégoûté et déçu.

Ce fut précisément le moment où il se prit encore une fois de querelle avec les Brésiliens. Des navires de cette nationalité interceptèrent le bâtiment de Garibaldi, au cours de l'un de ses raids corsaires, et, l'ayant approché à tout juste quelques mètres, le commandant pointa son pistolet vers la poitrine de l'Italien et le somma de lui remettre les deux déserteurs de son pays qui servaient dans les rangs de son équipage. Garibaldi avait une dent contre les Brésiliens. Sa réponse, si on interprète à la lumière de la logique les réticences avec lesquelles l'ont définie les chroniqueurs du temps, ne put être qu'un gros mot.

Le Brésilien ne tira pas. Mais il naquit entre les deux gouvernements un nouveau litige diplomatique dont fit les frais le pauvre Pacheco, qui appuyait fermement Garibaldi, en soutenant que les deux déserteurs n'avaient pas à être remis à quiconque. Mais, encore une fois, la raison d'État fit triompher ses arguments, et ce furent les deux malheureux qui payèrent les pots cassés. En protestation, Pacheco se retira de la vie publique et l'on replaça à la tête de l'armée celui-là même qu'il avait dépossédé de ses fonctions : Rivera. Ce fut ainsi qu'un petit incident se termina par un grand désastre ; car Rivera, déjà responsable d'une grave défaite, se fit surprendre à India Muerta par le général argentin Urquiza qui lui infligea une mémorable déconfiture, à la suite de laquelle il n'eut pas le courage de revenir chez les siens et se réfugia au Brésil.

On rappela Pacheco d'urgence. Mais lui-même aurait été impuissant si la France et l'Angleterre, qui possédaient en Uruguay une position commerciale privilégiée, ne fussent intervenues avec leurs flottes. Du coup, la situation fut renversée. Ce ne fut plus Montevideo, mais Buenos Aires qui subit le blocus, Rosas étouffa de rage et Urquiza dut interrompre son avance.

Pacheco voulut profiter de cette pause pour envoyer une expédition sur le fleuve Uruguay y remettre en état les comptoirs de commerce et en ramener — la région en étant fort riche — les chevaux nécessaires à la reconstitution de la cavalerie qui avait été détruite à India Muerta. Et puisqu'il s'agissait d'une opération amphibie à fort caractère de piraterie, qui pouvait convenir mieux que Garibaldi, de la part de qui on n'avait pas à attendre, en outre, tous ces détournements dont étaient coutumiers les chefs de bande de cette partie du monde ?

Garibaldi accepta avec enthousiasme. Sous ses ordres, il avait cinq bateaux, dont le navire amiral *Cagancha* armé de quinze canons, sept cents hommes de troupe, et ses arrières protégés par les dix voiliers anglo-français qui devaient l'escorter. De plus, il comptait un grand nombre d'amis dans ces parages, amis qu'il n'aurait jamais cru revoir un jour.

Tout se déroula sans grandes difficultés ni grands risques. Le premier débarquement s'effectua à Colonia, où les seuls projectiles qui accueillirent les garibaldiens furent les balles tirées par le brigantin français *Ducoëdic* et son commandant Page, lequel n'aimait pas les Italiens, qu'il appelait des *brigands*. Mais on ne compta aucune victime et Garibaldi ne daigna pas même signaler l'incident dans le rapport qu'il envoya à Montevideo. Pas plus qu'il ne signala que ses hommes étaient allés chez le curé et l'avaient obligé à se mettre devant ses fourneaux ; puis, tous déguisés en prêtres, s'étaient faits servir un repas, accompagné du chant des litanies.

Après Colonia, ce fut le tour de Martin Garcia où Garibaldi prit à son bord un groupe de *matreros*, une sous-espèce de *gauchos*, qui n'avaient pas leurs pareils pour la razzia des chevaux. Puis la flotte fit voile sur Yaguary, où le Rio Negro se jetait dans l'Uruguay. Et, de là, l'équipage se dirigea par voie de terre vers Gualesuaychu, où, des chevaux, il y en avait en veux-tu en voilà, et de la toute première qualité. Ce fut une opération de vol de bestiaux de grand style, que compléta, pour faire bonne mesure, un pillage en règle. En plus des troupeaux de chevaux qu'ils poussaient devant eux, les garibaldiens emportaient avec eux des monceaux de pièces d'or prélevées un peu partout.

Ce fut peut-être pour donner un alibi militaire à ce peu honorable épisode que Garibaldi fit capturer le gouverneur, le colonel don Eduardo Villagra, alors qu'il dormait du plus profond sommeil, donna l'ordre de le traîner dans la rue et de se disposer à le fusiller. Mais, raconte un chroniqueur du temps, toute la population, saisie d'horreur, se mit à crier : « Non ! Pas lui ! Pas lui ! ». Et, ému par tant d'affection, Garibaldi fit libérer le prisonnier. Celui-ci eut ensuite maille à partir avec le terrible Urquiza, lequel se montra sans pitié envers « quelqu'un à qui Garibaldi avait fait grâce ». Garibaldi raconta plus tard à Dumas, qu'ayant appris que, parmi les prisonniers, se trouvait ce Leonardo Millan qui l'avait fait fouetter à Gualeguay, il se refusa à le faire conduire devant lui, de peur de ne pouvoir résister à la tentation de se venger.

Un bel épisode. Il est dommage que tous les historiens — uruguayens, argentins et brésiliens — soient d'accord pour nier la présence de Millan à Gualeguayehu, à ce moment-là.

Le 20 novembre de cette même année 1845, la flotte anglo-française infligea une sévère correction à celle des Argentins. Garibaldi, qui se trouvait au Salto avec ses navires et ses hommes, se sentit frustré de la bataille et de la victoire. Mais il eut vite de quoi se consoler. Le terrible Urquiza, avec ses sept mille hommes, se jeta sur les sept cents Garibaldiens qu'il avait qualifiés de « cœurs de chapon », fut repoussé par leurs canons que Garibaldi avait fait débarquer et, moins terrible que ne le voulait sa légende, se retira.

Tout de suite après, dans les tout premiers jours de 1846, autre fait d'armes, encore plus beau, à leur actif : la bataille de San Antonio. Après le départ d'Urquiza, le général Medina avait fait son apparition, à la tête d'une autre brigade. Sans même savoir quelles étaient les forces dont il disposait, Garibaldi décida de se porter à sa rencontre avec deux cents légionnaires et les cent cavaliers du colonel Baez. Au bout d'une heure de marche, en arrivant à une *tapera*, une bicoque à moitié en ruines, il flaira l'odeur de l'ennemi. Il disposa ses légionnaires entre les murs de la *tapera* pour laisser liberté de manœuvre à la cavalerie. Mais les hommes de Medina étaient si nombreux que, lorsqu'il s'en fut rendu compte, Baez prit le parti de s'enfuir avec ses chevaux ; et les légionnaires se trouvèrent encerclés. La bataille fit rage jusqu'au soir, sous un soleil de plomb. Au plus fort du combat, un chien s'échappa des lignes argentines et, traînant la patte, car il avait reçu une balle qui la lui avait fracassée, il rejoignit Garibaldi qui l'adopta et le baptisa Guerello.

Au crépuscule, les Argentins se retranchèrent sur les collines qui dominaient les alentours pour y attendre la reddition inévitable des malheureux. Quand les légionnaires firent l'appel, sur cent quatre-vingt-huit, trente-six étaient morts et les blessés ne se comptaient pas. Il fallait se retirer. Mais l'encerclement ennemi ne laissait aucune issue. Garibaldi attendit la pleine nuit. Alors, on hissa les blessés sur le dos des bien-portants et, sur la pointe des pieds, il guida l'exode de la colonne à travers les lignes des ennemis endormis.

Quand la nouvelle atteignit Montevideo, elle y provoqua une explosion d'enthousiasme et d'éloquence. *Le Légionnaire Italien* publia un article de fond de Cuneo — « Dans les grandes actions, une grande âme s'inspire des grands exemples » — et un récit détaillé, truffé d'anecdotes « héroïques » et « gentilles ». Par exemple, l'épisode du trompette Rossi. Âgé de quinze ans, blessé par la lance d'un cavalier ennemi, il avait saisi la jambe de ce dernier afin de l'immobiliser pendant qu'un légionnaire l'abattait. Alors, d'un geste pieux, il avait fermé les yeux à son adversaire. Le gouvernement lui-même entendit montrer sa satisfaction et décerna à cet effet une promotion générale : Garibaldi passait de colonel à général, Anzani (qui n'avait pas participé à l'engagement car la fièvre l'immobilisait au Salto) de lieutenant-colonel à colonel, et ainsi de suite. Mais, en son nom et en celui de ses hommes, Garibaldi refusa ces honneurs. Et cela aussi fut une belle victoire.

Lord Howden, l'amiral anglais, qui cependant avait eu la dent dure pour les pillages commis par la légion pendant toute cette aventure, écrivit quelques années plus tard : « Garibaldi était le seul homme désintéressé au sein d'une foule d'individus qui n'agissaient que dans leurs propres intérêts. »

De retour au Salto, Garibaldi y demeura inactif pendant de nombreux mois. Après tant de sollicitude, le gouvernement semblait l'avoir oublié et il réclamait en vain des ordres. Malheureusement, à Montevideo, on avait d'autres chats à fouetter. Rivera était rentré en scène après un coup d'État qui lui avait rendu encore une fois le pouvoir. À la fin avril, Garibaldi écrivait au général Paz : « Depuis pas mal de temps, nous n'avons plus de vivres, ni aucun moyen d'en dénicher, et pas même la possibilité de nous fournir en bétail. » Mais Paz ne répondit pas : il était très occupé à organiser la nouvelle armée avec laquelle Rivera voulait venger les défaites subies.

Tout mai, tout juin, tout juillet passèrent encore. C'est seulement le 20 août que l'ordre de rentrer lui parvint enfin. Rivera était un homme de caractère, une fois de plus il était resté fidèle à lui-même : il avait voulu commander une énième bataille rangée et il avait subi une énième défaite complète. Les légionnaires rentrèrent dans une capitale sans gouvernement, démoralisée et épuisée par la famine.

Mais Garibaldi n'eut guère le loisir de s'en rendre compte. Anita l'attendait, plus amoureuse et plus jalouse que jamais, et elle entendait bien prendre une belle revanche sur tous ces mois d'abstinence (et, en fait, neuf mois plus tard, jour pour jour, naissait Ricciotti). De son côté, Cuneo avait maintenant une vraie montagne de lettres de Mazzini qui à présent ne jurait plus que par Garibaldi et déclarait qu'il l'attendait avec anxiété, qu'en Italie les temps étaient mûrs, qu'il suffirait d'une « étincelle », etc.

Quand Garibaldi lut cette correspondance, son cœur se mit à battre comme cela ne lui était plus arrivé depuis qu'il avait quitté l'Italie. L'Uruguay, l'Argentine, Rivera, Pacheco, Urquiza… est-ce que cela comptait ? Il écrivit à Mazzini directement. Il lui dit qu'il se tenait prêt à agir, dès cet instant, avec toute sa légion, un bateau. Qu'on lui envoie un bateau, immédiatement. Il pourvoirait lui-même au reste : chasser les Autrichiens, faire le *Risorgimento*.

Pendant qu'il attendait la réponse, un soir, quelqu'un frappa à sa porte. Garibaldi cria à Anita, qui se trouvait dans une autre pièce, d'aller voir qui était là. Anita répondit qu'il n'y avait plus de chandelles.

« Entrez ! » hurla alors Garibaldi en espagnol.

Le visiteur était un officier de Pacheco qui avait besoin de certains éclaircissements. Garibaldi les lui fournit. Puis, de retour chez son général, l'officier lui révéla que, dans la maison du Héros de San Antonio, il n'y avait pas même de chandelles. Pacheco mit cinquante « gros sous » dans une bourse et la fit porter à Garibaldi.

Une lettre de Mazzini arriva. Le maître disait que deux patriotes florentins, Carlo Fenzi et Cesare della Ripa, avaient décidé d'ouvrir une souscription nationale pour offrir une épée d'honneur à Garibaldi et une médaille d'or à Anzani. Tout le monde avait répondu à cet appel : hommes, femmes, gens du peuple, bourgeois, nobles. Jusqu'à Charles-Albert qui avait permis que la souscription se déroulât publiquement sur toute l'étendue de son royaume. Oui, les temps étaient bien mûrs.

« Un bateau… Un bateau » bredouillait Garibaldi.

Mais le bateau n'arrivait pas et il se minait d'impatience. Même l'arrivée de l'épée d'honneur, en juin 1847, ne parvint pas à le calmer ; appuyée contre le mur, elle détonnait terriblement, dans la misère de cette maison où l'on continuait à ne pas savoir la veille ce que l'on mangerait le lendemain.

En juin, le gouvernement uruguayen redonna signe de vie. Le général Paz vint lui offrir le commandement suprême de toutes les forces de la défense. Cette fois, ce fut Anita qui le poussa à accepter : cela représentait un salaire assuré et sans risques, car il n'y avait plus rien à défendre. La situation intérieure argentine avait contraint Rosas de rappeler ses armées et les seules opérations de guerre qu'on continuait à effectuer, de part et d'autre, se limitaient à des razzias sur le bétail. Mais, chez les autochtones, la nouvelle fit pas mal de bruit : jamais un étranger n'avait encore occupé ce poste. Et, en août, Garibaldi qui tenait peu à l'occuper, surtout en temps de paix, et qui continuait à n'avoir qu'une pensée, l'Italie, avait déjà donné sa démission.

Un hymne en son honneur, composé par un certain Bertoldi et imprimé à Lugano, lui était parvenu juste quelques jours auparavant. En voici quelques vers :

> « Que nos enfants n'ignorent pas
> Le nom de notre Champion…
> Et que dans chaque sein palpite
> Le cœur de Garibaldi… »

Dans une lettre à Valerio, Garibaldi les qualifia de « robustes ».

Mais un nouveau nuage était venu assombrir ses rapports avec Mazzini qui, le premier enthousiasme passé, hésitait à présent à le faire rentrer, et lui rappelait sur un ton aigre-doux que c'était lui qui avait eu l'idée de son retour en Italie et que lui seul était habilité pour décider quand et comment il serait opportun de le faire. À quoi Garibaldi répondit brutalement qu'il l'avait déjà décidé lui-même : il rentrerait au mois de novembre. Mazzini, dont le caractère était autoritaire, monta sur ses grands chevaux. « Espérons qu'il ne s'y frottera pas », confia-t-il à un ami dans une lettre.

Mais, avant que novembre ne fût là, il se passa tant d'événements que la querelle perdit de son actualité. Pie IX avait accordé une amnistie aux condamnés politiques et aux exilés ; il tenait même des propos libéraux. Mazzini (Mazzini !) lui avait adressé une lettre pour l'inviter à se mettre à la tête du mouvement en faveur de l'unité italienne. En septembre, Charles-Albert, parlant au Congrès agricole de Casal Monferrato, s'était exclamé : « Si Dieu nous fait jamais la grâce de pouvoir entreprendre une guerre d'indépendance, ce sera moi, moi seul, qui commanderai notre armée. Ah, quel beau jour, celui où nous pourrons lancer le cri de l'indépendance nationale ! ».

Quand elles parvenaient à Montevideo, ces nouvelles y étaient tellement déformées et amplifiées qu'il paraissait tout à fait incompréhensible qu'il y eût encore tant de petits États, en Italie, et tant d'Autrichiens pour les gouverner. Quand arrivait le bateau qui amenait le courrier en provenance de la péninsule, le môle se remplissait d'Italiens qui commençaient à exulter de joie avant même d'avoir lu les lettres et les journaux. La fanfare était toujours prête à entonner l'hymne *O fratelli, a me d'accanto*, et à le faire résonner dans toute la cité, suivie par un cortège braillant et vociférant.

Ce fut dans ce climat d'enthousiasme que Garibaldi et l'ami Anzani s'assirent devant une table pour rédiger une superbe lettre à monseigneur Bedini, nonce apostolique à Rio de Janeiro, afin de le prier d'informer le pape qu'eux et leur légion se tenaient à disposition du souverain Pontife. « … Si Votre Illustre et Révérende Seigneurie croit que notre offre puisse être agréable au souverain Pontife, qu'Elle la dépose au pied de Son Trône… » Mais qu'y avait-il là d'étrange ? Mazzini ne leur avait-il pas donné l'exemple ? Rédigée dans un style évasif et plein d'onction — un style de prélat —, la réponse leur parvint un mois plus tard : monseigneur Bedini devait aller à Rome et il porterait personnellement au pape cette offre « digne véritablement de cœurs italiens ».

Mais, en attendant, on avait ouvert une souscription afin de recueillir les fonds nécessaires pour le bateau. Stefano Antonini déboursa sur-le-champ mille pesos qui, le lendemain, étaient déjà quatre mille. La musique continuait à parcourir avec fracas les rues de Montevideo. Le 20 novembre au soir, alors que Garibaldi et Anzani jouaient aux boules dans la caserne de la légion, un homme fit irruption ; on apprit plus tard qu'il était de Gênes et s'appelait Abramo. Il se mit aussitôt à déclamer une poésie de sa composition dont on ne saisit que les trois derniers mots : « Servitude, ignoble plante. » Tout le monde fut ému, on s'embrassa, les yeux luisants, et on se mit à chanter *O fratelli, a me d'accanto*.

Fin 1847, il fut clair qu'on pourrait atteindre le chiffre nécessaire à la location du bateau. Garibaldi fêta Noël avec Anita, Menotti, Teresita et Ricciotti, puis les embarqua tous les quatre pour Gênes avec une lettre pour Antonini, qui devait les accueillir dans sa propre maison avant de les diriger sur Nice. Et il se consacra de nouveau corps et âme aux préparatifs de l'expédition.

Le 8 février, jour anniversaire de la glorieuse bataille de San Antonio, la Compagnie des Amis du Théâtre italien donna une représentation qui se termina comme d'habitude par les chants chorals du public qui remplissait la salle ; les bénéfices allèrent à la souscription. On tira ensuite un feu d'artifice qui fut suivi de l'inévitable défilé derrière les drapeaux et la musique. On criait : « Vive le Pape ! », « Vive Charles-Albert ! », « Vive Mazzini » et « Vive Gioberti ![5] ». Sur Gioberti, on ne savait rien — ou si peu que rien —, mais on avait lu dans les journaux italiens qu'il était lui aussi à présent dans le coup ; alors, on l'avait tout de suite adopté.

Finalement, on eut le navire. C'était un brigantin sarde, que commandait le capitaine Gazzolo et qui s'appelait le *Bifronte*, nom qui déplut à Garibaldi, lequel attachait de l'importance aux noms et le rebaptisa *Speranza*. À présent, il fallait faire les choses dans les règles et, dès avant le départ, penser à l'arrivée. Garibaldi fit appeler

---

[5] Vincenzo Gioberti (1801-1852). Philosophe et homme politique italien. Un des chefs du Risorgimento romantique qui aboutit au mouvement de 1848.

Giacomo Medici, un jeune homme arrivé à Montevideo deux années auparavant avec une lettre de recommandation de Mazzini, et lui prescrivit de le précéder afin de préparer le terrain des opérations. Il devait annoncer l'arrivée de la Légion au maître. Puis il lui faudrait organiser les cantonnements et les armes — entre Livourne et Viareggio, où la *Speranza* devait jeter l'ancre — destinés à l'installation de 1 000 hommes.

Après le départ de Medici, il semblait que tout fût prêt, quand Gazzolo s'aperçut à l'improviste qu'avec le chiffre qu'il avait demandé (et qu'il avait encaissé), il en était de sa poche. Il réclama donc un supplément. Où le trouver, maintenant que la souscription était close ? Les légionnaires durent vendre ou solder tout ce qu'ils possédaient. Mais, malheureusement, ce retard fit réfléchir leurs camarades. Était-il bien vrai que les Italiens les attendaient ? Et si, au contraire, c'étaient les sbires de Charles-Albert, du grand-duc et de Radetzky qui s'apprêtaient à les cueillir et ils n'avaient rien à voir, ceux-là, avec les *descamisados* d'Oribe ou d'Urquiza, avec qui il y avait toujours moyen de s'entendre ! Ils fusillaient pour de bon, eux !

Quelques-uns prirent le large. D'autres commencèrent à hésiter et à demander un délai pour mettre leurs affaires en ordre. Fureur d'Anzani, découragement de Garibaldi, qui écrivait à Anita de ne pas se désespérer, qu'il arriverait très bientôt et, en attendant, de bien s'entendre avec maman Rosa et Gustavin ; mais il était amer et déçu. Il lisait dans les journaux que Charles-Albert avait accordé une constitution, que Léopold de Toscane avait promis de le faire.

« Nous arriverons trop tard », soupirait-il, en attendant que ses hommes se décidassent. Mais les hésitants s'étaient retirés du coup et les résolus commençaient à se montrer hésitants. Lorsque, enfin, la *Speranza* leva l'ancre et déploya ses voiles, le 15 avril, les mille n'étaient plus que soixante-trois, en comptant Anzani, miné de tuberculose, un Noir, Aguyar, et un Mulâtre, Costa. Il y avait aussi

Guerello, le chien de la bataille de San Antonio, toujours boitant et affectueux.

Au dernier moment, ce fut Garibaldi qui demanda un délai — mais de quelques heures seulement. Il se fit conduire en chaloupe sur la mer, en compagnie de Lavagna, l'homme qui, trois années auparavant, avait enseveli la petite Rosita, morte à deux ans d'on ne savait quelle maladie. Ils allèrent au cimetière, exhumèrent le petit cercueil et l'amenèrent à bord. Ce fut leur dernier pillage, pieux cette fois, en terre uruguayenne.

Et enfin la *Speranza* leva l'ancre.

Pour la dernière fois, les terrasses qui donnaient sur le port se remplirent de spectateurs et de spectatrices, comme les loges d'un théâtre, au cri de : « C'est Garibaldi qui s'en va ! »

Le héros du Nouveau Monde partait à la conquête de l'Ancien.

Troisième partie

--

Le Duce

(1848-1849)

La Campagne de Lombardie

Quelques jours avant l'appareillage de la *Speranza*, Mazzini était arrivé en Italie, de Londres, via la France et la Suisse. Sur le Saint-Gothard, il avait cueilli une violette qu'il avait placée dans une enveloppe et expédiée à ses amis anglais, les Ashurst. À la frontière, il n'eut pas besoin de montrer ses papiers aux douaniers, lesquels avaient saisi plus de mille fois des paquets de tracts où, entre les proclamations et les appels, figurait son portrait. En braves Italiens, ils l'accueillirent comme quelqu'un qui était maintenant susceptible de devenir lui aussi (on ne sait jamais !) une « grosse légume » et ne le fouillèrent même pas. Heureusement. Car dans la poche droite de sa veste, l'exilé avait caché une courte carabine que lui avait donnée madame Ashurst. Une carabine qui n'eut d'ailleurs jamais à tirer.

Espérances et appréhensions se mêlaient dans son âme agitée. La patrie où il était sur le point de poser à nouveau le pied n'était déjà plus celle qu'il avait quittée au moment de partir pour son long exil. La Jeune Italie avait multiplié ses adhérents et conservé vivant le mouvement en faveur de l'unité et de l'indépendance. Mais il avait perdu le monopole de ce mouvement. Face à son « Credo » simple et radical de l'insurrection du peuple contre tous les tyranneaux qui maintenaient le pays dans la division et la dépendance, s'étaient affirmés d'autres courants d'idées, d'autres programmes et d'autres méthodes avec lesquels beaucoup de ces petits tyrans s'étaient maintenant solidarisés ou feignaient de le faire.

Cette situation faisait traverser une crise à l'idée mazzinienne selon laquelle l'Italie ne pourrait se faire que grâce à un soulèvement des masses populaires dans le but de chasser les maîtres et de fonder ensuite une république unitaire et démocratique. Effectivement, toute autre méthode était impensable, car il n'existait alors, en Italie, aucun gouvernement local dans lequel un patriote eût pu avoir confiance. Au Piémont, Charles-Félix était un réactionnaire obtus qui se considérait davantage comme un Français que comme un Italien. Le royaume Lombardo-Vénitien était une province magnifiquement administrée, mais par des Autrichiens. Le duché de Parme, Plaisance et Guastalla était une sorte de propriété privée, confiée en viager à la veuve de Napoléon, Marie-Louise, qui la gérait au nom des Habsbourg, sa famille. Autrichien également était le duc de Modène, Reggio et Mirandola, François IV, qui devait par la suite absorber encore la principauté de Massa et Carrare. À l'avant-garde de l'esprit rétrograde, dans les États de l'Église, le pape Grégoire XVI faisait concurrence de conservatisme aveugle et de sentiments nationaux avec les Bourbons de Naples qui avaient purement et simplement ramené le Moyen Âge dans les régions au sud de Gaète. Restait la Toscane et ses grands-ducs tolérants qui, sans se contenter d'administrer leurs sujets avec soin, les laissaient maintenir vivante une tradition italienne, tout au moins sur le plan culturel. Mais ils étaient Autrichiens eux aussi : il ne fallait donc pas espérer qu'ils se missent à la tête d'une croisade en vue de l'unité et de l'indépendance contre leur pays d'origine. Il ne restait donc que la conspiration, les sociétés secrètes, les bombes et les barricades. C'est-à-dire le programme et la méthode de Mazzini.

Mais avec l'avènement de Charles-Albert en Piémont et de Pie IX à Rome, les choses avaient beaucoup changé et les mots « liberté » et « nation » n'étaient plus une marchandise prohibée. D'Azeglio disait qu'on pouvait conspirer en plein jour, à présent. Et personne n'ignore que, lorsqu'une conspiration sort de la clandestinité, elle perd fatalement son caractère radical et subversif. Les « modérés » du genre de Balbo, qui pensaient à une solution diplomatique et pacifique du problème de l'unité, et de Gioberti, qui souhaitaient une confédération des États italiens présidée par le pape, prenaient le relais des « révolutionnaires » à la Mazzini, lequel s'était du reste un peu sabordé en se lançant dans des entreprises désespérées qui avaient coûté beaucoup de sang sans obtenir aucun résultat. Mazzini avait toujours le mot « peuple » à la bouche, mais, le peuple, il le connaissait peu, en fait. Il ne savait pas que la masse des Italiens était trop arriérée, trop inculte, trop misérable pour nourrir les idéaux de Liberté et de Patrie qu'il lui attribuait et qui, au contraire, étaient le monopole d'une petite élite cultivée. Toute sa vie, il cultiva l'illusion que la masse prendrait feu à la moindre « étincelle ». Cela, il l'avait dit à Garibaldi, à Marseille ; et cela l'avait conduit à l'avortement de son expédition en Savoie. Mais la leçon ne lui avait pas servi. Il avait continué à envoyer à la mort des centaines de jeunes gens, la fine fleur de la nation, afin d'allumer cette « étincelle » qui ne provoquait jamais l'incendie souhaité. Et tous ces insuccès l'avaient discrédité au bénéfice des « modérés », précisément, qui, aujourd'hui, triomphaient.

Les événements s'étaient soudain précipités. La révolte avait éclaté à l'improviste en Sicile ; l'île avait proclamé son indépendance et la déchéance des Bourbons. Pour prévenir une rébellion à Naples, même Ferdinand II avait promulgué une constitution qui garantissait les libertés fondamentales. La Toscane s'empressa de suivre l'exemple. Charles-Albert et Pie IX, qui avaient ouvert la voie au mouvement réformiste et libéral, se virent presque devancés et durent surenchérir dans le domaine des concessions. C'est précisément à ce moment (février 1848) qu'éclata en France la révolution qui chassa la monarchie de Juillet et instaura la république. À Vienne, un soulèvement contraignit Metternich à la fuite, ruinant tout son système et immobilisant l'armée autrichienne.

Cela parut être l'occasion ou jamais de refaire la carte politique de l'Italie en réunissant tous les États entre lesquels elle était divisée dans une croisade contre l'Autriche. Cinq jours de combat suffirent à Milan pour chasser les garnisons du maréchal Radetzky ; Venise s'érigea en république indépendante sous la direction de Daniele

Manin. Craignant de se voir devancé, Charles-Albert avait pris la tête du mouvement qui, désormais, avait pris des proportions nationales. Un flux de volontaires venus de toutes les régions d'Italie avait envahi le Piémont. Et le roi de Sardaigne, après avoir déclaré la guerre à l'Autriche, en mars et commencé à envahir la Lombardie, avait fait traverser le Tessin à son armée et à ses patriotes.

Telle était la situation dans le pays au moment du retour de Mazzini. L'incendie avait fini par éclater, mais ce n'était pas lui qui était responsable de l'étincelle qui l'avait provoqué, et cet incendie n'allait pas dans la direction qu'il souhaitait. Mazzini ne croyait ni en Charles-Albert ni en Pie IX ; et, en cela, il se montra plus clairvoyant que Gioberti, Balbo, d'Azeglio et leurs « amis » pour lesquels il professait un dédain profond. Il était convaincu que le fédéralisme auquel ils tendaient aurait condamné l'Italie « à une perpétuelle impuissance », mais il comprenait que la situation ne lui permettait pas de s'opposer à eux. « Criez : vive Pie IX ! plus fort que les autres », conseillait-il aux siens « et tenez-vous prêts à enrôler les mécontents ». Il en avait donné personnellement l'exemple en écrivant une lettre au pape et en se proclamant prêt à servir Charles-Albert afin de « faire l'Italie ». Mais il était profondément irrité de devoir recourir à ces procédés machiavéliques qu'il avait toujours reprochés aux modérés et qui, de fait, détonaient terriblement dans sa bouche. Ce visionnaire quelque peu presbyte ne comprenait pas grand-chose à l'Italie de son temps, mais voyait avec clarté celle qui était sur le point de naître au sein de toutes les équivoques qui se créaient autour d'un roi réactionnaire qui jouait au progressiste et d'un pape qui se faisait prendre pour un patriote, dans une clameur discordante d'hymnes de la Maison de Savoie et d'Ave Maria.

À ses yeux, seul Milan était révolutionnaire pour de bon et sincèrement — Milan avec son petit peuple qui, durant cinq jours, avait dressé et défendu ses barricades dans un élan spontané de patriotisme et de liberté.

Et, de fait, c'est vers Milan qu'il se mit immédiatement en route.

Entre Viareggio et Livourne, Giacomo Medici épiait l'horizon dans l'espoir d'y voir poindre les mâts de la *Speranza*. Il avait fait preuve de prudence dans ses contacts avec les personnes que lui avait indiquées Garibaldi — Fenzi, Guerazzi, Belluomini — mais il avait dû disposer à découvert les préparatifs du débarquement. Il ne redoutait pas d'être surpris et arrêté par les hommes du grand-duc, lesquels ne faisaient peur à personne, du reste, surtout à ce moment-là. Mais il craignait pour Garibaldi, tremblant que la police du grand-duc ne l'empêchât de mettre pied à terre ou même ne le mît au bloc purement et simplement.

Bien qu'âgé de moins de trente ans, Giacomo avait déjà une longue expérience de ce genre d'affaires. Son père, un commerçant qui n'avait jamais connu le repos, l'avait constamment amené avec lui dans ses vagabondages, alors qu'il était enfant, puis avait fini par l'abandonner à Lisbonne entre les mains d'un certain Tibaldi. Tout juste adolescent, Giacomo s'était engagé dans les chasseurs de Porto, une espèce de Légion étrangère portugaise, et avait participé aux campagnes de Catalogne et de Valence contre les carlistes. Il y avait été un modèle de courage et d'indiscipline. On l'avait même fait passer devant un tribunal pour insubordination ; mais le tribunal l'avait acquitté. Après cette aventure, il avait émigré à Londres dans l'intention d'y ouvrir un commerce. Là, il avait fait la connaissance de Mazzini qui lui avait donné une lettre de recommandation pour Garibaldi à Montevideo. Cette recommandation autorisée et son caractère résolu lui conféraient un grand prestige auprès du Niçois. Dans toute la légion, deux hommes seulement tutoyaient Garibaldi : Anzani et lui, Giacomo Medici.

À présent, les événements se succédaient. Trop faibles en hommes pour affronter simultanément les rébellions qui avaient éclaté à Milan, Bergame, Come, Brescia et Venise, et l'armée piémontaise qui avait traversé le Tessin, les garnisons autrichiennes s'étaient retranchées dans le Quadrilatère en attendant des renforts. Et Giacomo ne voyait toujours pas la *Speranza* à l'horizon. Et il ne pouvait pas la voir puisque, au lieu de faire route vers Viareggio et Livourne comme il était entendu, elle avait mis le cap sur Nice.

Garibaldi en avait décidé ainsi après avoir traversé le détroit de Gibraltar. Le voyage, qui durait depuis soixante jours, s'était déroulé sans heurt. Le seul incident avait été un début d'incendie provoqué par la chute d'une lanterne sur un baril d'eau-de-vie. Il y eut un moment de panique chez les légionnaires, moins habitués à la mer, mais Garibaldi le domina avec sang-froid. Puis la navigation avait repris sur une mer d'huile. Dans la journée, les hommes effectuaient des exercices de culture physique sur le pont dans le but de conserver leur entraînement ou bien suivaient les cours de tactique et de stratégie que donnait Anzani, étendu sur un matelas, dévoré par la fièvre et la tuberculose qui lui rongeaient le peu de poumon qui lui restait. Le soir, tous en chœur, on chantait un hymne dont l'un des soixante-trois, Coccelli, avait composé les paroles et la musique.

En pénétrant dans la Méditerranée, ils croisèrent un bâtiment portant un pavillon qu'ils n'avaient encore jamais vu : blanc, rouge et vert.

« C'est le pavillon italien ! » hurla Pecorini, le capitaine.

Garibaldi fit accoster ; il demanda aux hommes de l'autre navire qui ils étaient et les dernières nouvelles. En réponse, il reçut des phrases mutilées par le mistral : « Milan en insurrection… Toute la Lombardie au combat… Charles-Albert… passé la frontière… »

La fièvre de l'enthousiasme et de l'impatience s'empara des légionnaires. Anzani se fit porter sur le pont. Le drapeau noir marqué du Vésuve fut amené et, à sa place, on hissa sur le mât un pavillon tricolore qu'on improvisa à l'aide d'un drap blanc, d'une casaque verte et d'un de ces mouchoirs rouges sur lesquels une poésie était brodée en blanc, présents que les femmes de Montevideo leur avaient distribués au départ. Sur le pont, les légionnaires improvisèrent une ronde endiablée à laquelle prirent part jusqu'à Aguyar et au chien Guerello. Et, oubliant complètement Medici, Garibaldi mit le cap sur la côte ligure en murmurant avec angoisse : « Nous arriverons les derniers ! Nous arriverons les derniers ! ».

Sur le lieu fixé pour leur rendez-vous, Giacomo pouvait attendre longtemps !

Son premier discours italien, Garibaldi le prononça en français.

« Tous ceux qui me connaissent savent que je n'ai jamais été favorable à la cause des rois, dit-il. Mais c'était qu'alors les princes faisaient le mal de l'Italie. Aujourd'hui, en revanche, je suis réaliste et je viens me présenter devant le roi de Sardaigne qui s'est fait l'instrument de la régénération de notre péninsule ; pour lui, je suis prêt à verser jusqu'à ma dernière goutte de sang. Je suis certain que tous les Italiens pensent comme moi. Vive l'Italie ! Vive le Roi ! Vive Nice ! ».

Cette allocution fut prononcée le 26 juin dans la grande salle de l'Hôtel York, au terme d'un banquet offert par les Niçois à leur illustre concitoyen. Deux cents invités étaient là, dans la grande salle ornée de fleurs et de drapeaux, en plus des soixante-trois légionnaires.

Garibaldi était arrivé quatre jours auparavant, à onze heures du matin. Et la première à venir à sa rencontre avait été Anita, sur une barque. Maman Rosa attendait sur le môle (comme elle avait vieilli, la pauvre femme !) en tenant par la main Menotti et Ricciotti. Les derniers temps, elle avait perdu tout espoir de revoir son Peppino. Et à présent, au contraire, le voici là-bas, sur le gaillard d'arrière, les bras croisés comme la statue d'un monument, suivi de son armée personnelle, attendu par toute la population de la cité en fête. Quelle carrière !

En cet instant, Peppino, après avoir vainement fouillé ses poches, demandait au « pilote » de le conduire au quai gratis, car il n'avait pas de quoi le payer.

En quatorze ans, Nice n'avait pas beaucoup changé. Tout de même, les lanternes de l'éclairage urbain avaient dépassé le chiffre de soixante-trois, les barques étaient elles aussi plus nombreuses dans la rade et, à présent, il y avait un omnibus qui, moyennant quarante centimes, vous conduisait jusqu'au Var, d'un côté, et jusqu'à Gênes, de l'autre. Mais c'était toujours le même train-train. La *vieille ville* était recouverte de la même poussière, les lavandières étendaient toujours les draps sur le lit à sec du Paillon, la société élégante continuait à se réunir au Cercle Philharmonique que dirigeait encore l'abbé Montolivo, toujours vêtu de la même façon : *redingote* ouverte, « mollets » en bas noirs, et tricorne. De véritablement nouveau, il n'y avait guère qu'un mécontentement diffus provoqué par la suppression des « droits différentiels », à la suite de l'octroi du nouveau statut, suppression qui avait eu pour résultat la hausse du prix des pâtes, des pommes de terre, des olives et du sel.

Mais tout cela était impossible à discerner, dans le climat de kermesse qu'avait déchaîné l'arrivée de Garibaldi et qui l'accompagna durant toute la première partie de sa tournée. Il avait tout ce qu'il lui fallait pour être heureux : Maman Rosa, Anita, les enfants, la Légion, et surtout un podium d'où haranguer les gens avec la certitude d'être applaudi. Car Garibaldi aimait les discours tout autant que les combats.

Deux jours plus tard, il leva l'ancre pour aller en prononcer un à Gênes. Il était suivi de tous ses Légionnaires, dont le nombre avait brusquement doublé après l'enrôlement de soixante-sept Niçois. Toute la population de la ville était sur le môle pour l'acclamer. La Légion défila sous les fleurs et les applaudissements, précédée de deux drapeaux : le noir, de Montevideo, et le tricolore marqué en son centre des armes de la Maison de Savoie. Sa première visite fut pour Anzani qui était en train de mourir dans la petite chambre où le peintre Gallino lui avait offert l'hospitalité.

Ce fut un triste adieu, rendu encore plus triste, pour Garibaldi, par certains regards de réprobation, par certaines paroles chagrines, par l'insistance que mettait le mourant à lui recommander de « ne pas trahir la cause du peuple ».

D'une façon ou d'une autre, Garibaldi n'eut pas le temps d'y réfléchir, car il devait courir à la réception donnée en son honneur par le conseil municipal de la ville et présider ensuite une réunion au Cercle National, où il tint un énième discours pendant lequel il ne fit que répéter ce qu'il avait déjà dit sur le devoir que tout le monde avait de se serrer autour de Charles-Albert, auprès duquel il allait se rendre afin de lui offrir son épée. Mais ces discours lui restèrent sur l'estomac, surtout lorsqu'il sut que sa visite à Anzani avait été précédée d'une visite de Médici, lequel avait rapporté au malade ce que Garibaldi avait dit à Nice et à Gênes. On le soupçonnait. On le réprouvait de se montrer à présent « réaliste » par simple opportunité, pour obtenir de Charles-Albert qui sait quelles marques de reconnaissance ou de faveur. Voilà quelle puce Medici avait mise à l'oreille du pauvre moribond. Puce absurde, comme le montrait clairement l'approbation de Mazzini à l'égard de l'attitude de Garibaldi, approbation officialisée par un article paru dans *l'Italia del Popolo* du 28 juin. Mais Anzani ne l'avait peut-être pas lu, et il était sur le point d'emporter dans la tombe ses doutes sur la loyauté et l'intégrité de Garibaldi.

Anzani expira le 5 juillet, à six heures et demie du soir, veillé par son frère Battista, le peintre Gallino, le sculpteur Cervasco (qui moula son masque mortuaire dans l'intention d'en faire plus tard un marbre, et qui, comme la barbe du mort gênait l'opération, la lui coupa), et par Medici. Il demanda un prêtre, en disant : « Je ne veux pas qu'on accuse d'hérésie les hommes qui sont revenus avec Garibaldi. » Puis il ajouta : « Garibaldi est prédestiné, l'avenir de l'Italie est entre ses mains. » Il mourut en paix, mais, dans la mort, il conserva son visage sévère que bien peu avaient vu rire. Il avait à peine quarante ans. Quelqu'un déclara par la suite que, s'il eût vécu, il fût devenu le véritable Garibaldi. Mais c'est là une erreur, car, dans un pays comme l'Italie, le véritable Garibaldi ne pouvait être que Garibaldi lui-même.

Celui-ci, toutefois, était justement en train de se demander s'il n'eût pas mieux fait de partager lui aussi les méfiances d'Anzani et de Medici à l'égard de Charles-Albert.

Le roi l'avait reçu la veille à Roverbella, où il avait établi son quartier général. Dans ses *Mémoires*, Garibaldi ne consacra à cette rencontre que ces mots pleins de réticence : « Je le vis, je compris la défiance avec laquelle il m'accueillait et je déplorai que le destin de notre pauvre patrie fût si mal placé, entre les mains défaillantes et incertaines de cet homme. »

Chacun est libre d'imaginer ce qu'il veut, à condition d'écarter radicalement toute image d'un « embrassement chaleureux », image que l'on a créée de toutes pièces en se laissant transporter par les suggestions dramatiques d'une scène où le proscrit se trouvait face à face avec le roi qui l'avait condamné à mort. Car l'un des deux protagonistes, au moins, n'était pas à la hauteur du « rôle ».

Charles-Albert est passé à l'histoire, on le sait, comme une énigme et, en un certain sens, il en était une, bien que sans les complexités qui lui sont attribuées. L'énigme tenait presque tout entière dans une irrésolution perpétuelle, un manque de persévérance incurable. « Son regard contredisait sa parole, écrit Costa de Beauregard, son biographe le mieux informé. Sa parole démentait son sourire, son sourire masquait sa pensée. Il discernait les inconvénients de chacun de ses choix, il craignait le succès, le scrupule de la responsabilité le tourmentait : bref, il unissait l'âme d'un héros à celle d'une femme. » Un sens monastique et formaliste de son devoir lui faisait des journées fort pénibles. Il se levait à quatre heures du matin, travaillait jusqu'à dix, déjeunait ; puis il passait — chaque jour ! — la revue de ses troupes, accordait des audiences jusqu'à l'heure du dîner, prenait un maigre repas, comme un petit chartreux, se remettait au travail et, à neuf heures, était au lit après avoir donné l'ordre à ses ministres de lui résumer durant la nuit tous les rapports qui encombraient sa table. À force de résumer des dossiers à la lueur d'une chandelle, l'un de ses ministres, Gallina, perdit un œil.

Il voulait tout savoir et tout voir par lui-même, et il se perdait dans les détails. Il était convaincu d'avoir en lui « une vocation pour de hautes destinées », mais lorsque les hautes destinées se profilaient à l'horizon et requéraient de lui une décision, il hésitait et la peur le paralysait. Il croyait en un Dieu plus terrible et plus vengeur que miséricordieux et enclin au pardon et pratiquait de la manière la plus bigote. Un jour où l'archevêque de Turin l'avait traité avec insolence, il l'invita à dîner. Il avait promulgué la Constitution, mais il continuait à s'entourer d'amis et de conseillers qui étaient ennemis de tout progrès. Et à présent, il se préparait à la guerre contre l'Autriche, car il croyait avoir le pape pour allié, c'est-à-dire Dieu lui-même, sur lequel il comptait bien plus que sur son armée. Lorsque le pape fit défection, il se sentit perdu et, sans doute, s'il l'avait pu, serait-il revenu sur ses pas. Mais il était désormais trop tard. À présent, il *fallait* agir. De la conversation entre Charles-Albert et Garibaldi, on ne sait qu'une chose certaine, qui a été rapportée par Guerzoni : que le Roi, évitant de prendre tout engagement, conseilla au Héros de se rendre à Turin pour y étudier, avec son ministre de la Guerre Franzini, le mode d'« intégration » de la Légion dans les forces armées piémontaises.

Pour le roi de la Maison de Savoie, la patrie était une grande idée, une belle idée — en admettant que, pour l'heure, il y pensât —, mais le *Règlement* passait avant tout.

Après avoir congédié « cette personne venue de Montevideo », comme l'appelaient ses officiers, Charles-Albert écrivit à Franzini une lettre confidentielle pour lui communiquer « les impressions défavorables » que les propositions de Garibaldi avaient fait naître en lui. Et il ajouta : « … Puisqu'il n'existe aucun moyen de l'utiliser comme chef de corsaires dans la marine et que ses antécédents de 1834 et sa fameuse déclaration républicaine lui interdisent d'accéder au grade de général dans l'armée, nous devons fournir à Garibaldi les moyens nécessaires de se diriger ailleurs. »

Garibaldi était au lit. Son tempérament de fer avait victorieusement résisté au climat et aux miasmes de l'Amérique du Sud. Mais, ici, à Roverbella, il avait contracté la malaria, mal qui devait le persécuter par la suite jusqu'à la fin de ses jours.

Toutefois, il se rendit à Turin, non sans passer au préalable par Milan afin d'y demander au gouvernement provisoire de Lombardie une recommandation pour le ministère de la Guerre piémontais. Il l'obtint. Mais à Turin, il ne put voir Franzini, lequel s'était éloigné intempestivement. Il fut reçu — non sans avoir fait quelque peu antichambre — par Ricci, le ministre de l'Intérieur, qui lui fit remarquer les difficultés bureaucratiques qui s'opposaient à son « intégration », du fait de l'absence d'un « document » l'y autorisant. Et il conclut : « Je vous conseillerais plutôt de partir pour Venise. Là, vous prendrez le commandement de quelques petits bateaux. En tant que corsaire, vous pourrez vous rendre très utile aux Vénitiens. Je crois, pour ma part, que là se trouve la place qui vous convient le mieux. » Corsaire ! Encore corsaire. Toujours corsaire. Même en Italie ! Il n'alla pas à Venise. Il resta à musarder à Turin, se demandant si ce n'était pas le moment de mettre le cap sur la Sicile. Un jour, il rencontra Medici. Tout d'abord, ils se regardèrent en chiens de faïence.

« Tiens ! fit Medici avec un petit sourire ironique, mais tu ne viens pas de Roverbella ? Tu n'as pas offert ton épée à Charles Albert ? »

« Ces sortes de personnes ne méritent pas que des cœurs comme les nôtres leur soient soumis », répondit Garibaldi en secouant la tête. Et il ajouta tout de suite : « Mais les hommes ne sont rien, cher Medici. C'est la Patrie qui compte, rien que la Patrie ! ».

Ils se regardèrent à nouveau et se jetèrent dans les bras l'un de l'autre. La paix était faite. Ils décidèrent de se rendre à Milan. Ils y parvinrent le jour même — 14 juillet — alors que la dépouille d'Anzani y faisait halte, avant d'être conduite à Alzate. Dans *L'Italia del Popolo*, Mazzini adressait au mort un dernier salut qu'il terminait par ces mots : « … Anzani voulait une Italie qui fût unie, puissante, dont la fraternité serait le fruit d'un accord unanime, il voulait un peuple qui adorât uniquement la vérité et qui l'incarnât dans des faits. Il était unitaire et républicain… ». Ce n'était pas là l'oraison funèbre du seul Anzani, c'était celle de tout le mouvement de 1848.

À Milan, Garibaldi fut nommé général. Du balcon du Palais Marino, il prononça un discours qu'il conclut ainsi : « Vive Milan ! Vive l'indépendance italienne et… bonne nuit ! » pour bien faire comprendre à tout le monde qu'il ne faisait l'éloge ni du Piémont ni de Charles-Albert. Et il rencontra Mazzini.

Sur cette seconde entrevue, qui eut lieu quatorze ans après la première, nous ne possédons également aucun témoignage. Et il est probable qu'elle ne se déroula pas mieux. À ceci près que les positions étaient désormais changées, et même renversées. Garibaldi était général, les gens le reconnaissaient dans la rue grâce à son uniforme fantaisiste et le portaient en triomphe. Par contre, Mazzini n'était rien. Peu de gens le connaissaient. Et, parmi ces rares personnes, la plupart le détestaient et l'accusaient de fomenter des divisions partisanes. Pour finir, l'Apôtre méconnu demanda au Héros, idole des foules, de l'enrôler comme porte-drapeau dans la Légion.

Bien qu'il ne se fût passé que quelques mois, le Milan de 1848 n'était plus la ville insurgée, enthousiaste et vibrante des Cinq Journées. Dans la rue, en public, on faisait fête aux Chemises Rouges garibaldiennes ; mais elles mettaient dans l'embarras le gouvernement provisoire composé en majorité de « modérés » que préoccupait énormément l'incertitude du lendemain, et elles provoquaient des attaques de nerfs à Charles Sobrero, général piémontais, ministre de la

Guerre, lequel voyait en elles des perturbatrices de l'ordre public et une entrave aux opérations militaires.

Du reste, ces opérations approchaient de leur terme. Jusqu'alors, l'armée piémontaise avait remporté des succès faciles et rapides sur un ennemi qui cherchait à gagner du temps en attendant des renforts. Et, du temps, Charles-Albert lui en avait accordé à profusion. À Pastrengo, il aurait peut-être pu infliger aux Autrichiens une défaite irréparable. Mais il ne s'était décidé à passer à l'attaque qu'à onze heures, afin de permettre à ses soldats d'écouter la messe ; et, à quatre heures, il avait consulté sa montre et avait donné le signal d'interrompre le combat en disant : « Pour aujourd'hui, il y en a assez ».

Face à ce roi bigot et velléitaire se trouvait un vieux capitaine pour qui la guerre n'avait pas de secret : le maréchal Radetzky, le meilleur soldat de l'Empire des Habsbourg. La légende du *Risorgimento* en a fait un « pourvoyeur de potence », un adjudant-chef grossier et brutal. Rien n'est plus faux. En dehors des qualités qui faisaient de lui un stratège et un commandant de première force, c'était un grand seigneur qui s'efforçait d'effectuer avec le maximum de civilité la sale besogne qu'on lui avait confiée. Il avait des goûts raffinés et, pour les satisfaire, il s'était couvert de dettes. Dettes qui, pour finir, lui furent escomptées par un banquier autrichien qui l'admirait au point de lui proposer de les prendre toutes à son compte, si le maréchal consentait à lui laisser son cadavre après sa mort. Le maréchal consentit et je crois bien qu'il fut le seul homme au monde qui ait vendu sa dépouille avant de n'en être plus qu'une. Par la suite, le banquier le fit inhumer près de Vienne, dans une sorte d'hypogée qu'on peut encore visiter.

Radetzky avait alors quatre-vingts ans sonnés, mais il conservait intactes ses facultés physiques et intellectuelles. Il n'avait pas dételé. De son épouse légitime, la comtesse Grafenberg, il avait eu huit enfants. Il ne lui en restait plus qu'un, Théodore, déshonneur de l'armée impériale, qu'un prêtre avait giflé en uniforme quelques mois auparavant, en plein Milan. Le maréchal avait fait appeler ce prêtre pour le remercier, avec son accent allemand. Afin d'avoir une progéniture qui lui fit plus honneur, il avait pris pour maîtresse une repasseuse de Milan, Giuditta Meregalli, qui lui avait donné quatre autres enfants — deux fils et deux filles — et qui, de plus, savait cuisiner à la perfection les gnocchis dont le vieux soldat était très friand.

Le 23 de ce même mois de juillet, Radetzky sortit du quadrilatère formé par les forteresses de Peschiera, Vérone, Mantoue et Legnago, enfonça les lignes piémontaises à Custoza et marcha sur la Lombardie.

À la nouvelle de ce désastre — qui n'était peut-être pas du tout pour lui déplaire —, Garibaldi demanda qu'on le laissât partir avec sa poignée d'hommes pour parer la menace. Sur le conseil de Sobrero, qui disait partout : « Ce n'est pas un général, ce n'est qu'un sabreur », on l'autorisa à recruter et organiser une troupe un peu plus consistante, chose qu'il ne pourrait réaliser à temps pour passer à l'action — c'était clair désormais.

Le boycottage était évident. Il le fut plus encore lorsqu'on lui répondit, après qu'il eut réclamé de quoi habiller ses hommes, qu'il lui faudrait se contenter des uniformes de toile blanche qu'avaient abandonnés les Autrichiens. Indigné, Garibaldi refusa. Mais, sous la pression des événements, il finit par accepter. « C'était à se tordre de rire, écrivit-il à Medici, nous avions l'air d'un régiment de cuisiniers. » Cependant, seule une partie des légionnaires eut droit à l'uniforme, car la Légion atteignait maintenant un millier d'hommes. La plupart restèrent comme ils étaient : qui engoncé dans un *Ritter*, qui en veste de velours, qui en casquette à visière, qui en chapeau calabrais orné de plumes, qui armé d'un fusil à pression, qui du *Silder* autrichien, qui de la carabine suisse, qui d'une carabine de chasse, qui d'un vieil engin à pierre, qui d'un simple gourdin. Dans ce ramassis multicolore, les soixante-trois de Montevideo semblaient les plus rigoureusement règlementaires, tous pareils avec leurs sombreros et leurs chemises rouges, sans oublier Aguyar qui les précédait avec sa lance et son bouclier de guerrier de la brousse.

Mais, dans le chaos général, on ne remarquait même rien de tout cela. Les nouvelles qui arrivaient du front étaient incertaines et contradictoires. Chaque fois qu'une voiture s'arrêtait devant la porte du Palais Marino et qu'il en descendait un officier ou quelqu'un ayant l'air de venir de l'extérieur, la foule amassée sur la place se mettait à réclamer bruyamment des informations, et un des membres du gouvernement devait se montrer au balcon. Un jour, le comte Giulini, épuisé par cette gymnastique, s'emporta contre la foule et cria : « Dans ces conditions, on ne peut plus gouverner ! » — « Eh bien, ne gouverne pas, imbécile ! » répliqua une voix.

Mais la défaite du Piémont était peu de chose à côté du malheur irréparable que représentait la rupture totale du front intérieur. Les Cinq Journées, c'était le menu peuple qui les avait faites et, du reste, parmi les trois cents morts qui y étaient tombés, on ne comptait guère que trois possédants et quelques intellectuels (trois ingénieurs, trois étudiants, un prêtre, le souffleur d'un théâtre). Tous les autres étaient des ouvriers, des artisans, de petits commerçants, et leur révolte avait eu une coloration plus sociale que patriotique. Sur les places de village et le long des routes de campagne, on rencontrait des troupes de paysans qui, appelés par un décret de levée en masse, avaient l'air de populations insurgées. Ils chantaient : « *Ni à Marian ni à Cantu, les Allemands ne r'tourneront p'us* » et leurs cris hostiles s'élevaient contre les carrosses des nobles et des bourgeois qu'ils croisaient. Le journal *Operaio* écrivait : « Il y a deux peuples : l'un est formé de la masse des bons citoyens, simples, justes, amis de la démocratie. L'autre n'est qu'un ramassis d'ambitieux, d'intrigants, tous vendus au pouvoir. » La ligne de démarcation était tracée d'une manière assez sommaire, tout le bien d'un côté, et tout le mal de l'autre, comme dans la pomme que la méchante belle-mère offre à Blanche-Neige.

Mais elle témoignait de la désunion et de l'échec du « grand embrassement fraternel » dont avaient rêvé Garibaldi et Mazzini — et auquel le premier avait cru, au contraire du second.

Ce contraste se retrouva dans la polémique qui se fit autour de la « fusion ». Les modérés, les prêtres, les monarchistes, bref tous ceux qui s'étaient approprié la révolution, étaient les plus ardents supporters de la « fusion » de la Lombardie avec le Piémont, sous le gouvernement de Charles-Albert. Les démocrates, les radicaux, bref, la « gauche », étaient pour la République, pour la guerre populaire, pour le retour sur les barricades.

Garibaldi, auquel manquait toute espèce de sens politique, ne comprenait pas que cette querelle était plus importante qu'elle n'en avait l'air, qu'elle contenait en germe toutes les équivoques du *Risorgimento*, et il ne se révoltait que contre un seul et unique fait : on ne le laissait pas combattre. Le 27, passant outre au gouvernement provisoire, il lança une proclamation aux jeunes gens de toute l'Italie afin qu'ils accourussent prêter main forte. Dans la nuit du 27 au 28, une réunion tumultueuse se tint au Palais Marino, en vue de la constitution d'un Comité de Salut Public. Garibaldi y prit la parole pour fulminer contre Sobrero et les généraux piémontais. Le Comité, composé de Fanti, Restelli et Maestri, le chargea de gagner Bergame afin d'y organiser la défense. Les trois hommes savaient très bien que toute résistance était impossible. Mais ils ne tenaient pas à ce que Radetzky, lequel marchait sur la ville, les y trouvât en compagnie de Garibaldi.

Le lendemain, en compagnie de mille cinq cents hommes, Garibaldi prit le train jusqu'à Treviglio et, de là, gagna Bergame à pied. Il y parvint le 31 juillet, à la tombée de la nuit. Il n'y trouva guère d'enthousiasme. Qu'à cela ne tienne ! il en suscita en battant la ville sur son cheval blanc harnaché à l'américaine, suivi du pittoresque Aguyar. C'est du moins ce que rapporta Carlo Cattaneo, qu'avait chargé de le suivre le gouvernement provisoire qui craignait toujours les initiatives et les brusques changements de plan de Garibaldi. Pour prévenir toute affaire de ce genre, on avait aussi envoyé un bataillon de soldats piémontais avec lequel les légionnaires en vinrent tout de suite aux mains.

Mazzini se transporta lui aussi à Bergame. Il prononça un discours sur la place della Legna et distribua des anneaux sur lesquels était gravée une tête de mort. Puis il sortit la carabine que lui avait donnée Mme Ashurst et, avec beaucoup d'humilité, il alla se placer dans la file des garibaldiens. En le voyant, si pâle et si frêle, au milieu de cette équipe de têtes brûlées, Medici l'invita à sortir des rangs. Mais le Maître resta au garde-à-vous au premier rang. Alors Emilio Visconti Venosta s'approcha de lui et passa dans le canon de son fusil un fanion tricolore.

C'est alors que Garibaldi reçut l'ordre de rentrer à Milan. Les radicaux avaient eu le dessus et la cité avait décidé de résister pour son propre compte, sans s'occuper ni du Piémont ni de Charles-Albert. L'instant suprême où il allait falloir croiser le fer avec Radetzky était-il venu ? Avant de quitter Bergame, Garibaldi publia une proclamation qui était une véritable anthologie des souvenirs historiques les plus confus dont sa tête était encombrée : depuis l'histoire de la Rome impériale (« quand les Barbares étaient aux portes de Rome ») à celle du Moyen Âge (« … ils lâchaient leur charrue et juraient de ne pas vivre en serfs, à Pontida[6]… »). Ce qui nuisait à Garibaldi, ce n'était pas son ignorance de l'histoire, c'était le peu qu'il en savait.

La nuit du 4 août, on la passa à Merate. Dans la direction de Milan, on apercevait les lueurs de la canonnade autrichienne : il fallait se

---

[6] Au XII siècle, lors de la querelle du Sacerdoce et de l'Empire, le pape Alexandre III reçut l'aide de la Ligue lombarde qui groupait les grandes communes de l'Italie du Nord (Milan, Pavie, etc.) contre l'empereur Frédéric Barberousse. C'est à cette occasion que les paysans de Pontida (lieu de naissance de la Ligue) renversèrent leurs charrues en jurant de ne plus vivre comme des serfs.

hâter. Mais, à l'aube, quand le « clairon » sonna le rassemblement, on vit déboucher au fond de la rue une patrouille de cavaliers autrichiens. Cela suffit aux quatre cents Piémontais pour se volatiliser brusquement, immédiatement imités, hélas ! par une bonne partie des légionnaires. Les nouvelles continuaient à être contradictoires : les uns disaient que Charles-Albert avait demandé l'armistice, et les autres qu'il avait décidé de s'enfermer dans Milan et d'y mourir avec « ses Milanais ». Garibaldi voulait croire cette seconde version, mais les légionnaires se rallièrent plutôt à la première, et les désertions en direction de la Suisse se multiplièrent. Mazzini lui-même, porte-drapeau de la colonne Medici, finit par rengainer sa carabine et par prendre le chemin de Lugano.

Garibaldi lança une énième proclamation invitant les jeunes gens à s'unir sous sa bannière afin de « chasser l'ennemi abhorré ». Mais les recrues n'affluèrent pas. Alors il décida de marcher sur Côme plutôt que sur Milan, et il se retrancha dans la Camerlata d'où il écrivit aux généraux Griffini, D'Apice et Durando pour les exhorter à continuer la lutte. Mais il n'en reçut pas de réponse : ils étaient déjà en chemin vers la Suisse.

La vérité, c'était que tout le monde fuyait. Charles-Albert lui-même, après avoir demandé l'armistice, abandonnait la cité, de nuit, comme un malfaiteur, accompagné d'un chapelain et d'un frère capucin. Radetzky ne s'opposait pas à ces fuites ; il avait même fait dire que tous ceux qui le voulaient avaient jusqu'à 20 heures, le 6, pour s'en aller. Ainsi n'aurait-il pas à exercer de représailles. Le podestat Paolo Bassi lui expédiait en sous-main messages sur messages pour l'assurer que la ville était calme, mais en l'exhortant à faire vite. Et l'archevêque, Bartolomeo Carlo Romilli, invitait le clergé à prêter serment de « fidélité et d'obéissance au Souverain Légitime », c'est-à-dire à François-Joseph de Habsbourg.

Garibaldi était seul. Mais, le 9, arriva de Suisse une proclamation de Mazzini aux Italiens : « La guerre du Roi est finie. La guerre du Pays commence. »

Et Garibaldi la commença.

Il la commença comme une « guerre de bande », la seule qu'il savait faire, du reste, et il l'annonça sans périphrase dans un discours qu'il prononça en public à San Fermo, discours dans lequel il se proclama « Duce » de sa propre autorité. Ses paroles furent accueillies par un silence glacial, car personne n'ignorait quels châtiments les Autrichiens réservaient aux « bandes », et les désertions se multiplièrent. Garibaldi se transporta à Arona, dans le Piémont.

Là, il reçut du duc de Gênes, fils de Charles-Albert, l'ordre de dissoudre la Légion et de quitter le territoire du Royaume de Sardaigne. À quoi Garibaldi répondit qu'il ne reconnaissait aucun Royaume de Sardaigne, puis il garda en otage trois officiers piémontais qu'il avait capturés, se fit remettre par la commune sept mille lires plus une certaine quantité de vivres, réquisitionna les deux bateaux qui faisaient le service sur le Lac Majeur, accrocha quelques barcasses sur lesquelles il chargea bipèdes, quadrupèdes et bagages, et prit le large. Il était libre, il n'était plus responsable que devant lui-même. Et, dans cette entreprise de piraterie amphibie, il se sentit redevenir le Garibaldi de Gualeguaychu.

Sa première escale fut Luino, le 14. Le lendemain, il descendit à terre pour acheter une purgation. Un nouvel accès de la fièvre qu'il avait contractée à Roverbella venait de le frapper. Le pharmacien lui confectionna la médecine avec un mortier et un pilon qui, des années après, furent donnés au musée du *Risorgimento* de Pavie, où l'on peut encore les admirer. Puis, pour attendre les effets de la purge, il établit ses quartiers à l'Hôtel de la Beccaccia. Vers cinq heures de l'aprèsmidi, il était encore au lit lorsque les Autrichiens arrivèrent par surprise. Il n'eut pas le temps de s'habiller et ce fut les habits à la main qu'il reprit le commandement de ses hommes pour les conduire à l'assaut de l'Hôtel. Il ne réussit pas à le reprendre, mais les Autrichiens ne parvinrent pas davantage à s'emparer du plateau qui dominait la rue et, pour finir, ils durent se retirer.

Ranimée par ce succès, la Légion marcha sur Varèse. On l'y accueillit avec la musique et, le soir, on illumina, on donna un grand banquet, on organisa un bal en son honneur. Mais le lendemain, Garibaldi exigea la liste de tous les habitants fortunés et réclama quatre-vingt mille francs au curé. Ceux qui se refusèrent à payer le tribut furent arrêtés. Une députation de citoyens vint demander leur libération. Garibaldi l'accorda, mais il donna l'ordre de fusiller en public un paysan accusé d'espionnage. On lui donna donc ses quatre-vingt mille francs.

Après son départ de Varèse, il est impossible de suivre la Légion dans ses allées et venues. Garibaldi l'avait divisée en petits détachements qui devaient s'« arranger » chacun par ses propres moyens — c'est-à-dire en rançonnant la population —, et semer le trouble chez l'ennemi en évitant soigneusement de le rencontrer.

Aujourd'hui encore, dans la région de Varèse, on trouve en quantité les « bons de prélèvement » émis par les garibaldiens. Les « demandes de remboursements de dommages de guerre », qu'effectuèrent les communes et les particuliers auprès du gouvernement autrichien lorsque Garibaldi eut finalement délogé, permettent également de reconstituer leur équipée.

Mais le déloger ne fut pas facile, bien que tout le monde lui donnât la chasse. Tout le monde, c'est-à-dire, naturellement, les Autrichiens qui avaient lâché contre lui quatre brigades, plus différents escadrons de cavalerie et d'artillerie. Tout le monde, c'est-à-dire aussi les Piémontais, qui ne désiraient pas être soupçonnés de le favoriser. Maintenant qu'on était en période d'armistice, il s'agissait d'éviter les « incidents ». Seuls les Suisses ne participaient pas à cette chasse à l'homme, mais ils avaient renforcé la garde à leur frontière.

À bord de ses bateaux, Garibaldi restait imprenable, car les canons ne portaient pas jusqu'au milieu du lac. Mais il avait besoin de manger lui aussi et, par conséquent, de mettre pied à terre pour trouver des vivres. Un soir, à Casale Ritta, cent légionnaires ne furent pas loin de se faire capturer par la faute d'un magnifique chaudron de polenta que leur avait préparé un certain M. Carlo Moroni. Ils étaient sortis depuis quelques minutes à peine lorsque survinrent les Autrichiens qui, voyant le chaudron, comprirent tout de suite de quoi il retournait ; mais, pour toutes représailles, ils se contentèrent d'un autre chaudron de polenta. Cependant, ayant eu vent du festin, d'autres légionnaires survinrent à leur tour. Bref, il s'en fallut de peu que tous ne se fussent mis à table ensemble, Autrichiens et garibaldiens.

Un autre soir, ce fut Garibaldi en personne qui se fit surprendre dans la maison de don Sala, curé de Morazzone. Il était en train de déguster du pain et des noix en buvant un verre de vin quand arriva une patrouille autrichienne. La patrouille fut repoussée, mais le canon intervint et il fut entendu à son tour par le général d'Aspre qui, après avoir suivi les bateaux de Garibaldi au large de Luino, y attendait le Héros. Il revint sur ses pas et, rejoignant à marche forcée Morazzone incendié par la canonnade, il investit le village. « Demain, nous les prendrons tous », dit-il.

Mais Garibaldi se souvint de Sant'Antonio. À la nuit, déguisé en paysan, gardant auprès de lui don Sala, tant comme guide que comme otage, il prit la tête de la colonne en file indienne et l'on fit route à travers les petits chemins qu'indiquait le pauvre curé. Ils étaient plus de cent hommes. Chaque fois que la tête de la colonne s'arrêtait, on demandait à ceux de l'arrière : « Elle arrive ? » —« Elle arrive », répondaient-ils, faisant allusion à l'arrière-garde. Mais une fois, le « Elle arrive » ne se fit pas entendre. Garibaldi attendit un moment, puis il retourna sur ses pas, traînant avec lui don Sala mort de peur, afin de voir ce qui était arrivé aux retardataires. Il n'en retrouva pas un. Hors des lignes ennemies, ils se comptèrent. Ils n'étaient plus que soixante. Quand ils parvinrent à la frontière, ils se comptèrent à nouveau : ils n'étaient plus que trente.

Les historiens ont raconté plus tard que Garibaldi, en sortant au galop de la maison du curé, avait failli se heurter au général d'Aspre en personne et qu'il avait rompu l'encerclement par un assaut à la baïonnette. D'autre part, ils ont négligé d'enregistrer que, à la frontière, ses trente compagnons ne le suivirent pas tous en Suisse. Dix d'entre eux revinrent sur leurs pas pour continuer à faire les garibaldiens, sans Garibaldi.

Don Sala revint lui aussi sur ses pas, mais, deux mois plus tard, il mourut d'une embolie provoquée par l'épouvante qu'il avait éprouvée cette nuit-là.

La soi-disant « campagne de Lombardie » était irrémédiablement terminée. Elle n'eut qu'un seul prolongement : les aventures bureaucratiques des deux bateaux qu'avait confisqués Garibaldi, et qui troublèrent encore une quinzaine de jours les relations entre trois gouvernements, l'autrichien, le piémontais et le suisse. Comment devait-on considérer et, par conséquent, traiter ces bâtiments flottants qui avaient représenté en quelque sorte un État belligérant ? À bord se trouvaient vingt-sept prisonniers : vingt-trois Autrichiens et les trois officiers piémontais pris en otage à Castelletto. Leur position était claire. Mais les membres de l'équipage des bateaux et leur commandant, le capitaine Ponzoni, qu'étaient-ils donc ? Des alliés ? Des collaborateurs ? Des victimes ?

La défense de Rome

À Agno, Garibaldi reçut l'hospitalité dans la maison Vicari où il se mit au lit pour attendre que lui passât un autre accès de la fièvre contractée à Roverbella, et que le tailleur Gosset lui eût confectionné un vêtement. Quand il se leva pour l'essayer, il s'aperçut que les passants se bousculaient devant la fenêtre pour voir le Héros qui était devenu célèbre jusqu'en Suisse. Quand il voulut se changer, le Héros dut faire appel à des légionnaires pour protéger son intimité des regards indiscrets. La fièvre ne cessant pas, il émigra en France et, de là, gagna Nice. Le gouvernement piémontais n'y opposa aucun obstacle. Les négociations de paix avec l'Autriche étaient au point mort. Si le Royaume Lombardo-Vénitien était solidement tenu par Radetzky, la situation restait incertaine dans le reste de la péninsule : Venise était toujours aux mains des insurgés, la Toscane s'agitait, la Sicile demeurait en rébellion et Rome était livrée aux forces libérales imprudemment déchaînées par Pie IX.

La chaleur des siens et le bonheur de se retrouver chez lui le remirent sur pied en quelques jours ; puis, comme toujours, il finit par s'ennuyer. Dès qu'il fut capable de bouger, il partit pour Gênes, où l'appelait Goffredo Mameli, au nom du Cercle italien. Pour le voyage, craignant d'être surveillé, il adopta le nom d'un de ses légionnaires : Tommaso Risso. Mais le pseudonyme ne sauva pas plus son incognito qu'il ne pourrait aujourd'hui sauver celui de Sofia Loren. Il suffisait qu'il approchât son nez de la vitre de la diligence pour que tout le monde le reconnût et qu'il se formât des rassemblements. On l'invitait à parler et c'était une tentation à laquelle il n'avait jamais su résister. À Cicagna, près de Chiavari, il lui arriva une chose incroyable : à la fin d'une réunion, les gens marchèrent en colonne vers le bureau de vote, car on était en période d'élection et, le lendemain, Garibaldi se retrouva député du Parlement sarde.

Il ne l'apprit qu'après être arrivé à Gênes, le 6 octobre, et il envoya sur-le-champ un message à ses électeurs : « Je ne possède qu'une épée et ma conscience : je vous les consacre. Ma voix et mon bras, Ô frères, vous représenteront toujours. » Quand il lut ce message, Mazzini rit sous cape, persuadé que cet agitateur allait se laisser séduire par les ambitions politiques et finirait un jour ministre et savoyard. Mais il se trompait. Garibaldi ne mit jamais les pieds au parlement subalpin car, à Gênes, il avait trouvé mieux : il avait trouvé la proposition, à lui faite par le Cercle italien, d'attaquer la Lombardie.

Attaquer la Lombardie, cela signifiait, en d'autres termes, la possibilité d'attaquer Radetzky et l'Autriche, recommencer 1848. Et pourtant, Garibaldi accepta sans hésitation, persuadé qu'il était que le peuple se lèverait en armes à sa première apparition et, fidèle à la maxime qu'il énonça à nouveau en cette occasion : « Qui veut vaincre, vainc. »

De Suisse, Mazzini envoya un message de congratulations débordant d'enthousiasme et, pendant six jours, il ne fut question que de cela. Le septième, on apprit que Garibaldi était parti. Mais pas pour la Lombardie. Il était parti pour la Sicile, en compagnie de soixante-deux légionnaires, à bord d'un bateau à vapeur, le *Pharamond*. Il en avait pris la décision comme il avait pris celle de marcher contre Radetzky : soudainement, cédant à la suggestion d'un certain Paolo Fabrizi, lequel était venu le trouver et lui dire qu'on l'attendait en Sicile. Mais on ne l'attendait pas qu'en Sicile. On l'attendait également à Livourne où le *Pharamond* jeta l'ancre le 25 octobre.

Livourne, c'était alors la plus bouillante des villes de Toscane et c'était aussi la patrie de Guerrazzi qui en incarnait magnifiquement le caractère sanguin, bravache et batailleur. Ce dernier s'entretint avec Garibaldi et n'eut aucune peine à le persuader de s'arrêter là. Le Grand-Duc Léopold II avait accordé une constitution et confié le gouvernement à un démocrate, Giuseppe Montanelli. En ce Montanelli, Guerrazzi n'avait pas grande confiance. Il le considérait comme « un *pastis*, un bon pastis si l'on veut, mais un *pastis* tout de même », capable d'enthousiasme mais dépourvu d'énergie. Pourtant, ajoutait-il, « l'homme mérite le respect car il est très bon, très honnête et je ne crois pas qu'on puisse en trouver un dont les ambitions soient si modérées ». Cependant, il ne représentait qu'une solution transitoire.

Garibaldi télégraphia à Montanelli : « Demande si prenez Garibaldi au commandement forces toscanes et passez aux actes contre le Bourbon, oui ou non. » Nous n'avons aucune peine à imaginer la perplexité que ce « oui ou non » dut provoquer dans l'âme de Montanelli, lequel était toujours enclin à ne répondre « ni oui ni non » et, en cette occasion, s'abstint même de toute réponse. Bien que patriote et démocrate, il n'en était pas moins le Premier ministre d'un Grand-Duc autrichien et pacifique. Mais Garibaldi pensait déjà à tout autre chose : il pensait à l'expédition de Mazzini en Lombardie, commandée par Medici. La nouvelle lui en était parvenue le 30 octobre. Il lança une proclamation aux « populations lombardes » pour leur annoncer qu'il était sur le point d'arriver lui aussi. Mais à peine avait-il fini de la rédiger qu'il apprit l'échec de l'entreprise. Il se remit donc à regarder du côté des Bourbons et, puisque Montanelli continuait à garder le silence, il se rendit à Florence dans le but de lui parler de vive voix.

À Florence, il assista à banquet sur banquet, mais les légionnaires qui l'avaient suivi faillirent mourir de faim. La ville regardait d'un œil méfiant cet équipage agité dont elle avait entendu dire qu'il ne respectait guère les filles ni les poulaillers. Pour les filles, les Florentins ne soulevaient aucune objection. Mais pour les poulaillers…
Quant à Garibaldi, ce fut pour lui une sorte de marathon oratoire, au terme duquel il s'aperçut que rien n'avait été conclu.

Les Montanelliens, écrit-il, s'étaient « démontés ». Mais le pire fut que Guerrazzi lui-même s'était « déguerriérisé » ; en le voyant partir, le patriote de Livourne avait en effet lancé un avertissement aux cités toscanes où les légionnaires pourraient être amenés à passer : « C'est une invasion de sauterelles. Nous les considérons comme l'une des plaies d'Égypte et tout doit être mis en œuvre afin qu'ils passent très rapidement et contaminent le moins de lieux possible. »

Ces « lieux », c'étaient les petits villages éparpillés dans les Apennins, car Garibaldi avait à présent décidé de rejoindre Venise qui résistait toujours au siège des Autrichiens. On était presque en hiver ; sur les monts, la neige était tombée en abondance et les légionnaires devaient s'y frayer un chemin, vêtus de leur seul uniforme de toile, sans capote. Pourtant, cela n'empêcha pas d'autres volontaires de se joindre à eux lorsqu'ils atteignirent Bologne, le soir du 10 novembre. La colonne comptait maintenant quatre cents hommes et elle marcha sur Ravenne. Mais là, elle fut arrêtée par une grande nouvelle : à Rome, la rébellion venait d'éclater ; Pellegrino Rossi, le ministre réactionnaire de Pie IX, avait été assassiné et le pape s'était enfui à Gaète.

Pellegrino Rossi avait représenté la dernière tentative de ce pape velléitaire et brouillon pour doter les États de l'Église d'un gouvernement laïc. Avant Rossi, le Souverain Pontife avait inutilement fait appel à d'autres hommes, comme Minghetti, Mamiani, Fabbri ; mais toutes ces tentatives s'étaient révélées inutiles, car l'expérience était contre nature. Lorsque les prêtres ont le pouvoir politique entre leurs mains, ils ne sont pas capables de le partager avec qui que ce soit. Le consistoire des Cardinaux se superposait aux Chambres des Représentants et la Constitution s'était révélée, dans la pratique, une institution mort-née. Mais la pression avait fait sauter le couvercle. Les forces révolutionnaires avaient eu le dessus et, le 8 décembre, elles invitèrent Garibaldi et sa Légion à se rendre dans la Ville Eternelle.

Comme toutes les marches sur Rome, celle-ci se fit par le train : ou, plus exactement, vu l'époque, par la diligence. Garibaldi précéda ses hommes et il fut accueilli sur le seuil du Cercle Populaire par Ciceruacchio, lequel lui déclama des vers de sa composition :

« Ce que je veux, c'est un fait d'armes,
Foin de prières à Notre-Dame ! »

On voulait le porter en triomphe sur le Campidoglio. Il refusa. Mais il ressentait un tel enthousiasme à être un « Soldat de Rome » que, lorsque la Junte Suprême lui attribua le grade de lieutenant-colonel avec l'ordre de marcher sur Macerata, il ne comprit pas que, tout comme les Piémontais, les Lombards, les Toscans, les Romains eux-mêmes, après l'avoir invité sous la pression de Ciceruacchio et de la rue, ne pensaient qu'à se débarrasser de lui.

Le jour de l'an 1849, Garibaldi et ses quatre cents hommes s'ébranlèrent en direction de Macerata. On aurait dit, raconte Jessie White Mario, une bande de sauvages ou de Peaux-Rouges. Par-devant venait Garibaldi, beau, mâle, sa chevelure d'or tombant sur ses épaules, le visage bronzé, une barbe longue lançant des reflets cuivrés. Il portait un chapeau à la calabraise, orné d'une merveilleuse plume d'autruche noire et, par-dessus sa chemise rouge, un poncho. Il semblait être né sur un cheval, tant il s'y tenait avec désinvolture ; mais quand il en descendait, on comprenait immédiatement qu'il était un homme de mer, habitué à se mouvoir sur un pont bercé par le roulis. Sous le ventre de sa monture gambadait le claudicant Guerello. Par-derrière venait Aguyar, armé d'une lance où était fixée une banderole rouge, et enveloppée dans une cape noire, qui, au cours des haltes, servait de tente à Garibaldi. Puis suivaient les officiers, en chemise rouge, avec lasso et cravache de cuir. Et enfin la troupe, habillée de toutes les façons possibles et imaginables, mais portant toujours de grands pistolets et couteaux au ceinturon, duquel pendait en général quelque dindon ou quelque poulet.

À chaque étape, Garibaldi grimpait au sommet du campanile du bourg ou du village le plus proche afin de scruter l'horizon, tandis que les légionnaires, armés de leur lasso, se livraient sans retenue à la razzia des environs. Ils rentraient avec des veaux, des porcs, des poulets qu'on abattait et faisait rôtir sur des feux de bois. Puis Garibaldi rentrait à son tour et tous reformaient les rangs. Personne ne demandait où l'on allait. L'obéissance était prompte, écrit Jessie White, la discipline parfaite.

Malheureusement, la Junte Suprême recevait de tout autres informations sur la perfection de cette discipline, de la part des autorités et des particuliers des bourgades qui se trouvaient sur l'itinéraire de la Légion. Selon eux, partout où elle passait, le règne animal des cours de ferme voyait l'extinction générale de ses espèces, les chais restaient vides et les filles enceintes. Aussitôt arrivé à Macerata, Garibaldi tint à démentir ces « calomnies » dans un discours public où il proclama que sa Légion n'était pas, comme on le disait, « une bande d'assassins ». Il parvint si bien à en convaincre la population de la ville que, pour s'en débarrasser, elle l'élut à la députation. Les membres de la Junte, qui l'avaient envoyé là-bas avec l'intention de l'y laisser passer l'hiver, s'arrachèrent les cheveux et, pour parer la menace de ce retour, le chargèrent de mater la réaction dans la région de Rieti, où elle venait de renaître sous forme de brigandage. Cette étrange armée péripatéticienne qui ne trouvait nulle part une branche où se poser, se mit en marche par Tolentino, Foligno et Spoleto, tandis que Garibaldi la précédait, chevauchant Ascoli à travers les montagnes pleines de neige et de bandits, suivi des seuls Bixio, Vecchi, Aguyar et Guerello. Le froid réveilla les rhumatismes du héros qui, une nuit, fit halte dans une auberge isolée, où il reçut un très vilain accueil de la part de paysans en armes qui refusèrent grossièrement de boire avec lui. Bixio, Vecchi et Aguyar dormirent le doigt sur la gâchette de leur pistolet. Garibaldi ne put fermer l'œil tant il souffrait, et il dut même éveiller ses compagnons pour se faire lier un bras en écharpe ; à l'aube, il repartit avec une seule botte, n'ayant pas réussi à passer l'autre.

« Comment va, mon général ? » lui demanda Vecchi après deux heures d'une marche pénible.

« Je me sens très bien, merci », répondit Garibaldi, le visage livide et contracté par la souffrance.

Les chevaux glissaient sur des plaques de glace qui s'étaient formées sous la neige, le paysage était sombre et rébarbatif.

« C'est ici que je voudrais rencontrer l'armée de Radetzky, éclata soudain Garibaldi. Nous vengerions Varus et nos frères morts dans la forêt de Teutobourg. »

Cette histoire de Teutobourg revenait souvent dans sa bouche : il n'arrivait pas à la digérer.

Au crépuscule, ils parvinrent en vue de Cascia. De jeunes gens vinrent leur demander qui ils étaient. Au nom de Garibaldi, ils partirent comme des flèches et, peu après, on vit apparaître une bannière suivie des autorités municipales, de la Garde nationale et de la musique de l'endroit. En quelques minutes, le bourg avait dressé des arcs de triomphe couverts de fleurs comme pour la fête de la Madone. Il y eut un grand repas suivi d'un bal dans la maison du gouverneur, dont les discours ardemment progressistes contrastaient passablement avec sa carrière réactionnaire.

Durant le bal, un poète analphabète déclama pour Garibaldi une églogue de sa composition. Puis vint un paysan qui déclara qu'un jeune homme de quinze ans languissait en prison par la faute de son père qui l'avait fait enfermer à la suite d'une histoire de femmes. Garibaldi convoqua ce père dénaturé, qui se déclara prêt à tirer son fils de prison si le jeune homme lui rendait l'argent qui était à l'origine de son internement.

Garibaldi arriva à Rome à temps pour l'ouverture de la session de l'Assemblée nationale, le 5 février 1849. Il était député et, par conséquent, il se devait d'y assister.

Ce fut une « manifestation grandiose », comme seule Rome sait les mettre en scène. À dix heures du matin, les représentants du peuple se réunirent au Capitole et, de là, s'ébranlèrent vers l'Ara Coeli afin d'y assister à une « messe propitiatoire ». Puis le cortège se dirigea en colonne vers le Palais de la Chancellerie. Le drapeau tricolore le précédait ; par-derrière venaient les fanions des diverses provinces de l'Italie. Suivaient les députés en queue de morue et gibus, l'écharpe tricolore en bandoulière ; parmi eux, Garibaldi formait une exception, bien entendu, car il n'avait pas quitté son uniforme habituel. Enfin, le cortège se terminait par les douze mille hommes plus ou moins armés de la Garde Civique et des différentes légions.

Au Capitole, ce fut le député de Rome, Armellini, qui ouvrit la séance ; il procéda à l'appel et déclara ouverts les travaux afin de nommer un bureau de présidence provisoire. Mais il fut interrompu par une voix tonnante qui demandait la parole.

Tous se retournèrent, un peu surpris, afin de voir à qui elle appartenait. C'était Garibaldi.

« Des actes, non des mots ! cria-t-il. Le tiers de la nation est dans les fers. Des millions de frères italiens soupirent, gémissent. Et nous, ici, nous discuterions sur des questions de forme ? Pour ma part, je crois fermement que, après l'abandon de l'autre système, la République est la forme de gouvernement qui convient le mieux à Rome. »

On lui fit observer qu'il était impossible d'examiner une proposition de cette portée avant d'avoir nommé un président, au moins provisoire, procédé à la vérification des pouvoirs et fixé un ordre du jour. Mais Garibaldi insista : « Les descendants des Romains de l'antiquité, les Romains d'aujourd'hui, ne sont-ils pas capables d'être républicains ? Même si, dans cette enceinte, le mot République a paru sonner désagréablement à quelques-uns, je répète, pour ma part : vive la République ! »

La séance fut levée au milieu d'un grand vacarme.

En réalité, à ce moment-là, les descendants des Romains de l'antiquité ne savaient pas très bien ce qu'ils voulaient. Quatre-vingt-dix pour cent d'entre eux étaient illettrés, car l'instruction avait été chaleureusement découragée par le gouvernement du pape qui y voyait une manœuvre des libéraux afin de semer la perturbation dans l'État. À l'université, tous les cours étaient faits en latin, l'économie politique était une matière bannie, les programmes littéraires étaient passés au crible par une censure qui tolérait tout juste une version expurgée de la Divine Comédie, et, en fait de sciences, on continuait à enseigner que la terre tournait autour du soleil. On appelait les intellectuels des « penseurs », non sans moquerie, et la police les tenait à l'œil. Pie IX avait accordé une certaine liberté à la presse, mais il existait deux catégories de journaux : ceux marqués par un astérisque — qu'on pouvait lire — et ceux dépourvus d'astérisque — lesquels étaient « déconseillés ».

Les citoyens étaient tenus d'« observer trois jours d'exercices spirituels dans un couvent choisi par leur évêque » et à se confesser une fois par mois. On avait cité le cas d'un « penseur » réfractaire que la police avait traîné de force au confessionnal. Les protestants n'avaient pas le droit de bâtir un temple à l'intérieur de l'enceinte de Rome et il était interdit d'entretenir des relations d'amitié avec les israélites. Rien n'interdisait le port d'une barbe longue, indice d'idées progressistes ; mais la police avait le droit de raser en public les hommes qui en portaient une. Cette ladrerie sur le plan de la liberté était compensée par une générosité folle sur le plan des festivités. Les feux d'artifice donnaient lieu à un véritable gaspillage ; quand la Piazza Navone n'était pas transformée en hippodrome pour abriter les courses de chevaux, elle était inondée en vue des régates ; mardi gras et Mi-Carêmes se succédaient même en dehors des dates prévues par le calendrier, et toute fête de saint était un bon prétexte à réjouissances. L'état des finances était désastreux, celui de l'administration, un chaos ; dans le domaine de la justice, un arbitraire perpétuel régnait. Les valeurs morales se mesuraient en pater-noster et Avé Maria. Très larges en ce qui concernait les faiblesses de la chair, les prêtres romains étaient très stricts à l'endroit des exigences de l'esprit.

Ce climat bigot et conformiste, qui a résisté jusqu'à nos jours, avait engendré une population sceptique et indifférente, réfractaire à tout enthousiasme. Lorsque Pie IX, qui avait respiré un tout autre air hors de Rome, voulut aérer un peu la cité en rappelant les exilés, en ouvrant les prisons et en accordant un semblant de liberté de parole et de presse, les Romains le remercièrent par des processions et des retraites aux flambeaux. Mais ils commencèrent aussitôt à en vouloir davantage et, comme ils n'obtenaient rien, ils s'en prirent non pas au pape, mais à ses ministres et cardinaux ; on murmura dans Rome que le Souverain Pontife était prisonnier de ces hommes et qu'il fallait le délivrer de leurs mains.

Le porte-voix de ces rumeurs fut Angelo Brunetti, dit Ciceruacchio. C'était un homme du petit peuple, ignorant, simple, enthousiaste et finaud. Il appartenait à une sorte d'aristocratie de la plèbe, celle des marchands de vin et charretiers, qui, à Rome, formaient presque une caste, et il possédait l'éloquence directe et colorée des gens des faubourgs. À l'origine, il se montra panégyriste inconditionnel de Pie IX et de son libéralisme. Puis il se mit à critiquer ses mauvais conseillers. Et, pour finir, lorsque le pape rétracta toutes ses bonnes intentions — Patrie, Liberté et Progrès —, dans sa fameuse allocution du 29 avril 1848, il s'en prit à lui également, et il devint mauvais, suivi en cela par ses transtévérins à la main leste et au couteau prompt. Ce n'était pas un esprit révolutionnaire qui se levait sur Rome, c'était une fureur réprimée depuis des siècles qui éclatait contre le gouvernement le plus rétrograde, le plus inefficace, le plus arbitraire du monde. C'est dans ce climat qu'avaient mûri l'assassinat de

Pellegrino Rossi[7] et la fuite à Gaète du pape effrayé par la tournure qu'avaient prises les événements. Tout comme Charles-Albert, Pie IX n'avait pas la carrure d'un premier grand rôle. « Ils me prennent pour un Napoléon, confessa-t-il lui-même, alors que je ne suis qu'un pauvre curé de campagne. » Mais la vacance du pouvoir et l'impuissance momentanée de la police apparurent aux Romains comme un carnaval d'une nouvelle espèce, car depuis des siècles ils ne connaissaient pas d'autre forme de liberté — et comme un carnaval qui, de plus, allait durer !

Le 8 février, trois jours après la cérémonie d'ouverture, la République que voulait Garibaldi fut proclamée. Le héros participa à l'événement, porté sur les épaules de l'un de ses lieutenants uruguayens, Ignacio Bueno, car ses rhumatismes l'empêchaient de marcher ; il prit la parole pour affirmer que « la République romaine » devait manifester par ses actes son « importance colossale » — et, pour cela, étendre son patronage sur Venise et la Sicile toujours en insurrection.

Les députés discutèrent pendant 14 heures et c'est seulement à 2 heures du matin, le 9 février, qu'ils proclamèrent la déchéance du pouvoir temporel des papes. Garibaldi, qui était habitué à se coucher tôt et à vivre en plein air, et qui ne comprenait pas grand-chose à ces questions juridiques très subtiles sur lesquelles on ergotait, souffrit les tortures de l'enfer. Tout cela lui sembla parlotes inutiles et il décida de s'en retourner à Rieti, au milieu de ses légionnaires.

À Rieti, le 24 février, il adressa, pour changer, une proclamation aux « peuples de la frontière, Romains et Samnites », les invitant à s'unir « pour rejeter de l'autre côté des Alpes cette saleté de Croates », non « pour le compte de Charles-Albert — que le diable l'emporte, lui et

---

[7] Économiste et homme politique italien (1787-1848). Désigné par Pie IX comme Président du Conseil d'un gouvernement constitutionnel, il avait à peine commencé sa tâche quand il fut assassiné à l'instigation du parti avancé.

le Bourbon ! —, mais au nom de la République italienne ». Ces paroles eurent un effet certain : de nouveaux volontaires rejoignirent la légion. À présent, on dépassait largement les mille, limite *maxima* autorisée par le gouvernement provisoire. On continuait à appeler communément les légionnaires « malandrins ». Pour les garder occupés, on renouvela à Garibaldi l'ordre de réprimer le brigandage. Les légionnaires le réprimèrent, mais à leur manière habituelle qui ne permettait pas aux gens du lieu de bien comprendre qui étaient les brigands. Ce furent surtout les couvents de frères et de bonnes sœurs qui eurent à en souffrir.

Le 4 mars, Mazzini parvint à Rome, appelé par un message de Mameli : « Rome, République ! venez ! » Lorsqu'il y arriva, on l'avait déjà nommé par acclamations député *ad honorem*. Il pénétra dans la Ville éternelle, « tremblant et presque en adoration », raconte-t-il lui-même. « Une secousse presque électrique me fit tressaillir lorsque je passai la Porte du Peuple. »

À ce moment, le pouvoir effectif se trouvait entre les mains d'Armellini, Saffi et Mazzurelli, un prélat progressiste qui jouissait de la sympathie des libéraux. Mais, tout de suite, Mazzini en fut l'âme, avant de devenir le chef effectif du triumvirat qui se forma — avec Armellini et Saffi à ses côtés — lorsqu'on annonça la nouvelle défaite du Piémont.

Le 12 mars, Charles-Albert, cédant comme à l'ordinaire à l'une de ses impulsions velléitaires, avait dénoncé l'armistice et recommencé les opérations militaires contre Radetzky. Il avait misé sur le fait que la révolte hongroise immobilisait une grande partie des forces autrichiennes, et sur les quelques réformes qu'il avait effectuées à la hâte dans son armée. Cette dernière était maintenant confiée à un général polonais, Czarnowsky. À cette époque, les généraux polonais jouissaient de la même popularité dont jouissent à l'heure actuelle les joueurs de football sud-américains. En Sicile également, les insurgés avaient loué les services d'un officier supérieur polonais. De plus,

Ramorino avait lui aussi rallié le Piémont en toute hâte, Ramorino auquel, Dieu seul sait pourquoi, on continuait à accorder du crédit. Onze jours suffirent à Radetzky pour liquider cette nouvelle affaire. Le 23 mars, il battit les forces piémontaises à Novare et Charles-Albert abdiqua. Toute la faute en fut rejetée sur le pauvre Ramorino qui fut jugé et condamné à être fusillé pour haute trahison. En réalité, on ne put prouver sa trahison, mais seulement son indiscipline — et cela suffit à Czarnowsky pour régler la note des Polonais et se décharger de ses propres responsabilités. Toutefois, personne ne plaignit le bouc émissaire, si tant est qu'il ne fût que cela. La Marmora déclara : « C'était un homme sans caractère et sans conviction, capable des fanfaronnades les plus disproportionnées. » Et D'Azeglio : « Qu'il soit maudit de Dieu et du diable ! C'était un coquin. »

Pour Mazzini, cette catastrophe n'avait rien de surprenant, et il est possible qu'elle ne lui ait pas fait éprouver de chagrin ; en définitive, la Maison de Savoie était hors de combat, l'unité italienne se ferait donc sous le signe de la République et de la démocratie. Cependant, maintenant qu'elle avait les mains libres en Italie du Nord, l'armée autrichienne pouvait descendre sur Rome, où, de Gaète, le pape l'appelait pour restaurer l'État pontifical. Il avait fait appel à toutes les nations catholiques, Pie IX ! À la France, à l'Espagne et aux Bourbons de Naples qui lui avaient accordé l'hospitalité.

À la grande surprise de tous ceux qui le considéraient comme un visionnaire, Mazzini montra en cette occasion de remarquables qualités d'homme d'État. Il promulgua quelques réformes modérées et tenta de jouer des rivalités qui opposaient les puissances, pour asseoir — ou, du moins, prolonger — l'existence de la République. Mais, pour cela, il fallait tenir à l'œil Garibaldi qui, dans cette situation, ne voyait qu'un prétexte pour attaquer les Bourbons en tant que protecteurs du pape et, de Rieti, accablait les triumvirs de messages fulminants et péremptoires. « Au cours de cent combats, je n'ai pas connu une seule défaite », écrivait-il. Il ne prétendait aucunement au commandement suprême de l'armée ; il demandait seulement « des pouvoirs illimités » pour procéder à la levée en masse et pour se procurer des armes où il le pouvait, en Emilie, en Ligurie, en Lombardie, afin de marcher sur Naples. N'obtenant pas de réponse, il s'adressa directement au « frère » Mazzini. Mais Mazzini passa le « client » à Pisacane, âme de la Commission de guerre, lequel Pisacane aimait Garibaldi autant que les coups de pied où l'on pense.

Pisacane était un Napolitain de trente ans qui portait sur ses épaules, un peu à tort et à travers, une sérieuse responsabilité révolutionnaire. Il avait étudié au collège militaire de la Nunziatella, mais sa vie avait été bouleversée par sa passion pour Enrichetta Di Lorenzo avec laquelle il avait pris la fuite. Ensemble, ils avaient vagabondé de Paris à Londres, et jusqu'à Alger où il s'était enrôlé dans la Légion étrangère. À la nouvelle des mouvements de 1848, il avait déserté pour prendre part à la campagne de Lombardie, puis s'était réfugié à Lugano, d'où il avait suivi à Rome Mazzini qui avait une grande confiance en lui. En dépit de cette vie aventureuse, ce n'était pas un aventurier. C'était un intellectuel de grande classe qui avait fréquenté les milieux socialistes de Paris et en avait assimilé les idées. En cela, il était plus moderne que Mazzini avec lequel, en fait, il n'était pas toujours d'accord. À Rome, à présent, il voulait organiser une armée, mais une armée pour de bon et non des bandes indisciplinées. Il adjoignit à Garibaldi de « rester calme » et de ne pas « violer les frontières ». Puis, afin d'éviter toute surprise, il nomma le général Avezzana ministre de la Guerre.

Garibaldi déversa son découragement dans une lettre à Anita : « Épouse bien-aimée, toi, femme forte et généreuse, avec quel mépris je regarderai désormais cette génération d'Italiens hermaphrodites, ces compatriotes que j'ai tant de fois essayé d'ennoblir à tes yeux et qui le méritent si peu. »

Mais, cinq jours plus tard, Pisacane lui expédia par la poste sa nomination de général de brigade et l'ordre de rentrer à Rome avec ses hommes.

Ce qui avait provoqué cette décision, c'était le débarquement à Civitavecchia du général français Oudinot avec dix mille hommes et vingt canons. Louis Bonaparte s'apprêtait à se faire proclamer empereur et, dans le but de séduire les catholiques, il avait envoyé une expédition afin de venir en aide au pape.

Mazzini avait expédié à toutes les villes des États pontificaux l'ordre de résister à toute invasion et à tout débarquement, quels qu'en soient les auteurs. Mais les Français s'étaient présentés devant Civitavecchia aux cris de « Vive l'Italie !… Vive la République ! » et, de plus, ils étaient magnifiquement armés. La garnison de Civitavecchia, pauvre d'hommes et de matériel, trouva très commode d'accueillir amicalement des troupes qui se proclamaient en faveur de l'Italie et de la République. Les Français débarquèrent en toute tranquillité, désarmèrent la garnison et s'opposèrent au débarquement de Luciano Manara qui venait de Gênes avec cinq cents bersagliers.

« Si vous êtes Lombards, déclara Oudinot, chez qui Manara s'était rendu pour parlementer, pourquoi voulez-vous mettre votre nez dans les affaires de Rome ? »

« Et pourquoi y mettez-vous le vôtre, vous qui êtes Français ? » répliqua Manara.

Les bersagliers furent déroutés sur Anzio, avec ordre de ne pas s'approcher de Rome. Mais ils y parvinrent le 29 mars. Il y avait deux jours que Garibaldi les y avait précédés. Il avait parcouru la ville sur son cheval blanc et installé ses hommes dans le couvent de San Silvestro, après en avoir chassé les bonnes sœurs. Devant le portail, il y avait tout un va-et-vient de gens qui désiraient le voir et le toucher comme une relique. Il s'y était même présenté un groupe d'artistes étrangers, en majorité anglais et hollandais, qui n'avaient rencontré aucune opposition de la part de la sentinelle qui se tenait devant l'entrée, vautrée sur un très beau banc datant du Moyen Âge, et qui s'occupait uniquement d'apostropher sur un ton canaille les filles qui passaient. Garibaldi plut énormément à ces artistes qui voyaient en lui l'« Italien » tel qu'ils l'avaient toujours imaginé, mi-poète, mi-brigand. Tant et si bien qu'ils décidèrent de former une petite légion et de s'enrôler à leur tour sous ses drapeaux. Alors qu'ils parlaient avec lui, on entendit un énorme vacarme. Un groupe de garibaldiens poursuivait en braillant deux de leurs camarades pour essayer de voir ce qu'ils avaient découvert dans les tiroirs des bonnes sœurs. Un témoin oculaire raconte qu'ils en avaient retiré des lettres d'amour de prêtres et même de cardinaux, de la layette et jusqu'à de certains instruments dont la décence interdit de faire ici la description mais qui furent exposés à la curiosité du public sur les appuis des fenêtres. Le 30 avril, Oudinot, avec ses dix mille hommes et ses vingt canons, partit conquérir Rome, ou, plus exactement, l'occuper. « Les Italiens ne se battent pas », avait-il lu dans les journaux du monde entier. Au sujet de Mazzini, la *Quarterly Review* écrivait : « Il se prend pour Robespierre » ; et, au sujet des Romains, le *Times* s'exprimait ainsi : « Ils s'obstinent à se considérer comme des héros. »

Oudinot dressa les plans de l'opération comme s'il se fût agi d'une promenade d'écoliers ou d'une excursion de boy-scouts, sur le *Plan photographique de la Rome moderne* de Latarouilly, qui indiquait la Porta Pertusa comme le passage le plus commode. Mais, en arrivant, le général français s'aperçut que cette porte n'existait plus : il y avait des années qu'on l'avait murée. Et le sommet du mur grouillait de mousquetons qui tiraient à toute allure.

Surpris, les Français se reformèrent de leur mieux dans les fossés et derrière les hauteurs environnantes. Puis ils opérèrent une diversion du côté de la Porte des Chevaux-Légers. Mais pour ce faire, il leur fallut parcourir à découvert un bon kilomètre sous le feu des défenseurs. Quand ils parvinrent au but, le souffle coupé, ils avaient laissé sur le terrain tant de morts et de blessés qu'ils durent se retirer. Une autre de leurs colonnes s'était en même temps lancée contre la Porte Angélica, mais elle avait dû passer à découvert, elle aussi et elle avait subi le même sort. Il était évident que les Italiens se battaient.

À midi, Garibaldi, qui avait suivi les combats depuis la terrasse de la villa Corsini, prit l'initiative afin de repousser définitivement les Français décimés et démoralisés par leur échec. Il lança la Légion, les étudiants et les artistes à l'assaut à la baïonnette. Alors, on vit se produire des choses de l'autre monde : Aguyar captura des Français au lasso, Nino Bixio fit prisonnier le major Piccard en le saisissant par les cheveux. À leur tour, les Français capturèrent un garibaldien : le père barnabite Ugo Bassi qui n'avait pas voulu abandonner sa jument Ferina, tuée entre ses jambes. « Pauvre bête ! elle est morte au champ d'honneur ! » écrivit le bon barnabite à sa mère, le lendemain, lorsqu'il fut rentré à Rome. Sur l'issue de la rencontre, aucun doute ne subsista. À la tombée de la nuit, les Français se retirèrent à Civitavecchia après avoir perdu — entre morts, blessés et prisonniers — un bon millier d'hommes cependant que les Romains n'en avaient perdu que deux cents.

Rome était toute illuminée. Les cloches sonnaient à toute volée. Dans les rues, les gens chantaient une parodie de la Marseillaise :

> « Allons enfants de sacristie,
> Le jour de honte est arrivé. »

Tout le monde était si content qu'on libéra les quelque quatre cents prisonniers français et qu'on leur offrit une promenade touristique à travers la ville afin de leur montrer le Colisée et Saint-Pierre. Ils avouèrent avoir débarqué dans l'idée de défendre la République Romaine contre les Autrichiens et les Bourbons. On les conduisit alors dans les hôtelleries pour leur faire manger de l'agneau et boire de « petits coups » de Frascati.

Le seul à ne pas participer à cet enthousiasme était Garibaldi car, à ce moment-là, le docteur Ripari était en train de l'opérer d'une blessure à l'abdomen dont personne ne s'était aperçu. « Et que personne ne l'apprenne », recommanda le général. Mais ce n'était pas sa blessure qui le torturait, c'était le fait d'avoir été empêché de poursuivre Oudinot et de le jeter définitivement à la mer.

« Mazzini a toujours eu la manie de se prendre pour un général, bougonna-t-il, et il n'a jamais rien compris à la guerre... »

Il le répéta toute sa vie durant, chaque fois qu'il lui arriva de rappeler ce qui s'était passé au cours de ce 30 avril. Et sans doute avait-il raison. Ce jour-là, Oudinot était fichu. Mais il put rentrer à Civitavecchia et télégraphier à Paris : « Attends renforts et matériel de siège. » Ce fut probablement pour apaiser le Niçois en fureur que Mazzini l'expédia contre les Bourbons qui avançaient au sud. On ajouta les Bersagliers de Manara à la Légion, et Garibaldi fit courir le bruit que la colonne pourrait opérer contre les Français, à Civitavecchia. Mais elle se contenta de camper à Tivoli, dans la Villa d'Hadrien, où, la nuit, eut lieu la première rencontre — entre les légionnaires et les Bersagliers. « Garibaldi est un démon, écrivit Manara à sa mère. Garibaldi est une panthère, ses hommes sont un ramassis de brigands. » Et Enrico Dandolo : « Garibaldi ressemble plus à un chef de tribu indienne qu'à un général. » Les deux Lombards, à la tête d'une troupe régulière et disciplinée qui s'était magnifiquement battue dans l'armée piémontaise, regardaient avec épouvante cette bande bariolée et irrémédiablement sud-américaine où, à force de promotions au champ d'honneur, les officiers étaient plus nombreux que les soldats. Personne ne saluait jamais les supérieurs et le lieutenant Aguyar comptait plus que tel colonel car il lançait le lasso mieux que lui et cirait les bottes du commandant. Et grande dut être la consternation des deux braves officiers lorsque, à Prenestina, leurs Bersagliers pénétrèrent dans un couvent, enfilèrent les robes des moines et, avec des cierges allumés, improvisèrent une procession à travers le pays. À force de fréquenter les garibaldiens, ils en étaient devenus, eux aussi. Garibaldi en prit acte avec satisfaction.

« Ils s'acclimatent », dit-il.

À Prenestina, s'était déroulée une rencontre avec les troupes bourboniennes du général Lanza qui avaient pris la fuite. Vingt prisonniers étaient restés entre les mains des garibaldiens, les poches pleines d'amulettes et d'images de saints. On leur avait dit que Garibaldi était un ogre, et ils se jetèrent à ses pieds, tremblants de peur. Quand ils virent que l'ogre n'avait pas la moindre intention de les dévorer, ils se mirent à crier :

« Mange Pie IX ! »

Mais, là encore, un ordre formel de rentrer à Rome empêcha Garibaldi de poursuivre l'ennemi et de lui infliger une défaite décisive. Les Autrichiens étaient en marche à travers la Toscane et la flotte espagnole avait mis le cap sur Gaète. Les Romains l'ignoraient ou préféraient faire semblant afin de pouvoir continuer leurs festivités. Mais Mazzini savait que les jours de la République étaient comptés. De Lesseps — le même qui devait percer plus tard le Canal de Suez —, envoyé spécial du gouvernement français pour la conclusion d'un accord avec lui, trouva un homme assez différent du « fanfaron » dont se moquait la presse européenne. Mazzini s'était établi dans la plus petite, la plus modeste salle du Quirinal, où il recevait tout le monde, nobles et gens du peuple ; il touchait une pension de trente-deux lires, avait sur sa table un bouquet de fleurs fraîches que lui envoyait chaque jour une admiratrice inconnue et évitait de se montrer et de parler au balcon du palais. Son unique délassement, à la fin de la journée, était de chanter en s'accompagnant à la guitare. Dans le rapport qu'il envoya à Paris, De Lesseps peignit Mazzini comme un parfait gentilhomme et décrivit Rome comme une cité que parcouraient sporadiquement quelques frissons de furie Jacobine, mais, en règle générale, calme et sans haine envers qui que ce fût : pas même à l'égard des Français, ni des prêtres qui continuaient à y circuler, fréquemment même bras dessus bras dessous avec les soldats. À Saint-Pierre, il y avait de longues queues devant les confessionnaux et devant la statue de l'Apôtre, pour lui baiser les pieds. Dans un café, un Français avait giflé un Italien qui insultait la France et personne ne lui avait rien fait.

À son retour, Garibaldi apprit une nouvelle qui le brouilla définitivement avec Mazzini : la nomination en tant que généralissime de Roselli qui avait servi sous ses ordres et avait toujours suivi les batailles sur des cartes. Et voilà qu'à présent il fallait qu'il prît les ordres de cet homme-là, de ce « rond-de-cuir », de ce guerrier bureaucrate. Et il alla les prendre ; mais, à ce qu'il paraît, il ne les exécuta pas.

Roselli lui avait confié l'avant-garde de l'armée, avec mission de prendre contact avec les bourboniens qui s'étaient avancés jusqu'à Velletri, tout en se gardant de les attaquer. Il avait — ou plutôt il disait qu'il avait — un vaste plan pour les encercler et les anéantir. Garibaldi revint parmi ses hommes, tout assombri, et, aussitôt après, il fit dire à Roselli qu'il avait été attaqué.

Personne n'a jamais pu tirer au clair cette affaire. Si l'on en croit les témoins oculaires, quarante lanciers de Garibaldi furent mis en fuite par les Napolitains sous les murs de Velletri ; alors, pour les arrêter, Garibaldi se plaça au milieu du chemin avec Aguyar qui essayait de prendre les montures au lasso. Les quadrupèdes dégringolèrent sur les deux bipèdes — un général et un Noir ! — les Napolitains survinrent et dégringolèrent à leur tour, il se forma un embrouillamini inextricable et un groupe de légionnaires entre douze et quatorze ans — de ceux que l'on appelait « bébés d'Italie » — se mit à tirer sur le tas — hommes et bêtes, amis et ennemis — jusqu'au moment où Garibaldi reparut à la surface, à moitié écrasé, et l'empreinte d'un fer à cheval sur le dos de la main. À cet instant surgirent les Bersagliers. Les Napolitains furent repoussés, mais, des fortins de Velletri, leurs camarades commencèrent à tirer le canon. Sous les obus, les carabiniers se mirent à danser et deux d'entre eux volèrent en éclats.

« Musique ! Musique ! » hurla Manara au « clairon ».

« Et dire qu'on n'a pas le droit d'attaquer ces gens-là ! » dit hargneusement Garibaldi en massant sa main contusionnée.

Roselli arriva alors, essoufflé et furieux.

« Tiens, mon Général, vous êtes là ? » lui dit placidement Garibaldi en lui tendant la longue-vue et en lui désignant quelque chose du côté de Terracina. « Vous voyez cette ligne noire, là-bas ? Ce sont les Napolitains en fuite. »

« Ce n'est qu'une manœuvre », répondit le généralissime entre ses dents. Et, lui tournant le dos, il alla coucher dans la maison d'un certain Blasi.

Garibaldi, lui, passa la nuit sous une haie.

À l'aube, à la tête d'une patrouille, Dandolo pénétra dans Velletri et n'y trouva plus personne. Le Roi Bomba avait pris la fuite.

Ses soldats refusaient de combattre contre le « Diable Rouge » ; ils prétendaient qu'Aguyar était Belzébuth en personne.

Lorsque Garibaldi apprit la chose, il entra dans la ville avec sa Légion et les Bersagliers. Il voulut occuper le lit dans lequel avait dormi le Roi Bomba. Pendant qu'il se déshabillait, sa chemise tomba dans l'eau. Un trompette lui en apporta une autre — celle d'un moine. C'est ainsi que le républicain et anticlérical Garibaldi dormit cette nuit-là dans le lit d'un roi, enveloppé dans l'habit d'un capucin.

Mais il n'en avait pas fini avec Roselli. Le généralissime l'accusa d'avoir fait échouer son plan et Garibaldi, de son côté, accusa le généralissime de l'avoir empêché de remporter la victoire, par lâcheté et par jalousie. On parla même d'un duel. Plus que les bons offices de Mazzini, ce fut l'armée autrichienne qui conjura ce malheur en approchant à marche forcée. Garibaldi fut rappelé à Rome d'urgence. Pour lui confier le commandement de la Légion, il écrivit au colonel Masina : « Le plus terrible, le plus haï de nos ennemis nous attend sur les routes de Romagne, et moi un cri de victoire résonne dans ma tête. Préparez la Légion à une rencontre avec les Allemands. Dites aux légionnaires qu'ils se familiarisent bien avec cette idée, qu'ils y pensent chaque minute de chaque journée, qu'ils en animent chacun des rêves de leurs nuits. Qu'ils se familiarisent avec l'idée d'une charge à l'arme blanche — avec l'idée d'enfoncer une baïonnette pointue dans le flanc d'un cannibale. Une charge à l'arme blanche où l'on ne daigne même pas décharger son fusil. Proclamez un ordre du jour obligeant les légionnaires à faire la prière suivante : *Dieu, accorde-moi la grâce de pouvoir introduire le fer de ma baïonnette tout entier dans la poitrine d'un Allemand sans avoir daigné décharger sur lui mon fusil, afin que la balle de celui-ci me serve à tuer un autre Allemand, qui ne se trouverait pas à moins de dix pas de moi. »*

On ne peut pas douter que, si Garibaldi avait rencontré les Autrichiens, il les eût attaqués de cette façon-là. Comme toujours la fortune lui fut favorable, et elle lui évita cette rencontre.

De Lesseps et Mazzini avaient conclu un accord selon lequel les Français resteraient établis à l'extérieur de Rome qu'ils protègeraient en cas d'attaque des Autrichiens, des Bourbons ou de tout autre agresseur. De Lesseps avait agi en toute bonne foi, sans se rendre compte qu'il avait été l'instrument d'une escroquerie. Il ne l'apprit que de la bouche d'Oudinot, lequel avait reçu vingt mille hommes de renfort avec l'ordre d'occuper la ville. Avec candeur, Roselli lui avait écrit : « Ma conviction la plus intime est que l'armée de la République Romaine combattra un jour au côté de celle de la République Française, afin de défendre les droits les plus sacrés des peuples. » Oudinot lui répondit que Paris lui prescrivait d'occuper la cité sans délai mais que, afin de permettre aux Français qui y résidaient de la quitter, il différait l'attaque de la place jusqu'au lundi 4 juin au matin.

Ce fut ce mot — place — qui créa l'équivoque. Pour Roselli, place signifiait Rome — Rome tout entière, ville et faubourgs.

Et Mazzini interpréta lui aussi le terme dans ce sens lorsqu'il lut la lettre péremptoire du général français — qui était à la fois un acte arbitraire et de trahison. C'était le vendredi 1er juin, à cinq heures du soir. Il restait donc trois jours. On avait le temps d'organiser la défense ; ou, plutôt, on l'aurait eu si Garibaldi n'avait pas fait éclater un gros orage sur la ville. Il venait d'écrire au triumvirat pour renouveler son éternelle demande de « pouvoirs illimités ». Mazzini lui avait répondu pour lui demander des explications. Qu'entendait-il par-là ? Les pleins pouvoirs ?

« Mazzini, répliqua Garibaldi le lendemain, samedi, puisque vous me demandez ce que je veux, je vais vous le dire : je ne puis continuer à servir pour le bien de la République que de deux façons : soit en tant que dictateur sans aucune limitation de pouvoir, soit en tant que simple soldat. Choisissez. »

Mazzini se prit la tête entre les mains, mais pas du tout dans le geste « pensif » dans lequel l'iconographie du Risorgimento l'a immortalisé.

« Garibaldi, je deviens fou et il me vient l'envie d'abandonner la défense de la ville, de tout abandonner et de m'en aller à Foligno ou au diable pour en finir, un fusil à la main. Ce n'est pas ainsi qu'on agit, ce n'est pas ainsi qu'on sauve le pays… »

« Mazzini, répliqua Garibaldi, il me paraît nécessaire de remettre le commandement de l'armée à Avezzana… » Il renonçait par conséquent aux « pouvoirs illimités » à condition qu'on le débarrassât de Roselli.

La nuit était venue. Il restait tout le lendemain, dimanche, pour y penser. Ils allèrent tous se coucher : Mazzini dans son petit bureau du Quirinal, Garibaldi dans une maison de la via[8] delle Carrozze, Masina à via Condotti, les autres officiels ici ou là, beaucoup dans des bordels —, la Légion au couvent de San Silvestro. Tous, cependant, loin du Janicule, de la villa Pamphili et de la Villa Corsini — dite « Lupanar des Quatre Vents » : tous lieux qu'Oudinot ne considérait pas inclus dans le terme de place, lequel selon lui signifiait

---

[8] Via (it.): rue, route, voie.

« place forte », et ne comprenait par conséquent que le centre de Rome.

Le premier à sauter hors de son lit fut Garibaldi lorsque, à trois heures du matin, son chef d'état-major, Daverio, faisant irruption dans sa chambre l'avertit que les Français venaient de passer à l'attaque. Garibaldi mobilisa ceux qui lui tombèrent sous la main — son ordonnance, le trompette, Aguyar, le médecin Ripari — pour aller réveiller les dormeurs. Il se fit amener son cheval blanc dans les salles de la Villa Torlonia et galopa en direction de la Porte San Pancrazio. Il vit les Français à l'intérieur de la Villa Corsini et dit : « Consummatum est ! »

Au sommet de son vignoble, la Villa Corsini, avec ses quatre étages et sa corniche à balustrade, était une position clef, dont la possession décidait du sort de la bataille. Et les Français y avaient déjà établi leur artillerie.

Dans la clarté blanchâtre de l'aube, les Légionnaires commencèrent à arriver, par petits groupes ensommeillés. Les pavés de Rome résonnaient de chaussures et de sabots de chevaux. Des gens ahuris paraissaient à leur fenêtre. Une, puis dix, puis cent cloches se mirent à sonner, tandis que se faisaient entendre les roulements des tambours. Peu à peu, les rues s'emplirent de monde et les gens couraient en hurlant : « Au Janicule ! Au Janicule ! »

Parmi eux, certains étaient armés, bien que la grande majorité ne le fût pas, et c'était elle qui se précipitait pour occuper les meilleures places —, celles qui se trouvaient pour ainsi dire sur le devant de la scène, c'est-à-dire sur le toit des petites maisons de l'octroi — afin d'assister à la bataille. Pour que le spectacle fût complet, la musique était avec eux — et, de fait, ce fut un spectacle superbe, tel que les Romains n'en avaient plus vu depuis les Jeux du Cirque.

Et Garibaldi y donna la mesure exacte de lui-même : de son courage, de son élan, de ses qualités d'animateur et d'entraîneur d'hommes, comme de sa totale méconnaissance de la tactique et de la stratégie.

Convaincu qu'il fallait à tout prix reprendre la Villa Corsini — et il avait raison —, chaque fois qu'il arrivait un groupe de légionnaires, ou de Bersagliers, ou d'étudiants, il le lançait à l'assaut à la baïonnette sous le feu meurtrier de l'artillerie des Français.

Ainsi tombèrent, entre autres, Daverio, Masina, Enrico Dandolo. Mameli fut blessé au genou et mourut un mois plus tard de la gangrène.

Ce massacre inutile continua toute la journée. Il semblait que Garibaldi eût perdu la tête. Sourd à tous les appels, à tous les conseils, il continuait à jeter ses hommes par paquets en hurlant comme un fou : « À la baïonnette ! À la baïonnette ! »

Et ses hommes y allaient, pour tomber morts par-dessus d'autres morts. Vers le crépuscule, la résistance française sembla prête à fléchir : peut-être des troupes étaient-elles en train d'approcher. Garibaldi lança à l'assaut quarante lanciers à cheval qui, d'un seul bond, se trouvèrent à l'intérieur de la villa. Avec un sourd grondement d'enthousiasme, les spectateurs descendirent des toits et se répandirent à flots parmi les combattants, dans les jardins transformés en cimetière. Mais, juste à ce moment, les chevaux emballés des lanciers refluèrent, heurtèrent la foule, la renversèrent, tandis que les Français, de la Villa Pamphile, revenaient à l'attaque. Ce fut un chaos terrible, un sauve-qui-peut général en direction de la Villa del Vascello où Garibaldi entra le dernier et referma la porte derrière lui.

Le lendemain, le correspondant du *Times* envoya à son journal un article très désabusé dans lequel il écrivait que, si les Français avaient attaqué également de l'autre côté de la ville, on eut pu assister à un corps à corps dans les rues et que le spectacle, alors, eût été beaucoup plus suggestif. Dommage !

Le lendemain, Garibaldi eut à se défendre non pas des Français, mais bien des siens — et tout particulièrement de l'éternel Roselli qui l'accusait d'avoir agi en insensé. Il se justifia mal en disant qu'il ne se sentait pas bien à cause de sa blessure du 30 avril et qu'il avait l'habitude de combattre en rase campagne, et non dans des espaces resserrés. Mais il avança aussi un argument solide : il y était allé, sous les balles, lui. Les autres, ceux qui le critiquaient, où étaient-ils pendant ce temps-là ? Et puis, ce n'était guère le moment de se lancer dans des polémiques : le siège de Rome était commencé.

Les Français n'avaient aucune hâte. Ils savaient que la ville n'était pas en état de résister et la seule position contre laquelle ils s'acharnaient était la Villa de Vascello où Giacomo Medici s'était barricadé avec son bataillon. Les canons d'Oudinot se trouvaient à 260 mètres de distance à peine. Mais les murs des villas de cette époque étaient solides et Medici avait beaucoup de cran.

Garibaldi s'était installé avec Manara dans la Villa Savorelli. Le matin, à l'aube, il grimpait sur le belvédère et se mettait à califourchon sur le parapet, laissant ses jambes se balancer dans le vide, une tasse de café à la main et son immanquable cigare au bec. Il s'amusait à attirer sur sa chemise rouge la fusillade des Français dont le viseur devait être passablement peu précis, et à servir de modèle à tous les gestes de bravoure inutile qui étaient destinés à devenir la plaie et les délices de la future armée italienne. Un jour, un de ses officiers accrocha au paratonnerre un drapeau portant cette inscription : « Bonjour, cardinal Oudinot ! ». Un autre jour, le père Ugo Bassi vint dire la messe avec un surplis rouge sur sa soutane de prêtre. La nuit, les légionnaires organisaient des sorties. L'une d'entre elles est restée célèbre sous le nom de « sortie en chemise », car, afin de se reconnaître dans l'obscurité, les garibaldiens avaient revêtu des chemises blanches. Malheureusement, les volontaires polonais qui formaient l'avant-garde se perdirent et, après avoir parcouru un cercle complet, ils se trouvèrent face à face avec les légionnaires qui, entre-temps, avaient retiré leurs chemises claires que la lune rendait trop visibles. Ils ne se reconnurent pas et commencèrent à se tirer dessus dans une grande confusion, tandis qu'au centre, Garibaldi sacrait comme un Turc, en donnant des coups de cravache à droite et à gauche. Ces gestes de bravoure inutile devaient malheureusement servir de modèle à la future armée italienne qui a toujours déployé, en ce qui les concerne, une invention qui lui a déplorablement fait défaut dans les opérations sérieuses. Mais Garibaldi en était enthousiaste : « Chère Anita, écrivit-il à sa femme, nous combattons sur le Janicule et ce peuple est digne de sa grandeur passée. Une heure de notre vie à Rome vaut à elle seule tout un siècle d'existence ». L'encre n'avait pas encore séché sur le papier que la Villa Savorelli s'écroula sur la tête du général, l'obligeant à se transférer dans la Villa Spada. La lettre partit cependant. Mais Anita ne la reçut jamais car, à ce moment-là, elle était déjà partie pour Rome, enceinte pour la cinquième fois.

La fin approchait. Garibaldi renouvela sa proposition de rompre l'encerclement par un coup de main et de faire prendre le maquis à l'armée, et au gouvernement républicain afin de continuer la guerre. Mazzini refusa.

Le 21 juin, les Français occupèrent deux bastions et Garibaldi ne leur opposa pas une grande résistance. Mazzini et Roselli le convoquèrent, furieux, et lui ordonnèrent de reconquérir les positions sur les « murs ». Des « murs », Mazzini se faisait une idée héroïque et toute littéraire : il disait qu'ils étaient sacrés et qu'un peuple doit être prêt à se laisser massacrer afin de les défendre. Il en résulta une terrible querelle, de gros mots fusèrent. À la fin, Garibaldi promit de tenter la chose le lendemain. Et il tint parole, mais sans conviction et presque tout de suite il ordonna la retraite.

On lui enjoignit d'essayer à nouveau. Il désobéit.

On parla de couardise. Mais le motif était tout autre. Désormais convaincu que le destin de Rome était fixé, Garibaldi sentait de plus en plus que les temps étaient mûrs pour son dessein de continuer la guerre dans la clandestinité, et il ne désirait pas gaspiller ses forces dans une défense impossible. Il ne pouvait plus compter sur l'enthousiasme des légionnaires. Manara lui-même lui conseillait de les ménager. Maintenant, les obus français tombaient dans tous les coins de Rome, si bien que les consuls des puissances étrangères envoyèrent une protestation vibrante à Oudinot. La villa Spada s'écroula à son tour sur la tête du général qui se transféra dans une cabane de planches. C'est là que vinrent le trouver quelques dames de la noblesse romaine, attirées comme toujours par sa mauvaise réputation. Pendant qu'elles parlaient avec lui, un obus fit tout sauter, réduisant à un seul tas de débris les planches, le général et les dames.

Anita arriva le 26 juin. La bataille ne l'effraya pas, mais sa grossesse la faisait souffrir. Elle respirait mal, avait mauvaise mine et s'évanouissait continuellement. Son José n'eut pas le temps de s'en rendre compte. Il fallait qu'il courût chez Mazzini pour le convertir à son idée de sortie. Le triumvirat fléchit, cette fois, mais Roselli fut inébranlable et Garibaldi déclara qu'il donnait sa démission et retirait sa légion. Sur les lignes de défense, le désarroi s'empara des hommes et il sembla que tout était déjà en train de s'écrouler. Mais, dans la nuit, Manara eut une longue conversation avec le général qui renvoya ses légionnaires au combat et écrivit à Mazzini : « Mazzini, nous avons repris nos positions à l'extérieur de la porte San Pancrazio. Que le général Roselli nous envoie des ordres. »

Mais quels ordres aurait-il bien pu envoyer, Roselli ?

Oudinot décida d'en finir dans la nuit du 29 au 30 juin, fête de Saint-Pierre. Il savait que c'était une grande fête pour les Romains, lesquels s'y préparaient, en fait, comme si la guerre ne les regardait pas. Ils avaient accroché des lampions aux fenêtres, préparé des fusées et des pétards ; la coupole de Saint-Pierre resplendissait. Mais, soudain, une averse éteignit toutes ces lumières et fit l'obscurité totale. C'est dans cette obscurité que s'avancèrent les Français.

On se tua dans les rues, sans se voir, au poignard ou au fusil, fréquemment Romain contre Romain et Français contre Français. Emilio Dandolo écrivit que Garibaldi avait fait une véritable boucherie à lui tout seul, frappant avec son sabre qu'il tenait à deux mains, et chantant à se casser les cordes vocales un hymne populaire. Une rixe furieuse éclata autour des ruines de la villa Spada où Manara et quelques-uns de ses Bersagliers préférèrent se laisser massacrer plutôt que de se rendre. Medici sortit du Vascello et, dans la confusion qui régnait, put rejoindre la légion.

À midi, Garibaldi fut convoqué au Capitole où l'Assemblée était en train de discuter la reddition. Son visage était trempé de sueur, sa chemise déchirée, et son sabre, tout tordu, ne rentrait qu'à moitié dans sa gaine. Il pleurait à chaudes larmes la mort d'Aguyar tombé sous un obus au Transtevere. En le voyant, tout le monde se mit debout et un long applaudissement secoua l'assistance.

Trois solutions se présentaient, lui dit-on. Primo : la reddition pure et simple. Secundo : la résistance à outrance jusqu'au suicide collectif. Tertio : l'évacuation de l'armée et la continuation de la lutte.

Naturellement, Garibaldi adopta immédiatement la troisième solution qui, dans le fond, avait toujours été sa grande idée. Il déclara :

« Partout où nous serons, c'est là que se trouvera Rome. Rappelez-vous cependant, messieurs, que vous ne disposerez plus du confort romain, de commodes habitations, de cafés, de bons repas. Vous dormirez à la belle étoile fréquemment, parfois même sous la pluie. Vous marcherez sous l'ardeur du soleil, pas toujours en carrosse. Vous mangerez ce que vous pourrez et, au besoin, vos propres chevaux. Pensez-y bien et décidez-vous tout de suite. »

Et il sortit. Lorsque besoin était, il devenait un homme sérieux, Garibaldi. Et il renonçait même à l'éloquence.

L'Assemblée discuta encore un peu. Puis elle approuva la plus facile des trois solutions, la première, c'est-à-dire la reddition.

Mais, pour calmer Garibaldi, on le nomma général en chef de l'armée, maintenant que l'armée n'existait plus, et avec les « pleins pouvoirs ». C'était l'« ordre de marche » qu'il avait toujours désiré.

Et, cette fois, il portait la signature de Mazzini et le sceau de la République romaine.

Le 2 juillet, le ministre plénipotentiaire du gouvernement des États-Unis, Caso, le convoqua à l'Hôtel de Russie pour lui remettre un passeport américain et lui transmettre l'invitation de se rendre dans son pays. Garibaldi accepta le passeport mais repoussa l'invitation. À six heures, le soir, il réunit les légionnaires place Saint-Pierre et leur dit : « Je quitte Rome. Qui veut continuer le combat contre l'étranger vienne avec moi. Je n'offre ni paie, ni cantonnement, ni vivres ; j'offre la faim, la soif, les marches forcées, la bataille et la mort. »

Quatre mille hommes se rangèrent en colonne derrière lui. Anita était là, vêtue en légionnaire, le visage livide et le ventre gros.

Il y avait là les Ciceruacchio, père et fils. Il y avait le père Bassi, avec sa chemise rouge, son chapeau de curé et, dans la poche, à la place de l'Évangile, le manuscrit de son petit poème intitulé *Le triomphe de la Croix* qu'il composait depuis des années sans jamais le terminer. Il y avait Bruno, celui qui portait sur son dos le général lorsqu'il avait ses attaques de rhumatismes. Il y avait Sacchi, Hoffstetter. Il y avait d'innombrables amis fidèles, des vieux et des nouveaux. Mais il n'y avait plus ni Manara, ni Mameli, ni Dandolo, ni Masina : tous étaient morts. Et il n'y avait plus Aguyar.

Quelques applaudissements sans force les saluèrent, mêlés à des soupirs de soulagement.

La mort d'Anita

La première idée de Garibaldi fut de rejoindre Venise qui continuait à défendre son indépendance. Pour y parvenir, il fallait parcourir des centaines de kilomètres en terrain peu sûr et passer à travers la tenaille où les enserraient trente mille Français, quinze mille Autrichiens, douze mille Napolitains, six mille Espagnols et deux mille Toscans : tous lâchés sur ses traces.

En tout, les légionnaires étaient quatre mille, mais ils ne le restèrent que très peu de temps. À peine parvenus à quelques kilomètres de Rome, ils commencèrent à se clairsemer. Au bout d'une semaine, ils n'en restaient plus que deux mille cinq cents et, pour la première fois dans la légion, il y eut plus de fusils que de combattants. Ils les enterrèrent ou les cachèrent dans les buissons, car si les paysans venaient à les trouver, il aurait bien pu arriver aux légionnaires de recevoir quelque mauvais coup dans le dos.

C'était une vie qui mettait à dure épreuve le physique et le moral des hommes. On ne marchait que de nuit, car, le jour, il était préférable de rester caché dans les bois ou parmi les rochers. Et l'on ne savait jamais où l'on allait. Pour dépister l'ennemi, Garibaldi progressait en zigzag, en n'écoutant que son flair de *guerrillero*, flair dont il prouva qu'il était doué comme personne au monde.

Il fit semblant de marcher en direction des Abruzzes et ses poursuivants donnèrent à fond dans le panneau ; mais il dévia soudain sur Monterotondo, en faisant courir le bruit qu'il se dirigeait sur Civitavecchia. Sans crier gare, il se présenta devant Terni qui l'accueillit avec enthousiasme ; puis, via Todi, il rejoignit Orvieto.

À Orvieto, on avait préparé un grand casse-croûte pour une garnison de Français qui était sur le point d'arriver. Les légionnaires le mangèrent, ne laissant que les os aux Français — et, aux Orviétans, la terreur d'être accusés de collaboration. À Arezzo, Antonio Guadagnoli, poète et gonfalonier de la cité, fit abaisser la herse des portes. Les légionnaires voulaient abattre les grilles, mais Garibaldi s'y opposa.

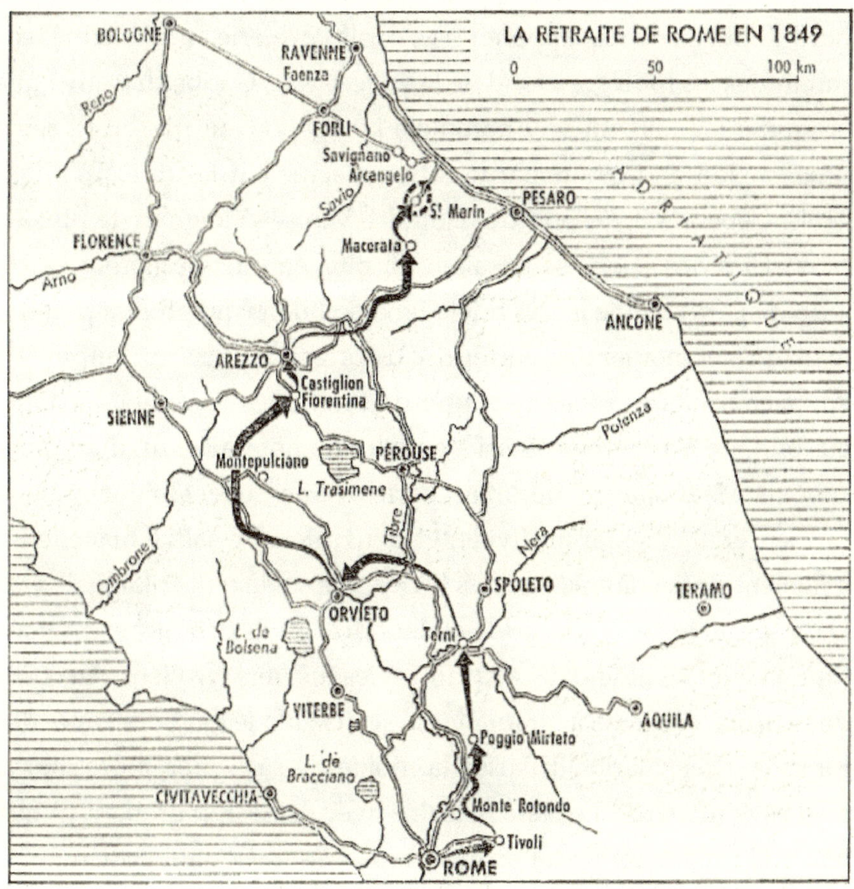

Pour la première fois de sa vie, il avait instauré une discipline de fer, car il ne voulait créer aucun mécontentement parmi les populations, en vue d'une reprise du mouvement révolutionnaire dont il n'avait pas perdu l'espoir. Il ne consentait qu'au sac des couvents — mais les pauvres gens devaient être épargnés. Un légionnaire qui avait été surpris à voler une poule fut fusillé séance tenante. Des déserteurs furent également exécutés. Et, en ces occasions, un autre Garibaldi se substitua au chef débonnaire qu'il avait été jusque-là, un Garibaldi dur et impitoyable, qui commandait personnellement les exécutions sans retirer son cigare de sa bouche.

La traversée des Apennins fut une dure épreuve. À Sant'Angelo del Vado, on put croire que la légion était tombée dans un traquenard dont elle ne réchapperait pas, car la cavalerie autrichienne barrait toutes les routes, au fond de la vallée. Mais Garibaldi trouva une issue par laquelle un seul homme à la fois pouvait passer. Et seule une fraction de l'arrière-garde fut massacrée par les hussards hongrois. Cependant, l'espoir de rejoindre Venise s'éloignait de plus en plus et les désertions se faisaient de plus en plus nombreuses. Un jour, disparut même le très fidèle Ignazio Bueno qui préféra prendre le maquis et monter une entreprise de brigandage à son compte.

Anita chevauchait toujours auprès de son José, sans doute satisfaite, au fond, de n'avoir pas réussi à en faire un homme et un mari quelconque. Mais sa santé déclinait. Parfois son visage, toujours pâle et un peu gonflé, se faisait livide, et deux filets de salive blanche lui coulaient de la commissure des lèvres. Mais elle ne se plaignait pas. Dans la vallée de Foglia, aride et dénudée, où ils débouchèrent pour finir, la faim les attendait — la faim et les fusiliers tyroliens. Au cours de la furieuse chasse à l'homme qui se déroula le long des cours des torrents à sec, Garibaldi laissa la moitié de sa Légion entre morts, blessés et disparus. Le reste se traîna avec peine, remorquant difficilement l'unique canon qu'on avait réussi à sauver dans cette marche désespérée, jusqu'à Macerata Feltria. Trois corps d'armée autrichiens les serraient de près : ceux de l'archiduc Ernest, de Stadion et de Hahne. La route de l'Adriatique était coupée, il fallait renoncer à Venise. Une seule voie de salut restait : San Marino.

Le 31 juillet, Garibaldi se présenta, seul, au capitaine régent Belzoppi qui le reçut dans la salle d'audience. Il demanda l'hospitalité pour lui et ses troupes affamées, s'engageant à déposer les armes aux portes de la petite république. L'hospitalité fut accordée. Le général redescendit du rocher de San Marino, juste au moment où apparaissait l'avant-garde du général Hahne. Certains mémorialistes affirment qu'Anita dégaina son sabre et prit le commandement de la troupe qui tentait de dégager le dernier canon de la légion, tombé dans un fossé. C'est possible, vu le modèle.

Cependant, il n'y eut pas de combat, car Garibaldi, arrivant à bride abattue, ordonna à tous ses hommes d'abandonner le canon et de gagner le rocher de San Marino.

Malgré toutes les invasions qu'elle avait subies, la petite république n'avait jamais vu une armée comme celle qui se réunit sur sa place, à midi, le 31 juillet : sombreros ornés de plumes de chapons, chapeaux hauts de forme, uniformes autrichiens, français, napolitains en loques, barbes bibliques, plaies horribles ; et, au milieu, cette femme vêtue en soldat, sabre au côté et ventre gros. Sur les marches du couvent des capucins, le général proclamait son dernier ordre du jour :

« Soldats, nous sommes en terre d'asile et nous devons nous conduire de notre mieux vis-à-vis de nos hôtes généreux. Soldats, je vous dégage de l'obligation de me suivre : retournez chez vous, mais rappelez-vous que l'Italie ne doit pas rester dans l'esclavage ni dans le mensonge. La guerre romaine en faveur de l'indépendance est terminée. »

En attendant, l'archiduc Ernest dictait à Belzoppi les conditions de la reddition. La République devait remettre entre les mains des Autrichiens les armes de Garibaldi. Les légionnaires, raccompagnés sous escorte jusqu'à leurs lieux d'origine, bénéficieraient de l'amnistie. Garibaldi s'engagerait sur l'honneur à émigrer en Amérique.

Il en donna lecture à son état-major réuni au café Simoncini et dit que c'était là un *diktat* qu'un bon républicain ne saurait accepter. Il écrivit debout un billet de remerciement aux citoyens représentants de la République pour ce qu'ils avaient fait pour lui et la légion, il avala un morceau en compagnie de Ciceruacchio et du père Bassi. Et, remonté à cheval, il dit aux autres, qui attendaient à l'extérieur :

« À qui veut me suivre, j'offre de nouveaux combats, de nouvelles souffrances, un nouvel exil : de pactes avec l'étranger, jamais ! »

Anita monta à cheval elle aussi. Garibaldi essaya de la persuader de rester.

« Tu veux m'abandonner ? » répondit-elle en le fusillant de son regard de femme amoureuse et jalouse qui, lorsqu'il le voulait, savait faire peur même à José.

Ceux qui le suivirent, le lendemain, 1er août, furent au nombre de deux cent cinquante. Les autres, qui avaient tout ignoré de l'affaire, perdirent la tête quand ils surent que le général était parti. Certains parlèrent de recommencer pour leur propre compte la guerre contre les Autrichiens. D'autres s'élancèrent sur les traces du chef. La plupart, en vêtements civils, cherchèrent à rentrer chez eux. Mais, reconnus, ils furent maltraités et emprisonnés. Garibaldi était un général pour qui la démobilisation était difficile — ou plus exactement trop facile. Pour lui-même, il choisissait toujours la voie la plus ardue, celle de l'honneur : mais il ne se souciait pas beaucoup de ceux qui n'étaient pas en mesure de le suivre.

Marchant toujours de nuit et sur la pointe des pieds, les fugitifs parvinrent à Cesenatico où il n'y avait que quelques Autrichiens, mais un bon nombre de tartanes (car l'idée de Garibaldi était toujours de rejoindre Venise). Les Autrichiens furent surpris dans leur sommeil à l'intérieur des postes de garde où les légionnaires voulurent les fusiller, mais le père Bassi s'y opposa. Les patrons des tartanes furent jetés hors du lit et attelés aux filins de halage de leurs barques pour traîner leurs bateaux du canal à la mer. Un orage retarda les opérations qui prirent bien sept heures, sous la menace perpétuelle de voir arriver un détachement d'Autrichiens. Le plus bizarre de tous les légionnaires, l'Anglais Hugues Forbes, qui s'était engagé à Terni, avait improvisé une barricade de protection ; il s'y tenait le fusil à la main, avec, sur la tête, un très haut cylindre blanc, auprès d'Anita qui sommeillait, épuisée.

Au milieu des voiles et des cordages, Garibaldi avait retrouvé son âme de marin et il s'était jeté à l'eau pour tirer les ancres. Pour finir, à huit heures du soir, tout était prêt et Garibaldi posa un baiser d'adieu sur le front de son cheval, dont il fit cadeau à un employé des postes.

« Fais-en ce que tu veux, lui dit-il, pourvu qu'il ne tombe jamais entre les mains des Autrichiens. »

Ils avaient appareillé depuis une heure à peine quand les Autrichiens arrivèrent. Mais les tartanes étaient déjà hors de portée de tir.

À l'orage, avait succédé, comme cela arrive l'été, un beau clair de lune qui argentait les voiles de la flottille. Il les argentait même si bien qu'elles n'échappèrent pas à la vue du brigantin autrichien *Oreste* qui commença par sommer les fuyards de faire halte, puis se mit à leur poursuite et finit par les canonner. Les pêcheurs de Cesenatico se refusèrent à aller plus loin. Huit tartanes furent capturées, cinq s'échappèrent mais trois seulement parvinrent à rejoindre la côte de Comacchio, le matin du 3 août.

Là commença une odyssée qu'aucun historien n'a jamais été en état de reconstituer avec exactitude. Garibaldi lui-même, on ne sait pourquoi, s'est montré extrêmement laconique sur ce chapitre en rédigeant ses *Mémoires* — chapitre de son existence, pourtant bien dramatique, et qui reste très imprécis dans ses détails. Par exemple, parlant de Nino Bonnet, qui fut le premier à lui porter secours dans ces circonstances, il le confond avec son ancien officier de Rome, alors que Bonnet n'a jamais mis les pieds dans la Ville Éternelle.

Toutefois, c'est grâce aux souvenirs de ce dernier et à ceux de Gaspare Baldini qu'on peut suivre les vicissitudes de cette fuite difficile. Sur la plage de Magnavacca, c'est par hasard que Bonnet aperçut les tartanes qui filaient vers Venise, et un coup de canon tiré par le brigantin autrichien lui fit comprendre qui était à leur bord et quelle était l'intention de leurs équipages. Dans le port, cent-cinquante soldats autrichiens et pontificaux étaient déjà en état d'alerte. Il longea la mer à la recherche du point où les fugitifs allaient débarquer. Au bout de trois milles, il les vit sauter à l'eau.

Le dernier portait une femme dans ses bras.

C'était Garibaldi avec Anita, le père Bassi, le capitaine Leggero qui boitait, Livraghi, les Ciceruacchio, Parodi, Laudadio, Luigi Rossi, Fraternali, Baccigalupi, don Stefano Ramorino et quatre autres.

D'un refuge à l'autre, il les conduisit jusqu'à la maison de Zanetto, dans le val Isola, où Garibaldi et Leggero restèrent à garder Anita. Tandis que les autres s'éparpillaient dans les alentours, et que Bonnet courait à Comacchio pour y louer une barque. Là, à l'auberge de la Lune, il trouva Bassi et Livraghi sous la surveillance des Autrichiens ; ils avaient été arrêtés, dénoncés par le brigadier pontifical Sereni de Cesenatico, un de ceux que le père Bassi avait sauvés de la fureur des légionnaires. Livraghi et Bassi tentèrent de fuir, mais ils furent repris et, cinq jours plus tard, fusillés.

En attendant, à l'atelier Zanetto, Anita était soignée par la maîtresse de maison, Teresa De Carli Patrignani. Son état s'était aggravé depuis le moment où José avait suggéré l'idée de la laisser là pendant qu'il irait chercher une voie de salut en Piémont à travers la Romagne. Elle lui serrait la main très fort, et les contractions la secouaient. José dut lui jurer qu'il resterait auprès d'elle jusqu'à la fin. Car Anita savait que c'était la fin et elle n'en avait pas peur. Elle craignait seulement qu'il ne s'en allât.

Quand la barque arriva, on l'étendit sur un tas de coussins, à la poupe, et Bonnet courut avec sa carriole préparer leur arrivée à la ferme de Guiccioli, près de Ravenne.

Mais il fut éveillé au milieu de la nuit ; on l'informa que le batelier avait appris quels passagers il avait à bord, qu'il les avait débarqués et refusait de continuer. Bonnet courut en chercher un autre, un certain Guidi, qui partit avec sa barque prendre les fugitifs arrêtés à la Tabarra d'Agosta, sous un abri de cannes.

De là, ils naviguèrent jusqu'à Chiavica di Mezzo, où une autre carriole les attendait. On dut en retirer les sièges pour étendre sur le plateau le matelas où Anita avait été déposée, râlante, dépeignée, deux filets de salive blanchâtre aux commissures des lèvres.

On avait trois kilomètres à parcourir. Le propriétaire de la carriole, Manetti, se plaça devant le cheval pour ralentir son allure et éviter les secousses. À côté marchait Garibaldi avec un parapluie ouvert afin de protéger la mourante du soleil qui frappait dur.

Par-derrière, Leggero peinait en claudiquant. Bonnet entendit Anita murmurer :

« José, les enfants ! »

Ici se termine le témoignage de Bonnet et commence celui de Gaspare Baldini qui, ignorant tout, chassait par hasard, cet après-midi du 4 août, dans les prés de Guiccioli.

Il vit passer la carriole sans y prêter attention. Puis il l'aperçut à nouveau devant la ferme, et un des trois hommes qui accompagnaient la voiture s'avança vers lui. Il le reconnut immédiatement. Il possédait une barbe rouge et épaisse, longue d'un pan sous le menton, un chapeau noir en pain de sucre et à larges bords, une chemise blanche et des pantalons de toile grise retenus sur les hanches par un foulard de soie. Il dit à Baldini d'une voix cassée :

« Je vous en prie, secourez cette pauvre malheureuse », et il désigna une femme en train de râler, vêtue d'une simple chemise, d'une soutane et d'un burnous de toile.

À ce moment, le docteur Nannini, qui était venu visiter la femme du fermier, sortit de la maison. En voyant Anita, il se pencha sur elle, puis dit de la porter en haut. On la souleva avec le matelas. Dans l'escalier, elle eut encore une contraction, mais faible. Lorsqu'elle fut étendue sur le lit, Nannini l'observa de nouveau et déclara :

« Elle est morte. »

Garibaldi éclata en sanglots. Leggero, à côté de lui, sanglotait lui aussi, mais de façon plus discrète.

Garibaldi demeura auprès d'Anita, peut-être une heure, peut-être une heure et demie. Puis on vint lui dire que les Autrichiens étaient sur le point d'arriver ; il se leva d'un bond, pria l'assistance de porter la dépouille à Ravenne, de l'embaumer et de lui faire de belles funérailles. Nannini et les autres lui objectèrent que les autorités de police n'y consentiraient jamais. Garibaldi n'eut pas le temps d'insister.

« Conservez au moins ses ossements », dit-il en partant.

Ceci est la confession faite par Gaspare Baldini à la police qui l'avait arrêté ainsi que les frères Ravaglia, ouvriers chez les Guiccioli : tous accusés de complicité dans l'assassinat d'Anita, commis dans le but de s'approprier le « trésor de Garibaldi ».

Cette affaire, qui obséda pendant des mois les ministères et les polices de la moitié de la péninsule, contenait déjà tout entière la légende qui a eu cours en Italie jusqu'à nos jours. Elle prit naissance avec le hurlement de terreur d'une fillette de quatorze ans, une certaine Pasqua Dal Pozzo qui, en gardant un troupeau dans un pré des Guiccioli, vit une main sortir de terre. Le lendemain, on fit une enquête avec autopsie sommaire. Le professeur Fuschini assura qu'il s'agissait du corps d'une femme portant un fœtus de six mois et il chargea le curé don Bruzatti du soin de donner une sépulture au cadavre. Ce prêtre, avant de lui rendre les derniers devoirs, voulut savoir si elle était chrétienne ou juive.

Ce qu'il fit pour le savoir, puisqu'il s'agissait d'une femme, on l'ignore. De toute façon, il lui donna la sépulture.

Que ce fût Anita, le commissaire pontifical Bedini (celui-là même auquel Garibaldi avait adressé sa lettre au pape à Rio) le sut, il faut le dire, grâce à une lettre anonyme où était dressée la liste de tous les noms de ceux qui avaient participé au « crime ».

L'inspecteur de police Zeffirino Socci fut chargé de l'enquête. Elle souleva un nuage d'accusations et de contre-accusations au fond desquelles il ne resta pas grand-chose de positif — si ce n'est la conviction vague, chez les gens du cru, que Garibaldi possédait un

« trésor » et que quelqu'un devait s'en être emparé. Car a-t-on jamais vu un grand personnage s'enfuir sans un trésor ? Monseigneur Bedini croyait avoir réduit les proportions de l'« affaire », lorsque lui parvint une lettre du ministre de l'Intérieur, Savelli, lequel lui reprochait pratiquement d'avoir « enterré » l'affaire Garibaldi. Accusations et contre-accusations recommencèrent et rallumèrent la légende du « trésor ». Elle arriva aux oreilles d'un brigand célèbre qui opérait dans ces parages, Stefano Pelloni, dit le « courtois passeur ». Lequel se présenta un jour chez les frères Ravaglia — qu'on avait relâchés, car ils avaient pu prouver qu'ils se trouvaient en ville au moment de la mort d'Anita —, pour leur demander sa part du « trésor ». Pour le persuader qu'il n'existait pas de « trésor », les Ravaglia durent lui en verser un : 1434 shillings.

Mais tout le monde resta convaincu que le « trésor » devait se trouver quelque part et on continua à le chercher. Dix ans plus tard, lorsque Garibaldi revint sur les lieux, un vieux rescapé des guerres napoléoniennes s'approcha et lui demanda en souriant d'une manière entendue :

« Vous avez beaucoup perdu, ici, hein ? »

« Je n'avais pas d'argent », répondit Garibaldi sèchement.

À cette occasion, le général fit assigner une pension pour mérites patriotiques à son « sauveur » Ravaglia ; qui, à présent, avait complètement oublié que, lors de ce fameux « sauvetage », il ne s'était pas trouvé là le moins du monde. Et chacun y vit la confirmation que c'était lui qui avait gardé le « trésor ».

Tandis qu'on s'affairait de la sorte autour du cadavre d'Anita, Garibaldi et Leggero continuaient à fuir, passant d'une cachette à l'autre. Ce Leggero, que dorénavant nous trouverons toujours à ses côtés, s'appelait en réalité Giovanni Battista Culiolo et était d'origine corse, bien que né à la Maddalena. Il avait pris le nom de « Leggero », comme Garibaldi celui de « Cleombrote », en s'engageant dans la marine sarde où il avait servi pendant quinze ans. Il avait déserté en

1839, lorsqu'il se trouvait à Rio, à bord de la frégate *Regina*, en entendant parler de la légion italienne de Montevideo où il avait couru aussitôt. Il fut l'un des premiers à s'y enrôler et à se gagner les sympathies de Garibaldi par son courage et sa dévotion muette. Petit, poilu, noir, râblé, d'aspect farouche, il avait perdu un bras et gardé une jambe estropiée, à la suite de ses combats, mais il était resté fort comme un taureau et agile comme un chat. Il vivait de rien et ne se plaignait jamais. Il ne se plaignit même pas lorsque Guerzoni et Abba parlèrent de lui comme de l'une des figures mineures de l'épopée garibaldienne ; en estropiant même son nom et en l'appelant Cogliolo. Mais, de tous les protagonistes de l'histoire garibaldienne, il fut le plus proche de Garibaldi et celui qui contribua le plus à sa légende en conduisant le héros à Caprera.

Le second chapitre de leur fuite — qui s'ouvre ici — fut appelé le « *trafugamento* » — la « volatilisation » — et si l'on voulait citer tous les noms de ceux qui les aidèrent vraiment et de ceux qui s'en vantèrent par la suite, il faudrait en aligner plusieurs centaines. Limitons-nous aux plus importants.

L'ingénieur Montanari s'occupa de conduire et de cacher les deux fugitifs dans une maison de Ravenne alors que les gendarmes les cherchaient dans la campagne. Mais, pour y parvenir, il leur fallut quatre jours de tribulations : passer des rivières à la nage puis s'arrêter pour se sécher au soleil d'août après avoir nagé de nuit sous les morsures des sangsues. Leggero était prudent et silencieux. Mais il était difficile de cacher Garibaldi, toujours prêt à renoncer à tout sauf à dire à tout le monde qu'il était Garibaldi.

Chez les Plazzi, où il fut hébergé tout d'abord, il fit un tel récit de sa propre épopée que la maîtresse de maison fut épouvantée et contraignit son mari à la débarrasser d'un tel hôte.

Le soir du 12 août, les deux hommes furent transférés chez les Cherubini, dans le quartier Saint-Roc. De son réduit, jouxtant la cuisine, Garibaldi entendit des garçons raconter qu'on avait retrouvé le cadavre d'Anita à moitié dévoré par des animaux. Il fit irruption parmi eux comme un forcené, et il fallut beaucoup d'efforts pour le calmer. Mais il s'était fait reconnaître et il dut déloger encore une fois.

Il s'apprêtait à partir lorsqu'il entendit des coups de feu. Il crut immédiatement qu'une révolte avait éclaté dans la ville, et il était sur le point de se précipiter quand on lui expliqua qu'il s'agissait de pétards tirés à l'occasion de la fête de l'Assomption. Et on le dirigea sur Forli. Pour qu'ils pussent passer sans danger le poste de garde, Gildo, un aubergiste, enivra les gendarmes. Mais à Forli, la nouvelle de l'exécution de Livraghi et de Bassi s'était répandue et personne ne désirait avoir chez soi ces deux dangereux voyageurs. Pour finir, ce fut le docteur Zattini qui les accueillit et organisa leur « saut » vers la Toscane, grâce à une équipe de « sacs-au-dos », c'est-à-dire de contrebandiers, à travers les Apennins qui servaient de frontière entre le Grand-Duché et les États pontificaux. Et c'est ici qu'entre en scène don Giovanni Verità.

Don Giovanni Verità était curé à Modigliana et jouissait d'une grande sympathie chez les libéraux romagnols, car il avait déjà « passé » pas mal de monde en Toscane. Ayant reçu un message de Zattini, il se mit sur le seuil de son presbytère, le soir du 20 août et, tout en nettoyant son fusil, déclara aux passants :

« Cette nuit, je vais à la chasse. »

Il n'y avait aucune raison de ne pas le croire : don Giovanni était un spécialiste de la chasse au lièvre à l'« affût ». Mais, en l'occurrence, le lièvre fut Garibaldi, qui, à neuf heures et demie du matin, fit son apparition au lieu convenu, sur le Monte Trebbio, en compagnie de Leggero. On se mit en marche et l'on atteignit le Marzeno, un torrent, qui était en crue. Don Giovanni prit Leggero sur ses épaules et le fit passer. Garibaldi voulut aller seul.

« L'eau et moi, dit-il, nous sommes de vieilles connaissances. »

« L'eau de mer, répondit le prêtre. Celle-ci est plus dangereuse. Allez, montez. » Et il le fit passer lui aussi.

Une fois sur l'autre rive, don Giovanni prit la main du général et lui dit d'une voix tremblante :

« Merci ! »

Du moins c'est ce qu'il raconta plus tard à ses paroissiens. Mais ceux-ci se mirent tout de suite à dire que tout cela n'était que mensonge. Premièrement il n'avait pas été le seul à aller à la rencontre de Garibaldi ; se trouvaient là également certains Viarini, Ciani, Neri et Tramontani qui posaient eux aussi leur candidature afin de recevoir leur quote-part de la reconnaissance nationale. Deuxièmement, don Giovanni n'était pas à pied, mais il s'était servi de la carriole du curé de Miano. Et troisièmement, Garibaldi et Leggero n'avaient pas traversé la rivière sur les épaules de don Giovanni, mais seuls. Les fugitifs n'étaient pas restés huit jours cachés dans sa maison, comme il le prétendait, mais deux seulement, les 21 et 22 août.

L'incrédulité et les sarcasmes de ses paroissiens furent pour le pauvre « don Zuan » une persécution plus dure que celle que lui firent subir les autorités ecclésiastiques pour sa complicité avec les rebelles. De nombreuses années plus tard, sur son lit de mort, il répéta encore l'histoire dans sa version à lui, et il ajouta, d'un ton suppliant et abattu :

« Je n'ai aucune raison de dire une chose plutôt qu'une autre. Voulez-vous prêter foi à un homme qui n'a plus que quelques heures à vivre. »

Dans ce pays surpeuplé, on se dispute jusqu'aux « places » dans l'Histoire.

Garibaldi et Leggero passèrent la nuit à Palazzolo, dans l'auberge des Genio. Le lendemain, déguisés en paysans, ils traversèrent la frontière en carriole, par le col de la Futa, et s'arrêtèrent à l'auberge de Santa Lucia, que gérait un certain Pasquale Baldini qui, à ce moment-là, était absent. En servant le café à Garibaldi, sa fille Térésa lui dit :

« Faites attention. Les soldats autrichiens et toscans vous cherchent par terre et par mer. »

« Comment as-tu fait pour savoir qui je suis ? » lui demanda le Niçois surpris.

« Vous ne vous rappelez pas que vous êtes passé ici avec vos volontaires en novembre dernier ? »

Ils parlèrent encore un peu, puis Garibaldi posa le bras sur la table, inclina la tête sur son coude et s'endormit. Peu après, Leggero lui frappa l'épaule. Garibaldi ouvrit les yeux et vit, assis en face de lui, une patrouille de Croates et son sergent. Il jeta un regard à la jeune fille qui comprit immédiatement et engagea la conversation avec le gradé. Celui-ci lui raconta dans son mauvais italien qu'ils étaient en train de donner la chasse « à l'infâme Garibaldi » et que trente autres soldats étaient sur le point de les rejoindre. D'un air indifférent, Garibaldi déplaça la lanterne qui lui illuminait le visage et, dans l'ombre, sans se faire remarquer, s'éloigna avec son compagnon. Ils dinèrent dans une grange, tout près, de pain et de raisins, et, le soir suivant, ils repartirent. Garibaldi s'éloigna à contrecœur. À Térésa Baldini s'était ajoutée une autre Térésa, du même âge, son amie, dont le patronyme était Biancalani. C'étaient deux jeunesses vives et désinvoltes.

« Quels trésors d'esprit enterrés dans ces montagnes ! » soupira le général. Mais Leggero était en fureur.

Garibaldi régala Baldini de dix-huit « grégoriens » d'or et lui déclara :

« À présent je vais en Amérique. Quand je rentrerai, viens me trouver. »

Le matin du 26 août, il pleuvait à verse et l'ingénieur Enrico Segni, directeur des travaux de la voirie, était en train de chasser aux alentours du moulin de la Cerbaia quand il vit venir à lui deux types mal mis et trempés. Il comprit qu'il devait s'agir de transfuges des États pontificaux, les conduisit au moulin et fit du feu. Puis il sortit le journal de sa poche et se mit à le lire.

Mais l'un des deux voyageurs éclata de rire. Il se tourna d'un air interrogateur et l'autre lui montra la nouvelle qui s'étalait sur le journal, nouvelle selon laquelle Garibaldi venait d'être fait prisonnier dans les eaux vénitiennes.

« Et où est-il donc, alors, notre Garibaldi ? » demanda l'ingénieur.

« Dans vos bras, mon ami ! » répondit Garibaldi en le secouant, car il mourait d'envie de le lui dire.

Bien entendu, Segni se consacra immédiatement à mettre sur pied une nouvelle « filière » qui fonctionna à merveille. À Prato, les deux fugitifs prirent le train sous les yeux des policiers. À Poggibonsi, ils furent accueillis par les Pucci et les Bonfanti qui ne connaissaient pas l'identité de leurs hôtes : mais lorsqu'ils l'eurent apprise, ils mirent jalousement sous clé les plats et les écuelles où ils avaient mangé.

Dans une auberge de Bagno del Morbo, un valet de chambre reconnut Garibaldi et se mit à crier :

« C'est lui ! Je l'ai servi à Nice ! »

Le patron eut fort à faire pour qu'il se tût.

À San Dalmazio, ils passèrent quatre jours chez le docteur Serafini. Garibaldi en profita pour se consacrer à la lecture de l'autobiographie d'Alfieri[9]. Parvenu à un certain point de sa lecture, pris du feu sacré, il jeta le livre, saisit un crayon et écrivit sur la première feuille de papier qu'il trouva :

« Arrivé de Rieti dans les derniers jours d'avril, à la tête de la Première Légion Italienne, je fus chargé de garnir d'hommes les murs de Rome, de la porte San Pancrazio à la porte Portense. Le 30 avril de ce même mois, ayant eu connaissance de ce que les Français avançaient pour nous attaquer, j'envoyai un détachement… ».

C'était le 1° septembre 1849 — date de naissance d'un Garibaldi historien de sa propre histoire ; l'exemple d'Alfieri s'était révélé contagieux.

____

[9] Poète tragique italien (1749-1803).

La première version de ces Mémoires n'avança pas beaucoup ; un peu parce que Garibaldi rencontrait sur le papier beaucoup plus de difficultés que sur le champ de bataille. Un peu également parce qu'on vint lui dire, tout de suite après ce début, que tout était prêt pour le saut définitif vers le salut.

Tout se passa bien : de la Croix de la Pieve, à Castelnuovo al Piano, de Schiantapetto jusqu'à la maison d'Angelo Guelfi, auquel Garibaldi offrit son poignard en signe de gratitude pour sa magnifique organisation. Là, il fut rejoint par Paolo Azzarini, dit « Ipsilon » (car c'était ainsi qu'il prononçait l'y) qui, pour trente sequins que lui donnèrent Guelfi, Serafini et quelques autres, mit sa barque à voiles, *Madonna dell'Arena*, à la disposition du fugitif.

Un groupe de jeunes bravaches escorta le général jusqu'au port ; ces garçons, en entendant les cloches de Scarlino sonner le tocsin, lui déclarèrent :

« Si vous nous l'ordonnez, vous pourrez entendre un autre son de cloche. »

Garibaldi s'arrêta et Leggero lui murmura à l'oreille :

« Mon général, nous recommençons ici ? »

Une lueur passa dans les yeux du général, puis il secoua la tête : « Ce serait un massacre inutile », dit-il en reprenant sa route.

Mais il souffla à Leggero : « Vois quels hommes produit la Maremme[10]. Si nous avions connu plus tôt cette population ! C'était la voie que nous aurions dû suivre ! »

Ils prirent place sur la *Madonna dell'Arena*, Garibaldi vêtu d'un costume à raies marron et beige, Leggero avec une veste de marin et une bottine dont l'arrière était découpé afin de ne pas comprimer sa blessure. Avec eux, montèrent à bord Ipsilon, son père Giosafatte, son fils Flavio, Giambattista Lupi, Remigio Lecori et un matelot qui descendit au cap Castello avec Giosafatte.

---

[10] Région d'Italie péninsulaire, bordant la mer Tyrrhénienne.

Garibaldi se tourna vers les jeunes gens qui les avaient escortés jusque-là :

« Que puis-je faire pour vous ? »

« Donnez-nous un morceau de votre mouchoir. Nous le laisserons à nos fils en souvenir. »

Les deux hommes se mirent à distribuer des reliques. Leggero donna aussi son sifflet en argent.

Pendant la traversée, ils ne se déshabillèrent pas. Ils arrivèrent en Ligurie, à Porto Venere, le 5 septembre. Au moment de débarquer, Garibaldi offrit une récompense à l'équipage, mais Ipsilon refusa douze papelins d'or, préférant un certificat écrit de la main même de Garibaldi. Et il fit là une bonne affaire : ce certificat lui servit plus tard à obtenir du gouvernement italien une pension annuelle de quatre cents lires.

Une semaine plus tard, don Giovanni Verità reçut le billet suivant : « Très cher ami, votre Lorenzo me charge de vous avertir que les deux balles de soie sont arrivées à bon port. » Le prêtre ne put s'en réjouir autant qu'il l'aurait voulu, car, alors, avaient déjà commencé dans le pays les cancans et les médisances à son endroit sur le fameux passage du gué du Marzeno.

En attendant, les deux « balles de soie » étaient arrivées à bon port — mais seulement dans une certaine mesure. En réalité, elles se trouvaient « sous la surveillance militaire libéralement et honorablement accordée près les locaux du général La Marmora, commissaire extraordinaire pour Gênes. » Le général piémontais avait télégraphié à Pinelli, le ministre de l'Intérieur : « Garibaldi est arrivé à Chiavari. Je vais le faire arrêter. Que dois-je en faire ensuite ? Le mieux serait de l'expédier en Amérique. »

Le ministre répondit : « Envoyez-le en Amérique, s'il est d'accord. Et offrez-lui un secours. S'il n'est pas d'accord, gardez-le en état d'arrestation. »

Le lendemain, La Marmora télégraphia de nouveau que Garibaldi, interrogé, n'était pas d'accord. « Gardez-le en état d'arrestation », répliqua Pinelli.

Mais un « cas » comme celui de Garibaldi ne pouvait plus désormais se résoudre par des mesures de police. Le gouvernement piémontais n'osait pas plus défier ouvertement l'Autriche dont l'armée victorieuse était à ses frontières, qu'il n'osait défier l'opinion piémontaise et italienne pour laquelle Garibaldi commençait déjà à être Garibaldi. Au Parlement de Turin, il y eut des interpellations très vives ; dans la presse parurent des articles brûlants. C'est en vain que Pinelli répéta qu'ayant servi dans l'armée de la République romaine sans l'autorisation de son gouvernement, Garibaldi avait perdu les franchises statutaires, etc.

On dut le libérer, puis lui accorder de se rendre à Nice afin de saluer sa mère, et enfin le laisser s'embarquer sur un bateau direct pour Tunis. Qu'il s'en allât où il voulait, pourvu qu'il s'en allât !

Avec Garibaldi s'embarquèrent également Leggero, l'auteur de l'hymne Garibaldien Coccelli, le légionnaire Raffaele Teggia et le chien Guerello.

Ils étaient convaincus qu'ils partaient pour un exil temporaire et ne voulaient pas s'éloigner afin d'être prêts à revenir lorsque jaillirait la nouvelle « étincelle ».

Quatrième partie

--

Le Conquistador

(1850-1861)

De Tunis à Caprera

À Tunis, le Bey ne les laissa même pas débarquer, tant le nom de Garibaldi lui était suspect. Il les renvoya par le même bateau.

Ils s'arrêtèrent à la Maddalena, sur le conseil de Leggero qui en était originaire ; mais quarante gendarmes descendirent sur leurs talons, avec charge de les surveiller. Garibaldi fut l'hôte du maire, Susini, père d'un légionnaire, et, pour la première fois de sa vie, il put savourer la joie d'un repos complet. Il alla à la chasse, joua aux boules et se serait considéré comme très heureux de rester là. Mais les dirigeants de Turin n'en dormaient plus, et, un mois plus tard, ils lui envoyèrent le brigantin *Colombo* qui faisait route vers Gibraltar. Ses trois compagnons et le chien le suivirent à bord.

À Gibraltar, l'histoire de Tunis se répéta. Le gouvernement anglais le laissa débarquer, mais à condition qu'il reprît le large sur le premier navire en partance pour l'Angleterre ou l'Amérique. Et comme Garibaldi répondit qu'il ne voulait aller ni en Angleterre ni en Amérique, le gouverneur lui proposa Tanger où le consul de Sardaigne, Carpenetti, peut-être sur instruction reçue de son gouvernement, se déclara heureux de l'accueillir.

Garibaldi arriva à Tanger avec Leggero, Coccelli et Guerello ; Teggia avait préféré s'en aller et mener sa barque tout seul. Carpenetti se révéla un amphitryon généreux et discret, même si Garibaldi ne lui en montra aucune reconnaissance dans ses *Mémoires*, estropiant son nom en Carpeneto (mais cela lui arriva à propos de bien d'autres : il était allergique aux noms). Il présenta l'exilé à son collègue anglais Murray dont le héros devint un grand ami. Tous deux chasseurs enragés, ils fraternisèrent au cours de longues randonnées dans les contreforts du Rif à la poursuite des perdrix.

Le reste de son temps, Garibaldi le passait à fabriquer des pièges, des voiles, des outils de pêche et des cigares. Il aimait tout faire par lui-même, jusqu'au moment où l'arthrite le fit souffrir, car il possédait des mains agiles et jamais embarrassées. Fréquemment, il restait dehors sous quelque olivier pour y passer la nuit, un peu par nostalgie du temps de guerre et des campements. « Ici, parmi les Turcs, je peux vivre tranquille », écrivit-il à un ami.

Mais ce fut cette tranquillité qui commença à lui peser, au fur et à mesure que les mois passaient. Un jour, il prit une décision : il s'empara de papier, d'une plume et d'un encrier, et écrivit à Pacheco, son vieil ami uruguayen. N'y avait-il rien pour lui, Garibaldi, là-bas à Montevideo ?

Sa lettre resta sans réponse.

Un autre jour, le feuillet qu'il avait écrit à San Dalmazio lui tomba à nouveau entre les mains. « Arrivé de Rieti dans les derniers jours d'avril… » Mais les doutes l'assaillirent. Les événements relatifs à la République romaine étaient encore trop proches et trop brûlants. En les racontant, il courait le risque de faire naître des polémiques avec nombre de personnes, et particulièrement avec Mazzini. Il décida de remonter un peu plus en arrière, jusqu'à son séjour en Amérique du Sud, au Rio Grande, à Montevideo. Il écrivit à son cousin Augusto Garibaldi, qui était avocat, et à son ami Francesco Carpaneto, pour leur proposer la publication de ses Mémoires auxquels il s'attela sur-le-champ avec ardeur. Tous les deux lui répondirent que c'était là une affaire sûre et qu'il leur envoyât tout de suite ce qui était déjà prêt.

Le 30 mai 1850, Garibaldi expédia les quelques pages qu'il avait péniblement rédigées à propos de ses aventures dans le Nouveau Monde, avec son portrait et une lettre dans laquelle il avouait que la pêche et la chasse lui laissaient peu de temps à consacrer à la littérature. Tous les deux répondirent pour lui demander avec impatience de nouvelles pages, l'invitant « à ne pas se priver d'étoffer les choses », bref à se déboutonner un peu plus, surtout en ce qui concernait les événements de 48-49. Mais Garibaldi n'avait aucune envie d'écrire. Ou, plutôt, il n'en avait envie qu'en théorie et toute sa vie il connut l'amertume de voir déçue son ambition de devenir un grand écrivain. Mais en pratique, la combinaison des propositions coordonnées et subordonnées, la ponctuation, l'accord des subjonctifs et des conditionnels lui procuraient des désarrois toujours renouvelés et des fatigues insurmontables.

Il envoya encore quelques pages — une ou deux à la fois — à ses correspondants, des pages dans lesquelles on pouvait sentir sa fatigue et son ennui (qui, hélas, étaient contagieux pour le lecteur) et qui avaient dû lui coûter bien des hésitations grammaticales, des douleurs dans le fondement et des fourmis dans les jambes. Par-dessus tout, il montrait qu'il se rappelait mal ce qui s'était passé, peut-être parce qu'il avait fait trop de choses ; et qu'il confondait les dates et les noms. Un jour, épuisé, il coupa court en écrivant à ses deux correspondants : « Faites de ces Mémoires ce que vous jugerez bon. » Mais cette lettre n'arriva pas en Italie avec le cachet de la poste de Tanger. Elle venait de Liverpool où avait fait escale le bateau qui l'amenait en Amérique du Nord.

Las d'attendre une « étincelle » qui ne jaillissait jamais, Garibaldi s'était décidé à tenter sa chance là-bas.

Le 30 juillet de cette même année 1850, le New York Tribune publia l'information suivante : « Ce matin, est arrivé de Liverpool le *Waterloo* avec à son bord Garibaldi, le héros de Montevideo et le défenseur de Rome, dont la réputation a fait le tour du monde. Ceux qui le connaissent l'accueilleront comme il convient à son tempérament chevaleresque et aux services qu'il a rendus à la cause de la Liberté. »

Les trois mille Italiens de New York mirent tout en œuvre pour lui souhaiter une bienvenue éclatante et solennelle. Parmi eux se trouvaient le général Avezzana, émigré en Amérique après la chute de Rome, Quirico Filopanti, ancien secrétaire de la glorieuse

République, Foresti, un rescapé du Spielberg[11], le Florentin Meucci et beaucoup d'autres. Ils projetèrent un grand cortège qui aurait traversé la ville, musique en tête, et auquel auraient participé également les exilés français et allemands, connus là-bas sous le nom de *red republicans* ou républicains rouges. Et ce fut précisément la présence de ces derniers qui incita les autorités à interdire la manifestation.

De son côté, Garibaldi fit savoir qu'il n'y tenait pas du tout. Il s'était embarqué à contrecœur. Il avait dû abandonner Murray et le pauvre Guerello qui était mort de douleur tout de suite après. Et, pendant le voyage, comme désormais chaque fois qu'il prendrait la mer, il avait été frappé d'une crise qui n'était plus de simples rhumatismes, maintenant, mais bel et bien d'arthrite. Si bien qu'on avait dû le débarquer — « comme un colis », écrira-t-il lui-même — à Staten Island.

À ses compatriotes accourus à son chevet, il déclara qu'il était venu là uniquement pour travailler et refaire sa vie, non pour se donner en spectacle et provoquer des désordres.

Déçu, le comité des festivités décida de le fêter tout de même, en donnant un grand banquet au Monteverde's, à Barclay Street, auquel Garibaldi, qui n'était pas encore remis, ne put participer.

Tant de discrétion et de modestie plurent toutefois aux autorités américaines lorsqu'elles comparèrent son arrivée à celle de Kossuth[12], le héros de la Hongrie, pour lequel elles avaient dû dépenser vingt-trois mille dollars rien qu'en champagne, madère et sherry, et qui vivait toujours à leurs frais dans un luxueux appartement. La comparaison leur parut nettement favorable à Garibaldi.

Mais un autre visiteur s'était précipité chez lui à Staten Island : l'éditeur et écrivain Theodore Dwight, auteur de deux livres sur l'Italie,

---

[11] Le Spielberg était la citadelle de la ville de Brünn, en Moravie. Les Autrichiens y déportaient leurs prisonniers politiques. Le plus célèbre d'entre eux fut Silvio Pellico, auteur de *Mes Prisons*.

[12] Chef de l'insurrection hongroise de 1848 contre les Autrichiens.

que l'idée de monopoliser à lui tout seul les souvenirs de l'un des plus grands aventuriers du siècle rendait fou. Tout d'abord, Garibaldi fut tenté par sa proposition, car il avait à résoudre la question de son entretien et Dwight lui promettait pas mal d'argent. Et il lui confia la copie du manuscrit qu'il avait déjà expédié à son cousin et à Carpaneto. Mais par la suite, il opposa son veto aux uns comme aux autres. « Je suis décidé, dit-il à ses correspondants italiens, à ne rien écrire sur nos derniers événements d'Italie sinon la vérité, et, pour cela, je devrais dire des choses qui terniraient la réputation de certains hommes... » L'allusion à Mazzini était évidente — à Mazzini auquel Carpaneto et Augusto avaient naïvement manifesté l'intention d'envoyer les Mémoires afin qu'il les publiât à Londres.

C'est ainsi que les deux manuscrits reposèrent, l'un dans un tiroir de Dwight jusqu'à ce que ce dernier obtînt l'autorisation de le publier, en 1859, et l'autre chez Camozzi, un Bergamasque auquel Carpaneto l'avait confié et auquel, la même année, Garibaldi le redemanda pour le remettre entre les mains d'Elpis Melena, autrement dit Speranza von Schwartz.

Restait à résoudre le problème de son entretien. En s'embarquant, la première intention de Garibaldi avait été de trouver une place de capitaine dans la marine marchande des États-Unis. Il devait auparavant obtenir sa naturalisation et, de fait, il en fit immédiatement la demande. Il ne l'obtint jamais, car il oublia d'accomplir les autres formalités d'usage, mais il reçut au bout de quelques mois son passeport qu'on eût pu lui accorder bien avant, et cela le persuada d'être devenu « citoyen américain », chose dont il se vanta beaucoup par la suite. Les Italiens lancèrent une souscription en vue de lui procurer un bâtiment. Mais ils ne parvinrent à réunir que trente mille lires, somme qui suffisait tout juste à acheter une barque.

Garibaldi était redevenu hôte de profession comme cela lui était arrivé si souvent, partageant son temps entre la chasse et la pêche à Long Island. Là-bas aussi, il restait le campagnard qu'il avait toujours été, sans parvenir à s'intégrer à la ville, sans même s'y essayer. Il se couchait avec les poules, se levait avec le soleil, fatiguait son corps, qui avait besoin de mouvement, par de longues promenades dans les rues, cherchait à occuper ses mains sans repos par de petits travaux habituels. Quand le Florentin Meucci lui proposa de travailler dans son usine de chandelles, il accepta avec enthousiasme. C'est ainsi, comme il devait l'écrire plus tard, que lui furent assurés le logement et le couvert, avec un petit supplément qu'il envoya régulièrement à Maman Rosa pour l'entretien des enfants. Meucci était un patron adorable : il payait son salaire à Garibaldi même lorsque celui-ci, fatigué des chandelles, retournait à ses passions favorites : la chasse et la pêche.

Ainsi passèrent les derniers mois de cette année 1850 et les premiers de 1851. En avril, il reçut son passeport ; ceci lui permit d'obtenir la place de capitaine qu'il espérait à bord du *Prometheus* qui appareillait pour l'Amérique Centrale. Pour l'occasion, il avait repris son vieux pseudonyme de Roberto Pane.

Il reste peu de traces de cette période — probablement la plus terne de sa vie — et dans les Mémoires et dans la correspondance de Garibaldi. La croisière débuta mal. À Panama, il fut repris par la fièvre qu'il avait contractée à Roverbella, et il dut se faire débarquer. Là, par chance, alors qu'il ne savait pas comment se tirer d'affaire, il rencontra un ami génois qui y traitait les siennes et le prit à bord de son bateau, le San Giorgio, qui regagnait le Pérou directement.

À Lima l'attendait une autre rencontre heureuse ; celle du Niçois don Pedro De Negri qui avait fait fortune dans les mines et lui proposa un voyage en Chine à bord d'un navire de huit cents tonneaux, la *Carmen*, chargé de grains et d'argent.

Il accepta sur-le-champ ; mais avant le départ, il lui arriva un incident qui ne manque pas de signification. Un soir, chez un de ses compatriotes, on lui présenta un Français, un certain Ledos, qui lui ouvrit les bras et lui déclara qu'il était enchanté de le retrouver ici.

« Et où nous sommes-nous connus ? » demanda Garibaldi, sans se montrer autant expansif.

« Au siège de Rome ! »

« Je ne m'en souviens pas, répliqua l'Italien d'un ton glacial. Moi, à Rome, je n'ai vu que vos culs ! ».

Garibaldi n'était pas un brillant causeur et, d'ordinaire, il n'avait la répartie ni facile ni mordante. Mais sa rancœur vis-à-vis de la France lui en inspira une toute française.

Le lendemain, *El correo de Lima* publiait un article intitulé *Heroes de pacotilla* où l'on traçait de lui un portrait fielleux et entièrement faux, où on l'accusait, entre autres choses, de lâcheté. Il n'était pas besoin d'être très perspicace pour en identifier l'auteur qui signait « un Gaulois ». Garibaldi se mit à la recherche de Ledos, le trouva chez lui en compagnie d'un médecin, un certain Douglas, et leur administra à tous deux la preuve qu'il n'était pas un lâche. Ils essayèrent de lui rompre la tête à coups de bâtons, mais il les mit en fuite comme des poules mouillées.

Le jour suivant, il y eut dans Lima une atmosphère de veille de Vêpres siciliennes, entre Français et Italiens. Mais les choses finirent par se calmer.

Le 10 janvier 1854, Garibaldi prit possession de la *Carmen* et c'est seulement alors qu'il se rendit compte que le fret n'était ni de l'argent ni du grain mais du guano. Le voyage dura quatre-vingt-quatre jours et Garibaldi n'en conserva qu'un seul souvenir, celui d'un rêve qu'il fit dans la nuit du 19 mars, jour de sa fête. Il se revit à Nice, mais une Nice endeuillée par un enterrement qui venait à sa rencontre.

Si la chose est vraie, il faut avouer que les rêves de Garibaldi étaient prophétiques, car c'était précisément le jour et l'heure à laquelle mourait Maman Rosa au milieu du regret général.

Il ne reste rien d'autre, ni dans les Mémoires, ni dans la correspondance, de cette croisière qui le conduisit à Hong Kong, à Canton, à Manille et jusqu'en Australie et en Nouvelle-Zélande. Il s'intéressait peu aux pays qu'il visitait, ne descendait probablement même pas à terre durant les escales ou ne s'éloignait pas du port. C'était un bon capitaine, on ne pouvait pas le nier. Et même, cela le conduisit à étudier avec soin la météorologie de l'Océan dans un manuel anglais. L'anglais, il avait commencé à le baragouiner à New York ; mais il ne semble pas qu'il ait fait beaucoup de progrès dans cette langue par la suite.

Il revint au Pérou l'année suivante et, toujours à bord du même bateau, il en repartit pour un long périple qui le ramena finalement à New York. Antonio Figari, un Génois de Boston, lui offrit le commandement du *Commonwealth*, un trois-mâts de mille deux cents tonneaux qui devait transporter à Londres une charge de charbon. Garibaldi accepta. Pour la première fois de sa vie, il avait mis de côté un peu d'argent, à savoir ses appointements de capitaine. Il voulait s'établir quelque part, car, depuis la mort de Maman Rosa, ses enfants avaient été recueillis par des parents et des amis. Les informations qui lui parvenaient d'Italie lui laissaient espérer qu'on n'opposerait pas d'obstacle insurmontable à son retour. À présent, cinq ans avaient passé et bien des choses avaient changé. Entre autres changements, il y avait eu celui du roi du Piémont et de ses ministres. Au velléitaire Charles-Albert avait succédé Victor-Emmanuel II, un soudard grossier et rude, mais courageux et résolu, et son Premier ministre était un certain Camille Benso di Cavour, de tendance plutôt réactionnaire, mais tout aussi ferme dans ses rapports avec l'Autriche et le pape. C'étaient des hommes avec lesquels il était peut-être possible de s'entendre.

Il arriva à Londres en février 1854, et tout de suite il s'aperçut de la popularité dont il jouissait dans cette ville. Le consul des États-Unis l'invita à diner avec son ambassadeur, Buchanan, futur président de la République d'outre-Atlantique, et toute la fine fleur de l'Europe en exil : Hertzen[13], Kossuth, Ledru-Rollin[14], Mazzini, Orsini[15]. Et ce fut précisément à cette occasion que Mazzini et Garibaldi se retrouvèrent pour la première fois face à face après les dissentiments de la République Romaine. Hertzen, qui nous a laissé un témoignage de cette rencontre, nous dit qu'elle fut cordiale. Mais il ajoute que Garibaldi le prit à part et lui dit : « Je connais les masses italiennes mieux que Mazzini, car j'ai toujours vécu parmi elles. Mazzini ne connaît que l'Italie des intellectuels. »

Cela devait être vrai, car, à ce moment-là, bien que seulement par lettres et courtoisement, tous les deux avaient recommencé à se disputer. Mazzini désirait lancer Garibaldi dans une nouvelle aventure révolutionnaire en Sicile, peut-être aussi pour le compromettre en ce qui concernait le Piémont, vers lequel il le sentait pencher ce dangereusement. Mais Garibaldi ne mordit pas à l'hameçon. Il approchait de la cinquantaine et n'était plus le téméraire insouciant de jadis. Et puis, son choix était fait : il voulait marcher *avec* le Piémont et *non contre* ; et c'est aussi pour cette raison qu'il avait sollicité du gouvernement de Turin la permission de rentrer.

En attendant cette permission, il se fiança. Cet intermède sentimental est l'un des chapitres les plus mystérieux de la vie de Garibaldi et on ne sait pas grand-chose à son sujet. Les femmes avaient toujours été attirées par son auréole de condottiere, plus, peut-être, que par ses dons de séducteur. Garibaldi les « allumait » facilement, mais seulement de façon tout épidermique. Ce n'était pas un homme à femmes.

---

[13] Révolutionnaire russe qui dut s'exiler sous Nicolas II. Il devint alors l'une des personnalités les plus en vue du mouvement extrémiste européen.

[14] Avocat et homme politique français, membre du gouvernement provisoire français de 1848. Exilé politique, il devint l'un des personnages les plus importants de l'opposition française à Napoléon III.

[15] Félix Orsini, révolutionnaire italien, condamné à mort et exécuté à Paris en 1858, après l'attentat contre Napoléon II.

Il n'avait ni les moyens, ni la conversation, ni la patience qui permettent de courtiser les dames.

Mais, dès son arrivée à Londres, il y en eut une qui se jeta littéralement dans ses bras : la jeune et avenante comtesse Maria Martini Della Torre, fille de ce général Salasco dont le nom sonnait désagréablement aux oreilles de Garibaldi, car c'était lui qui avait signé l'armistice piémontais en 1848. « Je serai votre chose, lui écrivit-elle. Je vous le jure. » Et tout laisse croire qu'elle le fut.

Mais la bague de fiançailles, ce ne fut pas à son doigt qu'il la passa. Ce fut à celui d'une veuve anglaise, aristocrate et riche, ni jeune, ni avenante, Emma Roberts, qui avait un château et un fils déjà majeur. Il n'est pas difficile de comprendre l'amour d'Emma pour Garibaldi. Elle était nordique. Elle était romantique. Elle était peut-être aussi « frustrée » sexuellement, et cet aventurier méridional aux manières grossières et aux appétits gaillards dut représenter pour elle une « évasion ». Mais ce qu'elle représenta pour lui, on ne peut arriver à le comprendre. Garibaldi n'était ni snob ni assoiffé d'argent ; ce n'était pas un chasseur de dot. Peut-être fut-il intimidé par les façons aristocratiques de cette grande dame, la première à laquelle il avait eu affaire, et par sa grâce un peu froide. Et sans doute fut-ce elle qui se fiança à lui, plutôt que lui à elle. Bien persuadé toutefois qu'il ne devait rien en résulter, puisqu'il renvoya le mariage à une date ultérieure et qu'il partit pour Nice dès qu'il eut reçu l'autorisation d'y rentrer.

Cavour avait beaucoup hésité avant d'accorder ce « visa ». Et même, tout d'abord, il s'était déclaré défavorable et avait mis le gouvernement de Londres en garde contre les menées de ce fauteur de troubles. Mais, par la suite, il avait réfléchi ou, plus exactement, les rapports que lui expédiaient ses agents de Londres, suffisamment au courant du dissentiment qui opposait Garibaldi à Mazzini, lui avaient fait repenser la question. Une chose préoccupait Cavour plus que toute autre : ne pas abandonner aux républicains l'initiative de l'unité nationale, qu'il voulait, au contraire, assurer à la monarchie piémontaise. Et, par conséquent, l'idée de priver Mazzini d'un allié comme Garibaldi finit par le séduire. Non qu'il aimât ou qu'il estimât le Niçois. Bien au contraire. Mais il mesurait à leur juste valeur la popularité et l'ascendant qu'il exerçait sur des masses comme celles de l'Italie, si enclines au mélodrame. Et, quand on lui rapporta que les travailleurs de Newcastle avaient invité Garibaldi parmi eux, l'avaient accueilli triomphalement et lui avaient fait cadeau d'une épée d'honneur, il donna son consentement à son retour, posant comme condition qu'il se retirât « gentiment » dans sa ville de Nice et qu'il s'abstînt de « faire les affaires de Mazzini ».

Garibaldi s'y engagea et tint parole.

Le 7 mai, il débarqua furtivement à Nice ou, plus exactement, il s'y fit débarquer, car il était à nouveau paralysé par les rhumatismes. Le capitaine du port, Augier, un de ses vieux amis, le transporta chez lui à Gênes, et le malade était encore au lit lorsque surgit la comtesse Maria Martini Della Torre, folle d'amour. La police de Cavour ne s'opposa pas aux « désordres » qui suivirent, et même peut-être les vit-elle d'un bon œil. Un homme occupé avec les femmes n'a pas beaucoup d'énergie à consacrer à la politique et, de fait, Garibaldi eut besoin de toute la sienne pour renvoyer en Angleterre la noble dame trop entreprenante. Après quoi, il rentra à Nice afin de s'y tenir « gentiment » auprès de ses enfants. Menotti avait alors quatorze ans et Ricciotti sept ; ils avaient été recueillis par le cousin Augusto ; Teresita en avait neuf et avait été adoptée par de vieux amis de la maison, les époux Deidery. Tout compte fait, c'était la première fois que papa Garibaldi s'occupait de ses enfants et qu'il faisait connaissance avec eux. Menotti étudiait au collège militaire de Nice et avait un caractère facile, peu conforme aux circonstances dramatiques au cours desquelles il avait vu le jour. En revanche, Ricciotti était rebelle et insolent. Il criait avec colère lorsque son père le mettait sous la pompe pour le laver (car Garibaldi était « naturiste » et soutenait que « l'eau froide fait des enfants sains et forts »), il voulait que papa le portât à cheval sur ses épaules et subissait à contrecœur les leçons d'écriture que lui donnait ce dernier.

C'était une vie tranquille. Garibaldi se levait à l'aube, comme toujours, et après d'abondantes ablutions, il s'armait de son fusil pour courir derrière les perdrix ou de sa ligne pour attraper des poissons. À midi, il prenait son *déjeuner*, comme il disait en employant un des innombrables gallicismes qui fleurissaient sur ses lèvres. Puis il faisait une longue « sieste » et, vers le soir, il sortait se promener, sur le port en général, en fumant une moitié de cigare.

Il dînait rapidement, vers six heures, et frugalement ; une tomate avec de l'huile et du sel, un morceau de fromage lui suffisaient pourvu qu'il eût du pain en abondance et un demi-litre de vin rouge. Après diner, il allait jouer aux dames dans quelque gargote. C'était chez lui une vraie passion et il y jouait très bien. Par contre, il ne voulut jamais apprendre à jouer aux échecs pour lesquels il eut toujours une profonde aversion. À huit heures, il se mettait au lit.

La politique ne l'intéressait pas, même la politique locale. Nice végétait, en proie au mécontentement. Sa réannexion par le Piémont avait signifié la fin des privilèges douaniers, c'est-à-dire de son port franc. Et la langueur économique qui avait suivi avait réveillé les sympathies en faveur de la France. De temps en temps, apparaissaient sur les murs des affiches établissant un parallèle humiliant entre le Bon Gouvernement, comme on continuait à appeler (mais avec quel parfum d'ironie, à présent !) celui de Turin, et les autorités de Paris. Et, à la fin, on découvrit que l'auteur en était l'un des directeurs de *L'Avenir de Nice*, un journal fondé depuis peu.

Tout cela plaisait peu à Garibaldi, mais il ne s'en mêla pas. Il ne sortit qu'une seule fois de sa réserve. Ce fut lorsque certains journaux mazziniens, qui arrivaient jusqu'à Nice clandestinement, l'attaquèrent ouvertement, en révélant sa conduite indisciplinée à l'époque de la République Romaine. Il répondit avec colère, en refusant de réfuter

les faits et en renouvelant sa provocation en duel à Roselli qu'il soupçonnait d'être l'auteur de ces indiscrétions. Bien entendu, Cavour vit
d'un bon œil cette polémique et l'on dit même qu'il l'alimenta en
sous-main.

Un jour arriva de Londres Emma Roberts en compagnie de son fils
et de son amie Jessie White. La tranquillité de Garibaldi fut mise à
rude épreuve. Emma adorait la musique et entendait que son fiancé
vint chaque soir écouter le clavecin qu'elle avait fait installer dans
son appartement, à l'hôtel. Garibaldi s'écroulait dans un fauteuil et
prenait une pose de circonstance, inclinant la tête et se prenant le
front dans la main. Mais, derrière cette main, de temps en temps,
s'échappait un ronflement. Pour l'éveiller, Emma devait attaquer
l'*Hymne de Mameli*[16] ou *Giovani ardenti d'italico amore*.

Un soir, elle l'attendit en vain à dîner. Elle finit par envoyer son fils à
sa recherche, lequel le trouva devant la porte, en manches de chemise, en train de jouer aux boules avec des débardeurs.

Par contre, Jessie l'intéressait. C'était une jeune fille éveillée qui s'y
connaissait en manière de politique et était destinée à épouser par la
suite Alberto Mario, un patriote de tendance mazzinienne, et à devenir une spécialiste des affaires italiennes. Avec une intuition toute féminine, elle avait compris que, pour stimuler cet ours, il n'y avait
qu'à le taquiner au sujet de Mazzini. À ce nom, la réticence de Garibaldi à parler de politique, spécialement avec les dames, s'évanouissait d'un seul coup. Il s'emportait tout de suite contre l'Apôtre, « ce
faiseur de révolutions par correspondance, de révolutions auxquelles il n'avait jamais pris part », et, de sa bouche, coulaient à flots
les souvenirs qu'il conservait de la République Romaine.

Sur le sable, il dessinait avec une canne la topographie de la ville
éternelle, en expliquant comment étaient disposés les assaillants et

---

[16] Un des innombrables chants du Risorgimento, devenu depuis l'hymne national
italien.

quelles sottises monumentales avait commises Roselli avec la complicité de Mazzini. Dans ces moments-là, une curieuse expression française revenait souvent dans sa bouche : « C'est un fait, c'est singulier ». Jessie se mit à l'imiter. Tout d'abord, il ne s'en aperçut pas, puis il s'enflamma comme une allumette, car il était susceptible et peu enclin à la plaisanterie, en bon Italien qu'il était. Un jour, elle lui dit, mi-sérieuse, mi-souriante :

« Tout compte fait, pourtant, je crois que Mazzini vaut mieux que Garibaldi. »

« Si vous étiez un homme, je vous tuerais », répondit Garibaldi, mi-riant, mi-sérieux.

Emma ne voyait pas d'un bon œil ces échanges de répliques, même s'ils avaient un air de dispute.

En février 1855, au cours de la guerre de Crimée, le Piémont se rangea aux côtés de la France et de l'Angleterre, et cet épisode accrut encore la distance qui séparait Garibaldi de Mazzini. Celui-ci se prononça rageusement contre l'intervention piémontaise dans laquelle il voyait une tentative pour détourner l'Italie de sa véritable Cause, celle de l'unité nationale, et il invita les soldats à déserter ; alors que l'intervention reçut l'approbation de Garibaldi, qui s'y rangea plus par instinct, peut-être, que par raisonnement. Ce fut la rupture définitive entre les deux ailes du radicalisme italien : l'une fortement ancrée dans un rigide dogmatisme républicain, l'autre encline à un compromis avec la maison de Savoie, son armée et sa diplomatie. Toutefois, Mazzini ne permit pas à la polémique d'éclater. Il déclara aux siens que ce serait une erreur irréparable de pousser à la rupture un Garibaldi qui n'avait pas d'opinions politiques mais de simples « frissons » et qui reviendrait se frotter aux républicains si ceux-ci retiraient l'initiative des mains de la monarchie. C'était un homme, leur dit-il, qui n'avait jamais agi par lui-même. Il se rangeait toujours du côté de celui qui lui fournissait les moyens et les « ordres de marche » pour agir.

C'était, au fond, une analyse exacte. Si Mazzini avait été capable d'en faire une aussi exacte de Cavour et de ses intentions, peut-être aurait-on pu éviter un malentendu qui devait peser sur toute l'histoire ultérieure de l'Italie.

Toutefois, Garibaldi avait à ce moment-là des préoccupations d'ordre privé plutôt que politique. La vie à Nice ne lui convenait guère : il désirait un endroit plus calme pour s'y établir définitivement. « Si, un jour, j'avais dix mille lires devant moi, allait-il répétant, je m'achèterais une île. » Le hasard voulut qu'à la fin de 1855 il lui en arrivât non pas dix, mais soixante mille. Son frère puiné, Felice, lui en laissa trente-cinq mille en mourant d'une inflammation intestinale : le reste lui parvint d'Amérique sous forme d'« arriérés » pour ses services de capitaine de bateau.

Une fois cet argent en poche, il écrivit à un ami : « Je pense aller en Sardaigne voir comment se portent les bécasses. » Les bécasses se portaient très bien, se laissaient tirer avec beaucoup de facilité et Garibaldi pensa tout d'abord se fixer là, dans un des petits pays de la Gallura. Mais les frères Susini, qu'il avait connus à Maddalena en 1849, lorsqu'il vagabondait à la recherche d'une terre qui voulût bien lui accorder l'hospitalité et que tout le monde le repoussait, lui conseillèrent Caprera.

Caprera est une île granitique, ensoleillée et fortement desséchée par le vent : l'idéal, en somme, pour les malades souffrant de l'arthrite. Il n'y avait aucun port, seulement un embarcadère de fortune, entre les écueils. Il n'y avait aucune autorité gouvernementale, aucun policier. Il n'y avait que quelques bergers, qui vivaient dans de pauvres cabanes au pied de l'unique petit mont, le Tejolone ; un couple d'Anglais extravagants, à la Lawrence, les Collins, dont la femme était une riche dame et l'homme son ancien valet d'écurie ; et un bandit corse fameux, Pietro Ferraciolo, qui s'était réfugié là avec sa femme et ses enfants pour fuir la police française.

Cette île lui plut et il en acheta la moitié. Le contrat fut signé le 29 décembre de cette même année 1855. Toutefois, dix-huit mois passèrent encore avant qu'il ne vînt s'y établir définitivement.

En janvier 1856, c'est-à-dire quelques jours à peine après cette acquisition, il retourna à Londres pour rendre visite à sa fiancée et acheter un *cutter*. C'était du moins le but avoué de son voyage.

Mais il en existait un autre qu'il fallait garder secret : préparer un coup de main contre la maison d'arrêt de San Stefano où le gouvernement pontifical retenait, enterrés vivants, Luigi Settembrini et d'autres patriotes. Le complot, organisé par Medici, Bertani et Panizzi s'était tramé sous le haut patronage — ou, du moins, avec la tolérante bienveillance — du gouvernement anglais. Et le directeur du *British Museum*, personnage haut placé parmi les autorités britanniques, y participa en achetant le bateau, The *Isle of Thamet*, qu'utiliserait Garibaldi pour tenter l'entreprise. Malheureusement (ou heureusement) il fit naufrage peu de temps après, et le projet fut mis de côté.

À Londres, Garibaldi n'alla pas rendre visite à Mazzini qui, de son côté, ne lui donna pas signe de vie. Il commença par être l'hôte d'Emma. Mais, un soir, Jessie White le vit arriver chez elle comme un émigrant qui cherche refuge.

« Que voulez-vous, lui dit le Niçois d'un air épuisé, ne jamais pouvoir faire un pas sans être suivi des yeux par un domestique, des repas qui n'en finissent pas, jamais d'heure pour se coucher… Un mois d'une vie pareille me tuerait… »

C'était la fin de ces fiançailles sans avenir ; Emma l'accepta sans faire de scène, proposa même, en bonne Anglaise, de les transformer en une amitié de « frère et sœur » : amitié dont elle profita, toutefois, pour mettre en garde son « frère » au sujet de cette Jessie dont elle ne se fatigua jamais de dénoncer, dans les lettres qu'elle lui adressait, les perfidies et le double jeu qu'elle menait en faveur de Mazzini.

Jessie habitait Portsmouth avec son père ; Portsmouth était le siège des chantiers navals où Garibaldi surveilla la construction de son cutter et « fit les délices, dit Jessie, des charpentiers et des calfats en leur montrant sa connaissance des plus petits détails de leur art ».

Lorsque le cutter fut prêt, Garibaldi le baptisa *Emma* et repartit pour l'Italie, heureux et fier comme un enfant de ce petit bâtiment de quarante tonneaux avec lequel il comptait se livrer à de fructueux trafics.

En fait, il fit quelques voyages entre Gênes et la Sardaigne pour transporter du bois de charpente ou du charbon et il en profita chaque fois pour s'arrêter à Caprera et y pousser les travaux d'installation qui s'effectuaient au ralenti.

Mais l'intermède maritime n'eut qu'une brève durée. En janvier 1857, cette autre *Emma* disparut également de sa vie, détruite par un incendie. Et cet épisode mit un point final à la carrière maritime de Garibaldi qui se retira définitivement dans son île.

Speranza

Le style de la fameuse Maison-Blanche de Caprera était sud-améri-cain — brut — et l'édifice comportait quatre salles, au rez-de-chaus-sée, surmontées d'un toit plat. Il la construisit de ses propres mains, mais pas tout seul. Y travailla même, secrètement, un ancien prêtre, son disciple fidèle, qui s'était toujours mieux entendu en moellons et lait de chaux qu'en Évangiles. Ce prêtre s'appelait Gusmaroli. D'une obéissance grégaire sur le champ de bataille, c'était un contremaître autoritaire sur le chantier. Le général lui passait les matériaux et les outils et lui disait : « Je t'obéis », s'entraînant à conjuguer un verbe qui, par la suite, aurait pu lui être très utile.

Il était en proie aux enthousiasmes des pionniers. En attendant la fin de la construction, il vivait sous la tente, avec Menotti, assez grand désormais pour lui donner un coup de main, et partout où il arrivait à trouver un peu de terre, dans son petit domaine caillouteux, il y plantait des arbres fruitiers ou des fèves, légumineuses dont il était extrêmement friand. Comme toujours dans des lieux de ce genre, le problème capital était celui de l'eau. Il fallait aller à sa recherche en creusant des puits très profonds et il lui fallut une machine à vapeur pour la pomper, et il n'en eut jamais assez pour se permettre d'en gaspiller. Garibaldi ne possédait pas de critères d'administration très rigoureux. Sans aucune compétence, il tenta un élevage d'abeilles ; puis il essaya d'élever des ovins et des bovins, ce qui lui coûta les yeux de la tête, car il lui fallait acheter presque tout son fourrage en Sardaigne. Il s'aménagea un petit jardin en y apportant de la terre prise dans les alentours, mais le vent l'emporta par la suite.

Bien entendu, avec toutes ces dépenses, ses finances furent vite à sec. Mais ses amis ne se faisaient pas prier pour lui envoyer des dons en nature et en argent. Le courrier, que le vapeur apportait une fois par mois, déversait des quintaux de lettres et de paquets à la Maison-Blanche. Beaucoup de ces lettres n'étaient pas affranchies, car c'étaient de pauvres émigrants — paysans ou ouvriers — qui les lui adressaient et ils n'avaient pas d'argent pour les timbres. C'était Garibaldi qui devait payer l'affranchissement, et il finit par lancer un appel dans la presse afin qu'on ne lui imposât plus ce sacrifice supplémentaire. Mais il lui arrivait fréquemment de ne pas affranchir ses lettres, lui non plus.

D'ailleurs, il ne les écrivait pas lui-même, toujours à cause de sa vieille répugnance à prendre la plume, répugnance à laquelle s'ajoutaient aujourd'hui la gêne que l'arthrite faisait subir à sa main et le fait que sa vue baissait et qu'il avait dû adopter les lunettes. C'est ainsi que le soin de sa correspondance était confié à ses subalternes qui n'étaient guère plus familiarisés que lui avec la syntaxe et l'orthographe. Il leur faisait répondre également aux personnages importants, composés surtout de dames anglaises blasonnées ou très haut placées dans la politique : la duchesse de Sutherland, Florence Nightingale[17], lady Seely : toutes ardentes fans du Héros, comme l'on dirait aujourd'hui. Mais la plus ardente demeurait la comtesse Maria Martini Della Torre.

Garibaldi était flatté par l'admiration et la ferveur de ces grandes dames ; mais, comme toujours, les préférences de sa chair allaient plus bas. Lorsqu'il put s'installer dans la Maison-Blanche, on lui envoya de Nice, comme servante, la fille d'un matelot, Battistina Ravello, une va-nu-pieds, illettrée, assez laide et assez crasseuse, mais âgée de dix-huit ans seulement. Ce fut elle qui réveilla les appétits de Garibaldi, et il la séduit à sa façon, c'est-à-dire en la chargeant,

---

[17] Célèbre philanthrope anglaise qui organisa en particulier des services d'infirmerie militaire pendant la guerre de Crimée.

sous le prétexte de son arthrite, de le laver pendant qu'il prenait son bain.

Comme il était galant homme, il manifesta l'intention de l'épouser. Mais immédiatement, il vit ses amis Deidery, avec Teresita, arriver de Nice, afin de l'en dissuader. Et ils lui représentèrent que, pour qu'il pût se remarier, il devait auparavant être reconnu veuf ; et, pour être reconnu veuf, il lui fallait l'acte de décès d'Anita, que seules les autorités pontificales étaient en mesure de lui donner, mais qu'elles ne lui donneraient pas. Garibaldi n'épousa donc pas Battistina, mais il la traita sur le même pied qu'une épouse et il la faisait manger à sa table.

Au printemps 1857, une autre admiratrice s'ajouta à celles qu'il avait déjà : Maria-Espérance von Schwartz, dont le pseudonyme littéraire et artistique était Elpis Melena.

Espérance — que Garibaldi traduisit immédiatement en Speranza — était une Anglaise d'origine allemande, fille d'un banquier de Hambourg, Brandt, et d'une aristocrate prussienne. Elle n'avait pas quinze ans qu'elle était déjà mariée à un autre Brandt, cousin de son père, qui se tua cinq ans plus tard. La jeune veuve s'était établie d'abord à Genève, puis à Rome où elle avait appris à jouer de la mandoline et ouvert un salon. Elle avait la passion des artistes. Mais lorsqu'il s'agit pour elle de se remarier, son choix se porta sur un autre banquier, Ferdinand von Schwartz, qui lui donna un fils et dix ans d'une vie fastueuse dans les capitales du monde entier. Puis il l'abandonna et s'en retourna seul en Allemagne.

Speranza planta de nouveau sa tente à Rome où elle exerça les métiers d'écrivain et de journaliste. Au printemps 57, elle écrivit à Garibaldi pour lui annoncer son arrivée à Caprera : elle voulait faire sa connaissance et l'interviewer. Elle partit à cheval (« Le paradis sur terre est sur le dos des chevaux et dans le cœur des livres » était sa devise) pour Civitavecchia, Livourne, Gênes, en compagnie d'un ancien dragon pontifical, le capitaine Dodero, et de trois lévriers. Elle avait trente-sept ans, l'expérience d'une aventurière, l'air d'une reine, le cœur chaud et la tête froide.

Elle arriva à la Maddalena avec le vapeur *Virgilio*. Garibaldi l'attendait sur le môle. Pendant que Dodero s'occupait des bagages, elle lui déclara qu'elle était venue dans le but d'obtenir de lui le manuscrit des *Mémoires*. Dépité, Garibaldi lui répondit qu'il l'avait déjà confié à d'autres mains. Speranza sourit. « Les *Mémoires* ne sont qu'un prétexte, murmura-t-elle. Je suis venue pour vous connaître. »

Le général s'éclaircit la voix.

« Où comptez-vous loger ? » demanda-t-il.

Mon ami m'assure qu'il y a une auberge pour les visiteurs » répondit-elle en faisant signe à Dodero qui intervint :

« Nous trouverons deux chambres chez Raffo. »

Madame, dit Garibaldi, vous ne pouvez pas loger dans cet endroit misérable. Il vaut mieux que vous veniez chez moi. Je regrette de ne pouvoir vous offrir une hospitalité digne de vous : mais disposez sans réserve de tout ce qui m'appartient, je vous l'offre de tout cœur. Montez dans mon canot et, avant le coucher de soleil, nous aurons rejoint Caprera. »

« Demain, promit Speranza. Demain je viendrai sans faute à Caprera. »

Le lendemain, Espérance arriva. Le soir même, elle était déjà devenue « Speranza », et le lendemain, « Speranza mia ». Garibaldi s'était découvert à elle dans toute sa simplicité naturelle, sans faire aucune façon. Il lui avait montré la maison, la propriété, le puits, Menotti, Teresita, ses compagnons rustiques, à l'exception de Battistina Ravello, qui allait et venait dans le jardin, hostile et soupçonneuse, tandis que Garibaldi prenait le thé à l'intérieur avec la belle étrangère.

Speranza repartit immédiatement et, un mois plus tard, elle reçut la première lettre de Garibaldi : « Speranza mia, comment vous dire toute la gratitude et l'affection que vous méritez ? Si j'ai jamais eu envie d'être quelque chose, de posséder des mérites pour les déposer aux pieds d'une femme, c'est bien aujourd'hui. Il était naturel que je vous aimasse avant de vous connaître. »…

« Très cher ami, j'ai le cœur, la tête, l'esprit et l'âme pleins de vous, car vous êtes au-dessus de tous les autres hommes. Parfois, je bénis le ciel de ne pouvoir lire dans l'avenir, car j'y lirais que des mois entiers, de longs mois passeront avant que je puisse vous revoir et je ne saurais pas me résigner à un tel sort. Adieu très cher bien-aimé ! Ne m'oubliez pas ; et surtout n'oubliez pas ce sentiment pour vous si vif et si profond, qui ne pourra s'éteindre qu'avec la vie dans l'âme de celle qui est de tout son cœur vôtre, vôtre, vôtre… ».

Hélas, Speranza avait deviné juste, car, dans le livre de l'avenir, il était précisément écrit que de nombreux mois passeraient avant une nouvelle rencontre. Tombant dans un escalier, elle se cassa un genou.

« Oh, écrivez-moi tout de suite et dites-moi comment vous allez… Je suis si malheureux d'être loin de vous en cette circonstance. Ici, tout le monde a été rempli de tristesse à l'annonce de cette mauvaise nouvelle… ».

Pour le consoler, sa Speranza lui envoya une montre où ses initiales — G.G. — étaient gravées.

« Votre beau cadeau, lui écrivit-il, reposera dorénavant sur mon cœur, ô, ma reine. »

Bref, ce fut un béguin, l'un des rares béguins de Garibaldi. Mais cela ne l'empêcha pas de continuer à se faire laver par Battistina, dans son bain.

Il est difficile d'établir jusqu'à quel point Speranza a contribué à distraire Garibaldi de la politique. Mais il est de fait que, durant toute cette période, il s'en occupa assez peu.

« Je vous dirai avec fierté, avait-il écrit à Jessie qui continuait à le taquiner, que je peux être compté au nombre des plus chauds patriotes italiens, avec la conscience de ne pas dire une forfanterie. Ma vie est là, prête à servir l'Italie, et le paradis que j'espère est de croiser le fer pour elle… Je vous dirai de plus que tous les mouvements dirigés par Mazzini — et que je n'ai pas approuvés — auraient compté un adepte de plus si je m'étais trouvé en mesure de m'y joindre. Si je ne me lance pas à la tête d'un mouvement, c'est que je ne vois aucune possibilité de réussite, et vous devez déduire de ce que fut ma vie passée que je m'entends également aux entreprises risquées. Que d'autres se préparent à la guerre sainte, même avec témérité, — mais non à des insurrections pour rire — et vous trouverez votre frère sur le champ de bataille. Combattez, je suis avec vous, mais, pour ma part, je ne dirai pas aux Italiens : "Levez-vous !" pour faire rire la canaille. Vous ai-je parlé franchement ? ».

Et c'est avec une égale franchise qu'il s'était adressé à ses amis italiens. « Il faut tout d'abord faire une Italie, leur avait-il écrit. L'Italie est composée aujourd'hui des éléments suivants : Piémont, Républicains, Muratistes, Bourbonniens, Papistes, Toscans et autres petits éléments qui, bien que presque sans importance, ne manquent pas de nuire à l'unification nationale. Tous ces éléments doivent s'amalgamer au plus puissant ou être détruits. Il n'y a pas de moyen terme. Le plus puissant de ces éléments est, à mon sens, le Piémont, et je conseille que l'on fusionne avec lui. Dans la difficile émancipation du joug étranger, le pouvoir qui doit diriger l'Italie ne peut être que rigoureusement dictatorial. » Comme toujours, ses idées étaient confuses, mais il tenait des propos parfaitement clairs.

Ces propos étaient du reste partagés par d'autres révolutionnaires, d'anciens mazziniens comme Manin, Pallavicino et La Farina, qui ne voyaient plus d'autre solution qu'une union des forces nationales sous l'égide du roi Victor-Emmanuel et, afin de pousser dans ce sens, avaient fondé la Société Nationale Italienne. « Je suis avec vous, écrivit Garibaldi, avec Manin et tous ces bons Italiens dont vous me parlez. Veuillez par conséquent me faire l'honneur de m'admettre dans vos rangs et me dire quand nous devrons faire quelque chose. »

Quelques jours plus tard à peine, il lut la nouvelle de la malheureuse tentative de Pisacane pour soulever le Napolitain — et celle de son exécution. Jadis, il n'aurait pas laissé à d'autres l'initiative de telles entreprises, si désespérées fussent-elles. À présent, il secouait la tête en regrettant qu'une si belle jeunesse fût si mal employée.

Mais il avait lui aussi l'impression de gaspiller sa vie, sans Speranza à laquelle il continuait d'écrire des lettres passionnées, en invoquant son retour. Malheureusement, le genou de la dame n'y consentait pas, c'est du moins ce qu'elle prétendait. Pour le soigner, elle était allée en Suisse mais sans résultat appréciable. Toutefois, dans chacune de ses réponses, elle renouvelait son engagement de venir à Caprera au cours de l'été 1858 — et elle tint sa promesse.

« Mon second séjour auprès de Garibaldi fut beaucoup plus intéressant que le premier », écrivit-elle dans son ouvrage intitulé *Cent et une journées sur mon cheval et une excursion à l'île de Caprera*.

Heureux et ému, Garibaldi lui avait préparé une chambre dont le mobilier se composait d'une chaise, d'une petite table et d'un lit sur lequel était jetée une couverture blanche et jaune.

« Oh, les couleurs du Pape ! » s'exclama Speranza avec surprise.

« Non, d'Anita, expliqua-t-il. C'étaient celles de sa chambre. »

Le lendemain, à l'aube, elle entendit dehors un grand fracas. Elle se mit à sa fenêtre et aperçut une vache en train de s'enfuir, poursuivie par Garibaldi armé d'un seau, et Teresina armée d'un escabeau.

Ce matin-là, au petit déjeuner, on manqua de lait et Garibaldi fit un sermon à sa fille sur la nécessité de bien traiter les animaux et de ne pas garder les oiseaux en cage.

Puis il emmena son hôte visiter sa ferme, qui avait fait beaucoup de progrès. Y prospéraient maintenant des vignes, des cannes à sucre, des figuiers et des châtaigniers. Garibaldi lui fit un cours de botanique. Il le lui fit dans un français désinvolte, même s'il n'était pas absolument correct, car, de temps en temps, il se laissait aller à y intercaler quelques phrases en dialecte ligure. Sur le chemin du retour, ils s'arrêtèrent pour se reposer à l'ombre d'un figuier. Et là, il lui demanda, tout à trac, de devenir sa femme.

Sans doute Speranza s'y attendait-elle, mais pas à ce moment ni en ce lieu. Surprise, elle répondit que ce n'était pas là une décision à prendre ainsi ; il fallait lui donner le temps d'y penser. Mais en réalité elle y avait déjà réfléchi : pour une femme comme elle, Garibaldi était un beau trophée de guerre à porter autour de son cou, et rien de plus. Ils se relevèrent en silence et Garibaldi lui offrit son bras. Mais lorsqu'ils furent en vue de la ferme, il le lui retira en lui disant : « Les femmes de la maison aiment beaucoup regarder avec des jumelles. » Les femmes de la maison n'étaient pas bien nombreuses ! Il n'y en avait qu'une seule : Battistina. Pendant le dîner, Speranza s'aperçut que cette dernière s'arrêtait de manger chaque fois que Garibaldi adressait à son hôte un mot ou un regard.

Ils parlèrent de la publication des *Mémoires* en allemand. Garibaldi accepta de lui dicter quelques pages à ajouter au manuscrit confié à Camozzi et qu'il avait déjà réclamé à ce dernier pour le donner à Speranza. Mais, au lieu de faits, comme elle aurait voulu, particulièrement au sujet des années 1848 et 1849, il lui servait des divagations et des aphorismes du genre de : « Qui veut vaincre vainc », etc. — ceux du pauvre Anzani.

Ils se quittèrent, une certaine amertume aux lèvres ; lui à cause du refus de sa demande en mariage, elle à cause des révélations qu'il ne lui avait pas faites.

Mais, après son départ, il recommença à la poursuivre de lettres passionnées. Dans l'une d'elles, il lui déclarait qu'il comptait s'embarquer à nouveau pour l'Amérique du Sud avec Teresita. On n'a jamais réussi à savoir s'il y avait quelque chose de fondé dans cette affirmation. On a dit que le gouvernement de Turin avait cherché à l'envoyer là-bas pour ne plus l'avoir dans les pieds au moment de la reprise de la guerre contre l'Autriche que l'on préparait après la signature des accords avec Napoléon III. Mais il est plus probable que ce projet lui ait été suggéré par la tristesse où l'avait plongé cet échec sentimental tout simplement. À moins qu'il ne se soit agi que d'une ultime tentative afin d'émouvoir la belle cruelle.

En fait, fin août, Cavour l'avait fait appeler par l'entremise de Pallavicino et de Foresti. Et leur conversation avait été d'une telle nature que, même s'il avait eu vraiment l'intention de retourner outre-Atlantique, il ne l'aurait pas conservée longtemps.

Cavour l'accueillit avec beaucoup de cordialité et, quoique sans lui dévoiler ce qu'il était en train de préparer en secret, il le lui laissa deviner. Il lui demanda s'il voyait, sur le plan de l'organisation, la possibilité de réunir des troupes irrégulières et il lui fit comprendre qu'on lui réserverait la charge de les recruter et de les commander.

Garibaldi ne pénétra pas le subtil calcul de son interlocuteur, qui était de se servir de son nom et de son prestige sur les masses et sur les milieux radicaux, tout en le maintenant cependant en dehors de la politique, de la diplomatie et de l'armée piémontaises. C'était un homme trop simple, Garibaldi, pour comprendre de telles finesses. La seule chose qu'il comprit, c'est qu'on était à la veille de passer à l'action, il se sentit à nouveau envahi par l'enthousiasme patriotique ; et il sortit de cette conversation rayonnant, et avec le propos bien arrêté, surtout, de trouver un hymne pour sa future armée.

Il le commanda en fait, peu après, à Luigi Mercantini, l'auteur de *Ils étaient trois cents, ils étaient jeunes et forts, et ils sont morts*, qui promit d'en écrire les paroles et d'en faire composer la musique par sa femme. Les paroles furent écrites, elles disaient : « S'ouvrent les tombes,/ Se lèvent les morts,/ Nos martyrs/sont tous ressuscités. » Mais la musique ne vit jamais le jour et l'on chargea Alessio Olivieri, chef de musique d'un régiment de la brigade Savoia, d'en composer l'air.

Le soir du Nouvel An (le lendemain commençait la fatidique année 1859), quelques amis se retrouvèrent à la villa Zerbino de Gênes, où Garibaldi avait rencontré Mercantini et, entre deux verres, on entonna à pleine voix :

« Hors d'Italie,

C'est l'heure.

Hors d'Italie,

Va-t'en, Ô étranger ! »

Garibaldi n'était pas là. Il était reparti à Caprera d'où il avait recommencé à écrire des lettres passionnées et werthériennes à Speranza. Écrire coûtait beaucoup de fatigue à son bras gêné par l'arthrite, à ses jambes qui répugnaient à rester recroquevillées sous la table, et à ses yeux auxquels ses lentilles de presbyte n'étaient que d'un faible secours. Battistina épiait avec défiance cette intense activité épistolaire ; elle était enceinte de cinq mois. Quand il apprit l'histoire de l'hymne, Cavour entra en fureur et il écrivit à l'intendant de Gênes : « Pour libérer l'Italie, il n'y a déjà que trop de chansons. Les hommes sérieux, les journaux, devraient tourner en ridicule ces poètes qui, sans avoir le talent de Tyrtée, prennent la fuite comme lui. »

C'était un grand homme, Cavour. Mais il ne comprenait pas grand-chose à l'Italie.

L'An 1859

Le 10 janvier 1859, à Turin, lors de l'ouverture de la session de la Chambre des Députés, Victor-Emmanuel prononça son fameux discours dit du « Cri de douleur », qui, en pratique, annonçait la reprise de la guerre contre l'Autriche. Certains trouvèrent ce discours très courageux, d'autres tout bonnement téméraire. Personne ne savait que le texte était passé entre les mains de Napoléon III, empereur des Français, décidé à intervenir en faveur du Piémont.

L'accord était le fruit de la diplomatie de Cavour qui, par sa contribution à la guerre de Crimée, avait fait entrer le Piémont dans la grande famille des puissances occidentales et les avait intéressées au sort d'une Italie libre et indépendante. L'Angleterre était favorable, mais sans s'engager outre mesure, comme à son habitude. Napoléon III, qui sortait des rangs révolutionnaires et comptait de nombreux amis parmi les carbonari italiens, y vit une bonne occasion de se gagner à nouveau les sympathies populaires — sympathies qui s'étaient bien amoindries à son égard depuis qu'il s'était fait proclamer empereur — et de reconquérir aux yeux de ses sujets une sorte d'auréole idéale.

Cependant, jusqu'au dernier moment, ce monarque irrésolu eut beaucoup d'hésitations. Ses conseillers diplomatiques, qui se moquaient des sympathies populaires et veillaient seulement aux intérêts pratiques et matériels de la France, étaient opposés à cette intervention qui allait coûter du sang, de l'argent et l'hostilité des catholiques qui désiraient que l'Italie restât telle quelle afin que ne fût pas affaibli le domaine temporel du pape que garantissait la présence des Autrichiens.

Ce fut l'attentat du mazzinien Felice Orsini qui précipita les choses, en 1858. Cette bombe, à laquelle Napoléon échappa par miracle, sembla bien avoir ruiné tout le patient travail de Cavour. Au contraire, elle frappa l'imagination de l'Empereur qui, impressionnable comme il l'était, y vit une espèce de message, de rappel à ses devoirs révolutionnaires. Quelques mois plus tard, à Plombières, l'accord était transformé en une alliance militaire pure et simple, et, en janvier 1859, Victor-Emmanuel reçut de Paris le « feu vert » pour son discours qui l'engageait vis-à-vis de tous les Italiens. On avait décidé que les opérations s'ouvriraient au printemps, sur provocation des Autrichiens : une provocation que, naturellement, il faudrait provoquer ; mais Cavour devait y penser et les expédients ne lui faisaient jamais défaut.

Dans son île de Caprera, Garibaldi ne savait pas grand-chose de tous ces dessous de l'affaire, trop compliqués pour son esprit. Il en avait seulement l'intuition, à cause des allées et venues que faisait Cavour entre Turin et Paris, et, dans cette intrigue, tout n'était pas pour lui plaire. Par exemple, il n'aimait pas du tout que Victor-Emmanuel, pour resserrer ses liens avec Napoléon, eût donné pour femme au cousin de celui-ci, le prince Jérôme, dit Plon-Plon, un bon à rien, plus très jeune et ivrogne, sa fille, la toute jeune Marie-Clotilde. Il aimait moins encore que, pour faire l'Italie, les Italiens dussent appeler l'étranger à l'aide, et précisément ces Français qui, à Rome, lui avaient joué le vilain tour que nous savons. Garibaldi était resté fidèle à la conviction romantique que, pour faire l'Italie, les Italiens n'avaient besoin que d'un bel assaut à la baïonnette et que cette baïonnette devait être exclusivement italienne. Mais, plus puissants que ces réserves étaient son enthousiasme pour le « Cri de douleur » et sa sympathie pour le roi qui, entre-temps, l'avait fait appeler lui aussi.

Pour l'occasion, Garibaldi se fit prêter par Pallavicino un habit de cérémonie à queue de pie et un chapeau haut de forme. On ne sait ce qu'ils se dirent tous les deux, car personne n'assista à leur entrevue. Mais ils ne pouvaient manquer de se plaire mutuellement dès le premier abord. Ils étaient faits de la même pâte humaine, même si leur éducation et leur expérience avaient été passablement différentes. Le roi de la Maison de Savoie et le *Caudillo* ligure parlaient la même langue, un Italien semé de gallicismes, et avaient des goûts identiques. Tous deux préféraient le sabre au parapluie, le cirage au parfum, les paysannes aux femmes de l'aristocratie, le jeu de boules au whist, et les combats à la politique et à la diplomatie. Bref, ils étaient l'un et l'autre des soudards, grossiers et naïfs. Et ils ne durent avoir aucune peine à se comprendre.

Le fait est que, en sortant de cette entrevue, Garibaldi dit à son ami génois Bertani : « Cette fois c'est sérieux. Il faut être tous unis. Je compte bien entendu sur vous et sur nos amis communs. »

Et il retourna à Caprera, où il recommença à écrire des lettres passionnées à sa Speranza.

En février, il fut rappelé à Turin pour y instruire les volontaires qui arrivaient de toutes les autres régions d'Italie et les organiser en un corps qui prendrait le nom de Chasseurs Alpins, corps dont il fut nommé commandant avec le grade réglementaire de major général. Plus tard, beaucoup plus tard, il devait écrire : « Pour mon compte, je compris à qui j'avais affaire et ce qu'on voulait de moi. Je devais servir à attirer les volontaires italiens. Mais que faire ? Garibaldi devait seulement montrer le bout de son nez, être là sans y être. Les volontaires devaient savoir qu'il se trouvait à Turin pour les réunir ; mais, en même temps, Garibaldi devait se cacher afin de ne pas gêner la diplomatie. Quelle situation ! ».

En fait, sur le moment, il ne s'était pas du tout avisé de cette situation et, par-dessus tout, il ne s'était pas avisé que le plan de Cavour était encore plus subtil : il voulait isoler Mazzini en attirant tous ses fidèles dans les rangs de Garibaldi qui était désormais attelé au char de la Maison de Savoie. Pallavicino l'avait compris (« Cavour flatte le brave Garibaldi pour le mystifier ensuite », écrivit-il) ; Bertani le soupçonnait. Mais d'autres, comme Medici, Sacchi, Bixio, quoique mazziniens enragés, envoyèrent au diable toutes leurs réserves de républicains quand Garibaldi, qui les rencontra à Gênes, le 3 mars, leur déclara :

« Hier, j'ai vu Victor-Emmanuel. Le jour n'est pas loin où nous reprendrons les armes. »

Ils acceptèrent tout, ces jeunes gens enthousiastes et batailleurs ; non seulement de se mettre aux ordres du roi, mais même de se conformer au règlement de l'armée piémontaise qui interdisait le port de la barbe. D'ailleurs, Garibaldi lui-même leur avait donné l'exemple en taillant la sienne. Pour Anita, à Montevideo, jadis, il n'en avait sacrifié que la moitié. À Victor-Emmanuel, il la sacrifia tout entière.

Le travail d'organisation des chasseurs n'avançait pas selon les plans préétablis et moins encore selon les espérances de leur général. On lui avait promis, en plus de ses volontaires, des contingents réguliers de l'intendance et des bersagliers. Mais, au contraire, le ministre de la Guerre La Marmora — celui-là même qui avait retenu Garibaldi prisonnier à Chiavari, à l'issue de son odyssée romaine — se refusa même à reconnaître les brevets d'officiers des chasseurs. Et ce fut le ministre de l'Intérieur qui dut les signer.

Garibaldi rongeait son frein, parfois l'effleurait la tentation de s'en retourner à Caprera, et de planter là les baraquements et les ronds-de-cuir. Mais ensuite, il se contentait de libérer sa rancœur dans de longues lettres à Speranza. « Au cas où vous seriez libre, je désire suprêmement vous voir », lui écrivit-il.

Par chance, Speranza était libre et, le 22, elle débarqua à Turin.

Elle se fit conduire en fiacre au numéro 11 de rue San Lazzaro où était établi le quartier général des chasseurs, mais les sentinelles ne la laissèrent pas entrer. C'est seulement lors de sa seconde tentative qu'elle eut la chance de rencontrer, parmi les gens de service, Frusciante, un membre du personnel de Caprera qui la reconnut et lui promit de transmettre aussitôt au général la nouvelle de son arrivée et son adresse : Hôtel-Pension Suisse.

Vu le ton des lettres de Garibaldi, elle se préparait à une rencontre pleine de passion. Et c'est pourquoi elle attendit le visiteur : dans sa chambre, qu'elle avait fait emplir de fleurs.

Garibaldi vint à la tombée de la nuit, lui baisa la main, puis, sans même lui demander si elle avait fait un bon voyage, il lui dit : « Je vous avoue franchement que le roi m'a fait la meilleure impression. Il m'a reçu avec la cordialité d'un ancien compagnon d'armes. Si, cette fois, l'Italie ne se libère pas du joug étranger, elle mérite d'être l'esclave de l'Autriche. »

Interdite, Speranza lui demanda s'il l'avait fait venir à Turin pour lui confier Teresita comme elle le lui avait proposé un jour à Caprera.

« Non, non, répondit-il. Seul le désir de vous voir m'a fait commettre cette indiscrétion. J'ai laissé Teresa à Gênes, chez madame Deidery. Si j'en réchappe, je vivrai à Caprera avec ma fille. Si j'avais dix ans de moins, vous seriez obligée d'accéder à ma prière et… ».

« Et comment va Battistina Ravello ? » interrompit Speranza.

« J'ai pris soin d'elle et je lui ai laissé tout l'argent que je possédais, environ cinq-cents francs. J'ai particulièrement recommandé les chiens à ses soins. »

Après quoi, il se remit à parler de la guerre qui devait éclater d'un moment à l'autre — c'était une question de jours, peut-être d'heures. Et ici, il tira de sa poche la montre en or dont Speranza lui avait fait cadeau, vit qu'il était tard et déclara qu'il reviendrait le lendemain à midi pour déjeuner avec elle. Mais le lendemain, avant midi, elle reçut un billet : « Ma Speranza, l'état douloureux de mon genou m'empêche aujourd'hui de monter et de descendre des escaliers : j'en suis navré, car, ainsi, je n'aurai pas le plaisir de vous tenir compagnie à table. »

Lorsqu'il désirait se débarrasser d'une femme, Garibaldi ne s'efforçait même pas de trouver des excuses plausibles.

Quatre jours avant cet incident, Cavour était tombé dans le plus noir désespoir : le baron Aymé d'Aquin, secrétaire de la légation française à Turin, était venu lui communiquer qu'il n'y avait plus de guerre, l'empereur ayant décidé le désarmement. À plat ventre sur son lit, en proie à des convulsions (vraies ou simulées), le comte criait au diplomate :

« Il ne me reste plus maintenant qu'à me donner un coup de pistolet et me brûler la cervelle ! ».

Le baron en fut vivement impressionné et ne sut jamais que, dès qu'il fut sorti, Cavour se leva, se mit devant son bureau et écrivit à Giacinto Corio, administrateur de son exploitation agricole de Leri : « … Ne vous donnez plus aucune peine pour la vente rapide des bœufs gras, car il paraît que la guerre ne se fait plus. Sauvons les vaches… ». Mais il sauva également son plan politique, car Napoléon, changeant d'idée à l'improviste comme cela lui arrivait souvent, avait déjà mis son armée sur pied de guerre. À Vienne, on comprit qu'on se trouvait devant l'inévitable et, le jour même où son genou empêchait Garibaldi de monter l'escalier de sa Speranza, deux envoyés du gouvernement de François-Joseph de Habsbourg remettaient au gouvernement de Victor-Emmanuel de Savoie l'ultimatum désiré qui coupait court à toute l'affaire et constituait la « provocation » demandée par Napoléon : le désarmement immédiat ou la guerre.

Après en avoir vu le texte, Cavour ne fit qu'un bond et entonna à pleine gorge : « De ce bûcher, le feu terrible », en détonant à qui mieux mieux, pour la bonne raison qu'il n'avait jamais eu d'oreille.

Cet événement chassa Speranza de l'esprit de Garibaldi, absorbé tout entier à rédiger une proclamation à ses troupes : « Nous touchons enfin l'accomplissement de notre désir. Vous allez combattre les oppresseurs de notre patrie. Demain, sans doute, je vous conduirai face aux Autrichiens, les armes à la main… »

Ce n'est que le 25 qu'il se souvint de ses obligations galantes et, à neuf heures et demie du soir, il alla frapper à la porte de Speranza qui nous a laissé de cet épisode le récit suivant :

« Entrez ! » cria-t-elle sans même imaginer qui cela pouvait être.

Mais, vu que la porte ne s'ouvrait pas, elle alla l'ouvrir elle-même.

« Est-il permis de faire une visite à une dame à une heure aussi tardive ? demanda le général d'un air un peu contrit. J'ai été si occupé que je n'ai même pas eu le temps de me laver les mains ni le visage et que je suis encore tout couvert de poussière. »

La dame l'invita à se rafraîchir dans la salle de bains, puis elle lui vaporisa sur les doigts son parfum préféré : « Rosée de fleurs. »

« Je dois confesser, dit Garibaldi, qu'il existe des moments vraiment précieux dans une vie mouvementée comme la mienne. N'est-il pas beau de se laisser parfumer les mains par une femme comme vous ? »

« *Tu dois avoir grand-faim ; dis-moi, que veux-tu manger ?* » répondit Speranza citant un vers de Heine[18].

Mais Garibaldi ne comprit pas qu'il s'agissait de Heine ; il répondit qu'il avait faim, une faim de loup, mais il ne voulut pas qu'elle commandât un repas pour lui, car il préférait manger le pain et le beurre qui se trouvaient là, sur le plateau, et boire du thé dans la tasse même où elle avait bu le sien. Ainsi fit-il, dévorant les petits-pains qu'elle lui tartinait.

Puis Speranza s'aperçut que le ruban dont il se servait pour retenir sa montre était laid et grossier. Elle fouilla dans son coffret et lui en offrit un en or. Garibaldi ne voulut pas l'accepter ; il tenta de refuser l'échange, dans cette petite lutte, son portefeuille tomba par terre. Speranza le ramassa et sentit qu'il était très léger.

« Vous m'avez dit que vous avez donné tout votre argent à Battistina. Je parie qu'il ne vous est rien resté pour vous. »

« Vous vous trompez, répondit le général. Il y a longtemps que je n'avais pas été aussi riche. Je viens tout juste de recevoir mille lires du trésorier de l'armée. »

---

[18] Christian Johann Heinrich Heine, poète et critique allemand (1797-1856) auteur notamment du *Livre des chants*.

Et il lui montra le bank-note, qu'il sortit de son portefeuille et posa sur la table. Puis, se laissant tomber dans un fauteuil, il pria Speranza de prendre quelques lignes sous sa dictée, comme ils avaient fait tant de fois à Caprera.

Speranza s'assit devant son secrétaire en attendant quelque révélation sensationnelle. Garibaldi dicta :

« Donnez un million à un républicain, et vous pouvez être sûr que, le lendemain, il aura retourné sa veste. »

Le lendemain, elle resta à son hôtel et attendit, mais elle ne reçut qu'un billet : « Ma Speranza, je pars pour Brusasco à une heure : je suis tout à fait navré de ne pouvoir vous revoir. Écrivez-moi là-bas. Adieu. »

Speranza courut à la gare pour lui dire adieu. Elle fut prise dans la cohue des volontaires sur le départ et des gens qui étaient venus les voir partir, et ce fut Frusciante, encore une fois, qui la conduisit jusqu'à Garibaldi qu'entourait un groupe de personnes. Il fut heureux de la voir et la présenta à tous. Il était calme et serein, mais, à un moment donné, son visage se contracta et il demanda au chef de gare de le laisser entrer dans son bureau pour s'asseoir. Speranza le suivit, seule.

« Avez-vous au moins de bons chevaux et une selle confortable ? » demanda-t-elle préoccupée.

« Je suis sans selle et sans cheval, lui répondit-il. J'avais prié des amis à moi de m'envoyer de Gênes une selle américaine, mais ils n'en ont pas trouvé et je n'en ai pas d'autres. Quant aux chevaux, le petit Zani, que vous avez vu à Caprera, est tout ce que je possède, car le gouvernement ne m'en a pas donné. » Puis ses yeux se mirent à briller de joie comme ceux d'un enfant, et il ajouta : « Mais regardez le cadeau que j'ai reçu au dernier moment ! » et il tira de sa poche un petit revolver de la meilleure marque française.

Enfin, la sonnerie annonça l'imminence du départ. Le général baisa la main de Speranza et monta dans son wagon au milieu d'un tonnerre d'applaudissements et du fracas des « vivats ». Pendant que le convoi s'éloignait, elle continua à saluer de la main le général penché à la portière ; il la vit rapetisser parmi la foule des autres femmes que les partants abandonnaient. Ces derniers chantaient joyeusement en agitant leurs bérets : « Adieu, ma belle, adieu ! ».

Speranza rentra en ville et se mit à la recherche d'une selle. Il n'y en avait pas, car le gouvernement les avait toutes réquisitionnées. Elle finit par trouver un sellier, un ancien garibaldien qui avait combattu à Rome ; il lui en fit une en vingt-quatre heures, lorsqu'il sut à qui elle la destinait. Speranza télégraphia à Dodero qui se trouvait alors à Gênes, en le priant de venir la rejoindre à Turin et de l'accompagner à Brusasco.

Là, Garibaldi se fit attendre, car il était en train de passer ses troupes en revue. Puis il souhaita une bienvenue distraite à Speranza, la remercia hâtivement pour la selle à laquelle il n'accorda pas même un regard, et dit : « Demain, nous occupons Brazzolo. »

La guerre avait éclaté le 26 avril et, le jour même, Turin s'était vidé, car tout le monde était persuadé que les Autrichiens y seraient au bout de quelques heures — et on s'était réfugié dans la campagne. Si ces prévisions pessimistes ne s'étaient pas réalisées, cela avait été pour une bonne part la faute du comte François Gyulay de Maros-Nemethi et Nadaska, qui avait remplacé Radetzky à la tête des forces de la monarchie des Habsbourg. Avec une armée supérieure quantitativement et qualitativement, il n'aurait pas eu de peine à « ne faire qu'une bouchée » des soixante mille Piémontais tassés entre Alexandrie et Casale, avant l'arrivée de cent vingt mille Français qui étaient en route par les cols du Mont-Cenis et du Mont-Genèvre. Mais Gyulay hésita et, après sa défaite, on l'accusa de lâcheté. Accusation injuste, car il était au contraire un courageux soldat. En fait, cette guerre ne lui plaisait pas ; il la faisait à contrecœur et, en grand seigneur qu'il était, il s'appliquait à troubler le moins possible les populations qui s'y trouvaient impliquées. Il donna à ses troupes l'ordre formel de s'abstenir de toutes représailles, de limiter les réquisitions au strict nécessaire et surtout de « ne pas toucher aux mûriers si précieux en cette saison ». Et, lorsque des paysans vinrent lui révéler qu'à Leri, tout près, il y avait un beau coup de main à effectuer contre les bœufs gras de Cavour, son grand ennemi, il leur interdit d'y toucher. Ce n'est que sur l'injonction de Vienne qu'il se décida à prendre l'initiative et à traverser le Tessin. Mais il limita les opérations à des mouvements d'éclaireurs.

Ainsi donna-t-il à Napoléon III le temps d'arriver et de faire sa jonction avec les Piémontais, le 16 mai.

Entre-temps, les Chasseurs Alpins avaient reçu le baptême du feu au cours duquel ils s'étaient comportés comme on se comporte toujours dans cette sorte de baptême. Ayant rencontré l'ennemi dans l'obscurité, ils s'étaient mis à tirer comme des possédés, se blessant les uns les autres et provoquant une indescriptible confusion. Le lendemain, furieux, Garibaldi fit afficher sa première proclamation : « Cette nuit, les Chasseurs Alpins on fait la preuve qu'ils ne sont que des conscrits que tenaille la peur. Le vrai soldat ne se sert pas inutilement de son fusil. Par conséquent, je recommande la plus rigoureuse discipline à ce sujet et je ferai punir quiconque se trouvera coupable de telles fautes. »

Par bonheur, ils eurent tout de suite la possibilité de se racheter.

Le 5, ils marchèrent sur Casals pour barrer la route de Turin à une avance éventuelle de Gyulay qui, comme nous l'avons dit, se limita au contraire à quelques envois de patrouilles en éclaireur. Le 8, les Chasseurs en rencontrèrent une et la dispersèrent à la baïonnette. Satisfait, Victor-Emmanuel écrivit à Garibaldi une lettre de félicitations de sa propre main, pour lui annoncer qu'on allait mettre également sous ses ordres les Chasseurs Apennins qui se trouvaient alors à Acqui, et pour lui donner l'ordre de pénétrer en Lombardie du côté du lac de Côme, afin de faire un mouvement tournant sur l'aile droite de l'ennemi.

Garibaldi attendit en vain les Chasseurs Apennins : le ministre de la Guerre, comme d'habitude, avait annulé l'ordre du roi, car il ne voulait pas que la colonne Garibaldi dépassât trois mille hommes. Mais, tout à la joie débordante de ce premier succès, Garibaldi se disposa à suivre, malgré tout, les directives et, le 18, deux jours après la jonction des Piémontais et des Français, il était déjà à Biella.

Pour la première fois de sa vie, il portait un uniforme régulier, l'uniforme bleu de l'armée de Savoie ; mais il ne s'y sentait pas très à l'aise. Le béret, surtout, orné de broderies en argent, lui comprimait les tempes et les lui congestionnait. Il le tira de tous les côtés : d'abord sur le front, puis sur la nuque, puis sur le côté droit, puis sur le gauche. Pour finir, il le cacha dans les fontes de sa selle, et le remplaça par son éternel sombrero à larges bords qu'il retirait lorsqu'il entrait dans une ville.

Il n'avait pas encore procédé à une étude statistique de ses hommes. En gros, il savait seulement que la majeure partie d'entre eux étaient Lombards (surtout de Bergame), Vénitiens, Emiliens et Toscans, mais il ignorait qu'il n'y avait parmi eux ni ouvriers ni paysans. Parmi ceux qui avaient répondu à l'appel, il y avait un nombre impressionnant de médecins, si bien que le seul service complet et efficace dont il disposât était le service sanitaire que commandait Bertani. Il y avait une débauche de chirurgiens, certains même illustres, qui avaient amené leurs instruments avec eux.

Toutes les professions libérales étaient largement représentées.

Devant choisir un caporal, Medici resta indécis entre quatre avocats.

Dans les haltes, des groupes d'architectes et d'ingénieurs dessinaient des cartes topographiques et des plans de bataille, pendant qu'auprès d'eux, des poètes improvisaient des vers que des acteurs déclamaient ensuite.

À la tête de cette étrange troupe, Garibaldi se disposait à attaquer sur le flanc cent soixante mille soldats de métier autrichiens, sans même savoir si le gros de l'armée franco-piémontaise allait le suivre ni où, ni comment, ni quand.

De décisions, en fait, il n'en avait pas encore pris. Cavour, qui ne se contentait pas de batailles et de victoires, mais pensait toujours à ce qui suivrait, voulait provoquer une insurrection populaire dans toute la Lombardie afin de prouver à l'Europe l'inéluctabilité de cette conquête militaire. C'est pour cela qu'il avait suggéré au Roi d'y envoyer Garibaldi qui portait l'insurrection « sur son front », pour ainsi dire, et qui en faisait naître une partout où il allait.

On a dit par la suite, une fois l'affaire finie, que Cavour nourrissait également une autre espérance en confiant cette expédition risquée à Garibaldi : se débarrasser de lui. Étant donnée sa popularité en Italie et à l'étranger, son sacrifice aurait joué en faveur de la Cause au moins autant que sa survie menaçait d'embrouiller les choses. Bref un Garibaldi mort était plus utile qu'un Garibaldi vivant.

Il n'existe pas un seul document à l'appui de ces suppositions, qui prêtent à Cavour un cynisme bien répugnant. Hélas ! comme on sait, on ne prête qu'aux riches. Le moins que l'on puisse dire de lui est que, pour allumer la flambée d'enthousiasme dont sa diplomatie avait besoin, il jeta Garibaldi en plein danger.

Mais, pour Garibaldi, cela ne représentait pas une nouveauté. Sa vie tout entière n'avait été qu'un perpétuel « danger ».

Le 22, il traversa le Tessin à Casteletto et lança une proclamation au peuple lombard pour l'appeler à l'insurrection et lui rappeler Pontida et Legnano : « Qui est en âge de prendre les armes et ne les prend pas est un traître ! ». Le 23, il entra à Varese au milieu des acclamations et prononça un discours du balcon de l'Hôtel de Ville : « Quel que soit le bien que vous disiez de Victor-Emmanuel, vous n'en direz jamais assez ! » Il avait à peine terminé son allocution qu'on lui annonça l'arrivée de cinq mille Autrichiens. Les gens de la ville se réfugièrent précipitamment chez eux, persuadés que, d'ici peu, ils allaient avoir affaire à la police des Habsbourg pour l'accueil triomphal qu'ils avaient fait au « brigand ». Mais le brigand attendit l'ennemi de pied ferme, repoussa l'assaut massif de son centre, le contre-attaqua sur ses flancs et le contraignit à se retirer.

Ce fut un joli succès et il voulut l'exploiter. Il se mit à la poursuite des Autrichiens, les rejoignit à San Fermo et emporta une dure et sanglante bataille à sa manière préférée : la baïonnette. « Ils sont six mille, je me retire », télégraphia le général Urban à Gyulay, laissant ouverte à Garibaldi la route de Côme.

Pendant quatre jours, le *Lariano*, l'*Unione*, la *Forza* et l'*Adda* — les quatre vapeurs qui effectuaient le service sur le lac — firent des allées et venues incessantes pour échapper à Garibaldi, fuyant à qui mieux mieux, se souvenant de ce qui était arrivé dix ans auparavant à leurs frères du Lac Majeur. Tout le monde s'attendait à ce que Garibaldi marchât sur Côme et sur Lecco. Au contraire, il envoya à Côme Gabriele Camozzi et trois cents hommes, avec charge d'occuper aussi Lecco qui, entre-temps, s'était libérée elle-même. Et, faisant volte-face, il se dirigea sur Laveno. Il ne savait rien — ou à peu près — de ce qui était en train de se passer entre les Autrichiens et les Franco-Piémontais, et il voulait assurer ses arrières.

Mais cela ne lui réussit pas et, pendant un moment, il se crut perdu. À présent, l'ennemi pouvait l'écraser comme il voulait, et la population elle-même s'en rendit compte. À Côme, tandis que Garibaldi faisait retraite après son échec, le bruit se répandit que Varese avait été détruite en punition par les Autrichiens. Il y eut un sauve-qui-peut général. Camozzi, qui avait fini par s'emparer des quatre vapeurs, y chargea sa petite troupe, puis trois cents Autrichiens qu'il avait faits prisonniers, dont cinquante blessés. Et il mit le cap sur Menaggio.

On était le 1° juin. Et, à ce moment-là, Garibaldi se trouvait à Robarello, à la tête de ses hommes, fatigués, affamés et démoralisés. Il chevauchait son cheval noir et portait son chapeau à large bord au lieu de son béret d'ordonnance. Une calèche transportant un prêtre et une dame vint à leur rencontre.

« Quels beaux éclaireurs nous envoie l'ennemi ! » dit quelqu'un de sa suite.

En fait, la dame était belle et très jeune. Elle s'arrêta à la hauteur du général et lui dit qu'elle venait de la part des patriotes de Côme pour solliciter ses ordres et ses directives. Garibaldi l'invita à l'auberge de Robarello, s'assit avec elle à une table et écrivit sur une feuille de papier : « Monsieur Visconti je me trouve face à l'ennemi, à Varese. Envoyez ceux qui ont peur et les familles hors de la ville ; mais que la population masculine, soutenue par Camozzi, aidée de nos deux compagnies, de nos volontaires, encouragée par nos cloches sonnant le tocsin, fasse tout son possible pour résister. »

Il confia le billet à la jeune fille et se mit à parler avec elle. Elle s'appelait Giuseppina, avait dix-huit ans et était fille du marquis Raimondi, un ardent mazzinien, très riche. Elle avait suivi son père dans son exil en Suisse, mais elle était très souvent rentrée dans son pays en passant clandestinement dans sa voiture journaux, proclamations et fréquemment même des fusils.

Garibaldi l'écoutait, mais la regardait surtout, avec un vif intérêt. Il lui demanda où elle habitait. « À Côme », répondit-elle.

Le lendemain 2 juin, Garibaldi envoya un billet à Camozzi : « Je marche sur Côme. »

Entre le 2 et le 6 juin, il s'occupa peu de la guerre, se contentant des rares informations qui lui parvenaient sur les victoires remportées par les Franco-Piémontais à Palestro, Vinzaglio et Confienza.

Le marquis Raimondi lui avait ouvert toutes grandes les portes de sa magnifique villa de Fino Mornasco et, pour la première fois de sa vie, le général ne se sentit pas mal à son aise dans une demeure seigneuriale. Il s'y tenait peu, du reste, car il passait presque toutes ses journées en barque, ramant et racontant à Giuseppina ses aventures de *guerrillero* en Amérique du Sud. Giuseppina lui laissa tout le loisir de lui faire des confidences, mais elle ne lui permit pas de lui en arracher. Et lui qui, d'ordinaire, prenait les femmes comme l'ennemi — à la baïonnette — il ne s'y essaya pas, cette fois. Devant elle, il était timide et tremblant comme un collégien.

Le 6 juin, il était encore occupé par cette joute galante, quand il apprit qu'à quelques kilomètres de là, à Magenta, s'était déroulée une rencontre décisive au terme de laquelle l'empereur des Français avait télégraphié à Paris : « J'ai vaincu. »

Il n'avait pas vaincu. Et même, quand le crépuscule tomba sur le champ de bataille qu'encombraient quinze mille cadavres, le sort de cette bataille indécise penchait plutôt en faveur des Autrichiens. Mais ces derniers ne le savaient pas et, par conséquent, ils n'en avaient pas averti Vienne où n'arriva que le télégramme de Napoléon, par ricochet, télégramme qui y fit beaucoup de bruit. Gyulay, flairant dans l'air l'odeur de sa destitution (qui du reste survint une dizaine de jours plus tard) ordonna la retraite sur le Quadrilatère Vénète, ouvrant en grand la route de Milan à l'ennemi.

À cette nouvelle, Garibaldi s'éveilla de son hypnose, bien à contre-cœur, et se souvint qu'il était Garibaldi. Il prit un vapeur pour Lecco, y prononça un discours enflammé et, à Cisano, se mit à la tête de sa brigade pour marcher sur Brembo. À un moment donné, Camozzi, qui chevauchait à son côté, lui montra un clocher du doigt : « Voici le fameux monastère de Pontida ! » dit-il.

Garibaldi tira sur les brides d'un geste brusque, regarda longuement le clocher, puis, d'un coup d'éperon, il lança son cheval au galop. Il entra dans le cloître bénédictin, promena son regard autour de lui et murmura d'un air déçu : « Combien de fois ai-je prononcé le nom de Pontida ! »

Dieu sait ce qu'il croyait que c'était, Pontida !

Ils reprirent leur marche et, sur le soir, arrivèrent en vue de Bergame. Il y envoya en éclaireurs Nullo et Curo, déguisés en paysans. Ils entrèrent tous deux au cœur de la ville et, à leur retour, rapportèrent qu'il y avait huit mille Autrichiens dans la cité, mais huit mille

Autrichiens pleins de crainte et prêts à la fuite, tandis que toute la population n'avait qu'un nom à la bouche : celui de Garibaldi.

À l'aube, alors que les Chasseurs se préparaient pour l'assaut, arriva un Bergamasque hors d'haleine.

« Ils se sont enfuis ! Ils se sont enfuis ! » hurlait-il.

C'était Battista Camozzi, frère de Gabriel.

La ville avait pris son aspect de fête pour accueillir son libérateur. On ouvrit la porte avec solennité et les gardes rendirent les honneurs militaires. La cohue était telle que Garibaldi ne réussit qu'avec peine à rejoindre la villa Camozzi où il était invité. Et, tout de suite, la musique vint jouer sous ses fenêtres. Le bruit se répandit qu'un train chargé d'Autrichiens était sur le point d'arriver.

Garibaldi occupa la gare, cachant ses hommes en embuscade dans les magasins. Mais ce train n'arriva pas. En revanche, il arriva un télégramme du commandement autrichien de Vérone qui donnait à la garnison l'ordre de ne pas abandonner la ville. Garibaldi fit répondre : « Arrivée imminente de Garibaldi, envoyez renforts. »

« Envoyons renforts immédiatement », répondit le commandement de Vérone.

Mais les renforts n'arrivèrent pas. On les arrêta à Seriate. C'était un bataillon sans consistance, peu désireux de se battre. Une compagnie de garibaldiens commandée par Bronzetti et Gualdo les mit facilement en fuite.

La libération de Bergame coïncida avec un accès de banditisme. Un bon nombre de chasseurs mirent la ville à sac exactement comme si elle avait opposé de la résistance et, le lendemain, le journal local publia, entre autres, cette annonce : « Le général Garibaldi a perdu un pistolet anglais marqué aux initiales G.G… Le général remerciera en personne celui qui le lui rapportera. » Mais personne ne le lui rapporta. Il ne l'avait pas perdu, on le lui avait volé.

Cependant, il y en avait une autre, de nouvelle, dans le journal, ce matin-là, et qui fit beaucoup de bruit ! Celle de l'entrée à Milan de

Napoléon III et de Victor-Emmanuel II à la tête de leurs troupes victorieuses.

Et cela avait été un spectacle d'une mise en scène grandiose.

Le cortège s'ouvrait sur un peloton des Cent-Gardes, à cheval, dans leurs uniformes ajustés et rutilants. Quinze pas en arrière venaient les officiers d'ordonnance du Roi. Quinze autres pas encore, et c'étaient les officiers d'ordonnance de l'Empereur. Puis les deux souverains, seuls, suivis de leurs états-majors respectifs.

Ils défilèrent entre les haies d'une foule qui applaudissait, sous un tourbillon de fleurs et dans le bruit assourdissant des cloches en liesse. Ici et là, les cordons de protection furent rompus, des femmes dépeignées élevèrent leurs enfants vers Napoléon pour qu'il les bénît et baisèrent les harnais de l'alezan qu'il montait. « Pour la première fois, écrivit le comte de Hérisson, les traits impassibles et pleins de mystère de l'Empereur ont tressailli d'émotion. »

Le lendemain, 9 juin, *Te Deum* solennel dans la cathédrale. Les deux souverains l'écoutèrent agenouillés devant l'autel. Le chapelain français, Laine, entonna le *Domine, salvum fac imperatorem nostrum, Napoleonem,* et la fanfare du régiment des Guides lui répondit. Mais on attendit en vain une invocation du même genre en faveur de Victor-Emmanuel. Cette omission fut due, paraît-il, à une négligence des prêtres, mais beaucoup y virent une prise de position voilée de l'Église à l'égard du souverain de la Maison de Savoie.

Cependant l'incident ne troubla pas l'atmosphère de joie intense. Devant la villa Beauharnais où logeait Napoléon, et devant le palais Serbelonni où Victor-Emmanuel avait établi ses quartiers, les jardins étaient continuellement pris d'assaut par une foule en fête. Le 10, on donna un « gala » à la Scala. Les yeux des Français furent plus attentifs au spectacle de la salle qu'à celui qui se déroulait sur la scène. « Des flots de diamants serpentaient sur le cou des patriciennes lombardes » écrivit l'un d'eux.

Mais, derrière cette façade, régnait une grande confusion dans laquelle se faisaient jour toutes les équivoques qui présidaient au *Risorgimento*. Cavour, qui se moquait des cérémonies et pour qui ne comptaient que les choses sérieuses, était resté à Turin ; mais il avait à Milan un homme de confiance, le comte Giulini, qui l'informait minutieusement de tout ce qui s'y passait. Les mérites que lui avaient valus 1848 et sa fidélité éprouvée à l'égard de la Maison de Savoie faisaient de lui l'homme du moment, mais sa tâche n'était pas facile. Juste à la veille de la libération, on avait constitué, par ordre de Cavour, une espèce de C.N.L. qui devait procéder à l'épuration et à l'expédition des affaires courantes pour Milan et la Lombardie. Mais, une fois la libération arrivée, Turin avait imposé des fonctionnaires qui dégageaient une forte odeur de collaboration, au grand scandale de ceux qui comptaient sur leurs mérites de résistants pour faire carrière. « La nomination de Vigliani au poste de gouverneur, écrivait Oldofredi à Giulini, a stupéfié tout le monde… Le parti de ceux qui sont restés fidèles depuis 1848, qui ont implanté l'opposition permanente ct qui ont donné leur adhésion depuis le premier jour a été tenu à l'écart. Cela est décourageant. Je ne parle pas pour moi. » Personne ne parlait pour soi, mais chacun parlait contre un autre. « Vous avez pris avec vous le député Cavallini, brave homme, mais bourrique… » « Une charge dans ma ville natale ne m'aurait pas été désagréable », écrivait avec moins de détours le professeur Mauri.

Cavour ne pouvait perdre son temps à pareilles misères. Il était pressé. Il savait qu'il ne pouvait se fier à Napoléon que dans une certaine mesure, car cet émotif pouvait changer d'opinion d'un moment à l'autre — et tout arrêter. De Paris arrivaient des nouvelles alarmantes. Toujours sensible à la gloire militaire, la France avait salué avec joie les victoires de son armée en Italie, mais elle ne voyait pas bien à quoi elles servaient ; et les milieux catholiques, tout spécialement, continuaient à être hostiles. Il convenait donc de maintenir l'Empereur dans la chaleur d'un véritable bain d'enthousiasme,

enthousiasme qu'il fallait faire naître partout, chez tous, et au prix de n'importe quel moyen, même si les équivoques les plus énormes devaient en résulter. Et pour cela, le meilleur outil dont on disposait, c'était toujours Garibaldi.

Ce dernier fut convoqué par le Roi le soir du 10 juin, celui-là même où avait lieu le « gala » à la Scala. Il arriva incognito et repartit tout de suite après, avec l'ordre d'occuper Brescia et d'y préparer les fleurs et les cloches pour l'arrivée de l'armée de libération. Napoléon avait la manie de vouloir être considéré comme l'instigateur des barricades — il convenait de lui en faire trouver partout où il arrivait. Garibaldi repartit la nuit même pour mener à bien l'opération prévue pour la journée du 13. Emilio Visconti Venosta, qu'on avait placé à ses côtés comme commissaire royal et qui était chargé, en réalité, de le surveiller, en profita pour venir à Milan et rencontrer Vigliani. Il voulait savoir comment se comporter, car sa position n'était pas facile. Il devait faire office de « tampon » entre l'ordre et la révolution, entre le gouvernement de Sa Majesté et Garibaldi. Cavour visait à une chose impossible : il voulait que la révolution éclatât, de manière à séduire Napoléon, mais il entendait qu'elle restât « dans l'ordre » et « savoyarde » afin que ne s'y infiltrassent ni Mazzini ni les radicaux.

Visconti repartit le soir du 12 pour être aux côtés de Garibaldi le lendemain, lorsqu'il entrerait à Brescia. Mais Garibaldi y était déjà entré, à Brescia, car les Autrichiens l'avaient abandonnée, n'y laissant qu'un chaos auquel les garibaldiens collaboraient de tout leur cœur. En attendant, on ne savait plus ni qui ni combien l'on était, car, au fur et à mesure que la victoire se dessinait, de nouvelles recrues affluaient et chacune d'elles se croyait en droit de réquisitionner vivres, logements, vêtements, chevaux, sans délivrer de reçus, quand elles n'en délivraient pas de faux. Des gens compromis avec le régime défunt et craignant des représailles et une épuration s'étaient faufilés également dans les rangs des garibaldiens, y voyant la plus sûre des cachettes. Bref, l'Italie de 1859 n'était pas très différente de celle de 1945 : un mélange indéchiffrable de héros et de lâches, d'idéalistes et de coquins.

À Turin, quand parvinrent les premiers rapports, Minghetti parla de faire arrêter Visconti comme responsable. Cavour « entra en fureur et frappa du poing sur la table », écrivit Oldofredi. Et il ajoute : « Ce qui se passe dans les coulisses a de quoi épouvanter. »

Le seul à ne pas s'apercevoir de tout ce désordre — il s'y sentait comme chez lui — était Garibaldi, tout heureux, même, de voir augmenter les effectifs de son armée. Il était si enthousiaste que, lorsque lui parvint, du quartier général, l'ordre d'attaquer l'ennemi à Lonato, il ne souleva pas d'objection. Et, avec ses dix mille volontaires de fortune, il marcha contre les deux cent mille Autrichiens qui y étaient rassemblés.

« Ils ont voulu se moquer de nous, et la plaisanterie a un peu tourné au tragique », dit-il au retour de cette rossée.

Mais un autre ordre vint immédiatement lui rendre du courage : celui de marcher sur la Valtelline, via Lecco, pour interdire le col à un gros contingent autrichien, qu'on disait vouloir se jeter sur Côme, par le Stelvio. Il arriva à Lecco à la tombée de la nuit, en même temps que la nouvelle de la décisive mais cruelle bataille de Solférino. Encore une fois, on l'avait éloigné juste au bon moment.

À Solférino, ce n'était pas Gyulay qui commandait les forces de la Monarchie des Habsbourg. Il avait été destitué la veille même. Cela n'empêcha pas les Autrichiens de laisser sur le terrain vingt-deux mille cadavres auprès de ceux de dix-sept mille Franco-Piémontais. Tombèrent également cinq *Feldzeugmeister*, soixante lieutenants-colonels, et soixante-dix majors généraux de l'armée autrichienne : non sous les balles des soldats de Napoléon, mais sous les décrets de mises à la retraite anticipée. Pour la première fois, on commença à se demander à Vienne si, comme l'assurait le général Grünne, la force d'une armée réside dans le fait que la capote des soldats est boutonnée hermétiquement, leurs cheveux coupés à la longueur réglementaire et leurs moustaches passées au cirage.

Mais le spectacle du champ de bataille de Solférino, au soir du 24 juin, provoqua un raz-de-marée bien plus considérable dans l'âme impressionnable et versatile de l'empereur français victorieux. Dans les accords de Plombières, il s'était engagé à libérer l'Italie « jusqu'au Piave ». Mais tout ce sang l'avait profondément troublé et, à cela, s'ajoutaient de sérieuses préoccupations politiques. La défaite autrichienne faisait vaciller les trônes de l'Italie centrale et avait semé le trouble dans les États de l'Église, particulièrement dans la turbulente Romagne, alarmant fortement le pape qui protestait vivement auprès de Paris.

Napoléon était un simulateur de premier ordre. Il fit semblant de préparer la grande bataille qui devait assener le coup de grâce à l'ennemi ; il fit même disposer quatre cents voitures pour le transport des blessés. Mais, en même temps, il avait déjà pris la décision de s'arrêter non sur les rives du Piave, mais sur celles du Mincio. Les Habsbourg conserveraient les Vénéties, Mantoue, Peschiera et le duché de Modène.

Victor-Emmanuel fut plongé dans l'angoisse. Il ne craignait ni l'Autriche, ni la France, ni les réactions de l'opinion publique italienne devant cette brusque volte-face. Mais il ne savait comment l'annoncer à Cavour, à son arrivée de Turin.

L'hagiographie du *Risorgimento* s'est efforcée de transposer la rencontre du roi et de son Premier ministre sur un ton élevé et shakespearien. Mais la vérité nue et crue est que Cavour perdit complètement la tête et, oubliant non seulement l'étiquette, mais la politesse la plus élémentaire elle-même, hurla à l'adresse du roi : « Vous êtes une merde ! ».

Bien que peu attaché à la forme, le pauvre Victor-Emmanuel en resta hébété. Et ce n'est que plusieurs heures plus tard qu'il retrouva suffisamment de souffle pour confier à son aide de camp : « Cavour s'est mal conduit à mon égard et il a presque été insolent. »

Admirons ce « presque ».

Sur son bureau se trouvait une lettre de Garibaldi qui arrivait tout juste de Sondrio. En réponse au souverain, qui lui avait écrit quelques jours auparavant pour l'inviter à rester dans la Valteline sans entreprendre l'escalade du Stelvio et pour lui recommander « prévoyance, prudence, et sagesse », le général s'engageait à obéir, mais demandait en échange des souliers et des fusils pour ses volontaires qui n'en avaient pas.

Garibaldi s'était aperçu que personne n'allait arriver par le Stelvio, mais il était à mille lieues de soupçonner que la guerre était terminée ; il pensait à une marche de libération sur Venise et il attendait le « feu vert » de Cialdini sous les ordres de qui on l'avait placé après Lonato, précisément pour l'empêcher de prendre des initiatives dangereuses. Mais en attendant, dans l'inaction, sa petite armée se dissolvait. Les volontaires désertaient avec la même facilité qu'ils s'étaient engagés, et Garibaldi fit afficher une proclamation dans laquelle il menaçait de la peine de mort ceux qui ne rentreraient pas à la caserne. Mais cette menace elle-même n'eut aucun effet. Les jours passaient, monotones, dans ce petit coin à l'écart de l'histoire et de la chronique, et il semblait que tout le monde eût oublié Garibaldi.

Une seule personne se souvenait de lui et continuait, de Rome, à lui écrire lettre sur lettre : Speranza. Dans sa dernière épitre, elle lui racontait qu'elle avait acheté au prince Rospigliosi un pur-sang arabe âgé de six ans qu'elle avait baptisé Frontino, et elle lui promettait de le lui amener en le montant elle-même, car, comme toujours, « le paradis sur terre est sur le dos des chevaux ».

« Ma Speranza, répondit-il, vous êtes toujours aussi bonne, aussi aimée. Vos lettres sont le reflet de votre âme angélique. Et je suis une brute d'être resté si longtemps sans vous écrire ! Veillez sur votre santé, amie chère à mon cœur, et lorsque vous serez rétablie, pensez que j'ai besoin de vous voir et de vous approcher, et que je ne le peux pas pour l'instant. »

Oubliant ses déceptions précédentes, Speranza décida de partir sur-le-champ pour amener le cheval à son héros. Mais ce fut précisément le jour où elle retomba malade et où le médecin lui conseilla une cure à Cauterets, dans les Pyrénées. Speranza grimpa tout de même en croupe et prit la route de Sondrio. Mais, parvenue dans les environs de Gênes, elle s'évanouit et tomba de selle. On la transporta à l'hôpital où la rejoignit l'éternel Dodero qui réussit à lui ôter Garibaldi et Sondrio de l'esprit, et à la conduire en carrosse vers les Pyrénées. Ce fut un voyage malheureux. À San Remo, le carrosse versa. Et, à Nice, Speranza arriva en plein tremblement de terre.

Cependant, Garibaldi ne se portait pas bien, lui non plus. Non tant à cause des rhumatismes, qui avaient recommencé à le faire souffrir, qu'à cause du fait que, avec la nouvelle de la paix de Villafranca qui réduisait à néant tous ses rêves de bataille, de victoires et de libération, lui était parvenu l'ordre de dissoudre son corps de volontaires. Comme cela, de but en blanc, sans même un certificat de bons et loyaux services, avec seulement une indemnité misérable et l'autorisation de conserver « l'habit et la capote », tous devaient rentrer chez eux, à l'exception des Vénitiens lesquels, empêchés de rentrer dans leur province à cause des Autrichiens, pouvaient s'engager dans l'armée régulière piémontaise.

À ce moment-là, Garibaldi se trouvait à Lovere, sur le lac d'Iseo.

Il laissa les *Commentaires* de Jules César (en traduction, bien entendu) où il avait cherché une consolation aux douleurs de l'arthrite, et écrivit à Speranza qu'il voulait la revoir, qu'il avait besoin d'elle.

Les volontaires ne voulaient pas entendre parler de congé. Ils s'éparpillèrent en petites bandes armées qui allèrent frapper à toutes les portes, publiques ou privées, pour demander de l'argent — pour le meilleur ou pour le pire.

Giuseppina

« Appelé au commandement des troupes de l'Italie centrale, avait-il écrit au roi, qui entendent s'opposer au retour des petits tyrans, c'est avec douleur que je quitte l'armée valeureuse commandée par V. M.. Mon ami Valerio lui dira les délicates raisons pour lesquelles, avant d'accepter ce commandement, je ne suis pas venu saluer V.M. comme j'en avais le désir ; les mêmes délicates raisons m'empêcheront de la revoir avant de quitter le sol du Piémont. Mais partout où je me trouverai, V.M. peut être certaine que se trouvera un soldat de la cause italienne, dont V.M. est le noble chef. »

Mais, en dépit de ces délicates raisons, il alla chez le roi, vêtu d'un uniforme de toile déchiré qui scandalisa tout le monde sauf Sa Majesté. Cette entrevue se déroula aussi sans témoins ; mais les deux hommes durent laisser échapper des confidences, car ils étaient tous deux également déçus.

Napoléon s'était conduit avec une réelle grossièreté envers Victor-Emmanuel. Le 6 juillet, il l'avait laissé ranger ses troupes auprès de celles des Français, en vue de la bataille décisive qui devait libérer Venise ; et ce n'est que quelques heures avant le signal de l'attaque qu'il lui avait communiqué ses intentions pacifiques. Pour le pauvre roi, entre cet empereur renfermé et insaisissable et un Cavour en proie à une rage écumante, les journées de Villafranca avaient été très pénibles. Tout s'était déroulé en un éclair : le 6 l'annonce de l'événement ; le 8, l'armistice ; le 11, la paix avec un François-Joseph venu en personne céder la Lombardie et un morceau de Vénétie, non aux Piémontais, mais aux Français. Le Bonaparte n'avait pas même su épargner cette humiliation à son allié.

Mais à présent, il fallait continuer de toute manière. Sans le soutien de l'Autriche, les petits États de l'Italie centrale se désagrégeaient d'eux-mêmes. Toscane, Romagne, Parme et Modène avaient instauré des gouvernements provisoires en place de leurs ducs, grands-ducs et légats pontificaux, et ils avaient formé une ligue militaire dont ils avaient offert le commandement précisément à Garibaldi. Il allait l'accepter. Mais il désirait un « ordre de marche » du roi, son idée fixe. Cette fois, c'étaient les mazziniens — Bertani, Guerzoni, Alberto Mario — qui, à leur tour, avaient en vain tenté de lui ôter cette idée de l'esprit, en lui proposant de prendre la tête de l'opposition radicale dans ces petits États. Mais ils n'avaient aucun titre pour lui délivrer des « ordres de marche ». Seul le roi le pouvait.

Victor-Emmanuel savait-il, alors, que Garibaldi avait été joué comme d'habitude, puisque, après l'avoir attiré grâce au mirage du commandement, Bettino Ricasoli, qui avait pris le pouvoir à Florence, entendait l'offrir discrètement au général Fanti ? Non, peut-être. Le roi avait confiance en lui et la destitution de Garibaldi fut un complot monté par Cavour et La Marmora — toujours eux — qui donnèrent le ton à Ricasoli. Cependant, l'« ordre de marche », il le lui délivra, et aussi l'éternelle recommandation d'agir avec le maximum de prudence. Après la paix de Villafranca, on était entré dans la phase diplomatique, et le Piémont était contraint de ne pas troubler le calme de l'Europe. Il convenait que l'Italie centrale accomplît son union avec le Piémont elle-même et sans désordre, sans provoquer d'alarmes, surtout en ce qui concernait l'Église. Bref il fallait une révolution à l'italienne, une révolution qui en fût une sans l'être, sans barricades, sans effusion de sang. Pour que ce fût une révolution, on avait fait appel à Garibaldi ; et pour que ce n'en fût pas une, on avait mis Manfredo Fanti au-dessus de lui.

Garibaldi n'en fit pas un drame. Il savait que, s'il y avait à combattre, il gagnerait le commandement sur le champ de bataille ; et que s'il n'y avait pas à combattre, il était inutile d'avoir un grade. À Florence, au balcon du Palazzo Vecchio, il reçut les ovations de la foule, puis il partit pour Modène où se trouvait le quartier général des troupes qui ne formaient guère qu'une division de soldats de fortune mal organisée. Il s'aperçut tout de suite qu'il n'était là que pour la « figuration » et il se replongea dans sa correspondance avec Speranza.

« Ma Speranza, combien véritablement précieuse me serait la présence de votre beauté, ne fût-ce qu'un seul instant ; mais ma situation est si précaire que je n'ose vous dire : venez ! Deidery m'a écrit qu'il va mieux et qu'il aimerait faire un voyage pendant sa convalescence. Ne pourriez-vous pas, par exemple, combiner quelque chose avec cette chère famille ? Mon bonheur serait inestimable, si vous arriviez et si vous m'ameniez des gens de mon pays. De toute façon, écrivez-moi vos projets et je ferai pour ma part mon possible afin de vous attendre ou de me porter à votre rencontre. »

Une lettre lui parvint le dernier jour d'août. Mais elle ne venait pas de Cauterets. Elle arrivait de Côme et c'était la petite marquise Raimondi qui la lui avait écrite. Ce qu'elle lui disait, nous pouvons le déduire de la réponse qu'il lui fit quatre jours plus tard : « Madame, votre lettre a été un baume pour moi et je vous en suis reconnaissant. Votre cher souvenir m'a frappé au vif. *Le lac…Les rames ! Votre maître dans l'art de la navigation à voile…* Ces mots écrits de votre main m'ont rempli d'émotion. Donc, puisque vous m'acceptez comme maître, je vous dois un aveu qu'au nom de l'estime que vous m'assurez me porter, vous voudrez bien garder pour vous seule ; et, si l'envie vous prend de partager un jour ce secret avec quelqu'un, il vous faudra m'en demander la permission : sommes-nous bien d'accord ?… Parfait !… Je vous aime !… Et je ne crois pas qu'il soit possible à un homme de vous approcher sans vous aimer !… Donc… je vous aime ! Et jamais l'amour d'un homme n'a pu se porter sur créature plus belle, plus gracieuse, plus attirante !… Le désir de vous posséder a pris naissance à la suite du sentiment qui est né en moi lorsque je vous ai vue pour la première fois. Un jour — oh Dieu !… En pressant mes lèvres sur votre main — je vous dirai : "Je veux vous appartenir à tout prix !" Et moi, assoiffé d'entreprises difficiles. Moi, avec l'audace du soldat… je jetterai à vos pieds une existence brisée, et sans attrait pour vous ! Oh ! Vous et votre visage d'ange ! Vous et votre âme d'Italienne ! Ne piétinez pas le cœur de Garibaldi qui se consacre à vous avec autant de ferveur qu'il s'est consacré à l'Italie toute sa vie durant ! Mais je reviens en arrière !… car lorsque je vous ai dit que je voulais vous appartenir… j'ai prononcé un faux serment !… un blasphème ! J'appartenais à une autre femme !… Je me suis aperçu, belle Giuseppina, que vous payiez mon affection de votre amitié — non de votre amour : mon amour-propre en fut mortifié ; mais je n'ai pas manqué de me dire : je ne méritais pas mieux ! À présent, vous devez m'écrire — Madone ! — et me dire que vous m'accordez un peu d'amitié… Je m'en contenterai comme d'un sentiment précieux… Mais !… Ne dites pas — pour l'amour de Dieu ! — que je vous suis indifférent ! J'en serais désespéré !… Un salut cordial pour votre famille. Pour la vie, votre G. Garibaldi. »

En attendant que Giuseppina répondît quelque chose, il passa des journées d'angoisse, mais Giuseppina ne dit rien. Alors il reprit la plume et écrivit à nouveau, mais, cette fois, à Speranza.

« Ma Speranza, vous ne devez jamais craindre que mes sentiments à votre égard ne tiédissent, vos lettres sont un baume véritable dans ma vie qu'agitent les tempêtes. De toute façon, venez, je serai toujours très heureux de pouvoir vous baiser la main. Dans le cas où vous ne me trouveriez pas à Modène, vous apprendriez ici quel est mon sort et je vous rejoindrais dès que je serais averti. De toute façon, venez… »

Et, toujours disciplinée, Speranza vint, après avoir pris Deidery et Teresita à Nice. Ils furent accueillis par Menotti, Frusciante et Carpaneto, et somptueusement logés dans la villa ducale sur l'ordre de Farini, chef du gouvernement. Mais Garibaldi était parti et personne ne savait où il était. Quatre jours passèrent. Pour se calmer, le soir, Speranza jouait des saltarelles et des tarentelles sur sa mandoline, qu'elle emportait toujours avec elle ; Teresita dansait avec les visiteurs et madame Deidery, ennemie acharnée du gaspillage, s'occupait en éteignant les chandelles. Enfin, le quatrième jour, arriva un télégramme : Garibaldi était à Ravenne où il les attendait.

Ils partirent immédiatement, tous — y compris Menotti — en voiture, et parvinrent à minuit à Bologne, où ils logèrent chez Brun, au grand dam des Deidery qui trouvaient cette auberge trop coûteuse et désiraient ne pas s'arrêter — chose à laquelle le voiturier se refusa.

À Ravenne, où ils arrivèrent le lendemain à la tombée de la nuit, ils virent, sur les murs, des affiches qui chantaient les louanges « de la famille du Preux ».

Garibaldi n'essaya même pas de rester un instant en tête à tête avec Speranza, et il embarqua immédiatement toute la réunion de famille dans deux voitures. Dans la première, il prit place avec Speranza, madame Deidery et Teresita ; dans la seconde montèrent les hommes. Suivaient trois carrioles chargées de « fidèles ».

C'était une belle journée et le général était expansif. Il s'abandonna aux souvenirs que la vue de ces lieux rappelait à sa mémoire — mauvaise et imprécise — et au plaisir de l'enthousiasme que faisait naître partout son apparition. Peut-être avait-il précisément fait venir Speranza pour se montrer à elle sous le jour de son triomphe.

L'accueil fut particulièrement chaleureux à la ferme Guiccioli où l'attendait une masse de gens accourus de toutes parts — et un banquet magnifique qui, en principe, était prévu pour dix-huit personnes, mais auquel vinrent participer — l'un après l'autre — des douzaines d'admirateurs dont chacun avait ou disait avoir quelque titre à la reconnaissance du héros. Garibaldi reconnut ou crut reconnaitre tout le monde, distribua embrassades, signatures, poignées de main et, à la fin du repas, prononça un discours interminable qui n'était qu'un hymne en l'honneur de Victor-Emmanuel et des gloires militaires nationales. « Il suffit de quinze jours pour faire d'un Italien un parfait soldat », déclara-t-il — et il était peut-être d'une bonne foi absolue.

Il repartit en carrosse après son banquet, suivi d'une cinquantaine d'autres voitures, effectuer la route qui conduisait à une chapelle solitaire. Là était enterrée Anita. Le général s'agenouilla sur sa tombe. Un prêtre célébra une messe et délivra l'acte de décès : qui faisait enfin de Garibaldi un veuf, apte à convoler en secondes noces.

Le retour fut un triomphe. À Bagnacavallo, à Massalombarda, à Medicina, la foule en délire détacha les chevaux et traîna sa voiture. À Lugo, on dut s'arrêter pour permettre aux délégations accourues des alentours de rendre hommage au preux. Il y eut des défilés, des discours, des concerts où l'on jouait l'Hymne de Garibaldi entre deux danses champêtres — et tout le monde, particulièrement Teresita, se jeta dans le bal dès les premières mesures. Madame Deidery en profita pour prendre Speranza à part et la supplier d'accepter les propositions de mariage de Garibaldi, sinon, à présent qu'il possédait l'acte de décès, il épouserait Battistina. Mais Speranza répondit avec dignité qu'elle ne jetterait jamais dans la douleur cette pauvre femme qui avait donné une fille au général. Ou, tout au moins, c'est ce qu'elle rapporta dans ses Mémoires.

Elle était pleine d'irritation à l'égard de Garibaldi qui continuait à éviter tout tête-à-tête — et elle se demandait pourquoi il l'avait fait venir jusqu'ici. En remontant en voiture, il lui offrit, comme d'habitude, la place du fond, à côté de madame Deidery. Cette scène se répétait chaque fois et avait fini par la heurter. Cette fois elle refusa, et s'assit avec Teresita sur le siège le moins commode, celui qui était disposé dans le sens contraire à la marche. Et Garibaldi grimpa à côté du cocher. Au bout d'un moment, il se retourna pour voir si elle lui avait obéi. Elle n'en avait rien fait. Alors, il entonna à pleine voix une chanson espagnole.

Lorsque, après dix-sept heures de chaos, d'applaudissements et d'ovations, ils arrivèrent enfin à l'hôtel Brun, à Bologne, Garibaldi, après s'être un peu rafraîchi, sortit de sa chambre pour frapper à la porte de Speranza et faire la paix avec elle. Mais un piquet de bersagliers qui se trouvait dans le corridor lui présenta les armes. Le général rentra chez lui.

Ils continuèrent à ne se voir qu'aux repas, et au milieu d'une nuée d'invités. Un soir, pendant qu'on disposait le couvert, il lui dit qu'il désirait lui montrer quelque chose d'extraordinaire, et il la conduisit dans une chambre où se trouvaient deux drapeaux superbement brodés.

« Croyez-vous que ce soit le travail de mains féminines ? » lui demanda le général.

Speranza répondit que non ; cela devait être l'œuvre de quelque grand artiste.

« C'est un cadeau des filles du marquis Raimondi, dit le général. Elles les ont faits de leur propre main. » Et il ajouta : « Le marquis Raimondi m'a souvent prié d'aller passer quelque temps chez lui, dans sa villa du lac de Côme. Nous irons dès que j'aurai un peu de liberté. »

Qui sait ? Peut-être eût-il voulu lui confier que ce don l'avait rendu si heureux qu'il s'était senti un autre homme. Mais il ne dit rien, et ils descendirent pour le dîner qui fut mouvementé comme toujours. À un moment donné, Garibaldi se moucha, mais tout ce qui sortit de son nez lui resta dans la main, car son mouchoir avait un énorme trou. Tout le monde en fut embarrassé, sauf lui, qui se nettoya de son mieux. Tout de suite après, Speranza sortit pour acheter une provision de mouchoirs qu'elle fit parvenir au général par l'intermédiaire de Frusciante, alla faire ses valises et dit à Teresita qu'elle rentrait à Rome, tout en la priant de ne pas en avertir son père.

Peu après, elle vit arriver un écrin dans sa chambre. À l'intérieur, se trouvait un anneau portant un diamant, une émeraude et un rubis — les couleurs du drapeau italien — et une épingle d'or qui se terminait par un lézard, et d'un travail admirable. Speranza voulut refuser, mais madame Deidery et Teresita, porteuses du présent, lui dirent que le général en serait offensé. Alors elle se rendit chez lui. Et elle le trouva plongé dans une montagne de journaux.

« Acceptez ce petit souvenir de ma part », lui dit-il pour prévenir toute discussion. « Vous devez porter cet anneau par affection pour moi. »

« Mais il appartient à une autre ! » interrompit Speranza.

Au même moment entra le colonel Deidery qui partageait la chambre de Garibaldi. Ce dernier fut visiblement soulagé par cette intervention inespérée.

« Ne croyez pas que je vous aurais laissée partir sans vous dire adieu », lui dit-il. J'avais quelque scrupule, car j'aurais dû me présenter sans chaussures : l'unique paire que je possède m'est étroite et je n'ai pas de pantoufles. »

« Je ferai en sorte que vous ne soyez pas obligé d'entrer dans l'ordre des Carmes déchaux, répondit Speranza. De Florence, je vous enverrai une paire de pantoufles brodées de ma main. »

Ils se saluèrent alors. Elle partit à deux heures de la nuit. Et aucun membre de la famille ni de la suite du général ne se dérangea pour l'accompagner. Elle dut traîner toute seule ses pesantes valises jusqu'à la diligence.

Mais à peine était-elle arrivée dans la capitale de la Toscane qu'un télégramme la rejoignait : « Le général Garibaldi désire savoir si vous restez à Florence : il aurait une chose importante à vous communiquer. »

Toute autre femme, à sa place, aurait perdu patience avec cet homme qui, lorsqu'elle était près de lui, n'avait rien à lui dire, semblait même ne pas s'apercevoir de sa présence, et la réclamait dès qu'elle s'était éloignée. Mais Speranza répondit : « Je reste à Florence, vous pouvez disposer de moi. »

Cinq jours passèrent : cinq jours de silence. Enfin, une lettre arriva :

« Ma Speranza, dites-moi s'il vous serait possible de vous rendre à Messine pour une mission très délicate. Je voudrais être à Florence pour vous y baiser la main, mais cela est impossible. Répondez par télégraphe si oui ou non. »

« Oui, répondit Speranza. Désirez-vous que je revienne à Bologne ? » Cette fois la réponse ne se fit pas attendre. Non, il n'était pas nécessaire qu'elle revînt à Bologne. Il allait lui envoyer une personne chargée de la mettre au courant de toute l'affaire.

Speranza attendit, convaincue qu'allait lui apparaître Medici, Bixio ou Deidery. Mais ce fut une petite blonde qui se présenta, vêtue de noir, dans les trente-cinq ans, avec des manières assez frustes et effrontées : elle lui montra bravement l'« ordre de marche » écrit de la main de Garibaldi : « Ma Speranza, la porteuse est une amie sincère de l'Italie ; je l'ai chargée de vous communiquer un projet. Vous pouvez avoir une entière confiance en elle. »

Speranza lut, regarda la petite blonde et, après un silence, demanda de quoi il s'agissait. Mais l'autre répondit qu'elle n'en savait rien et qu'elle était contente, tout simplement, de se mettre au service de la « Corinne de notre époque ». Il y eut encore un silence. Puis, d'un geste mystérieux, la petite blonde finit par tirer une petite feuille de papier d'un pli de sa robe, avec une épingle, et elle la tendit à Speranza. Toujours de la main de Garibaldi, elle put y lire les lignes suivantes : « Aller à Messine, y voir le consul britannique, s'entendre avec le Comité, le mettre en relation avec moi et avec celui de Palerme. Prudence ! Mais marcher courageusement en direction de l'objectif, car la Cause aura une heureuse issue. »

C'était beau, mais plutôt vague. Sur quoi devait-elle s'entendre avec le Comité ?

La petite blonde continuait à protester qu'elle ne savait rien.

Mais, après un nouveau silence, elle tira des plis de sa robe un troisième petit billet, rédigé lui aussi de la main même de Garibaldi : « Ma Speranza, j'ai pleine confiance en votre âme d'ange. La mission dont je vous charge est sainte, mais très dangereuse. »

Cela devenait de plus en plus beau, mais également de plus en plus vague. Toutefois, à présent, Speranza avait compris et elle attendait. Et, en fait, après un petit moment, elle vit sortir des plis de la robe de la petite blonde, un quatrième message, beaucoup plus circonstancié, celui-ci. C'était une proclamation de Garibaldi à l'adresse du peuple sicilien afin de l'appeler à l'insurrection. Et, au bas de la feuille, se trouvaient les noms des cinq conjurés auxquels elle devait être confiée. Des vêtements de la petite blonde, le pli passa dans ceux de Speranza et les deux femmes partirent pour Livourne où, le 8 octobre, elles s'embarquèrent sur le *Vatican*, directement pour la Sicile. L'histoire n'a jamais tiré au clair les dessous de ce mauvais petit roman annexe, qui n'a fait que démontrer avec quelle légèreté puérile et dans quelle improvisation on conspirait en Italie à cette époque. La petite blonde aura été sans aucun doute une amie sincère de l'Italie ; elle l'était encore plus des mâles qui passaient à sa portée. Elle commença par attirer dans ses filets le commandant du navire. Puis, à Naples, elle disparut purement et simplement dans le sillage du prince Colonna, venu au port pour saluer Speranza, laquelle avait fait à sa compagne un portrait très flatteur du personnage comme patriote et comme amant.

Speranza poursuivit son voyage seule, avec intrépidité ; elle débarqua à Messine et se présenta chez le consul anglais, Richarson, lequel, en apprenant qu'elle venait de la part de Garibaldi, explosa en imprécations et qualifia le héros de « bandit » et de « paillasse ». Quelques heures plus tard, Speranza était arrêtée par la police des Bourbons et placée sous bonne garde. Mais la « bonne garde » avait été confiée à un geôlier sicilien qui, moyennant finances, la relâcha tant et si bien qu'il finit par consentir à l'élargissement complet de la prisonnière. Sur le bateau qui la ramenait à Livourne, Speranza dut penser que, pour ce qui était du sérieux, oppression et révolution se valaient bien.

En attendant, Garibaldi s'était mis lui aussi dans les difficultés. Pendant tout le mois d'octobre, il avait attendu des lettres de Côme en réponse aux siennes, suppliantes et pressantes. Mais après les drapeaux, il n'était plus rien arrivé de là-bas. Alors, il avait tenté de se distraire par l'action, et il s'était mis à rédiger des proclamations. Il en lança une à l'adresse des anciens combattants de l'armée sarde pour les attirer dans ses rangs, une autre à celle du peuple napolitain (« … Nous avons combattu comme combattent les Italiens lorsqu'ils sont unis, et vous n'étiez pas avec nous !… Mais cette fois, vous serez avec nous par la volonté et par le bras… »), une troisième à celle des municipalités de Romagne, une quatrième à celle des soldats pontificaux pour les inviter à déserter.

À Turin, on s'alarma. Cavour s'efforçait de maintenir le calme dans les eaux de la diplomatie européenne pendant que les gouvernements de la ligue d'Italie Centrale préparaient les plébiscites qui consacreraient l'union des petits États au Piémont. Même l'Angleterre, qui voyait l'opération d'un bon œil, recommandait prudence et discrétion. Fanti reçut l'ordre de contenir ce fou qui risquait de tout faire échouer ; mais ce n'était pas facile. Les rapports entre les deux généraux se tendirent. Fanti refusa d'enrôler les Chasseurs Alpins qui accouraient de Lombardie et, naturellement, ne reconnaissaient d'autre chef que Garibaldi. Et comme ce dernier ne semblait pas l'avoir compris, il donna à ses officiers l'ordre de lui désobéir.

Pour finir, ce fut le roi en personne qui intervint, en faisant appeler Garibaldi. Il lui dit qu'il l'aurait bien volontiers débarrassé de Fanti, mais il le pria de ne pas franchir la frontière des États pontificaux, quoi qu'il pût arriver. Pour la première fois, Garibaldi lui fit mauvais visage. À présent, lui dit-il, il s'était engagé à courir à l'aide des villes qui se révolteraient contre le pape. Le roi, effrayé, rappela Fanti en lui ordonnant de se tenir prêt à abandonner son poste à Garibaldi de manière que, si quelque chose arrivait, la responsabilité retombât tout entière sur ce dernier.

Ce fut alors que Speranza arriva à Bologne pour rendre compte de sa mission au général. Celui-ci l'accueillit — raconte-t-elle — comme si elle revenait d'un voyage d'agrément.

« Eh bien, dit-il, vous voilà revenue. » Puis il ajouta, comme s'il se fût agi de la chose la plus naturelle du monde : « Je doutais de vous revoir jamais, car, à peine étiez-vous partie, que : j'apprenais qu'un agent double m'avait tendu un piège dans lequel je suis tombé avec trop de facilité. Plus tard, on m'a même assuré qu'on s'était débarrassé de vous comme de tant d'autres victimes de la vindicte des Bourbons. Vous l'avez échappé belle, chère Speranza. Dorénavant, vous compterez parmi les plus valeureux et vous aurez plus que toute autre le droit de porter la chemise rouge. »

Speranza le regardait en ouvrant de grands yeux. Puis elle se mit à lui faire le compte rendu de ses mésaventures. Mais, arrivée au milieu de son récit, elle s'interrompit. Elle venait de s'apercevoir que le général, plongé dans d'autres pensées, l'écoutait sans l'entendre.

Elle resta encore quelques jours à Bologne. Puis, voyant que Garibaldi ne semblait même pas la voir, elle décida de rentrer à Rome. Il l'invita à un petit dîner d'adieu. Mais, comme elle y était habituée, elle l'attendit en vain et finit par se coucher sans manger. Peu après, trois messieurs frappèrent à sa porte : ils avaient appris que le général était là et ils désiraient lui parler.

Irritée, Speranza se rhabilla et les conduisit là où elle était sûre de le trouver. Dans son lit, à l'hôtel Brun.

I1 y était effectivement, plongé dans la lecture des journaux, et au lieu de chercher le moindre mot d'excuse, il lui demanda brutalement si c'était dans l'intérêt de l'Italie qu'elle venait lui rendre visite à une heure pareille. Speranza sortit sans lui avoir répondu. À travers la porte, elle l'entendit crier : « Écrivez-moi, écrivez-moi, où que vous soyez, écrivez-moi ! »

Voilà en quoi consistait la politesse de Garibaldi envers les femmes, quand elles ne l'intéressaient plus.

Peu après, le roi le rappela à Turin pour le prier de « se tenir à l'écart pendant quelques mois ». Garibaldi répondit par une lettre de démission qu'il adressa à Fanti et qui fut accueillie par tout le monde avec un soupir de soulagement. « Général, les procédés irréguliers et inconvenants de V.S. à mon égard me poussent à m'écarter du service militaire. C'est pourquoi je demande à être dispensé de l'exercice des charges auxquelles il a plu à V.S. de me nommer. » Le roi en fut si satisfait qu'il lui envoya deux cadeaux : un fusil de chasse et sa nomination d'aide de camp de S.M., avec le grade de lieutenant-général. Garibaldi accepta le fusil mais refusa la nomination, car, écrivit-il au roi, elle lui aurait retiré sa « liberté d'action ». Et ce qu'il voulait faire de cette liberté, on le vit dans la proclamation que, dès son arrivée à Gênes, il adressa aux Italiens pour leur annoncer son refus et les inciter à « tenir prêts leur or et leur fer ». De nouveau, le roi le fit appeler pour lui proposer une autre charge ; celle d'organisateur de la Garde Nationale en Lombardie. Mais Garibaldi avait déjà opté pour un autre poste que lui avait offert Brofferio : celui de président de la *Nation en Armes*, société qui se proposait pour programme la constitution d'une armée de deux millions d'Italiens (à recruter Dieu sait où et à armer Dieu sait comment) et la concentration de tous les prêtres de la péninsule dans les marais Pontins afin d'assainir ces derniers.

Ces propos de dilettante, de revue d'étudiants anticléricaux soulevèrent partout un tel enthousiasme en faveur de Garibaldi et de telles manifestations d'hostilité à l'égard de Cavour — lequel avait naturellement interdit la *Nation en Armes* — que le ministère de Turin dut démissionner. Garibaldi protesta bruyamment en ressortant son slogan de prédilection : « Pour nous mettre d'accord, nous les Italiens, il nous faut des coups de bâton. » Mais, bien entendu, il sous-entendait que, les coups de bâton, c'est à lui qu'il revenait de les donner !

Par bonheur, pour le distraire de ses tentations de dissidence, le 25 novembre, lui parvint de Côme une lettre qui se terminait par ces mots merveilleux, ces mots incroyables :

« Je t'aime, fais-moi tienne. »

Il partit sur-le-champ sans même en avertir ses amis auxquels il écrivit un billet d'excuse pendant son voyage, billet dans lequel il faisait vaguement allusion à la « nouvelle période » qui était sur le point de commencer pour lui. Il était tellement ému que, parvenu à Fino Mornasco, il n'eut pas le courage de se présenter immédiatement chez les Raimondi et se fit précéder par ce message : « Adorable Giuseppina ! Je suis partagé entre deux sentiments qui me font souffrir d'une manière inconcevable : l'amour et le devoir ! Je vous aime de toute mon âme et je donnerais tout le reste de mon existence pour être vôtre un seul instant ! Mon devoir m'interdit d'être à vous !… de vous faire mienne, vous que j'idolâtre !… Voilà la voix du devoir : j'ai dans mon île une femme du peuple et de cette femme j'ai un enfant : cela ne pourrait être qu'un obstacle mineur, car je ne peux plus l'aimer et je ne m'unirai jamais à elle ! En m'unissant à vous, belle jeune fille ! je renierais ce caractère d'abnégation qui, d'une part, me vaut ma popularité et, d'autre part, est utile à la Patrie alors que les affaires italiennes m'appellent de nouveau à guider des soldats : et l'on dira de Garibaldi : il a brigué la fortune !… et il s'est séparé de ce peuple que, tant de fois, il s'est vanté de vouloir servir jusqu'à la mort. Ma pauvreté, votre âme angélique et généreuse me l'a déjà pardonnée ; mais mon âge, si distant du vôtre, et ma mauvaise santé sont des obstacles puissants et il ne m'est pas possible d'accepter que votre sympathie indulgente. Moi ! dans peu de temps peut-être, je ne serai plus en mesure d'être le compagnon d'une beauté en sa fleur, je serai réduit à ne plus jouer auprès d'elle qu'un rôle de tyran ! Vivre une existence désespérée ! ou me tuer ! car je ne pourrais certainement pas supporter votre désaffection, moi ! Répondez-moi tout de suite ! je ne suis pas en état de pouvoir attendre !… Ne vous fâchez pas, pour l'amour

de Dieu, contre celui qui vous aime et vous voue un culte ! mais per-
mettez-moi de m'éloigner de vous en conservant votre estime, votre
amitié et la conscience d'avoir fait mon devoir ! Vôtre pour la vie et
quoi qu'il doive arriver ! »

Le 4 décembre, il galopait aux côtés de la jeune fille quand son cheval
se cabra et lui fit heurter du genou le mur d'une maison.

Le choc lui brisa la rotule. Mais, sous les yeux de Giuseppina, Garibaldi se sentit obligé de rester en selle et de dompter la bête. Celle-ci
l'entraîna jusque dans une étable au risque de lui fracasser le crâne
contre la voûte, sortit de là encore plus emballée, précipita son cavalier contre le timon d'une voiture, puis l'emporta dans une carrière
de pierres, et enfin dans un fourré de peupliers.

Jusqu'à ce que se voyant perdu, le général sautât, mais en soignant
toujours son style, c'est-à-dire en se maintenant debout, malgré sa
rotule endommagée.

Il lui fallut faire dix-huit jours de lit. Dans la maison du marquis,
naturellement. Avec Giuseppina comme infirmière.

Ce qui se passa au cours de ces dix-huit jours, on l'ignore Garibaldi
n'y fait allusion — et de façon vague — que dans un seul fragment
de ses Mémoires, destiné à rester secret. « Je ne pouvais assurément
pas trouver un lieu mieux adapté et plus cher pour soigner une blessure (quelle qu'elle fût) que la maison du marquis Raimondi ; et l'apparition de la jeune fille que j'aimais dans ma chambre (chose qui
n'eût pas eu lieu si je m'étais bien porté) me faisait oublier tout mon
mal. Au chevet d'un homme malade, la femme est une véritable providence ; aussi capable qu'il soit, l'homme ne peut jamais rivaliser
avec la délicatesse exquise des soins féminins. Que sera-ce lorsque
ces soins sont dispensés par une main très chère ? »

Rien de plus. Il n'est pas difficile de comprendre que la « main très
chère » ne se contenta pas de lui remettre sa rotule en place, mais
qu'elle parvint également à le débarrasser des deux grandes craintes

qui l'obsédaient : celle de porter un jour les cornes et de perdre sa popularité.

Ils se fiancèrent mais secrètement, et décidèrent de se marier le 15 janvier, date qui fut repoussée au 19, puis, pour finir, au 24.

La nouvelle ne transpira pas tout de suite, et sans doute, le fait que l'opinion publique et les journaux étaient distraits par d'autres événements n'y fut pas pour rien. À Turin, le cabinet Rattazzi-La Marmora, qui avait succédé à celui de Cavour, était en crise à la suite de la démission du ministre de l'Instruction publique Gabrio Casati. Ce dernier avait écrit à Giulini : « Le roi se rendra à Milan la semaine prochaine. S'il me commandait de l'y accompagner, tu voudrais que je me présente à Milan comme l'un des bourreaux de mon pays ? »

On en était donc là : se montrer à Milan en compagnie de Victor-Emmanuel, c'était passer pour un « bourreau », ou tout au moins pour un collaborateur, et l'on y perdait la face — telles étaient les antipathies déchaînées contre les Piémontais que l'on accusait de se comporter en occupants après avoir accaparé les meilleures places.

De plus, le bruit commençait à courir que Nice et la Savoie allaient bientôt être cédées à la France. On le murmurait depuis pas mal de temps — très exactement depuis les accords de Plombières ; mais, à présent, la chose prenait consistance, car, à Turin, on y voyait la contrepartie à offrir à Napoléon pour lui faire avaler l'annexion par le Piémont de l'Emilie et de la Toscane où l'on se préparait aux plébiscites.

C'étaient des événements importants qui ne laissaient pas beaucoup de place pour la chronique galante. Toutefois, le silence de Garibaldi face à ces grands événements — et tout particulièrement, en ce qui concernait le sort de Nice qui le touchait personnellement — fut remarqué et provoqua la curiosité des journaux qui expédièrent quelques « envoyés spéciaux » s'informer à Fino Mornasco.

La première indiscrétion au sujet des fiançailles secrètes et du mariage imminent parut dans la *Gazzetta di Milano*.

Mais immédiatement *L'Opinione* de Turin publia un démenti, probablement sur la prière de Garibaldi lui-même ou de quelqu'un qui lui était proche : « Nous sommes autorisés à déclarer que cette nouvelle est fausse et entièrement dénuée de fondement. » Mais la *Gazzetta* donna de nouveau confirmation en se basant sur « des communications privées de parents d'un certain marquis R. » Le *Diretto* écrivit : « Qui vivra verra. »

En attendant de voir — ou peut-être pour se rendre compte de la chose, précisément — une bande d'ouvriers milanais se dirigea sur Fino afin de porter au général des souhaits de « bonheur domestique ». Garibaldi en fut touché, car il y vit la preuve que ce mariage « aristocratique » n'avait en rien entamé sa popularité. Mais il ne se compromit pas : « Fils du peuple, que j'ai juré de servir toute ma vie durant, je suis fier chaque fois qu'il m'adresse une parole de sympathie ! Vous avez confiance en moi, hommes des Cinq journées, et moi, j'ai confiance en vous ! »

De retour à Milan, les ouvriers répandirent le bruit que la nouvelle était vraie. Et, de journal en journal, elle parvint à Rome où Speranza la lut dans le *Gallignani*. Elle subodorait quelque chose depuis le jour où Garibaldi l'avait priée de lui rendre ses Mémoires « afin de les continuer ». Elle les lui avait expédiés, et peu après, elle avait appris qu'à présent, ils étaient entre les mains de Dumas, qui se trouvait alors à Rome. Elle écrivit au romancier français pour lui demander un rendez-vous afin de lui expliquer que le manuscrit appartenait désormais aux éditeurs Hoffmann et Campte avec lesquels le général l'avait autorisée à prendre un engagement solennel.

« Je viendrai chez vous à quatre heures », répondit Dumas.

Mais, à quatre heures, il se trouvait déjà loin de Rome dont l'avaient chassé les policiers pontificaux, un peu parce qu'il était un ami de Garibaldi, un peu parce qu'ils avaient découvert que *son* secrétaire était une fille mineure déguisée en homme. En cette agréable compagnie, le romancier était sur la route de Fino Mornasco où il arriva le

23, veille du mariage, qui ne pouvait pas avoir de témoin plus indis-
cret.

Les noces furent célébrées dans la chapelle familiale de la villa, et les
témoins en furent le gouverneur de Côme, Lorenzo Valerio, et le
comte Giulio Porro Lambertenghi. La cérémonie fut très simple et
strictement privée. Quand on sortit de la petite église, tandis que Garibaldi s'effaçait devant son épouse, un inconnu lui glissa un billet
dans la main. Le général le lut, pâlit. Et, dès qu'il fut seul avec Giuseppina, il lui demanda s'il était vrai qu'elle fût enceinte.

Très troublée, Giuseppina ne répondit ni oui ni non. Alors, aveuglé
par la colère, Garibaldi brandit une chaise en hurlant : « Vous n'êtes
qu'une pute ! »

À cela non plus, Giuseppina ne répondit ni par oui ni par non. Mais,
se souvenant d'être encore marquise, elle répliqua avec dignité :

« Je croyais m'être sacrifiée pour un héros, mais je m'aperçois que
vous n'êtes rien d'autre qu'une brute de soldat. »

Ils se séparèrent là, cinq minutes après le oui fatidique et ne se revi-
rent jamais plus. Guerzoni, qui nous a laissé ce récit, ajoute que Garibaldi quitta Fino Mornasco sur-le-champ pour retourner à Caprera.
Cela est faux. Il demeura encore trois jours dans la maison de son
beau-père et de son épouse répudiée ; probablement enfermée à clef
dans sa chambre. Et nous ne savons comment le gendre s'en tira avec
le marquis ni ce qu'ils se dirent tous deux. Nous savons seulement
que le lendemain, 25 janvier, il expédia à Milan un projet de loterie
pour accroître les fonds de la souscription « Un million de fusils »,
lancée en septembre de l'année précédente.

Que s'était-il passé ?

Sans doute ne pourra-t-on élucider entièrement la chose qu'en 1968,
lorsque sera enfin publié le mémorial qu'a laissé Giuseppina à sa fille
Nina Mancini à condition de le garder secret pendant cinquante ans
après sa mort. Giuseppina disparut en 1918 et le manuscrit est

jalousement conservé dans les archives d'État de Mantoue. Mais sera-ce la vérité « vraie » que l'intéressée aura confiée au papier ?

De toute façon, nous pouvons donner d'ores et déjà des précisions suffisamment exactes.

Que Giuseppina, le jour de son mariage avec Garibaldi, fût enceinte, un document inattaquable nous en est fourni par une lettre écrite de sa main à l'Hôtel du Parc de Lugano, le 6 août 1860, et adressée à Bernardo Caroli.

« Mon gentil monsieur, pardonnez-moi si j'ai la hardiesse de vous adresser ces quelques lignes : mon agitation en est seule coupable. Depuis que j'ai quitté votre frère pour venir à Lugano, réconciliée avec ma famille, dans laquelle j'ai cru trouver un appui, j'ai écrit plusieurs fois à Gigio, à son adresse de Berlin d'où je n'ai obtenu encore aucune réponse. Aujourd'hui, inquiète comme je puis l'être en me trouvant dans un état que je dois cacher à tous (*tout compte fait, elle devait être enceinte d'au moins huit mois !*), mais vous connaissant très bien, j'implore votre bonté de bien vouloir m'indiquer en deux mots où se trouve votre frère. J'espère bien que vous ne voudrez pas me refuser cette faveur que je vous demande comme une grâce. Puisque mon père ne semble pas s'intéresser à moi, je vous supplie de me permettre d'obtenir la certitude que Gigio m'aime encore — ou qu'il ne m'a convaincue d'aller à Lugano que pour se défaire de moi : chose ne que je ne croirais jamais bien que tout le monde ne cesse de me la répéter. Je souffre beaucoup. C'est pourquoi il faut que vous ayez pitié de moi et que vous me donniez l'adresse de votre frère. Croyez à toute ma reconnaissance et soyez assuré que je suis…

« P.S. — Ne croyez pas que je désire écrire à Gigio pour revenir auprès de lui. Selon les apparences, j'ai partagé la faute, c'est à moi d'en supporter les souffrances aujourd'hui. Je ne désire pas autre chose qu'avoir la certitude d'être encore aimée du père de l'être que je porte en mon sein. »

En réalité, ce Gigio Caroli s'appelait Luigi et était le plus connu des coureurs de femmes de toute la Lombardie. Grand, élégant, avec des cheveux et des moustaches châtains, il avait vingt-cinq ans et nul besoin de travailler, car d'autres l'avaient fait pour lui : grand-père, père, frères, poussant jusqu'au Japon, comme Camozzi, pour importer des vers à soie dans la région de Bergame.

Né pour dépenser, et même pour dilapider, Gigio était allé en Hongrie et en était revenu avec un « attelage à quatre » et une légion de domestiques transylvaniens en costumes. À Monaco, il avait perdu une fortune à la table de jeu. Il avait dû fuir d'Espagne pour ne pas être contraint d'épouser une Castillane qu'il avait séduite.

De retour à Milan, en 1859, il rencontra Giuseppina au Café de la Sincérité où il se rendait chaque jour, accompagné de ses valets en livrée blanche à boutons d'or. Ils tombèrent subitement amoureux l'un de l'autre. Giuseppina n'avait que dix-huit ans, mais elle avait déjà fait ses premières armes. Sur le plan moralité, en somme, ils se valaient.

Toutefois ce ne fut pas le passé douteux de la jeune fille qui inspira leur veto aux Caroli quand Gigio déclara qu'il allait l'épouser. Sa famille n'était absolument pas stricte sur le chapitre. Sa mère, Anna Benedetta Cattaneo, avait longuement cohabité avec Pietro Carissimi avant de l'épouser. Demeurée veuve, elle avait dû précipiter ses secondes noces avec Ludovico Caroli pour légitimer son aîné, sur le point de naître, Bernardo, le destinataire de la lettre désespérée de Giuseppina. C'était là chose presque normale dans la haute société du temps, à laquelle notre imagination seule a pu prêter une rigueur spartiate.

Giuseppina n'était pas épousable pour des raisons de dot. Outre le fait qu'elle était la fille illégitime du marquis Raimondi, celui-ci, autrefois très riche, ne possédait plus alors en tout et pour tout que trois villas. Même si elle avait dû hériter des trois, cela n'eût été qu'une misère en comparaison du patrimoine des Caroli, dont Gigio, chômeur par profession, dépendait. Mais la renonciation au mariage n'avait pas mis fin à l'intrigue. Et tout le monde la connaissait, hormis Garibaldi auquel personne n'ouvrit les yeux.

Par discrétion ? Par esprit chevaleresque ? Par pitié ?

Quant à celui qui, pour finir, se décida à dénoncer au général l'intrigue dont il était la victime, différents bruits coururent sur son identité. On a dit que c'était Speranza qui, de Rome, lui avait envoyé ce billet qui, malheureusement, n'arriva que trop tard à destination. Mais cette hypothèse est certainement fausse. Speranza ne savait rien de ce qui concernait Giuseppina et le geste ne lui ressemblait pas. On murmura également que c'était Gigio lui-même, qui, en proie au remords et aux fureurs de la jalousie, écrivit à Giuseppina un message qui tomba malencontreusement entre les mains de son époux. Mais, six ans plus tard, dans une lettre à Crispi, Garibaldi démentira cette version. « Un jour après le mariage, je fus averti par un de ses cousins, le major Rovelli, que la jeune femme avait une liaison avec un autre homme et je la quittai. » Malheureusement, cette affirmation comporte au moins une inexactitude : « Un jour après le mariage », alors qu'au contraire la chose se produisit le jour même, quelques minutes seulement après la cérémonie.

Toutefois, Rovelli demeure le principal suspect, au témoignage même du gouverneur Valerio qui écrivit à Cavour : « … Un certain marquis Rovelli, cousin de l'épousée et présent à la noce, disait de Mlle Raimondi des horreurs qu'il porta par écrit. » Reste à savoir la raison de cette dénonciation tardive. On dit alors que Rovelli était amoureux de Giuseppina et qu'il agit pour se venger.

Il a laissé lui aussi des souvenirs que son dernier descendant, Enzo Rovelli, continue à garder secrets en attendant que le document Raimondi-Mancini soit rendu public. Il semble que le délateur y ait bien reconnu son geste, mais en affirmant avoir agi dans une bonne intention, afin de soustraire Garibaldi aux racontars et au ridicule de sa situation.

Mais tel ne fut pas le résultat auquel il parvint, car racontars et éclats de rire s'emparèrent de l'Italie tout entière. Celui que la chose divertit le plus fut Victor-Emmanuel, bien qu'il fût très mal placé pour plaisanter sur le sujet. À cette époque, il désirait épouser la « belle Rosina », fille d'un « tambour-major », et, un jour, il avait reçu Cavour en tenant la jeune fille sur ses genoux. Le Premier ministre lui avait dit que Rosina le trompait. Mais, Cavour lui-même avait ses difficultés avec la Ronzani. Somme toute, trois des quatre « pères de la Patrie » — au cours de ces journées où la patrie était en train de se faire — étaient très affairés à se moquer les uns des autres au sujet de leurs cornes.

Mais celles de Garibaldi n'eurent pas pour seul effet d'inciter les hautes classes à la plaisanterie ; elles suscitèrent également la consternation des pauvres gens qui se sentirent concernés. Tant et si bien que, pendant que le marquis Raimondi exilait Giuseppina en Suisse, Bernardo Caroli, redoutant une vengeance de la « populace », expédia Gigio en Allemagne pour qu'il oubliât et surtout qu'il se fit oublier. Il ne lui transmit pas la supplique de la malheureuse, mais Gigio lui écrivit de lui-même : « Chère Giuseppina, prends patience. Je viendrai bientôt. Nous serons encore comme nous étions avant. Mais ne viens pas ici, je t'en prie. Tu sais quel est mon caractère. Si tu venais ici, il me serait impossible de t'aimer encore. Penses-y. Réfléchis. Je te le jure : si tu venais, tu perdrais ton temps, tu ne me verrais pas. Je ne veux plus qu'il soit question de cette affaire. As-tu compris ? Ton très affectionné Gigio. »

Quelques mois plus tard, quand il sut que Garibaldi était parti pour son expédition en Sicile, Gigio écrivit à sa famille que, lui aussi, il désirait « combattre et mourir » pour se racheter. Et, plus tard, il donna l'ordre à son administrateur Carlo Cerea de verser vingt mille lires (un chiffre colossal, à l'époque) à Garibaldi pour la continuation de son entreprise. Mais Garibaldi refusa l'argent.

Pendant trois ans, cette tête brûlée fit le tour de l'Europe, heureux en amour et malheureux au jeu. Puis il finit par s'enrôler dans la Légion italienne de Franscesco Nullo, une tête brûlée comme lui, mais un valeureux garibaldien, qui, à présent, courait à Varsovie pour aider les Polonais insurgés contre le Tzar. Nullo tomba en combattant bravement, alors que Gigio était fait prisonnier et déporté en Sibérie. Il paya ses fautes passées par des années de faim, de froid, de privation. Au milieu de ses tribulations, il continua de jouer aux cartes. Jusqu'au jour de 1865 où, précisément au cours d'une rixe de joueurs, un de ses compagnons de peine le tua en lui enfonçant la tête à coup de chaînes.

Les Mille

Le 12 mars eurent lieu — en Toscane et en Emilie — les plébiscites qui décidèrent de la réunion de ces deux provinces au Piémont, presque à l'unanimité des votants. Le pape et l'Autriche protestèrent, mais Napoléon garda le silence. Cavour était revenu au pouvoir et avait repris le fil de sa politique, à laquelle il avait gagné l'empereur des Français en lui refilant en sous-main Nice et la Savoie où un autre plébiscite devait avoir lieu le 15 avril.

Garibaldi en avait été informé officiellement, la veille de son mariage avec Giuseppina et il ne semble pas que la nouvelle l'ait beaucoup ému. Il s'était contenté d'envoyer Türr chez le roi pour en avoir confirmation. Le roi avait répondu :

« Dites au général qu'il ne s'agit pas seulement de Nice, mais également de la Savoie. Dites-lui donc que, si j'abandonne moi-même le pays de mes ancêtres, il peut plus facilement encore abandonner le sien, où il est le seul de sa famille à être né. »

Puis avaient eu lieu les événements que nous savons, et Garibaldi, pour se soustraire aux ragots qu'avait fait naître sa mésaventure sentimentale, s'était retiré à Caprera. Mais, le 2 avril, il était à Turin pour l'inauguration du nouveau parlement où, à présent, à côté des représentants piémontais, siégeaient ceux de la Lombardie, de l'Emilie et de la Toscane. L'occasion était solennelle, les esprits émus, et il y eut un tonnerre d'applaudissements lorsque, dans son discours d'ouverture, le roi déclara que l'Italie s'était engagée sur le chemin qui la conduirait à devenir « l'Italie des Italiens ».

Garibaldi demanda la parole tout de suite après le souverain, mais la procédure ne lui permit pas de succéder immédiatement au roi et il fut renvoyé au 12 avril. Pendant toutes ces journées, sombre et furieux, il rôda parmi les députés, essayant de susciter parmi eux des oppositions au « troc de Nice ». Mais on peut se demander si Nice était la véritable raison de sa mauvaise humeur et si ce n'était pas plutôt un simple prétexte à laisser s'exprimer ses rancœurs. Personne ne l'écouta, et, même, Bixio et Crispi lui conseillèrent de laisser Nice tranquille, puisqu'elle était maintenant cédée, et de tourner plutôt les yeux vers la Sicile où, disaient-ils, la révolte venait d'éclater.

Cela le laissa perplexe. Rosolino Pilo lui avait déjà écrit peu de jours auparavant pour l'inviter à soutenir cette révolte de la Sicile par une expédition dans l'île ; mais Garibaldi lui avait répondu que l'entreprise lui semblait vouée à l'échec. Après sa conversation avec Bixio et Crispi, il y réfléchit à nouveau. Il écrivit à Giuseppe Finzi, président du Comité pour la réunion d'un million de fusils, lui demandant de préparer des fonds, des armes et des munitions ; il envoya Rubattino, pour le sonder afin de voir s'il serait disposé, le cas échéant, à lui fournir deux navires pour le transport des troupes. Et, pour finir, il se rendit en personne chez le roi pour lui demander la brigade Bergame. Le roi l'accueillit avec amitié comme toujours ; il lui dit que, « en principe », il était d'accord ; mais il lui fallait deux jours de réflexion — les deux jours nécessaires pour obtenir l'avis de Cavour.

Et Cavour répondit : non.

Le 12 avril, Garibaldi se leva et prit la parole. Il était noir de rage. Toutefois, son discours plaça le problème de Nice sur le plan strictement juridique, pour démontrer que la cession de la ville était contraire à l'article 5 du Statut. Il était clair que la voix de Garibaldi prononçait les paroles d'un autre, jetées sur le papier par Dieu sait quel professeur ou avocat. Cavour, qui ne s'attendait pas à une « étude » de ce genre, répondit que, Statut ou non, Milan, Bologne et Florence représentaient quelque chose de plus important que Nice.

Garibaldi demanda la parole à nouveau et, cette fois, prononça un discours entièrement personnel, richement agressif et plein de perles historiques et grammaticales qui jeta ses plus fidèles amis eux-mêmes dans la consternation. En entendant ou en devinant leur désapprobation, il en prit certains à partie, personnellement, notamment Poerio, qui réagit. Le grand discours de l'opposition se termina par un échange de coups de bec dignes de commères, échange dont Cavour et le gouvernement sortirent triomphants.

Le soir même, Garibaldi fut abordé par un Anglais — un certain Lawrence Oliphant — qui prétendit être envoyé par les Italiens de Nice afin d'organiser avec lui un coup de main sur la ville pour faire manquer le plébiscite qui devait avoir lieu trois jours plus tard. Cet Oliphant n'était qu'un aventurier — et il le portait si bien sur sa figure que Garibaldi lui-même le comprit. Mais il lui fit une réponse positive par dépit contre le roi, contre Cavour, contre le Parlement, contre ses amis, et peut-être avant tout contre Giuseppina. Et il partit avec lui séance tenante en direction de Gênes.

À Gênes, par bonheur, il réfléchit à nouveau à la question, à moins que ce ne soit l'un de ses amis (Bixio ? Medici ? Bertani ?) qui ait couru derrière lui et soit parvenu à lui faire reconsidérer le problème. Le fait est que, au lieu de marcher sur Nice, il écrivit à la municipalité de Chiavari qu'il acceptait la citoyenneté que lui avait offerte cette ville. Évidemment, ajoutait-il, « je n'entends pas pour cela cesser d'être citoyen de Nice. Je ne reconnais à aucune puissance de la terre le droit d'aliéner la nationalité d'un peuple indépendant : et je proteste contre la violence faite à Nice… en réservant pour moi et mes descendants le droit de revendiquer mon pays natal. »

À peine avait-il cacheté cette lettre qu'arrivèrent de Nice les résultats du plébiscite : sur 25 935 votants, 25 743 avaient dit oui au rattachement à la France.

Le 23, il démissionna de son mandat de député et, le 25, il écrivait : « Tout me pèse et m'atterre. Le deuil emplit mon âme ; que dois-je faire ? Abandonner ce milieu qui me suffoque et me répugne, au point de me donner la nausée ? Je le ferai bientôt, très bientôt, comme un prisonnier qui revoit enfin la lumière de Dieu… »

Dix jours plus tard, exactement, il allait partir pour la plus glorieuse de ses aventures. Mais, à ce moment même, il n'en avait pas le plus petit soupçon.

Comme Mazzini l'avait dit, Garibaldi était plus grand dans l'exécution des entreprises que dans leur conception. Et, en fait, celle des Mille elle-même fut le résultat d'un complot dont il est probable qu'il ne se soit jamais rendu compte.

Les milieux révolutionnaires et radicaux italiens voyaient avec tristesse qu'on était en train de faire l'Italie sans leur concours. L'armée piémontaise et la diplomatie de Cavour avaient à présent réuni au nom de la Maison de Savoie les régions les plus riches et les plus avancées de la péninsule : Piémont, Sardaigne, Ligurie, Lombardie, Toscane et duchés du Centre. Il ne restait plus qu'à annexer les États Pontificaux, le royaume des Deux-Siciles et Venise, et il était clair qu'on n'attendait plus pour le faire qu'une conjoncture internationale favorable. Si Cavour y réussissait, les jeux étaient faits. Il serait parvenu à effacer du panorama politique italien ce Parti d'Action radical et républicain qui avait essayé — non sans erreurs ni complications de toutes sortes — de prendre l'initiative du *Risorgimento* et de lui donner un contenu populaire. Garibaldi était le seul homme qui pût assurer sa revanche, s'il se mettait à sa tête.

Le général avait renâclé pendant tout le mois d'avril. Malgré sa naïveté, il avait fort bien compris que cette révolution sicilienne, dont lui parlaient avec ferveur Crispi et La Masa comme d'un phénomène colossal et irréversible, était sinon une pure invention, tout au moins une grossière exagération. Bien que sans le dire, il n'avait pas confiance dans les populations méridionales. Il savait qu'elles n'avaient bougé ni en faveur de Bentivegna, ni en faveur des frères Bandiera. Il ne désirait pas avoir la même fin qu'eux.

Sa conduite fut plutôt ambiguë. D'une part, il laissa Crispi et Bixio préparer une expédition, d'autre part il continua à ne pas couper les ponts avec le gouvernement afin d'en obtenir une contre-assurance. Du gouvernement, il n'obtint rien. Cavour était opposé à l'entreprise, il la combattit jusqu'au dernier moment et se refusa à lui fournir, non seulement des hommes et des moyens, mais même le sempiternel « ordre de marche » cher à Garibaldi. Mais l'on cacha toute cette confusion à l'opinion publique et beaucoup de volontaires s'enrôlèrent avec la conviction que le gouvernement était avec eux même si, pour des nécessités politiques et diplomatiques, il était contraint de simuler le contraire.

Finalement, Garibaldi fut la victime de l'équivoque qu'il avait créée lui-même. Alors qu'il pensait être encore en mesure de se retirer de l'affaire, la Société Nationale mit mille fusils à sa disposition, le colonel Colt lui envoya d'Amérique cent de ses fameux revolvers, les arsenaux Ansaldo lui ouvrirent leur magasin de munitions, Bixio lui apporta l'accord de la compagnie Rubattino pour la location du *Piemonte* et du *Lombardo* qui devaient transporter les volontaires qui, à présent réunis à Gênes, brûlaient de s'embarquer, et Rosolino Pilo partit en éclaireur dans l'intérieur de la Sicile afin d'y apporter la grande nouvelle de l'arrivée imminente de Garibaldi. Il n'y avait plus rien à faire, il fallait se décider ou avouer que l'on avait peur.

Dans la nuit du 5 au 6 mai, comme convenu avec Rubattini, Nino Bixio et Benedetto Castiglia, qui devaient en assurer le commandement, montèrent sur les deux bateaux avec quelques hommes d'escorte, éveillèrent les matelots qui dormaient sur leurs deux oreilles, ignorant ce qui se mijotait dans la marmite, et leur offrirent le choix : débarquer, ou appareiller avec eux en direction de la Sicile. En apprenant que Garibaldi était de la partie, les matelots décidèrent patriotiquement d'appareiller.

Les deux bateaux étaient vieux et en mauvais état. On perdit six heures pour mettre les hélices en mouvement et Garibaldi, qui attendait à Quarto, donna des signes de nervosité. Lorsqu'il fut sur le pont du *Piemonte*, il demanda :

« Combien sommes-nous ? »

« Avec les matelots, plus de mille ! » lui répondit-on.

« Que de monde ! » fit-il stupéfait.

Pour être exact, ils étaient 1 089, dont plus de la moitié se composait d'étudiants qui n'avaient pas encore vingt ans. Le plus jeune n'en avait que onze et le plus vieux, il est vrai, soixante : il avait combattu sous les ordres de Napoléon Ier.

Toutes les sortes d'uniformes et de vêtements y étaient représentées. Sirtori portait un chapeau haut de forme et une houppelande noire,

Crispo un *stiffelius* étroit et râpé, un certain Calona, un Sicilien, un chapeau à la Rubens avec une plume d'autruche.

Il y avait aussi un chanoine, Bianchi, prêtre au-dessus de la ceinture seulement, car, au-dessous, il était habillé en soldat. Il y avait également un jeune homme pâle et timide dont on disait qu'il était poète mais dont on ne connaissait que le nom : Ippolito Nievo. Il y avait Giorgio Manin, le fils de Daniele. Il y avait Menotti, le fils du général. Et il y avait même une femme, la maîtresse de Crispi, qui passait tout son temps à jouer aux cartes avec Gusmaroli, un prêtre défroqué.

La navigation fut difficile par suite d'un fort sirocco et de continuels retards du *Lombardo*, qui, sous le commandement de Bixio, peinait derrière le *Piemonte*.

Les volontaires étaient verts, le mal de mer les faisait vomir. Garibaldi fumait cigare sur cigare. À peine embarqué, il avait revêtu son uniforme habituel — *poncho* blanc au-dessus de la chemise rouge, chapeau de feutre et mouchoir de soie autour du cou.

À Talamone, il fit jeter l'ancre et hisser le drapeau savoyard. Puis il envoya dire au commandant du port d'ouvrir le magasin aux munitions et de lui remettre ces dernières, en lui assurant qu'il agissait au nom du roi, même si, officiellement, celui-ci n'avait pu lui signer un ordre écrit de sa main. Le commandant le crut comme le crurent également certains volontaires — qui s'étaient embarqués, convaincus de le faire au nom de Mazzini et de la République. Et ils refusèrent d'aller plus loin.

Garibaldi digéra mal cette désertion et, ce soir-là, au diner, il vomit des imprécations sur le compte de Mazzini.

Les deux bâtiments reprirent la mer, cap sur la Sardaigne. Garibaldi n'avait pas encore décidé en quel point de la Sicile il débarquerait ; il voulait ainsi éviter la flotte napolitaine qui était certainement informée de son départ et devait croiser le long des côtes de l'île. Toutefois, il ne semblait pas très soucieux. Comme d'habitude, à présent que les dés étaient jetés, il avait retrouvé sa bonne humeur et son éternelle confiance en sa bonne étoile. Le lendemain, Bandi le surprit en train de composer un hymne, sur une feuille de papier jauni, dans sa cabine, les lunettes sur le nez. Il le lui lut :

« Mon sol, l'étranger le foule,
Mon cheptel, il l'abat — mon honneur,
Il veut me l'ôter — mais un fer me reste,
Un acier pour lui plonger dans le cœur.
N'es-tu pas las du joug, des outrages,
Des lâches flatteries, des fourberies ?
Cette terre — ne porte que des serviteurs
Et des tyrans — mais des preux, elle n'en porte plus ! »

« Je voudrais qu'on adaptât une musique à ces vers, dit le général. Mais une musique vivante, capable de mettre le feu au cul des gens, comme La Marseillaise ; en un mot, une musique qui donne l'idée d'une charge à la baïonnette. »

Bandi, qui n'était pas en train, s'essaya à chanter ces vers sur des motifs d'*Ernani*, mais le général fit la grimace. Il essaya alors avec la *Norma* et cela alla mieux. Garibaldi lui ordonna de remonter sur le pont et d'y former un chœur de volontaires, mais cela ne fut pas possible. Tous détonaient et certains tournèrent la chose en plaisanterie en introduisant dans l'hymne les paroles et l'air de la *Bella Gigugin*. Garibaldi entra en fureur.

Cette nuit-là le *Lombardo* perdit le contact et les deux navires passèrent pas mal de temps à se chercher. Mais le lendemain ils étaient en vue des îles Egades. Garibaldi et Castiglia calculèrent qu'il leur fallait six heures de navigation, pour atteindre les côtes siciliennes. Crispi et ses compatriotes se rembrunirent : c'était le 11 mai, un vendredi. On ne pouvait pas commencer une entreprise de ce genre un vendredi, dirent-ils. Mais Garibaldi ne croyait pas au mauvais sort.

Avec ses jumelles, il observait l'écueil de Maretino, aménagé en pénitencier.

« Le pauvre Nicotera est là-dessus », murmura-t-il, et il essuya une larme sur sa joue.

Quelques heures plus tard, on avait passé Favignana et on pouvait voir le port de Marsala. Mais on pouvait voir également deux vapeurs et une frégate à voiles. Ce fut ce qui décida Garibaldi à débarquer précisément là, seul point de la côte qu'il pouvait rejoindre avant que les bâtiments des Bourbons ne lui eussent coupé la route. Les Siciliens, persuadés qu'il n'y arriverait pas, lui conseillèrent de virer de bord pour attendre l'obscurité. Mais Garibaldi les fit taire avec autorité. Il avait calculé qu'il devait arriver le premier — oh, de quelques minutes seulement — et c'est ce qui se passa. Les volontaires étaient tous sur le pont, le fusil épaulé, et, pour une fois, ils s'abstenaient de faire du bruit.

Garibaldi, *poncho* sur les épaules et le cigare entre les dents, était calme ; il le resta même lorsque Castiglia lui montra, au mouillage dans le port, deux autres bâtiments. Bien qu'ils ne battissent aucun pavillon, il était certain que l'un d'eux était anglais, cela se voyait à son seul gabarit. Mais l'autre ?

Garibaldi disposa ses hommes en carré, prêts à l'abordage si ce mystérieux navire se révélait appartenir à l'ennemi. À ce moment, un brick britannique sortit du port et se dirigea vers le bâtiment de Garibaldi. Celui-ci fit mettre le cap sur le petit navire anglais et, parvenu à portée de voix, demanda quelle fût la nationalité des deux navires au mouillage.

« Un navire anglais », répondit-on du brick qui continua son chemin. Cette réponse au singulier laissait tout son mystère à l'autre bâtiment.

Castiglia proposa de s'emparer d'une pinasse qui passait à peu de distance et qui pourrait servir au débarquement si elle ne pouvait être utilisée à autre chose. Garibaldi acquiesça. L'équipage en était composé de huit hommes qui manquèrent s'évanouir de peur en voyant arriver sur eux le *Lombardo* et qui ne voulurent donner aucune information aux volontaires, pas même à ceux qui étaient leurs compatriotes. Ils ne savaient rien, dirent-ils, et ils ne voulaient pas d'histoires.

Tout finit par être éclairci. Les bâtiments — l'*Argus* el l'*Intrepid* — étaient tous les deux anglais ; ils mouillaient à Marsala pour y assurer la protection de la petite colonie de leurs compatriotes qui, depuis des temps immémoriaux, y exerçaient le monopole des vins locaux. Peu de temps auparavant, ils avaient eu maille à partir avec les autorités napolitaines qui les avaient désarmés ; et c'est pour cette raison qu'ils avaient appelé la flotte britannique à leur aide. Ce fut la première des conjonctures éminemment favorables qui facilitèrent l'entreprise téméraire de Garibaldi.

Le *Lombardo* et le *Piemonte* précédèrent de vingt minutes la corvette napolitaine *Stromboli* qui les talonnait et ils se rangèrent prudemment à côté de l'*Intrepid*. Le *Piemonte* gagna le môle, Türr débarqua avec cinquante hommes, selon les ordres de Garibaldi, et un peu par la persuasion, un peu sous la menace, convainquit les propriétaires de barques à rames qui se trouvaient à l'amarre, qu'il fallait coopérer au débarquement. Mais le *Lombardo* s'échoua et, soudain, la situation devint critique. Avec de grands hurlements, Garibaldi envoya les barques vers lui, mais le *Stromboli* se trouvait déjà à portée de tir. Pour quelle raison ne tira-t-il pas ?

Vraisemblablement, parce qu'il n'était pas sûr que les deux navires fussent sardes. Les chemises rouges faisaient ressembler les garibaldiens à des soldats anglais. Et, en fait, le commandant envoya un message à celui de l'*Intrepid* pour lui demander si ceux qui débarquaient faisaient partie de ses hommes. L'*Intrepid* prit tout son temps pour répondre qu'il ne s'agissait pas d'hommes à lui, mais que beaucoup de ses hommes se trouvaient à terre, mêlés à ceux qui étaient en train de débarquer. Ce qui signifiait en langage clair : « Gardez-vous bien de tirer ! ».

Pendant que Napolitains et Anglais conversaient ainsi, le *Lombardo* s'allégeait rapidement de son équipage. Lorsque Bixio lui-même fut à quai, Garibaldi porta sa main à son front.

« J'ai oublié le principal, déclara-t-il. Remontons sur le *Piemonte*. »

Sans comprendre Castiglia, Rossi et Bandi le suivirent sur le canot. Le général grimpa avec eux sur le bâtiment, descendit dans les flancs du navire et ouvrit les robinets de la machine de façon à inonder les cales. Puis ils reprirent place à bord du canot et Garibaldi ordonna :

« Au *Lombardo* ! »

Ses compagnons pâlirent, car, à présent, le Lombardo n'était plus qu'à un kilomètre du *Stromboli*, Mais ils n'osèrent rien dire. Sous la menace des canons et des fusils napolitains, Garibaldi répéta avec calme la même opération et ordonna au canot de les ramener à terre où la petite armée s'était massée pour l'attendre. Et c'est seulement alors — à présent que c'était tout à fait inutile — que les Napolitains se décidèrent à tirer un coup de canon. L'obus passa au-dessus des Mille et tomba en arrière sans exploser. Un volontaire s'en saisit et le porta au général en lui disant :

« J'ai l'honneur de vous présenter le premier coup de feu de l'ennemi ! »

Garibaldi ordonna à tout le monde de s'éparpiller et de se jeter à terre. Mais peu obéirent. Avec une crânerie bien italienne et bien inutile, la plupart restèrent debout, groupés, échangeant des salutations joyeuses avec les Anglais qui retournaient à bord de leurs navires, sur des barques à eux, et riaient comme des fous.

Des Marsaliens, pas l'ombre d'un. Ceux qui n'avaient pas pris le large s'étaient barricadés dans leurs maisons. Il n'y eut qu'un frère qui vint offrir ses services en déclarant qu'il était du côté du peuple, lui. Mais de quel côté était le peuple, on ne savait pas. Garibaldi le pria d'accompagner Bandi chez le consul de Sardaigne. Il désirait que celui-ci déclarât propriété nationale du Piémont les deux navires restés à la merci de l'ennemi sans se décider à couler. Car Garibaldi avait une étrange conception du droit international.

Maintenant qu'ils étaient sûrs qu'il n'y avait plus personne à bord du *Piemonte* et du *Lombardo*, les Napolitains se décidèrent à se lancer à l'abordage. Ils y grimpèrent en hurlant, amenèrent le pavillon du mât, et essayèrent de remorquer les deux bâtiments hors du port. Pour le *Piemonte*, ils y parvinrent : mais le *Lombardo*, échoué, ne bougea pas et continua lentement à sombrer.

« Nous avons brûlé nos vaisseaux ! » dit en riant Garibaldi qui avait suivi toute la manœuvre à la jumelle. Il ne lui restait plus qu'à vaincre ou à mourir.

En Sicile, les Napolitains — en plus de la maîtrise totale de la mer — disposaient d'une armée de vingt-cinq mille hommes sous le commandement du général Landi, un vieillard de soixante-dix ans qui télégraphia immédiatement à Naples pour demander des renforts. Mais ce n'était plus Ferdinand — dit le « Roi Bomba » — qui occupait le trône de Naples, ce « Roi Bomba » qui savait faire usage de la manière forte. C'était son fils, François II, qui tenait de sa mère, la pieuse et rêveuse Christine de Savoie.

Il n'était pas dépourvu de moyens, comme beaucoup le croyaient. Mais c'était un timide — discret, dépourvu de chaleur humaine et d'imagination. Même dans sa famille, sa situation n'était pas facile. Sa belle-mère, Marie-Thérèse d'Autriche, le tenait pour un libéral et organisait des complots réactionnaires contre lui. Sa femme, Marie-Sophie de Bavière, n'était qu'une petite écervelée qui lui causait des embarras par ses légèretés. Quant à ses oncles, l'un — le comte de Syracuse qui avait épousé une princesse de Savoie — le poussait à une alliance avec Victor-Emmanuel, un autre — le comte d'Aquila — voulait le lancer sur le terrain des réformes sociales, et un troisième — le comte de Trani — aurait voulu faire une politique pour son propre compte.

Tout d'abord, François II avait accordé sa pleine confiance à Filangieri, prince de Satriano et duc de Taormina, qu'il avait nommé son Premier ministre. Filangieri était le plus prestigieux de ses sujets. C'était un ancien officier de Napoléon, il avait pacifié la Sicile, était homme de caractère et d'équilibre, mais il avait soixante-quinze ans. Il accepta le pouvoir parce qu'il l'aimait et il l'exerça. (« Avant, nous avions un roi qui voulait faire le ministre, aujourd'hui nous avons un ministre qui veut faire le roi », disait-on à Naples.) Mais après la défaite de l'Autriche en 1859, et sous la pression de la poussée en faveur du Piémont et de l'unitarisme qui se faisait sentir même dans le royaume de Naples, il accomplit un geste important et sans doute aussi patriotique qui devait par la suite se révéler intempestif : il licencia presque tous les mercenaires suisses qui constituaient le noyau de l'armée napolitaine. Pressentant la tempête, Filangieri se retira en mars 1860 et il fut remplacé par un octogénaire, le prince de Cassaro, un galant homme aux opinions modérées qui vivait à la campagne depuis des années, loin des événements et des hommes. Voulant peut-être se sentir moins vieux, il prit comme ministre de la Guerre un nonagénaire, le général Winspeare. Et c'est entouré de cette gérontocratie que le pauvre François II, dit *Franceschiello*, — « le pauvre François » — affronta cette année terrible et décisive.

La cour était un nid d'intrigues où les diplomates étrangers trempaient leurs mains jusqu'au coude. Les Autrichiens patronnaient celles de Marie-Thérèse et de son cercle de réactionnaires endurcis dirigés par Nunziante et le duc de Sangro. Napoléon III poussait le roi à occuper Rome et les États pontificaux afin de pouvoir lui-même s'en laver les mains en laissant le pape sous bonne garde contre les menées de Victor-Emmanuel et de Cavour. Ce dernier, par le canal de son ministre Villamarina, essayait d'attirer le Bourbon dans une alliance nationale pour le soustraire définitivement à l'influence autrichienne et le réduire à la merci du Piémont.

Il laissait entendre — sans le dire clairement toutefois — que, sinon, un Garibaldi quelconque pouvait mettre le feu aux poudres. Et il ne fait aucun doute que, bien qu'en le désavouant officiellement et en lui refusant toute aide, il laissa préparer jusqu'au bout l'entreprise des Mille, ne serait-ce que pour pouvoir la tenir comme une épée de Damoclès sur la tête de François II.

Le 3 avril, alors que Bixio et Crispi préparaient déjà l'expédition, le comte de Syracuse avait écrit à son neveu, certainement à l'instigation de Turin, qu'il n'y avait pas de temps à perdre : ou les Bourbons s'associeraient à la formation de l'unité italienne ou l'histoire les renverserait. Mais le roi n'avait pas été le seul destinataire de cette lettre. Beaucoup de copies en avaient circulé à Naples où elles avaient fait sensation.

Les événements s'étaient précipités sur un rythme trop serré et trop cohérent pour ne pas laisser voir la main agissante de Cavour. Le 7, les exilés napolitains et siciliens résidant à Turin — dirigés par Crispi et La Farina — avaient proclamé la réunion du Royaume de Naples au Piémont. Immédiatement après, Victor-Emmanuel avait écrit à « son cher cousin François de Bourbon pour lui proposer une alliance ayant pour but le partage de l'Italie en deux royaumes — un du nord et l'autre du sud — fraternellement amis et associés. C'était un *ultimatum* et il fut repoussé. C'est là la seule raison pour laquelle l'amiral Persano qui commandait la flotte sarde ne rencontra pas les deux navires des Mille et, par conséquent, ne put les arrêter.

Quand parvint à Naples la nouvelle que Garibaldi avait quitté Quarto, personne ne douta un seul instant que le général fut escorté et protégé, même s'il ne l'était pas ouvertement. Et sans doute cela explique-t-il pourquoi les amiraux napolitains se comportèrent d'une matière si aberrante.

Garibaldi, qui ignorait tout de ces dessous de l'affaire, prenant cet heureux concours de circonstances pour une faveur du sort, fut encore un peu plus persuadé d'être l'homme du destin.

À la tombée du soir, les bâtiments napolitains s'éloignèrent sans plus rien tenter de nouveau contre les envahisseurs qui passèrent la nuit à Marsala, chez l'habitant, après avoir pillé toutes les couvertures d'un couvent de capucins. Le lendemain, à l'aube, Garibaldi, qui avait dormi à moitié habillé, se restaura d'une tasse de café (car il était capable de renoncer à tout sauf à cela et, du reste, le café et le sucre étaient les seules provisions dont il s'était personnellement muni avant de partir), appela son chef d'état-major, Sirtori, et Türr, son aide de camp, puis à cheval, passa en revue les troupes rassemblées sur la place. À ses côtés, à cheval lui aussi, se trouvait le consul de Grande-Bretagne, Collins, qui tint à saluer les partants et les appela : « Braves jeunes gens. »

La troupe s'était enrichie de quatorze Siciliens que Garibaldi avait fait libérer de la prison locale et qui, à les entendre, n'allaient faire qu'une bouchée du « pauvre François » et de sa police.

Le général avait décidé de marcher sur Salemi, et Missori ouvrait la route avec ses « guides ». Derrière lui venait Mosto avec ses Carabiniers génois. Puis les sept compagnies commandées respectivement par Bixio, Orsini, Stocco, la Masa, Anfossi, Carini et Cairoli.

Tout en chevauchant, Garibaldi se retournait de temps à autre pour regarder sa petite armée, et il déclarait à Bandi : « Dans peu de jours, chaque compagnie deviendra un bataillon, puis un régiment. »

Mais, pour l'instant, on ne voyait aucun signe de cette multiplication. Et, même, lors d'une étape, on vint prévenir le général que les quatorze volontaires de Marsala s'étaient perdus dans la nature en emportant les précieux fusils dont on les avait armés. De Rosolino Pilo et de Corroa, qui avaient précédé les Mille en Sicile afin d'y réveiller la révolte et faciliter le débarquement, aucune nouvelle. Les seuls qui se portèrent à la rencontre des légionnaires afin de s'unir à eux furent le baron de Sant'Anna avec une petite escorte personnelle, et un frère, Pantaleo. Ce dernier, nullement découragé par le mauvais accueil des volontaires, demanda à voir le général. Garibaldi le prit en sympathie — car il ressemblait plus à un bandit qu'à un moine — et il le nomma chapelain. Mais l'absentéisme de la population commençait à l'inquiéter, tant et si bien qu'il décida d'expédier La Masa dans l'intérieur pour qu'il y recrutât des volontaires. Avait-il confiance dans les qualités d'organisateur de cet homme ? Voulait-il tout simplement se débarrasser de ce matamore au rabais, imbu de lui-même, qui tapait sur les nerfs à tout le monde avec ses rodomontades ? On l'ignore.

À Salemi, toutefois, les choses commencèrent à changer. Le marquis de Torrealta ouvrit sa maison au général et à son état-major, et la population ne s'enfuit pas du bourg comme c'était arrivé à Marsala, par peur de se compromettre. Pleins de curiosité, même, les paysans se pressaient autour de Garibaldi en qui ils voyaient une sorte de grand bandit. Mais ils ne manifestèrent pas la moindre intention de prendre son parti, sans, cependant, se montrer hostiles. Le lendemain, pourtant, arriva à cheval un certain monsieur Coppola, riche feudataire du lieu, suivi d'environ deux cents paysans armés de mousquetons et de bâtons qui demandèrent tous l'honneur d'essuyer le premier feu aux côtés des Mille. La nouvelle se propagea rapidement dans toute la région, Coppola était un « galant homme » qui jouissait de la réputation d'être une personne habile et prudente : il ne se serait sûrement pas rangé auprès de Garibaldi s'il n'avait pas été sûr de sa victoire.

Du reste, il n'y avait plus guère à attendre pour voir comment allaient tourner les événements. Le général Landi approchait à une vitesse en rapport avec le poids de ses années. Pour effectuer les cinquante kilomètres qui séparaient Palerme de Calatafimi, il lui avait fallu six jours. Et, à présent, il avait placé ses hommes dans une déclivité de terrain entre deux collines situées près de Segeste.

À l'aube du 16 mai, les légionnaires entendirent Garibaldi s'habiller en chantant, à s'en écorcher la gorge, la romance de *Gemma di Vergy* : « Cette douce image apaise mes esprits… »

Il avait plu toute la nuit, mais, à présent, le temps s'était remis au beau. Le général appela Bandi et, tout en sirotant son café, il lui dit de mettre au clair trois proclamations pour le peuple.

Par la première il se déclarait « dictateur », par la seconde il instituait la « Garde Nationale », et par la troisième, il abolissait l'ordre des Jésuites. Puis il se les fit lire et ordonna de libeller le tout au nom de « l'Italie et Victor-Emmanuel ».

La population fit silence pour regarder la troupe se ranger en colonne derrière son général qui caracolait sur un cheval noir et fougueux, vêtu de son éternel poncho sud-américain. Il y eut des applaudissements.

Les deux armées prirent contact vers midi. Le général Landi, qui se considérait comme un maître de la guerre psychologique, voyant les Garibaldiens apparaître sur la crête des collines d'en face, fit effectuer à ses troupes des mouvements en ordre fermé.

« Pardieu ! dit Garibaldi qui les suivait avec ses jumelles, comme ils manœuvrent bien ! Ce sont vraiment de belles troupes ! » Et il continua à fumer son cigare.

Puis la musique des Napolitains entonna l'hymne des Bourbons.

Elle jouait magnifiquement.

Garibaldi appela le « trompette ». Il n'en avait qu'un, mais il lui dit de mettre dans son instrument tout le souffle qu'il avait dans le corps. Après cet échange de messages harmonieux, le général donna ses ordres pour la bataille. C'étaient toujours les mêmes. Personne ne devait faire feu à distance. Le fusil n'était que le manche de la baïonnette. À la guerre, qui veut vaincre, vainc, etc.

Les Napolitains commencèrent à avancer, tirant comme des perdus et criant à perdre haleine :

« Nous voilà ! Nous voilà ! Va-nu-pieds ! charognes ! bandits ! »

Garibaldi continuait à répéter ses ordres de ne pas tirer, d'attendre, de ne pas bouger, lorsque Carlo Mosto sauta sur ses pieds en hurlant :

« Arrière, canaille ! »

Au même moment, Francesco Nullo déboucha à cheval de derrière un buisson, le sabre au clair, en criant :

« En avant à la baïonnette ! »

Et dès lors, c'est-à-dire dès le début, Garibaldi perdit tout contrôle de la bataille que personne n'a jamais réussi à raconter, pour la simple raison qu'elle n'eut ni centre, ni ailes, ni avant-garde, ni arrière-garde et qu'elle se réduisit à une poussière d'attaques et de contre-attaques isolées et de corps à corps désespérés. À un moment donné, les choses avaient tourné de telle façon que l'intrépide Bixio lui-même conseilla à Garibaldi d'ordonner la retraite. :

« Où ? Ici on fait l'Italie ou on meurt ! » répondit le général. Et il semble bien qu'il ait réellement prononcé cette phrase.

Puis l'incroyable arriva. Les Napolitains étaient sur le point d'écraser l'ennemi sous leur supériorité numérique quand Landi fit sonner la retraite. Il semble qu'il ait été à court de munitions, car il n'avait pas prévu une résistance aussi acharnée de la part de ces va-nu-pieds, de ces charognes, de ces bandits.

Garibaldi déclara plus tard qu'il devait la victoire à ses mauvais fusils qui avaient contraint ses hommes à charger à la baïonnette. En fait, à la fin de cette rencontre qui dura trois heures, on se battit à coups de pierres. Tout s'était déroulé au petit bonheur. Et sans doute Landi était-il moins responsable de sa défaite que son adversaire n'était favorisé par la chance. Mais il y avait une chose que Garibaldi avait comprise mieux que lui : que cette première bataille était décisive. La fameuse phrase, qu'il l'ait ou non prononcée, correspondait de toute façon à la situation. En cas de défaite, il aurait eu contre lui toute la Sicile qui avait les yeux fixés sur lui ; et sa petite armée, débandée et errant dans les montagnes de l'intérieur, aurait servi de proie à la population, alliée comme toujours au vainqueur.

Ce soir-là, au contraire, s'allumèrent sur les collines environnantes les fanaux qui, de hauteur en hauteur, propagèrent la grande nouvelle dans toute l'île. Et des quatre points cardinaux commencèrent à affluer sur Calatafimi des bandes de « *picciuotti* » qui amenaient avec eux les armes qu'ils pouvaient. En peu de temps, ils furent environ trois mille, et personne n'a jamais compté combien d'autres, à l'intérieur, empoignèrent leur mousqueton pour exterminer un à un les policiers napolitains et les petites garnisons disséminées çà et là.

À Naples, on perdit la tête. Le roi convoqua de nouveau Filangieri auquel il attribuait des dons de thaumaturge, et Filangieri conseilla de confier le commandement de l'île au général Lanza, qui était sicilien et qui fut expédié à Palerme avec des ordres contradictoires. Le roi voulait qu'il tînt la cité à tout prix, mais Filangieri lui avait conseillé discrètement de l'évacuer et de concentrer ses forces dans les places fortes de Castellammare, Messine et Girgenti.

Lanza avait été un brave soldat en son temps, mais, à présent, il avait soixante-dix ans lui aussi, et l'atmosphère de Palerme n'était pas propice à réveiller ses ardeurs passées. Dans la ville, on parlait de Garibaldi comme d'une force invincible. Tout le monde ignorait qu'il se trouvait au contraire dans de grosses difficultés. La victoire lui avait coûté cher, il avait perdu beaucoup d'hommes et le ciel avait ouvert les vannes à des cataractes de pluie sur les survivants. Pour se soustraire à la vue de l'ennemi, on marchait de nuit par d'impossibles sentiers de montagne où, le plus souvent, on ne trouvait pas de quoi manger. Beaucoup étaient malades, tous étaient fatigués. Un autre combat en rase campagne comme celui de Calatafimi aurait provoqué probablement leur fin.

Mais Lanza ne bougea pas. Pour l'inciter à l'action, le roi expédia sur ses talons le général Nunziante. Il envoya donc à la rencontre de l'ennemi le colonel suisse Von Mechel avec trois mille hommes. Von Mechel était un officier brillant et courageux, mais ce n'était pas un *guérillero*. Garibaldi le trompa habilement en refusant une rencontre de front et en feignant de se retirer vers Corleone où il n'envoya qu'une patrouille clairsemée, à la poursuite de laquelle Von Mechel se jeta immédiatement. Le général, avec le gros de ses troupes, reprit la route de Palerme où Lanza continuait à temporiser.

Le 26 mai, trois officiers de la flotte anglaise débarqués à Misilmeri reçurent un message de Garibaldi : il les invitait à venir le trouver dans une vigne qui se trouvait à quelques pas de la bourgade — vigne où il avait établi ses quartiers. Très émus, ils se précipitèrent et furent séduits par ce barbu aux manières simples qui leur offrit un panier de framboises et un verre de vin, et leur parla dans leur propre langue de l'amitié entre l'Angleterre et l'Italie. Vinrent également le trouver deux officiers américains qui lui firent cadeau d'un pistolet, puis le colonel hongrois Eber, correspondant du *Times*, qui lui fit une relation détaillée — et professionnelle — du plan établi par Lanza pour la défense de la ville, plan qui comportait une lacune : la porte Termini était en effet dégarnie. Pour remercier Eber, Garibaldi l'enrôla avec son grade de colonel et le Hongrois termina la campagne avec celui de général de brigade.

La prise de Palerme où se trouvaient encore dix-huit mille hommes, semblait toutefois impossible. Garibaldi essaya de coordonner son action avec celle des comités révolutionnaires de la ville qui lui envoyaient des messagers ; mais personne n'était d'accord et leur insurrection échoua. Le général recourut à ses vieilles ruses sud-américaines. Il fit allumer des feux de bivouac sur les collines environnantes, de manière à faire croire à une force beaucoup plus importante que celle dont il disposait et, surtout, à laisser dans le doute ce qui précisément allait faire sa force.

Son armée réunie dans les forteresses du palais royal, Lanza continuait à attendre. Quand le ministre de la Police, Maniscalco, et quelques officiers vinrent lui dire que l'ennemi était sur le point d'entrer dans la ville du côté de Gibilrossa, il répliqua : « Je les bombarderai ! »

Le jour suivant, le 27 mai, Garibaldi se présenta devant la porte Termini dont la fragile barrière fut prise d'assaut et facilement démolie par Bixio. Les légionnaires ne trouvèrent devant eux qu'une population en fête qui fit la haie sur le passage du général et l'acclama le long de l'avenue qui, aujourd'hui, porte son nom.

Lanza le laissa tranquillement entrer, puis il tint sa promesse en ordonnant aux batteries des forts et de la flotte de bombarder la ville.

Le bombardement dura deux heures, amoncelant pas mal de ruines, tuant quelques innocents et poussant jusqu'à l'exaspération la haine de la population de Palerme contre les Napolitains et leur roi. Entretemps, les garibaldiens avaient occupé tous les points stratégiques. Et le lendemain 28, le monde entier fut stupéfait d'apprendre que, ce que Cavour avait, en parlant avec Nigra, qualifié d'« échappée de fous », s'était conclu par un succès fulgurant. Bien que son armée fût intacte, Lanza ne vit de salut qu'en un armistice, mais il demanda à l'amiral anglais Mundy de s'en faire le promoteur, car — dit-il, selon le plus pur style napolitain — un général de son importance ne pouvait s'abaisser à traiter avec un brigand. Mundy répondit qu'il n'avait aucune qualification pour remplir ce rôle. Le plus qu'il pouvait faire, c'était d'accepter que les deux parties traitantes se rencontrassent sur son navire, à condition que ce fût sur un pied d'égalité. Le lendemain, Lanza envoya deux de ses généraux, Letizia et Chrétien, conférer « avec Son Excellence Garibaldi ».

Ce dernier, qui était capable d'un certain bluff, ne montra aucune hâte à parvenir à un accord, bien qu'il fût pressé par les événements, car il savait qu'il n'avait plus de munitions et que Von Mechel était sur le point de rentrer de sa vaine poursuite. Pour finir, comme en un geste de libéralité, il consentit, à une trêve jusqu'au soir du 31, et il en profita pour réquisitionner tous les magasins militaires et barrer toutes les portes de la ville aux troupes de Mechel.

Le général Letizia et le colonel Buonopane appareillèrent en direction de Naples pour informer le roi de l'accord advenu et demander de nouvelles instructions. Pour justifier leur échec, ils tracèrent une description terrifiante d'une Palerme en révolte et conseillèrent l'évacuation de la ville, solution qui paraissait déjà inévitable à beaucoup. Bien qu'à contrecœur, le roi s'y décida.

De retour à Palerme, le 6, ils signèrent la capitulation de vingt-mille hommes qui avaient été battus sans combattre. Lanza accepta toutes les conditions imposées par le « brigand », mais réclama — dans un style bien italien — que « les honneurs militaires » fussent rendus à son armée. Devant les garibaldiens au garde-à-vous et pour une fois bien disciplinés, il chevaucha à la tête de ses troupes comme s'il avait été le vainqueur. Dans les rangs, un petit soldat lui cria :

« Excellence, regardez combien nous sommes !.... Et nous devons fuir comme ça !... »

« Taisez-vous, ivrogne ! » répondit Son Excellence.

Il se sentait tranquille. Il avait déjà écrit une longue lettre au roi où il lui démontrait que les choses n'eussent pu se passer différemment. C'était la faute de Von Mechel qui avait laissé échapper Garibaldi et n'était revenu qu'une fois l'armistice conclu. Mais cela même était faux. Von Mechel était revenu avant, il avait demandé, puis supplié, puis réclamé en frappant du poing sur la table qu'on le laissât attaquer, et Lanza lui avait répondu en le menaçant des arrêts pour insubordination.

Toutefois, on ne le laissa pas débarquer. Le roi lui ordonna de faire terre à Ischia pour y passer en conseil de guerre, conseil de guerre qui, par chance pour l'accusé, n'eut pas le temps de le juger. Et le vieux général se consola en prenant sa retraite.

Au cours de sa longue carrière de *guerillero*, Garibaldi avait occupé des terres et des provinces, mais il n'avait jamais eu à en administrer aucune. À présent, il lui fallait le faire ; et tout le monde, y compris nombre de ses amis, s'attendait à ce qu'il commît Dieu sait combien de bourdes. Les faits infirmèrent ce pessimisme.

Il s'était installé au palais royal, dont le faste ne lui monta cependant pas à la tête. Quand le général Letizia et le colonel Buonapane vinrent conclure avec lui l'accord d'armistice, ils virent qu'il occupait le plus modeste des appartements — trois chambres seulement. Le dictateur les accueillit avec affabilité, assis dans un petit fauteuil, une chaise entre les jambes, sur laquelle reposaient des moitiés de cigares et des feuilles de papier. Il était en train de peler une orange avec un petit poignard et, de la pointe de son couteau, il en offrit des quartiers à ses visiteurs après les avoir priés de s'asseoir à côté de lui. Au moment de son plus grand triomphe, alors que le nom de Garibaldi était sur toutes les bouches d'Europe et mettait les chancelleries sens dessus dessous, il restait l'homme simple, le campagnard qu'il avait toujours été.

En Sicile, la situation était extrêmement compliquée. La fameuse révolution dont Crispi et La Masa lui avaient chanté l'importance pour le pousser à se lancer dans cette entreprise était assez différente de ce qu'il avait imaginé ou de ce qu'ils lui avaient fait imaginer. Elle n'avait rien d'unitaire ni de national. Ses véritables composantes étaient la haine des Siciliens pour les Napolitains, leur aspiration à l'autonomie et la *jacquerie* des paysans contre leurs seigneurs. À l'arrivée de Garibaldi, le peuple s'était soulevé. Mais, après la bataille de Calatafimi, dans les villes et les petits pays de l'intérieur, il avait sommairement lynché les hommes des Bourbons et les autochtones qui avaient collaboré avec eux, et même, dans certains endroits, sur les routes que devait parcourir Garibaldi, on avait placé les cadavres dans des fours afin d'en ralentir la putréfaction et les montrer au général. Mais dans d'autres endroits, la fureur populaire avait pris pour cible les « gentilshommes », c'est-à-dire les propriétaires. Dans la dissolution soudaine et imprévue de l'État, dans la carence des forces de l'ordre qui auraient pu faire frein, la question sociale se mêlait et se superposait à la question politique. Les masses siciliennes ne voulaient ni de l'Italie ni de Victor-Emmanuel ; elles voulaient les terres et elles les occupaient.

Cet état d'anarchie finit par jouer en faveur de Garibaldi, car même ceux qui lui étaient le plus opposés, par fidélité envers les Bourbons et par esprit conservateur, comprirent qu'il était le seul désormais à pouvoir rétablir un certain ordre. Et, parmi ceux qui se convertirent le plus rapidement à cette idée, se trouvèrent les moines et les prêtres. Fra Pantaleo ne fut pas le seul à s'avancer au-devant des Mille et à leur faire fête. Après la bataille de Calatafimi, les morts garibaldiens furent pieusement ensevelis par les frères d'Alcamo, après une messe solennelle et une oraison où l'on demanda l'aide de Dieu pour les libérateurs et où l'on incita le peuple à une vengeance bien peu chrétienne contre le tyran. À Palerme, un autre frère, qui s'appelait Garibaldi et était originaire de Gênes, se plaça aux côtés du général, l'appela son « cher parent », et devint l'un des plus acharnés donneurs de coups de bâtons aux hommes de la police des Bourbons.

Dans ces épisodes eux-mêmes, plus que du patriotisme, il y avait du ressentiment social, car le bas clergé ne jouissait pas de meilleures conditions d'existence que les pauvres paysans. Mais, à Palerme, l'archevêque lui-même vint rendre hommage au dictateur. Et celui-ci lui rendit sa politesse le jour de la sainte Rosalie, en se rendant à la cathédrale et en allant s'y asseoir sur le trône royal, en chemise rouge et le sabre au clair. Ce fut peut-être le seul geste d'une certaine dignité qu'il accomplit. Il devait lui avoir été suggéré par Crispi, son conseiller politique, comme une revendication symbolique du légat apostolique[19] que les gouvernements de la Sicile avaient toujours exercé. Il est difficile de dire s'il eut conscience du jeu politique serré qui se déroulait autour de lui. Peut-être que non. Et peut-être fut-ce

---

[19] Le trône de Sicile était confié au monarque par le Pape qui se trouvait son suzerain naturel. Le roi n'exerçait à Palerme que le « légat pontifical » temporel.

précisément pour cela qu'il en eut raison. Essayons de le résumer brièvement.

Le succès fulgurant de Garibaldi avait absolument pris de court le Premier ministre qui, non seulement n'y avait pas cru mais, en outre, ne le désirait pas. Au fond, cet homme que l'hagiographie du *Risorgimento* a fait passer pour l'artisan de l'unité italienne, et qui reste certainement l'un des plus grands hommes d'État de tous les temps, n'aimait pas l'Italie, tout au moins celle qui se trouve au sud de la Maremme ; il ne concevait l'unité — du moins pour l'instant — que sous la forme d'une confédération d'États placés sous le *leadership* du Piémont, se défiait de Rome dont il pressentait la « *dolce vita* » et, dans le privé, avouait souhaiter le *statu quo* en ce qui concernait Naples et la Sicile, un *statu quo* qui conserverait leur trône aux Bourbons dans l'alliance et l'allégeance de Turin. Pour lui, l'unification telle qu'était en train de la faire Garibaldi puait la république, Mazzini et le radicalisme : trois choses qu'il exécrait de tout son cœur.

C'est pourquoi, après coup, tout en cherchant à montrer qu'il avait aidé en sous-main l'expédition des Mille, il la combattit, allant jusqu'à ordonner qu'elle fût arrêtée « à tout prix ». Et si cet ordre ne fut pas exécuté, ce fut seulement parce que la position de Cavour était alors trop faible pour lui permettre de défier le mythe triomphant de Garibaldi. Il avait perdu des plumes à la suite de l'affaire de Nice : l'opinion publique se refusait de reconnaître que cette perte était largement compensée par l'annexion de la Toscane et des duchés centraux, et elle s'obstinait à voir dans cette opération « un ignoble troc ». Au parlement, il s'appuyait sur une majorité incertaine qui dépendait à présent d'élections partielles qui, dans un tel climat, ne laissaient guère prévoir leur issue. Et puis, il y avait le roi qui — c'était de notoriété publique — n'aimait pas son Premier ministre, dont il se sentait méprisé, et qui ne faisait pas mystère du fait qu'il aurait préféré un Ricasoli ou un Rattazzi.

En gros, tels furent les motifs qui l'empêchèrent d'agir contre Garibaldi. Mais cette inaction ne fut pas un coup de génie comme les historiens l'ont prétendu depuis. Quand Garibaldi appareilla, Cavour espéra que la flotte des Bourbons l'arrêterait, puis que l'armée le rejetterait à la mer. Il continuait à croire que l'Italie devait se faire par le moyen de la diplomatie, non par celui de la guerre et par des *caudillos* sud-américains. Et, de fait, il s'arrangea pour qu'il n'y eût, parmi les Mille, point ou presque de Piémontais.

Mais le 29 mai, lorsque la nouvelle de l'occupation de Palerme atteignit Turin, il changea complètement d'attitude, manifesta son enthousiasme pour cette victoire, fit habilement circuler le bruit qu'il l'avait facilitée et se prépara à en retirer pour lui-même tous les bénéfices. Il fit immédiatement appeler Medici et lui confia trois mille volontaires et deux navires pour qu'il accourût à l'aide du vainqueur. Mais, en même temps, il expédiait également à Palerme son ami sicilien La Farina avec la mission de surveiller Garibaldi et Crispi et de préparer le terrain à un plébiscite qui consacrât l'union de la Sicile au Piémont, en mettant ainsi fin à ce qu'il considérait toujours comme « une aventure ». Malheureusement, il avait mal choisi son homme. La Farina était bavard et vaniteux, il ne jouissait d'aucun crédit auprès de ses compatriotes, et Garibaldi et Crispi le détestaient. Il arriva à Palerme à bord d'un navire de guerre pour bien faire comprendre à tout le monde qu'il était chargé d'une importante mission officielle, demanda (cela va sans dire) à faire partie du gouvernement provisoire que Garibaldi avait institué sous la présidence de Crispi et, ceci lui ayant été refusé, fonda un journal dont le titre — *L'Annessione*, (Union) — contenait implicitement le programme.

À cette union, en fait, Garibaldi n'était pas opposé. Son mot d'ordre restait celui qu'il avait adopté au moment du débarquement à Marsala : « L'Italie et Victor-Emmanuel ». Cependant il ne désirait pas qu'elle eût lieu immédiatement, car il ne considérait pas la Sicile comme une fin en soi, mais comme le tremplin qui devait permettre à son entreprise de se terminer par la conquête de Naples, celle de Rome et celle de Venise, c'est-à-dire par l'accomplissement définitif et irrévocable de l'unité nationale. En remettant l'île au Piémont sans délai, il perdait ses bases et toute possibilité d'initiative autonome. Il était entretenu dans cette conviction par Crispi, son vice-dictateur, l'homme qui, certainement, l'influença le plus au cours de cette période où lui servit de cerveau politique. Crispi était moins grand qu'il ne le croyait lui-même, mais il était moins petit que Cavour ne le jugeait. Il y avait en lui un Clemenceau en miniature. Avocat et journaliste, il sortait des rangs mazziniens et radicaux et, comme tous les hommes destinés à finir réactionnaires, il avait fait ses débuts sur les barricades, celles de 1849.

Toute sa vie n'avait été qu'une suite de mandats d'arrêt, d'expulsions et d'exils. Il avait fini par se réfugier à Londres où il avait soutenu Mazzini dans son action contre la Maison de Savoie, Cavour et la guerre de 1859. Mais il n'était pas homme à servir de « second » à quiconque et, en fait, quand on lui demanda s'il était mazzinien ou garibaldien, il répondit : « Je suis Crispi. » Après la paix de Villafranca, muni d'un faux passeport américain, il était rentré en Sicile, défiant la potence, pour y réorganiser les comités d'action révolutionnaire. Et, avec son imagination brûlante, sans doute, crut-il qu'il y avait vraiment la révolution dans l'île. Ce fut lui qui, avec Bixio, vint à bout de toutes les hésitations de Garibaldi. À ce moment-là, il avait déjà fait taire tous ses préjugés républicains. Lorsque Mazzini et Bertani, qui avaient espéré faire pencher le général en leur faveur, lui reprochèrent d'être resté avec lui sous le drapeau savoyard, Crispi répliqua : « Nous voulons l'Italie et nous l'aurons ! » Le jacobin avait déjà commencé à se convertir à la raison d'État dont, au cours de sa carrière, il était destiné à devenir le prêtre hargneux, dogmatique et même obtus. Toutefois, bien que désirant très fermement l'unité sous l'égide de Victor-Emmanuel, Crispi était nettement opposé à Cavour et à La Farina sur le moyen d'y parvenir, c'est-à-dire sur la fameuse « politique de l'artichaut », selon laquelle l'Italie devait se faire graduellement, en annexant une province après l'autre. Ce n'est pas là le moyen de faire l'Italie, disait Crispi, c'est seulement le moyen d'agrandir le Piémont. Et il n'avait pas tout à fait tort.

La passe d'armes définitive qui eut lieu entre Crispi et La Farina se déroula à la fin de juin, lorsque l'envoyé de Cavour parvint par ses manœuvres à induire le conseil municipal de Palerme à demander à Garibaldi l'union avec le Piémont. Garibaldi répliqua — et c'était certainement Crispi qui s'exprimait par sa bouche — qu'il était venu pour unifier l'Italie et non pour conquérir la Sicile. Cavour comprit que, par ses maladresses, La Farina risquait de pousser Garibaldi dans les bras de Mazzini qui était rentré secrètement à Gênes et qui, par le canal de Bertani, gardait le contact avec Crispi.

Abandonnant à Crispi le soin de dévider cet écheveau trop compliqué pour lui, Garibaldi ne pensait plus qu'à se remettre sur le sentier de la guerre. Medici était arrivé avec ses trois mille volontaires et huit mille carabines Enfield. Une petite Légion étrangère s'était formée, composée surtout de Hongrois, de Polonais et de Français mi-idéalistes, mi-aventuriers, arrivés par petits groupes. Avec les bandes des « picciuotti », Forbes estimait que cette petite armée bigarrée atteignait le chiffre de dix mille hommes ; Garibaldi n'en avait jamais eu autant. Les personnages les plus étranges et les plus pittoresques d'Europe étaient en train de se rassembler à Palerme. Le plus étrange, le plus pittoresque d'entre eux, était Alexandre Dumas.

Après une longue correspondance avec Garibaldi au sujet des *Mémoires*, Dumas l'avait rencontré pour la première fois six mois plus tôt, à Turin.

Si l'on en croit ce qu'il rapporte lui-même — mais sans doute faut-il faire ici la part qui revient à l'imagination de l'auteur —, Dumas avait trouvé la porte du général ouverte. Il était entré.

« Mon général, lui avait-il demandé à brûle-pourpoint, quelle heure est-il ? »

« Onze heures », avait répondu Garibaldi sans savoir qui était son étrange interlocuteur.

« De quel jour et de quel mois ? »

« Le mercredi quatre janvier. »

« Bien, mon général, ne l'oubliez pas : le quatre janvier 1860, à onze heures du matin, moi, Alexandre Dumas, je vous prédis que dans un an vous serez dictateur. »

Et le Français herculéen avait chaleureusement serré Garibaldi sur sa poitrine.

Lorsque l'expédition des Mille appareilla, à Quarto, Dumas faisait précisément une croisière en Méditerranée sur son petit yacht, l'*Emma*, que commandait une jeune fille de seize ans habillée en amiral. Bien entendu, il mit aussitôt le cap sur Palerme. Et, un beau matin, tout vêtu de blanc comme un marchand de glace, le canotier orné de plumes blanches, rouges et bleues, il se présenta devant le général en compagnie de sa mineure *engalonnée*. À soixante ans, il était encore impétueux. À table il mangea comme un bœuf, but en proportion, étourdit tout le monde par des récits d'aventures certainement imaginaires, chanta le *Magnificat* et proposa à Garibaldi, qui naturellement acquiesça avec enthousiasme, de lui servir d'ambassadeur auprès des chefs d'État et des gouvernements étrangers, de façon à lui aplanir n'importe quelle difficulté diplomatique. Par la suite, il a raconté dans ses livres qu'il avait joué un rôle décisif dans l'aventure garibaldienne, désarmé à Turin les méfiances de Cavour, constitué des bureaux de recrutement à Gênes, semé la panique dans l'âme de Liborio Romano, le ministre de l'Intérieur napolitain, et organisé à Salerne une insurrection que l'histoire n'a pas retenue. Il écrivit encore avoir dépensé cinquante mille francs pour fournir armes et munitions à Garibaldi, chiffre qui, à cette époque, constituait le budget militaire d'un État. Mais, sur ce détail, nous avons le témoignage de Bandi qui raconte qu'effectivement, après le dîner au Palais Royal, Dumas invita l'assistance à le suivre sur l'*Emma* où il voulait remettre entre les mains des gens de Garibaldi une précieuse cargaison. Il s'agissait de huit sabres de cavalerie et de douze vieilles carabines. Dumas apporta une autre contribution à la victoire de son héros. On ne sait ni où ni comment, il se procura des coupons de toile rouge et transforma l'*Emma* en un atelier de confection de chemises. Les mauvaises langues prétendaient cependant qu'il choisissait les ouvrières avec un soin extrême, écartant toutes celles qui avaient plus de dix-huit ans.

La comtesse Della Torre était arrivée elle aussi. Elle portait un *sombrero* ruisselant de plumes, une tunique blanche à la russe, des pantalons, des bottes à éperons et un sabre trop long dont la pointe traînait à terre. À notre connaissance, aucun mémorialiste n'a fait allusion à ses rapports avec Garibaldi durant cette période.

Dans cette situation, pourtant, tout ne prenait pas un air de *vaudeville*. Les Napolitains tenaient toujours les places fortes de Milazzo et de Messine, faisant peser la menace d'une reconquête ; à l'intérieur de l'île régnait le chaos, et La Farina, par ses intrigues, avait réussi à éliminer Crispi du gouvernement, passé à présent entre les mains de Torrearsa. Garibaldi n'avait pas su ou pas voulu l'empêcher. Il se faisait une idée gaulliste avant la lettre de ses pouvoirs dictatoriaux : il les considérait comme ceux d'un arbitre au-dessus de la mêlée politique et n'avait pas voulu intervenir dans le jeu des partis qui, grâce à La Farina, s'étaient tournés vers ce *cavourien* et unioniste. Sans doute pensait-il aussi que, s'il avait imposé Crispi d'autorité, il aurait renforcé les soupçons que Turin continuait à montrer à son égard. Il savait avoir pas mal d'ennemis dans le gouvernement de Cavour, particulièrement Farini et Fanti, auxquels il ne voulait pas fournir de prétextes pour intervenir.

Mais, à la fin juillet, eut lieu un événement qui le blessa profondément. L'amiral Persano, qui commandait l'escadre navale piémontaise à Palerme, et qui avait reçu de Cavour l'ordre de traiter Garibaldi avec beaucoup de tact, fut informé de l'arrivée de deux dangereux espions napolitains, un certain Griscelli et un certain Totti, et il les dénonça au dictateur. Celui-ci les fit arrêter et, de leurs interrogatoires, il résulta qu'il s'agissait effectivement de deux espions, mais qu'ils avaient dernièrement changé d'employeur ; à présent, ils travaillaient pour le compte de Cavour.

En fait, ce dernier avait toujours eu le gros défaut d'utiliser de multiples agents qui travaillaient aux mêmes fins, mais à l'insu les uns des autres, car le comte se défiait de tous. Les deux mouchards avouèrent qu'ils avaient l'ordre de contacter La Farina.

Le lendemain le *Giornale Ufficiale* publia l'information suivante :

« Par ordre spécial du Dictateur, ont été éloignés de l'île MM. Giuseppe La Farina, Giacomo Griscelli et Pasquale Totti. MM. Griscelli et Totti, Corses de naissance, appartiennent à cette sorte de personnages qui trouvent moyen de s'enrôler dans les bureaux de toutes les polices du continent. Les trois expulsés se trouvaient à Palerme pour conspirer contre l'ordre actuel des choses… »

Le scandale fut énorme. La Farina, patriote de longue date, président de la Société Nationale, homme de confiance de Cavour, et tenu pour le deus ex machina de la situation, était traité comme un vulgaire espion et expulsé comme un criminel de droit commun. À ce moment-là, Cavour avait déjà décidé de se défaire de lui et de le remplacer par Depretis, homme beaucoup plus souple et adroit. Mais il méditait d'accomplir l'opération avec tact et prudence, sans perdre la face aux yeux de ceux qui lui avaient toujours reproché le choix de La Farina pour cette mission délicate.

L'embardée de Garibaldi le mettait dans une situation très embarrassante, et, surtout, elle lui faisait craindre que le dictateur, cédant à la colère, ne rompît les ponts avec le Piémont et agît seul c'est-à-dire laisse agir pour lui Mazzini, Bertani et tout le parti radical.

Mais Garibaldi se montra beaucoup plus raisonnable et sensé que ne le croyaient le comte et ses ministres. Le nouveau cabinet fut formé avec des libéraux modérés dont l'attachement à la monarchie était sûr. Et, l'abandonnant à la direction de Crispi à qui la victoire n'avait pas fait perdre la tête, le général se prépara à nettoyer l'île des dernières garnisons napolitaines.

Après avoir divisé sa petite armée en trois brigades, il en expédia une à Catane, sous le commandement de Türr, une seconde sur Girgenti, sous celui de Bixio : la troisième, celle de Medici, qui était la mieux organisée et équipée, reçut la mission la plus difficile : déloger les dix mille Napolitains qui restaient encore sur le rocher fortifié de Messine.

Ceux-ci, pour barrer la route à Medici, envoyèrent à sa rencontre cinq mille hommes commandés par le colonel Bosco, un gros soudard plein de crânerie, mais valeureux, qui avait connu personnellement Garibaldi durant les tractations au sujet de l'armistice, et qui ne lui avait pas caché son désir de revanche. Il s'enferma à Milazzo ; et, grâce à une lettre qu'ils trouvèrent sur une femme chargée de la porter au commandant de la place de Messine afin de solliciter une attaque sur les arrières des légionnaires, ces derniers apprirent que le bouillant colonel se promettait de rentrer à Palerme d'ici peu de jours « sur le cheval de Medici ».

Les trois mille garibaldiens n'avaient pas la tâche facile, face aux cinq mille Napolitains soutenus par l'artillerie des navires au mouillage. Le plus terrible est qu'ils ne possédaient pas un seul canon. Garibaldi arriva le jour de l'attaque, le 20 juillet, mais il laissa le commandement à Medici. Toutefois, il se trouva au milieu de la mêlée et risqua d'y perdre la vie lorsque les hussards de Bosco chargèrent à bride abattue. La description qu'on a faite de cet épisode constitua l'une des innombrables images d'Épinal du Risorgimento. On raconte que Garibaldi immobilisa la monture du commandant en la saisissant par le mors, et cria :

« Rends-toi chien ! »

Après quoi, il se serait débarrassé à coups de poignard d'un sergent qui s'était précipité sur lui.

Ce fut une victoire à la Pyrrhus, car les pertes des garibaldiens — six-cent-cinquante hommes, entre morts et blessés — atteignirent presque le double de celles des Napolitains. Mais ce fut une victoire, car Bosco dut se retirer. Garibaldi ne pouvait pas perdre et il le savait. Il avait donné à ses officiers l'ordre de ne pas enseigner la volte-face ni le pas en arrière, pas même dans les exercices à huis clos dans la place d'armes.

Agostino Depretis arriva dès le lendemain de la bataille de Milazzo. Il débarqua du vapeur postal, non d'un navire de guerre comme son prédécesseur, et courut sur-le-champ rendre visite au dictateur et à Crispi.

Depretis avait alors toutes les qualités et tous les défauts qui devaient par la suite faire de lui l'une des personnalités les plus controversées de la politique italienne. Il pratiquait l'« ouverture à gauche », comme l'on dirait aujourd'hui, mais il entretenait en même temps d'excellents rapports avec la droite. Il était l'ami de tout le monde : de Victor-Emmanuel et de Mazzini, de Garibaldi et de Cavour, de Crispi et de La Farina. Il lui fallut de longues, très longues années de gouvernement pour finir par se faire des adversaires, qui découvrirent chez lui une totale absence de scrupules et un cynisme complet en fait d'idées politiques et de principes moraux. Mais cela était la caricature, non le portrait de ses défauts. C'était un homme adroit, d'un grand tact, d'une extrême prudence, possédant de remarquables capacités d'administrateur et d'extraordinaires qualités de diplomate. Il n'avait pas un grand caractère, mais il n'est pas vrai qu'il ait été « faux et déloyal » comme l'écrivit Hudson à Lord Russel. Et, de toute façon, ayant à coexister avec des hommes comme Garibaldi et Crispi, son absence de tempérament elle-même lui fut utile. Sa mission n'était pas facile. Il devait réparer les fautes de La Farina, particulièrement en rétablissant de bons rapports entre le général et le gouvernement piémontais, et rétablir quelque peu la paix entre les partis siciliens qui continuaient à se déchirer. Il assuma le rôle de vice-dictateur, que Crispi avait tenu les premiers temps, mais il confia à ce dernier le rôle, plus difficile et délicat, de ministre de l'Intérieur. Son seul échec fut de ne pouvoir persuader Garibaldi de se contenter de la conquête de la Sicile, et de renoncer à poursuivre sa marche en avant de l'autre côté du détroit de Messine.

Medici était déjà parvenu à Messine et il avait conclu avec le général Clary qui commandait la place forte, une sorte de traité par lequel les légionnaires occuperaient la ville sans se livrer à des gestes hostiles envers les Napolitains qui resteraient cois à l'intérieur de leur citadelle. Et cela permet de comprendre à quel point de découragement en était arrivée l'armée napolitaine. Ces soldats assistèrent sans un geste aux préparatifs que le général était en train de faire, en plein jour, pour traverser le détroit et débarquer sur le continent. Et là commence l'un des plus grands mystères du *Risorgimento*.

Garibaldi établit son quartier général au Phare où, à la fin juillet, les légionnaires virent arriver un homme dont ils ignoraient le nom et les attributions. Pourtant, le bruit courut aussitôt qu'il s'agissait du comte Litta, porteur d'une lettre du roi exhortant le général — au cas où le souverain de Naples évacuerait ses troupes de Sicile et concéderait à cette dernière le droit de se choisir le gouvernement qu'elle désirerait, — à ne pas poursuivre son action contre le royaume des Deux-Siciles.

À cette lettre, Garibaldi aurait répondu par une autre dont il existe cinq versions qui diffèrent assez peu les unes des autres.

Il confirmait de nouveau solennellement son dévouement et son affection pour le souverain, s'engageait à continuer en son nom son entreprise personnelle ; mais, réaffirmait-il énergiquement, cette entreprise, il devait la conduire à son terme à cause des engagements qu'il avait pris, désormais, envers les patriotes napolitains qui, autrement, auraient été abandonnés à eux-mêmes.

Mais, en 1909, on découvrit dans les archives de la Maison Royale la minute d'une autre lettre du roi disant exactement le contraire de celle qui avait été publiée en son temps : à savoir que Garibaldi se dépêchât d'aller de l'avant et de renverser les Bourbons du trône de Naples : de toute façon, son roi le soutiendrait.

Étant donné le caractère des personnages, tout est possible. Il est possible que le roi ait écrit les deux lettres : la première — celle contre la continuation de la guerre — sur l'injonction de Cavour et du cabinet qui craignaient les répercussions internationales d'une attaque du continent par Garibaldi ; la seconde, celle en faveur de la poursuite de l'entreprise, à l'insu du comte contre lequel Victor-Emmanuel continuait à comploter. Mais il est possible également qu'il les ait écrites toutes les deux, et en accord avec Cavour, de façon à pouvoir « faire pièce » à tout événement : en cas d'échec, afin de démontrer que le Piémont n'était pour rien dans l'affaire ; en cas de victoire, pour démontrer que le Piémont avait favorisé et soutenu l'expédition. Et, enfin, il est possible même que la seconde lettre ait été fabriquée après coup, pour parer la Maison de Savoie — aux yeux du pays et de l'Histoire — d'un mérite auquel elle n'avait pas droit.

Toutes ces ambiguïtés ne pourraient provoquer que le mépris, si l'on ne savait pas dans quelles difficultés se débattait alors le Piémont. Cavour était aux prises avec les exigences les plus contradictoires. « Je suis, écrivait-il dans une lettre confidentielle à madame de Gircourt, comme le matelot qui, au sein de la tempête, jure et fait vœu d'abandonner la mer pour toujours. » D'un côté, il devait rassurer l'Italie modérée et conservatrice qui ne voulait pas d'aventures et, surtout, lui fournissait la majorité parlementaire sur laquelle s'appuyait son gouvernement. D'un autre côté, il lui fallait enlever l'initiative des événements à l'Italie radicale et révolutionnaire en la précédant et en la noyautant.

D'un côté, il lui fallait persuader la France que le seul moyen d'empêcher Garibaldi de remonter la botte jusqu'aux États Pontificaux était de lui retirer la Sicile en l'annexant au Piémont ; de l'autre, il lui fallait convaincre l'Angleterre que la meilleure méthode pour affranchir l'Italie du vasselage français consistait à lui accorder le plus d'avantages possible. Lui-même, sans doute, ne savait pas quel fil suivre. Il en tenait dans sa main un grand nombre dans l'attente que les événements lui suggérassent lequel il était préférable de dévider. Plus que le responsable, il était la victime de toutes les équivoques présidant à la naissance de cette Italie qui, avec de belles paroles, prétendait « *fare da sé* » — se faire elle-même —, mais dans les faits avait besoin de tout le monde. Toutefois, il existait des « constantes » dans l'action de Cavour. Il continuait à croire que l'appui français était le plus utile et le plus sûr, que les solutions diplomatiques étaient préférables aux solutions militaires et que, pour le moment, à l'annexion du royaume des Bourbons, était préférable une alliance qui donnerait tout loisir à l'« Italie piémontaise » — car c'est ainsi qu'il concevait l'Italie — de s'établir solidement dans une nouvelle organisation territoriale, législative et économique. Il redoutait énormément l'irruption tumultueuse dans le nouvel État de Savoie des provinces méridionales qu'il connaissait mal, mais dont il se défiait beaucoup.

La véritable raison de la popularité de Garibaldi était qu'il demeurait étranger à toutes ces machinations. L'opinion publique italienne, bien qu'elle ne fût pas au courant de toutes ces manœuvres en sousmain, flairait le parfum, et elle comprenait que Garibaldi n'était pas contaminé par elles. Quant à lui, comme toujours, il persévérait dans son action sans accorder la plus petite pensée aux effets politiques qui pouvaient en résulter. On prétend qu'il fut un peu induit en erreur par Persano au sujet des sentiments du roi et de Cavour à son égard. L'amiral était un homme sans caractère, comme le prouva la suite de sa désastreuse carrière. Et, pour faire plaisir au général, peut-être entretint-il chez lui la confiance en la conviction que le roi — surtout — feignait de désapprouver le débarquement en Calabre pour des raisons diplomatiques. Mais, s'il n'avait pas eu cette illusion, Garibaldi serait allé de l'avant de la même façon. Il sentait que l'armée et l'État des Bourbons étaient en pleine décomposition et que, désormais, il n'y avait plus qu'un obstacle à surmonter : celui du débarquement.

C'était un obstacle sérieux, car le détroit, naturellement, était patrouillé par les navires de guerre napolitains auxquels Garibaldi n'avait à opposer qu'un seul bâtiment, le *Tukeri*, en assez mauvais état. Pour le reste, il ne disposait que de barques et de bachots ramassés un peu partout. Toutefois, dans la nuit du 8 août, il réussit à passer trois cents hommes sous le commandement de Missori et à jeter une tête de pont en Calabre. Tout de suite après, il expédia le *Tukeri* jusqu'à Castellammare di Stabia afin d'essayer de s'emparer, par un coup de main de piraterie, d'un navire napolitain. Mais la tentative — absurde, du reste — échoua.

La situation était délicate. Le Phare, où campait l'armée garibaldienne, était une région à malaria, dépourvue d'eau potable, et l'inaction, pour laquelle ils n'étaient pas faits, démoralisait les hommes déjà affaiblis par la fièvre. De l'autre côté du détroit, Missori pouvait se trouver écrasé d'un moment à l'autre. Pour la première fois de sa vie, Garibaldi se trouvait aux prises avec des problèmes qui n'étaient plus de tactique mais de stratégie. Il les résolut à sa façon.

Il était toujours resté en contact épistolaire avec Bertani, l'homme de confiance de Mazzini, qui n'avait jamais perdu l'espoir de l'attirer à nouveau dans les rangs du mouvement républicain et révolutionnaire ; et, pendant toute cette période, Bertani avait recruté pour son propre compte une petite armée de vrais républicains. Garibaldi lui donna l'ordre d'attaquer les États pontificaux par le nord. Mais Cavour, qui, jusque-là, avait suivi le jeu, fit dissoudre la formation, car il était disposé à tout sauf à s'opposer ouvertement à Napoléon qui, jusqu'à présent, gardait Rome sous sa haute protection et y conservait une garnison. Afin de mettre cette entreprise en train, Garibaldi quitta secrètement la Sicile pour la Sardaigne, défiant les patrouilles des bâtiments napolitains. Mais il arriva trop tard, l'initiative avait échoué. Il revint immédiatement sur ses pas et décida d'agir pour son propre compte.

Dans l'intervalle, il était parvenu à se procurer deux navires de transport : le *Franklin* et le *Torino*. Le soir du 19 août, il s'embarqua sur le premier, en compagnie de mille deux cents hommes, en prenant lui-même le commandement ; le *Torino*, avec trois mille hommes, devait suivre sous le commandement de Bixio. Ils se fiaient à l'obscurité qui se révéla être une fidèle alliée. Mais, lorsqu'ils approchèrent de la baie de Melito, choisie pour accoster, Bixio, sans doute par la faute de son caractère impétueux et impatient, poussa la vapeur et échoua son navire sur les bancs de sable.

« Et de deux ! fit Garibaldi. C'est comme à Marsala ! »

Et, à la stupéfaction et au désarroi de ses hommes, il donna l'ordre de faire marche arrière afin de retourner au Phare à la recherche d'aides pour dégager le bateau. Ce n'était pas de l'audace : c'était de l'inconscience. Peu après, en fait, le *Franklin* se trouva entre deux navires napolitains. Garibaldi donna l'ordre de hisser le drapeau américain, et on ne sait si les marins des Bourbons y crurent ou feignirent seulement de le faire. De toute façon, ils ne tirèrent pas, même lorsqu'ils virent le *Franklin* revenir à toute vapeur vers la côte calabraise en profitant de leur hésitation. Sans doute s'étaient-ils rendu compte que, à son bord, ne se trouvaient plus leurs vieux ennemis, mais leurs nouveaux maîtres. Plus tard, ils découvrirent le *Torino* échoué et ils le canonnèrent. Mais à bord, il n'y avait plus personne. Bixio et les siens avaient pris terre avec les canots, et Garibaldi les avait rejoints tout de suite après.

La petite armée prit tout de suite le chemin des montagnes où se trouvait déjà Missori qui avait essayé en vain de provoquer la révolte chez les populations et qui, quelques heures plus tard, fit sa jonction avec ses camarades. Tout se passa avec une facilité élémentaire. Entre Reggio et Monteleone, il y avait plus de quinze mille autres soldats napolitains, mais ils étaient commandés par des officiers qui n'attendaient qu'une occasion pour se rendre. Pour défendre Reggio, le colonel Dusmet commit un acte d'insubordination à l'égard du général Gallotti qui avait donné l'ordre de ne pas tirer. Gallotti, pourtant barricadé dans un château imprenable, se rendit sans même tenter une sortie pour rejoindre le général Briganti qui arrivait à son secours. À son tour, ce dernier se refusa à poursuivre, donnant le spectacle d'une telle lâcheté que ses soldats eux-mêmes se rebellèrent et le lynchèrent.

Il ne fait aucun doute que Garibaldi était un grand général, particulièrement en ce qui concerne la *guerilla*, et qu'il se trouvait à la tête d'hommes valeureux et résolus. Il avait eu beaucoup de chance à Marsala et un grand courage à Calatafimi. Mais, depuis lors, son entreprise ne rencontra plus d'obstacles, car l'ennemi contre lequel il luttait était en pleine décomposition, et l'exemple venait d'en haut, et non d'en bas : soldats et matelots furent bien supérieurs à leurs officiers et, en beaucoup d'occasions, ils recherchèrent le combat. À la fin, découragés, ils jetèrent leurs armes et rentrèrent chez eux, mais ils ne répondirent pas à l'invitation des garibaldiens qui les appelaient à servir sous leur drapeau.

Bandi raconte que Garibaldi disait en les regardant : « Dommage ! Dommage ! » et déplorait leur absence de patriotisme qui, vue de l'autre côté de la barricade, n'était pas autre chose que de la loyauté envers leur roi. Mais, en Italie, le « côté » dont on doit voir et juger les choses a toujours été, on le sait, très controversé.

Lorsque, quelques jours après, on réunit la cour martiale à Naples, pour juger les commandants des deux bâtiments qui avaient laissé échapper le *Franklin* dans le détroit de Messine, les officiers furent acquittés, pendant que l'on condamnait l'équipage qui, exaspéré par leur trahison, s'était rebellé et les avait enfermés dans la cale.

La trahison couvait aussi à l'intérieur de la famille royale. Le comte de Syracuse avait adressé au roi — naturellement en en faisant circuler de nombreuses copies — une seconde lettre pour l'inviter à appeler Victor-Emmanuel à son secours. Elle était rédigée dans des termes d'un patriotisme élevé et Persano écrivit qu'elle faisait grand honneur à l'attachement du prince pour l'Italie. Mais elle lui en aurait fait un bien plus grand si ce même prince s'était abstenu d'accepter une magnifique récompense de Cavour. Le prince de Capoue s'était déjà expatrié depuis longtemps et partageait sa vie entre la Suisse et la France avec son épouse morganatique, une Anglaise. Le comte d'Aquila était occupé à organiser un coup d'État, sans doute dans la bonne intention de porter au gouvernement des hommes plus énergiques et plus capables, comme le général Ulloa. Mais le complot fut dénoncé au roi par le ministre de la Police, Liborio Romano, comme une tentative pour s'emparer de son trône. Le roi répondit que le seul trône auquel son oncle pût aspirer était celui du Brésil par l'intermédiaire de sa femme qui était une princesse de Bragance ; et il se refusa à prendre des sanctions contre lui, préférant l'éloigner comme élément perturbateur, en lui confiant une vague mission diplomatique à Londres.

Le pauvre et jeune souverain — qui valait beaucoup mieux que la réputation qui lui a été faite par les historiens italiens — était seul. Son gouvernement, écrivit plus tard De Cesare, avait peur de tout, sans réussir à faire peur à personne. Don Liborio lui-même, qui faisait preuve de tant de zèle, était déjà à ce moment-là, par le canal de Persano, en étroit contact avec Cavour, sur la suggestion duquel il conseilla au roi d'abandonner Naples afin d'éviter une guerre civile. Puis, non content de jouer un double jeu, il se mit à en jouer un triple en allant trouver secrètement Dumas, qui venait d'arriver au port avec son *Emma*, et en le chargeant de faire savoir à Garibaldi qu'il se tenait à sa disposition afin d'empêcher, jusqu'à son arrivée, les amis de Cavour de prendre le pouvoir pour s'opposer à ce qu'il devint dictateur comme ç'avait été le cas à Palerme. Mais il lui recommandait de faire vite. Dumas fut heureux de mettre la main dans cet imbroglio qui semblait avoir été inventé exprès pour l'un de ses romans.

Peu après, François II avait fait une ultime tentative auprès de Filangieri en allant le trouver en personne à Sorrente. Le vieil homme, informé de son arrivée à la dernière minute, s'était précipité dans son lit sans avoir eu le temps de se déshabiller et avait inventé une histoire à dormir debout pour bien montrer qu'il était malade. La tragédie prenait des airs de farce dans le plus pur style napolitain.

Le 3 septembre, le gouvernement Pianell donnait sa démission. Le roi lui chercha en vain un successeur ; l'un après l'autre, le prince Ischitella et Pietro Ulloa refusèrent la charge. On tint un conseil de guerre qui approuva à la majorité l'intention du souverain d'abandonner Naples et de se retirer derrière une ligne fortifiée entre Gaète et Capoue. Seul le général Carascosa objecta que si le roi abandonnait Naples, il ne pourrait plus jamais y revenir. Mais François le savait.

Ce jour-là, il alla faire un tour dans la ville avec sa femme, sans escorte. Il tenait à se montrer à tous, serein et confiant et il y réussit. Les passants le saluèrent respectueusement en ôtant leurs chapeaux, mais personne ne cria le moindre « Vivat ! » Harold Acton raconte que les deux souverains s'arrêtèrent pour regarder des ouvriers occupés à effacer, sur le fronton de la pharmacie royale, les lys des armes des Bourbons. Le pharmacien, un réactionnaire connu, préparait son propre alignement. Marie-Sophie en rit joyeusement ; François II aussi, mais en se forçant.

Lorsqu'ils rentrèrent au palais, ils n'y trouvèrent plus que les domestiques. De la cour, si nombreuse et si prodigue en révérences et en baise-mains peu de jours auparavant, il ne restait plus personne.

Ils partirent le lendemain, 6 septembre, sans aucune pompe, parcourant à la sauvette les avenues de Naples déjà toutes tapissées d'affiches reproduisant le message d'adieu du roi à son peuple.

Ils n'avaient chargé sur leurs voitures que leurs « effets personnels » et quelques petits objets auxquels ils tenaient. Non seulement les collections d'art et l'argenterie, mais jusqu'au compte en banque du roi — onze millions de ducats — furent laissés à la disposition de ses successeurs. Tous les représentants diplomatiques — à l'exception de ceux du Piémont, de la France et de l'Angleterre — vinrent saluer le souverain. Mais de ses courtisans, un seul se présenta, le marquis Imperiali. François en fut si étonné et si ému qu'il lui conféra aussitôt l'Ordre de Saint-Ferdinand.

Mais tous les domestiques étaient à genoux et pleuraient.

À ce moment, Liborio Romano, ministre de l'Intérieur et de la Police avait déjà envoyé un télégramme « à l'invincible général Garibaldi, dictateur des Deux-Siciles », dans lequel il lui parlait de l'« Italie rendue » et de « destins irrévocables ».

Garibaldi avait annoncé son arrivée à Naples pour le lendemain, 7 septembre, et il tint parole. Il y arriva de Salerne, par le train, comme il est de règle dans les révolutions italiennes, avec une très petite escorte. Dès ce premier soir, Liborio Romano avait mobilisé ses forces — qui n'étaient pas composées de policiers et des miliciens de la Garde Nationale, mais des chefs de bande dont il avait toujours été le haut protecteur — pour rendre « océanique » et « vibrant » le rassemblement du peuple à la gare et le long du trajet qui menait au palais royal.

Il l'organisa si bien qu'il fut lui-même victime de son propre zèle.

La cohue fut telle que, lorsque le Libérateur descendit de son compartiment, don Liborio ne parvint pas à s'approcher de lui et que son discours de bienvenue se perdit parmi les cris de la foule. Ce fut le commencement de la fin de sa carrière qui, quelques années plus tard, devait être résumée ainsi sur une plaque dédiée à sa mémoire par les Napolitains :

DEPUIS XXIV ANS
O LIBORIO ROMANO
L'HISTOIRE

S'INTERROGE À TON SUJET.
DERNIER MINISTRE
DU BOURBON DE NAPLES AU MOMENT DE SA CHUTE
TU OUVRIS LE CHEMIN DE L'EXIL A TON ROI
ET CELUI DU PALAIS ROYAL AU DICTATEUR DÉPOURVU
D'ARMES.
GARDIEN DE L'AUTONOMIE RÉGIONALE
ET PORTE-DRAPEAU D'UNE ITALIE FÉDÉRÉE
TU ACCEPTAS L'UNITÉ
SANS PROTESTATION SANS CONDITION
ET TU PASSAS
DE L'ANCIEN AU NOUVEAU PRINCIPAT
COMME SI TU POSSÉDAIS DEUX ÂMES
ET DEUX LOIS MORALES.
MAIS LA FIN SOUDAINE DES INTRIGUES DE COUR
LE SERVICE DE L'INTÉGRITÉ DE LA NATION
ET DES DROITS DU PEUPLE
QUI DES ASSISES D'UNE AUTRE MÉTROPOLE ASPIRAIT À
ROME
TÉMOIGNENT
QUE TES PÉCHÉS
FURENT LES DESTINÉES DE L'ITALIE

Cette inscription montre que, à la différence des Piémontais, qui firent l'Italie sans y rien comprendre, les Napolitains, qui ne furent pour rien dans cette opération, la comprirent fort bien.

Garibaldi défila en carrosse au milieu des acclamations. Au palais royal, Mariano D'Ayala l'embrassa et le salua au nom de Naples et de l'Italie tout entière. Garibaldi exprima sur-le-champ le désir de rendre hommage à la sépulture de Saint-Janvier, comme s'il était surtout venu à Naples pour remplir ce vœu. On le porta en triomphe dans la cathédrale où Fra Pantaleo, un pistolet à la ceinture, célébra un *Te Deum* et improvisa un sermon dans lequel Garibaldi était présenté comme la réincarnation de Jésus-Christ.

Le général écouta sans rougir.

Le lendemain, 8 septembre, c'était la fête de Piedigrotta, et Garibaldi alla s'agenouiller dans le sanctuaire de la Madone qui en porte le nom, comme l'avaient fait tous les Bourbons. Il prononça un petit discours à la gloire de la religion du Christ, provoqua comme toujours un déluge d'applaudissements et, le soir, fit son apparition dans une loge du théâtre San Carlo où il lança le cri de « Vive Victor-Emmanuel ! » repris tout de suite par la salle entière. Comme la nuit précédente, beaucoup de gens stationnèrent jusqu'à une heure tardive sous son balcon, et un garibaldien dut y paraître pour expliquer par gestes que le général dormait et qu'ils fissent enfin un peu de silence.

En quelques jours, presque toute l'armée de Garibaldi se concentra à Naples, mais elle ne fut pas grossie de nouvelles recrues. En dépit de l'active campagne menée dans les rassemblements et les journaux par Nunziante et D'Ayala pour démontrer aux officiers et aux soldats que s'enrôler dans les rangs de Garibaldi ne représentait pas seulement un acte de patriotisme, mais également une bonne affaire, — on y garantissait une solde plus élevée et une carrière plus rapide —, seules quelques douzaines de volontaires se présentèrent. En compensation, sur un simple décret, Garibaldi avait confisqué la flotte tout entière au nom de Victor-Emmanuel qui n'en avait jamais possédé une aussi puissante et aussi bien équipée. Mais le décret était superflu, car Persano l'avait déjà annexée grâce au consentement spontané de ses différents commandants. Le geste de Garibaldi était toutefois significatif de ses convictions et de ses intentions. Désormais, il était décidé à marcher contre le pape, entreprise pour laquelle la flotte lui aurait été très utile ; et il était certain que le roi, face à la triomphale rapidité avec laquelle l'unité italienne s'était accomplie, allait le seconder, même contre la volonté de Cavour. Il était persuadé d'avoir désormais gagné la partie contre le comte, et il faut dire que Victor-Emmanuel avait fait son possible pour qu'il le crût. Le roi était allé jusqu'à déclarer à certains amis — peut-être avec une sincérité absolue — qu'il préférait Garibaldi à Cavour, comme homme et même comme Premier ministre.

Sans doute, d'ailleurs, fut-ce précisément pour cela que Cavour crut le moment arrivé de reprendre l'initiative et de jouer cartes sur table avec le roi. Le 8 septembre, il reçut de Persano un télégramme plutôt alarmiste, grâce auquel il apprit que Garibaldi « se f.... » de lui et se préparait à marcher sur Rome, même si, pour cela, il devait s'opposer à Napoléon. Ce n'était pas vrai. Et on a insinué que ce mensonge fut sollicité par le Premier ministre lui-même ; lequel, cependant, ne s'en servit pas très adroitement. En compagnie de Farini, il se rendit chez le roi, lui montra le télégramme et — d'après ce qu'il a lui-même raconté plus tard — déclara au souverain qu'il était prêt à abandonner le gouvernement si Sa Majesté croyait qu'il lui fallait à tout prix marcher avec Garibaldi et les radicaux. (Cavour disait toujours « Garibaldi et les radicaux », car il tenait à confondre l'un avec les autres. Et il mentait, mais peut-être en toute bonne foi.)

Victor-Emmanuel se trouva mal à son aise. Cependant, chez lui, la peur de Cavour était plus grande que l'amour de Garibaldi.

C'est pourquoi il réaffirma sa confiance au Premier ministre et déclara explicitement que, si cela se révélait nécessaire, il était prêt à s'opposer au général par la force.

Il ne faut cependant pas réduire ce conflit à un simple jeu de rivalités et de ressentiments personnels. Cavour sentait qu'on était parvenu à la crise suprême et terminale du *Risorgimento*. Il fallait décider une fois pour toutes s'il devait se faire sous le signe et avec les forces de la monarchie savoyarde, ou par le moyen d'une révolution populaire qui, à son avis, ne pouvait être que de vocation mazzinienne et républicaine. Désormais, avec l'État des Deux-Siciles, Garibaldi disposait d'un territoire presque aussi grand et populeux que celui du roi. S'il continuait à vaincre et à avancer, s'il parvenait à Rome, ce serait lui qui imposerait sa loi, celle des barricades, du peuple en armes, des troupes irrégulières.

Malheureusement, Cavour comprenait mieux les situations que les hommes. Que le *Risorgimento* se soit effectué dans une grande confusion, dans un esprit mi-conservateur, mi-révolutionnaire, moitié avec le roi et moitié contre lui, tant en chemises qu'en uniformes, c'était vrai ; et il était vrai également que cette équivoque devait entraîner des répercussions délétères sur l'Italie de demain. Où le ministre se trompait, c'est lorsqu'il croyait que Garibaldi était définitivement engagé du côté des radicaux et de la révolution, et que son attachement au roi et à la cause du Piémont n'était qu'une feinte opportuniste. Il surestimait la duplicité du général qui en était totalement dépourvu et qui, sur le plan moral, lui était de beaucoup supérieur. Et, en cela, jouait certainement l'instinctive antipathie de l'aristocratie piémontaise, conservatrice même dans son patriotisme, contre le démagogue sorti du petit peuple, naïf mais honnête, et sincère dans sa fidélité à Victor-Emmanuel. Sans doute eut-il également de mauvais informateurs et de mauvais conseillers, à commencer par La Farina et par Persano, et ne se rendit-il pas à l'évidence, même devant les faits. Tant en Sicile qu'à Naples, Garibaldi n'avait pas perdu une occasion de répéter qu'il agissait au nom et pour le compte du roi, et il ne s'était entouré que de modérés qui travaillaient en faveur de l'union. Mais Cavour avait décidé qu'il fallait désormais se débarrasser de lui et il avait déjà choisi les moyens de le faire : précipiter le plébiscite en Sicile de manière à ôter à Garibaldi la base de son pouvoir politique et militaire, et arrêter son avancée vers le Nord, par une marche rapide de l'armée régulière, à travers les États de l'Église, en suivant le cours du Volturne.

Dès qu'il s'aperçut des menées de Cavour à Palerme, Garibaldi écrivit une lettre au roi pour lui demander de renvoyer Cavour et La Farina. Et, ce faisant, il était convaincu que le roi lui devrait des remerciements, comme il le déclara à Bixio. Mais cette lettre, au contraire, après le télégramme de Persano, permit au comte de prouver à Victor-Emmanuel qu'il était impossible de collaborer avec un tel homme. Et des ordres furent expédiés à Depretis pour hâter le plébiscite.

Depretis se trouva dans une situation difficile, même pour un homme comme lui, expert à manœuvrer. Il avait été nommé vice-dictateur pour qu'un point d'équilibre soit trouvé entre Cavour et Garibaldi. Et il y avait réussi pour le mieux. Mais les nouvelles instructions rendaient son rôle impossible. Il accourut à Naples avec Crispi et Nicotera pour tenter de persuader Garibaldi d'accepter l'union, mais il n'y parvint pas et abandonna sa charge pour rentrer à Turin. Il représentait le dernier lien entre le général et Cavour.

Pendant un moment, on craignit la menace — ou l'on nourrit l'espérance — que Garibaldi répudiât la cause du Piémont et de la Maison de Savoie et prît la tête de ses vieux compagnons radicaux, accourus en foule à Naples. Il y avait là les deux grands saints du fédéralisme, Cattaneo et Ferrari ; il y avait Jessie White qui avait épousé le fervent républicain Alberto Mario, présent lui aussi ; il y avait Saliceti et Saffi ; et surtout le dynamique Bertani, Bertani que tout le monde écoutait, le seul auquel Garibaldi avait fait place dans son gouvernement, en le nommant Secrétaire d'État. Le général savait que Bertani était un homme de Mazzini et, pour cette raison, il se méfiait de lui. Mais il subissait aussi son ascendant, surtout en ce moment où il était en proie à sa fureur contre Cavour et à sa désillusion à l'égard du roi, qui non seulement n'avait pas renvoyé son Premier ministre, mais avait répondu à sa lettre par une autre lettre, dilatoire et évasive.

Et, précisément à ce moment, arriva soudain une nouvelle que Garibaldi salua avec allégresse, comme s'il se fût agi pour lui d'un succès personnel : l'armée piémontaise avait franchi la frontière des États Pontificaux et marchait sur le Volturne. Il était clair — pensait le général — que le roi avait eu raison de Cavour, qu'il entendait se joindre aux Chemises Rouges pour marcher avec elles sur Rome, en faisant fi, enfin, de tous les calculs politiques et diplomatiques de ce « laquais de Napoléon » qu'était son Premier ministre.

Mais les choses étaient bien différentes. L'initiative venait de Cavour qui était parvenu à persuader Napoléon de ce que le seul moyen de sauver le pape, l'ordre et l'influence française en Italie était d'arrêter Garibaldi sur le Volturne, car Garibaldi était d'accord avec le gouvernement anglais pour porter la révolution jusque dans Rome même. Certes, pour arriver jusqu'au Volturne, en venant de Toscane, il fallait traverser les États Pontificaux ; mais Rome serait épargnée. Napoléon y crut, ou feignit d'y croire. « Faites vite ! » aurait-il répondu. Et Cavour fit très vite. Il expédia dans les Marches[20] une armée de dix-huit mille hommes sous le commandement de Cialdini qui, à Casterfidardo, eut facilement raison des forces pontificales.

Garibaldi lança une proclamation pour inviter tous les Italiens en âge de prendre les armes à accourir se ranger comme volontaires sous ses drapeaux afin de marcher, en sa compagnie et celle du roi, en direction de Rome. Après quoi, il courut à Palerme pour y nommer un nouveau vice-dictateur, Mordini, à la place de Depretis. À son retour, une surprise amère l'attendait : un de ses meilleurs lieutenants, Türr, avait pris l'initiative de l'offensive et avait subi une cuisante défaite à Caiazzo. Le général se précipita sur place et, au péril de sa vie, parvint à colmater la brèche que les soldats des Bourbons avaient ouverte dans ses rangs. Mais les partisans de Cavour, leurs journaux et leur propagande, gonflèrent à tel point cet échec, et si effrontément, que le naïf Garibaldi lui-même commença à se rendre compte que l'avance des Piémontais était peut-être dirigée contre lui plutôt que contre les Bourbons et le pape.

---

[20] Province des États Pontificaux comprenant les régions de Pesaro, Urbino, Ancone, Macerata et Ascoli.

Ce fut précisément le moment que choisit Mazzini pour arriver à Naples, après une période de vie clandestine entre Gênes et Florence, passée à fuir la police piémontaise qui le recherchait avec acharnement. Cavour le sut aussitôt, se persuada (ou fit semblant) que c'était Garibaldi qui l'avait appelé auprès de lui, et ce fut à son avis une nouvelle preuve de ce que cet agitateur entendait imprimer une direction républicaine à son entreprise de libération.

La vérité était tout opposée : à Naples, Mazzini et Garibaldi ne se virent qu'une seule fois. Ils s'embrassèrent, mais ne s'entendirent absolument pas. Du reste, Mazzini était venu sans nourrir aucun espoir. Aigri, précocement vieilli, il s'était même abstenu de toute polémique contre le roi et Cavour, dans ses journaux, au cours des derniers temps qu'il avait passés à Londres. À Naples, il arriva sans faire de bruit, dans la seule intention de voir comment les choses se passaient. Son ami Asproni écrivit à son sujet : « Loin de mettre en avant des idées républicaines, il freine les intempérances des impatients et prêche la nécessité où l'on se trouve aujourd'hui de subordonner toutes les inclinations à l'unité. » Et son ennemi Maxime du Camp : « Je dois dire qu'à Naples, il fut admirable d'abnégation. »

Avec beaucoup de discrétion, il avait fait connaître à Garibaldi sa présence dans la ville par le canal de Bandi. Lequel raconte que Garibaldi répondit : « Dites à Mazzini que je l'accueillerai comme un frère doit accueillir son frère. » Personne n'assista à leur conversation. Mais lorsque Bandi reconduisit Mazzini à la porte, il lui sembla qu'il était moins « fraternel » que lorsqu'il était entré. Le vieil apôtre républicain lui déclara :

« Je vois avec plaisir que vous êtes un proche du général et que vous avez beaucoup de crédit auprès de lui. Essayez de le persuader de ne pas se laisser prendre dans les lacets de Cavour et de Napoléon. » Plus tard, à propos de Garibaldi, il écrivit à ses amis Stansfeld et Venturi : « La faiblesse de cet homme a quelque chose de fabuleux… Il aurait même sacrifié Bertani aux modérés. »

Ces allusions font comprendre facilement ce que Mazzini a dû lui dire et ce qu'aura répondu Garibaldi. Quelques jours plus tard, le 27, lorsque le jeu de Cavour parut clair même aux plus aveugles, Garibaldi souhaita la bienvenue « à nos frères de l'armée italienne commandés par le brave général Cialdini » dans un décret qui, pour la première fois, ne portait plus la contre-signature de Bertani.

Cavour continuait à agir avec une telle absence d'égards envers le général que Napoléon III lui-même lui conseilla de ne pas en faire un martyr, et que Palmerston ne cacha pas son indignation pour le fait qu'un homme comme celui-là, après ce qu'il avait fait, fût traité en ennemi plutôt qu'en allié.

Le petit peuple napolitain flaira lui aussi que les choses tournaient mal pour Garibaldi et que le véritable maître était Cavour : immédiatement, il s'adapta à cette nouvelle situation en faisant ouvertement preuve de son activisme en faveur du Piémont et de la Monarchie, sous les fenêtres de Mazzini qui fut moqué et insulté.

« Mort à Mazzini ! criait-on. Vive l'unité italienne ! »

Mazzini, qui était avec Nicotera et Bandi, secoua la tête avec amertume et ôta de sa bouche son éternel cigare pour en regarder la bague, qui portait le nom du fabricant : Cavour.

« Vous entendez ? dit-il. Vive l'unité italienne et mort au pauvre homme que je suis et qui, pour avoir rêvé le premier une Italie unie, fut traité de fou ! »

L'autre manifestation fut dirigée contre Dumas, et celle-ci visait directement Garibaldi, son protecteur. À Naples Dumas avait commis trois erreurs : il avait fondé un journal, s'était fait attribuer le poste de surintendant aux Beaux-Arts aux dépens de ceux qui le convoitaient, et avait renoncé à son traitement, créant ainsi le plus dangereux des « précédents ». De plus, il s'était installé au palais royal avec sa « donzelle » vêtue en amiral et, chaque soir, il donnait audience et banquet au milieu de sa petite cour. Évidemment, ce fut au nom de la patrie outragée par sa présence qu'on l'assaillit au cri de : « Dehors l'étranger ! »

Dumas, qui était en train de porter un toast à l'unité italienne à laquelle il avait collaboré à sa manière, observa mélancoliquement :

« J'avais bien l'habitude de l'ingratitude des Français. Mais je n'attendais pas cela des Italiens ! » Puis il ajouta avec philosophie : « Bah, les Napolitains sont comme les autres. Demander de la reconnaissance à un peuple, c'est demander à des loups de devenir herbivores. L'unité italienne ne m'a coûté que du temps et de l'argent, à moi... »

Cependant, si l'on en croit certains de ses compatriotes, Dumas avait largement compensé cette perte de temps et d'argent en revendant petit à petit, par le canal de son valet de chambre, une cargaison d'armes qui lui avait déjà été payée 500 000 ducats par Bertani.

Amer, dégoûté de la politique, Garibaldi était venu chercher une consolation parmi ses volontaires, sur le Volturne, et il y trouva.

Le 30 septembre, des déserteurs de l'armée des Bourbons avaient appris que l'ennemi, ranimé par le succès partiel de Caiazzo, était sur le point de déclencher une offensive de grande envergure dans le but évidemment de reprendre Naples avant d'être pris à revers par l'armée piémontaise qui, à présent, descendait du nord sans rencontrer de difficulté. Pour la première fois de sa vie, Garibaldi dut faire face à une bataille de position, basée sur la stratégie et la tactique plutôt que sur le courage et l'improvisation : chose dont tout le monde le croyait incapable. De plus, il devait y faire face dans des conditions de nette infériorité, en ce qui concernait les hommes et en ce qui concernait les moyens. Ses hommes étaient à un contre deux, il avait peu de canons et ses infirmeries regorgeaient de soldats atteints de paludisme. Le moral aussi était bas : désormais, tout le monde sentait que l'arrivée imminente des Piémontais faisait s'évanouir le glorieux rêve de la marche sur Rome.

À l'aube du 1° octobre, les Bourbonniens attaquèrent en grande force, et avec le maximum de résolution, entraînés par l'exemple de leur roi et de ses deux demi-frères, le comte de Trani et le comte de Caserta qui, sans aimer la guerre, avaient un certain respect d'eux-mêmes et de leur honneur. Le combat dura deux jours et la victoire changea plusieurs fois de camp. Garibaldi la suivit comme il put, se portant à cheval dans les endroits les plus exposés de la longue ligne de front. On a dit plus tard que le mérite de la victoire revenait tout entier à Sirtori, Medici et Cosenz, qui avaient préparé le « plan de bataille ». Il est possible que Garibaldi se soit peu occupé de ce « plan ». Mais sa présence, son prestige et ses capacités d'entraîneur d'hommes furent décisifs en certains moments cruciaux. Bixio sauva une situation presque désespérée. De plus une petite aide fut fournie aux Chemises Rouges par des canonniers anglais qui, débarqués de leurs navires, vinrent volontairement prêter main forte. Pour finir, sept cents morts restèrent sur le terrain. Des Garibaldiens pour la plupart. Mais les Bourbonniens avaient laissé deux mille prisonniers entre les mains de l'ennemi et perdu tout espoir de rentrer à Naples en triomphateurs. Désormais, leur sort était fixé.

Il y avait eu pourtant un autre événement. À ce moment, venait précisément de débarquer à Naples un premier contingent de soldats piémontais, en tout trois cents environ. Ils ne s'étaient pas rendus au front, car ils n'en avaient pas la permission. Cependant, au plus gros de la bataille, ils étaient accourus et une demi-douzaine d'entre eux était restée sur le terrain.

Toute la presse favorable à Cavour et au Piémont — laquelle, cependant, ne négligeait aucun effort pour diminuer la portée de la bataille du Volturne et la faire passer pour une simple escarmouche ou presque — proclama ce modeste apport des forces régulières comme décisif. La bataille de Volturne fut, au contraire de ce que put en dire la presse de Cavour, l'un des faits d'armes les plus importants du *Risorgimento* — certainement le plus important de toute la carrière militaire de Garibaldi. Elle montra clairement que le *guerillero* errant formé à l'école sud-américaine savait tout aussi bien se tirer d'affaire dans une guerre de manœuvre et que, parmi ses volontaires indisci-plinés, il avait su sélectionner des cadres et un état-major suffisam-ment sérieux et capables. Ce n'est d'ailleurs pas pour rien qu'une fois transplantés dans l'armée régulière, les Sirtori, les Türr, les Cosenz et les Medici y firent meilleure figure que les généraux sortis de l'Académie militaire et de l'École de Guerre de Turin.

Pour Garibaldi, les développements politiques empoisonnèrent la joie de ce succès. À Turin, Cavour avait gagné la bataille. Le parle-ment lui avait voté sa confiance à une écrasante majorité ; sa diplo-matie avait obtenu que les puissances les plus catholiques et les plus conservatrices restassent impassibles devant l'invasion des États Pontificaux par Cialdini ; l'opinion publique italienne, montée par une habile campagne de presse, demandait à grands cris que l'ordre fût restauré dans le sud, ce qui signifiait l'annexion immédiate des Deux-Siciles et l'éloignement de Garibaldi ; et le roi lui-même s'était totalement rangé du côté de Cavour, surtout depuis que son Premier ministre avait réussi à attirer dans son parti, en la comblant de dons généreux, la belle Rosine, qui, par haine pour lui, avait jusqu'alors soutenu Garibaldi. Bertani, désormais revenu à Turin, écrivait à Cat-taneo que, pour tout le monde, Garibaldi était à présent synonyme de « traître » et de « rebelle ».

Le 3 octobre, Victor-Emmanuel arriva à Ancone afin de prendre la tête de « ses troupes victorieuses ». À ce moment-là, il ne savait pas bien encore s'il devait les conduire, « ces troupes victorieuses », contre l'armée des Bourbons désormais prise au piège entre Gaète et Capoue, ou contre Garibaldi. Le général Fanti, qui l'accompagnait, posa la question à Cavour par télégramme. Mais Cavour lui-même n'avait encore rien décidé : tout dépendait de ce qu'allait décider Ga-ribaldi. Lequel n'avait encore rien décidé lui non plus.

De cette bataille qui se livrait autour de lui et en son nom, il était l'enjeu bien plus que le protagoniste. Formellement, il détenait tou-jours la charge de dictateur des Deux-Siciles ; mais en fait le pouvoir politique était entre les mains des deux vice-dictateurs : celui de Palerme, Mordini, et celui de Naples, Pallavicino. C'étaient tous les deux des gentilshommes, mais de formation et de tendance différentes. Mordini, paysan toscan, bien que modéré et homme d'ordre indubitablement, ne devait sa charge qu'à Garibaldi et c'est à lui seul qu'il était fidèle. Pallavicino, aristocrate lombard, avait été proposé par Garibaldi et nommé par Cavour avec mission — comme cela avait été également le cas pour Depretis — de servir d'intermédiaire dans les rapports difficiles entre les deux hommes. Mordini, établi à Palerme au moment où y avait dominé la faction de La Farina favorable à une union immédiate, avait réussi à la tenir en échec en faisant prévaloir la thèse que, avant de procéder à un plébiscite, il était nécessaire de réunir une assemblée constituante : et c'est ainsi qu'il avait sauvé, en la différant, la dictature de Garibaldi. Pallavicino, bien que sans jamais trahir le général, essayait de l'amener à accepter la thèse de Cavour qui, naturellement, était pour un plébiscite immédiat.

Mais, dans cette lutte, il y avait également un troisième homme, Crispi, qui, bien qu'il n'eût plus de charge officielle, sinon celle platonique et un peu ridicule de ministre des Affaires étrangères de Naples, était le véritable conseiller politique de Garibaldi. Ce n'était plus le Crispi radical des barricades, de sa jeunesse et de ses débuts ; mais c'était encore celui qui avait perdu sa charge à Palerme à cause des intrigues de La Farina et, en bon Sicilien, il n'était pas enclin à oublier. La « question de personne » renforçait sa conviction politique : à savoir qu'il fallait, à Naples également, instituer une constituante de manière à prolonger les pouvoirs du dictateur jusqu'à la liquidation des forces des Bourbons et jusqu'à la marche sur Rome. Garibaldi ne savait à quel saint se vouer, comme toujours lorsqu'il ne s'agissait pas d'assaut à la baïonnette. Lorsque Crispi venait lui dire que, en acceptant le plébiscite et l'union immédiate avec le Piémont, il donnait partie gagnée à Cavour, il rougissait de colère, frappait du poing sur la table et se prononçait en faveur de la Constituante. Mais lorsque Pallavicino insinuait devant lui que la Constituante signifiait « désobéissance » au roi, qui ne pouvait pas entrer à Naples sans qu'un plébiscite l'y appelât, il faisait renaître en lui l'homme des « ordres de marche », et le timide sujet se substituait à l'audacieux soldat.

D'autres influences modératrices s'exerçaient sur l'âme du général, déjà prédisposé à l'obéissance par un mélange de crainte et d'affection personnelle à l'égard du roi : celles de ses lieutenants. Türr entretenait déjà une correspondance secrète avec Cavour qui lui avait promis son transfert dans les cadres de l'armée régulière. C'était un Hongrois et, bien qu'il eût combattu contre les Habsbourg, il charriait dans son sang un respect dévot envers la monarchie.

Mais les autres, eux-mêmes, bien que tous sortis des rangs républicains, aspiraient à s'intégrer dans la hiérarchie militaire piémontaise, ce qui, du reste, devait se réaliser par la suite.

Garibaldi ne s'ouvrait pas beaucoup à ses lieutenants, mais il les écoutait, bien que sans les considérer tous comme égaux. Il avait un faible pour Bixio, par exemple, son mauvais petit sujet, mais il sollicitait rarement son avis. Bixio se permit d'en émettre un, une fois, à l'occasion d'un événement politique et le général lui répliqua :

« Taisez-vous, Bixio, ce ne sont pas des choses pour vous. »

Et Bixio se tut, car ce *guerillero* impétueux, au courage à toute épreuve, sans merci pour l'ennemi et même, parfois, sanguinaire, devenait une vraie poule mouillée devant son général. Le malheur, hélas, c'est que les choses qui n'étaient pas pour Bixio n'étaient pas non plus pour Garibaldi !

En revanche, Sirtori jouissait de sa confiance — non de sa sympathie. C'était un ancien prêtre qui avait perdu la foi, ou plus exactement l'avait transférée de Dieu sur sa patrie ; mais il avait conservé son ascétisme. Luttant constamment contre l'épuisement nerveux, il se préparait à la bataille comme jadis il s'était préparé à la messe, en jeûnant et en méditant. C'était un homme mélancolique, taciturne, troublé et exsangue, enfermé dans son sacerdoce de soldat, qui ne se fit jamais au milieu égrillard des légionnaires, restant toujours un peu lointain et à l'écart. Où qu'il apparût, les rires s'éteignaient et les bouches se fermaient. Mais les oreilles se tendaient, car, s'il parlait rarement, il ne le faisait jamais pour ne rien dire.

Cosenz était le technicien des combats et il le resta, plus tard, dans l'armée régulière, car il le méritait pleinement. Ce méridional flegmatique, silencieux et assez hirsute, considérait la guerre comme une science exacte, et ses légionnaires disaient en riant qu'il aurait préféré une défaite « raisonnée » à une victoire due au hasard. Comment un homme pareil avait-il pu naître dans une province du royaume de Naples et, par la suite, s'acoquiner avec un improvisateur comme Garibaldi, Dieu seul le sait.

Le soldat le plus complet de tous était Medici, qui était le seul à tutoyer le général et à jouir de sa confiance la plus absolue. Il commandait la meilleure division, celle des volontaires lombards : son courage ne devait rien à celui de Bixio, mais il l'emportait par la volonté et il le complétait par quelque chose qui manquait à Bixio : l'autorité. Il exerçait la sienne sur Garibaldi lui-même. Et, bien qu'aucune chronique ne l'ait retenu, il ne fait aucun doute que le général dut le consulter au moment de se décider à obéir ou à désobéir. Il n'y a pas à se demander en quel sens dut se prononcer Medici. Le grade de maréchal dans l'armée régulière et le titre de marquis de Varèse qui furent conférés à cet ancien fervent républicain, ami et disciple personnel de Mazzini, parlent suffisamment d'eux-mêmes. Plus qu'un acte de reconnaissance à ses services de soldat valeureux, ils furent la récompense de sa rapide conversion à la cause de la Maison de Savoie,

Le 6 octobre, Garibaldi dit à Crispi, venu le trouver à Caserte, qu'il désirait une assemblée élue, c'est-à-dire qu'il entendait demeurer dictateur. Le 7, il dit à Pallavicino qu'il valait mieux préparer le plébiscite, et il en fixa même la date au 21. Les journaux publièrent immédiatement l'information, laquelle parvint à Palerme, et Mordini y vit le reniement et l'anéantissement de toute son œuvre. Le 8, Crispi retourna à Caserte et le général lui dit qu'il était en faveur d'une assemblée. Bien que garibaldien à outrance, *L'Independente*, le journal dirigé par Dumas, écrivit que quiconque se rendait à Caserte en revenait avec la réponse qui lui faisait le plus de plaisir. Mais, pendant que le pendule du général oscillait de cette manière, deux mille autres Piémontais débarquaient à Naples et les premières avant-gardes de Victor-Emmanuel pénétraient dans les provinces napolitaines, sur les arrières des Bourbonniens. Le temps pressait et, de Turin, arrivaient des télégrammes de Cavour qui pressaient eux aussi de prendre une décision : le Premier ministre désirait le plébiscite, et tout de suite.

Le 11, Garibaldi convoqua Pallavicino, Crispi, Cattaneo, Parisi, Calvino, Caranti et Alberto Mario afin de parvenir à une décision qui était à présent attendue, mais dont il ne voulait pas prendre lui-même la responsabilité. Pallavicino exposa son point de vue : une assemblée à Naples et à Palerme aurait réveillé les forces centrifuges et autonomistes, en rendant même incertains les résultats du plébiscite pour l'union ; un retard pouvait par conséquent provoquer la guerre civile. Cette allusion mit en fureur Garibaldi qui se lança dans un réquisitoire contre le gouvernement que Cavour lui avait imposé. L'allusion était claire et Pallavicino démissionna avec dignité, mais non sans ajouter à l'adresse de Crispi : « C'est lui qui provoque nos discordes. Sans lui, l'Italie serait faite. Avec lui, elle ne se fera plus. » « Monsieur Crispi, interrompit Garibaldi, est le meilleur de mes amis. C'est un homme de cœur, un homme désintéressé ! »

Le lendemain, il rentra à Naples, réunit ses ministres, leur fit une scène et ils démissionnèrent en masse, le laissant sans gouvernement. Crispi l'encouragea à en profiter pour gouverner, enfin, en véritable dictateur. Il fit arrêter le chef de la police en l'accusant de menées pour le compte de Cavour et d'incitation à des manifestations contre l'ordre établi. Mais il fut incapable de parvenir à un compromis entre Crispi et Pallavicino dont la querelle menaçait d'être portée sur la place publique. Il tenta de trouver un point d'accord entre eux au cours d'une réunion dramatique qui se tint le 13 entre les principales personnalités des deux partis, celui des radicaux et celui des modérés. Saliceti parla au nom du premier et Cattaneo au nom du second. Ils s'affrontèrent avec violence sur le terrain juridique. Garibaldi se perdit au milieu de leurs « *distinguo* » et appela Türr à son secours afin qu'il donnât un conseil d'ami et de soldat.

Pour mieux conserver le contact avec Cavour, Türr habitait dans la même maison que Pallavicino et il avait sollicité l'adhésion des différents commandants de la Garde Nationale à une pétition à l'adresse du dictateur afin qu'il rétablît l'ordre à Naples en laissant passer le décret décidant le plébiscite. Il la montra au général qui en fut profondément frappé.

« Si tel est le désir du peuple napolitain qu'il soit satisfait », dit-il.

C'est ainsi que Pallavicino remporta la victoire et gagna son collier de l'Annonciade. Türr devint général effectif. Et Garibaldi — écrivit *Il pungolo* —, en se rebellant contre ses amis radicaux qui voulaient faire de lui un Cromwell, resta seulement Garibaldi.

Comme à son habitude, Cavour récompensa très mal la compréhension et la discipline du général en lui choisissant des successeurs dans le Mezzogiorno[21], parmi les personnes qui le détestaient le plus et que lui-même détestait par-dessus tout. Pour la Sicile, il nomma Montezemolo, Cordova et ce La Farina que Garibaldi en avait expulsé ; pour Naples, Farini et Fanti. Ce mépris parut excessif au roi lui-même et il demanda que Valerio fût envoyé en Sicile.

Pour toute réponse, Cavour le menaça de démissionner, tant il tenait à provoquer le général et à le blesser. Il ne pouvait avoir d'autres

---

[21] Provinces du Sud de l'Italie qui formaient autrefois le Royaume des Deux-Siciles.

raisons d'insister, car il nourrissait bien peu d'estime pour La Farina et Cordova, en particulier. Garibaldi ne releva pas l'affront dans la lettre qu'il écrivit au roi pour le féliciter des succès — acquis sans beaucoup d'efforts en vérité — que son armée était en train de remporter dans les États Pontificaux. Et le roi répondit par une proclamation où l'on sent la main de La Farina et dans laquelle il affirmait que l'Italie n'épouserait jamais la cause d'une faction prête à sacrifier le proche triomphe de la nation aux chimères de son fanatisme « ambitieux ».

L'allusion à Garibaldi était claire et grossière. Mais le général ne la releva pas. Tandis que La Farina écrivait à Cavour avec arrogance : « On dit qu'ils veulent proclamer la Constituante. Qu'ils s'y essaient ! moi, le 26 octobre, je fais mon 2 décembre », Garibaldi essayait simplement de ramener ses amis radicaux à la raison et de maintenir le moral de ses troupes. Le moment était pénible.

En attendant le plébiscite, l'arrivée du roi et la passation des pouvoirs aux fonctionnaires de Cavour, personne ne voulait prendre de décisions, et tout le Mezzogiorno restait pratiquement abandonné à lui-même. Ce fut alors que commencèrent, surtout en Calabre, sous le signe de la contre-révolution bourbonienne, les premiers grands épisodes du banditisme.

Le plébiscite se déroula régulièrement le 21, tant dans le Napolitain qu'en Sicile, et donna une écrasante majorité de oui. Mais à quoi avaient-ils dit oui ? Les électeurs eux-mêmes ne le savaient que vaguement. Maxime du Camp, témoin oculaire, raconte que les gens se demandaient : « Qu'est-ce que c'est que cette Italie unie ? Qu'est-ce que ça veut dire ? » Et, dans les rues, ils acclamaient Garibaldi sans savoir que, pratiquement, par ce oui, c'est à lui qu'ils avaient dit non. Le roi était attendu d'un moment à l'autre, mais il ralentit volontairement sa marche, car il ne voulait pas se présenter à Naples sans un succès militaire, afin de ne pas faire piètre figure devant le vainqueur de Calatafimi, de Milazzo et du Volturne. Le 25, Garibaldi décida de se porter à sa rencontre pour lui rendre hommage.

Il traversa le fleuve avec une partie de son armée ; et, Medici et ses troupes le protégeant sur son flanc, il remonta par Pignataro, Calvi et Zumi, jusqu'à la forêt de Caianello où il passa la nuit. Aujourd'hui, trois communes — Caianello, Vairano et Teano — se disputent l'honneur de cet événement historique. Mais il semble qu'il se soit produit à Taverna Catena, dans la commune de Vairano.

Il était 7 heures du matin, le 26 octobre, et le soleil venait à peine de se lever, lorsque Garibaldi, qui reposait sous un arbre avec les siens, entendit les notes aiguës de la fanfare royale et monta à cheval. Il était habillé à sa manière habituelle, chemise rouge et poncho. Mais le mouchoir, au lieu d'être noué autour de son cou, tombait de chaque côté de son grand chapeau de feutre, en deux pointes qu'il avait nouées sous son menton. Derrière lui venaient, eux aussi à cheval, Alberto Mario, Mosto, Cariolati, Fazzari et Carissimi.

Auprès du roi, en uniforme de campagne, se trouvaient Fanti, Farini et quelques officiers. Garibaldi donna de l'éperon et partit à sa rencontre après avoir ôté son chapeau, ne gardant que son mouchoir sur sa tête :

« Salut au premier roi d'Italie ! » cria-t-il.

« Salut à mon meilleur ami ! » aurait répondu le roi.

Mais, selon certains, il aurait dit simplement :

« Merci ! »

Le général se plaça à la gauche du souverain et chevaucha auprès de lui jusqu'à l'entrée de Teano. Ils ne se dirent rien de plus, à ce qu'il paraît. Mais certains historiens ont écrit que Garibaldi demanda au roi l'honneur de participer, avec ses hommes, à l'assaut des dernières lignes de résistance des bourboniens. Le roi déclina sèchement ; les garibaldiens, dit-il, étaient des troupes fatiguées, il fallait à présent des Piémontais. On nota également une expression de mélancolie sur le visage du général, et un grand embarras sur celui du souverain.

De toute façon, ce morceau de chemin fut le seul où les capotes bleues des Piémontais et les chemises rouges des garibaldiens se mélangèrent et marchèrent côté à côte. À l'entrée de Teano, le roi demanda à Garibaldi s'il voulait déjeuner avec lui. Garibaldi répondit par un mensonge : il avait déjà mangé ; et tous deux se séparèrent. Peu après, le général fit halte devant la petite église d'un village, demanda un peu de pain et de fromage, et se mit à manger assis sur une marche. Les autres firent cercle autour de lui et ils consommèrent ce maigre repas en silence, sans se hasarder à faire la moindre question.

Le bombardement de Capoue commença le 1er novembre, mais Garibaldi se refusa à y prendre part personnellement.

« Je ne veux pas qu'on m'appelle le *bombardeur*, dit-il en abandonnant la ligne de front. Puis il ajouta en hochant la tête :

« Pauvre roi, regardez ce qu'on lui fait faire ! »

Et effectivement, on lui faisait commettre une chose assez laide, car son artillerie causait plus de dommages et faisait plus de victimes parmi la population de Capoue que parmi la garnison.

Mais il lui fallait une victoire à tout prix et il l'obtint le jour suivant, lorsque la ville et ses dix mille défenseurs capitulèrent. À présent, le roi pouvait entrer à Naples à la tête de troupes victorieuses — même si la victoire n'avait rien de reluisant.

Il y parvint le 7, en carrosse. Garibaldi, sachant que Farini se trouvait auprès de lui, n'avait pas voulu l'attendre. Mais il finit par céder au conseil de ceux qui, comme Türr, en particulier, lui firent observer que son absence allait jeter une ombre sur le nouveau régime et nuire à sa popularité. Il monta en voiture auprès du souverain pour défiler le long des avenues de la cité en fête.

Et le lendemain, il lui remit les résultats du plébiscite et les pleins pouvoirs, en lui offrant de les exercer tant que besoin serait, si son influence personnelle pouvait être de quelque utilité dans cette période délicate. Mais le roi lui répondit qu'il devait auparavant en discuter avec Farini — ce qui était une façon, sans aucun doute la moins élégante, de dire non. Plus tard, au cours d'une conversation avec Persano, Garibaldi lui confia :

« On en use avec les hommes comme avec les oranges : on en exprime le suc jusqu'à la dernière goutte, puis on jette l'écorce au loin. »

Le roi tenta de lui faire accepter une récompense somptueuse : le grade de général, un titre de duc, un château et une pension.

Garibaldi refusa.

« Je suis venu ici pour faire l'Italie, pas une carrière », dit-il.

Il demanda seulement au roi de lui faire le grand honneur de prendre part à la revue d'adieu au cours de laquelle il devait prendre congé de ses Chemises Rouges. Le roi donna sa promesse mais ne la tint pas, certainement sur l'intervention de Farini, qui se vantait en public et en privé de n'avoir jamais serré la main de Garibaldi, et de ne jamais lui avoir adressé la parole. Victor-Emmanuel ne publia même pas un ordre du jour pour remercier les volontaires. Il laissa le général La Rocca en rédiger un, en quelques mots conventionnels, et le signer.

Garibaldi salua donc seul ses volontaires, en silence, car Farini avait interdit *l'Hymne Garibaldien*. Et il passa sa dernière nuit à l'Hôtel d'Angleterre où vinrent le saluer les rares amis qui lui restaient. Il embrassa avec affection Mordini, son vice-dictateur de Palerme. Mais à Pallavicino, qui avait été décoré du collier de l'Annonciade, il dit avec mépris :

« Quelle honte, vous, un prisonnier du Spielberg, que je croyais audessus de ce genre d'amusettes ! »

Le marquis eut un tel sursaut que le collier, mal fermé, tomba par terre.

« Ramassez-le ! » lui ordonna le général en lui tournant le dos.

Vint également, mais en cachette, Mazzini, poussé par son éternel espoir de récupérer à la cause républicaine et radicale ce « déviationniste » déçu. Ils discutèrent du moyen d'abattre Cavour et de reprendre la lutte pour libérer la Vénétie. Garibaldi déclara qu'on en reparlerait au printemps 1861, comme il l'avait promis dans sa proclamation à ses volontaires. Mais il ajouta ensuite qu'il fallait le roi à la tête de cinq cent mille soldats. Et Mazzini partit découragé.

Le roi — ou plus exactement Farini en son nom — interdit au *Giornale Ufficiale* de publier l'information du départ de Garibaldi.

Seul *L'Indépendante* de Dumas en rendit compte, en énumérant ce que le général emportait avec lui : un sachet de semences, quelques pots de café et de sucre, une balle de stockfish et une caisse de macaroni. Il s'embarqua à la sauvette et, parmi les personnalités piémontaises, seul Persano vint lui dire adieu.

La petitesse de Victor-Emmanuel, la rancœur de Cavour et la mesquinerie de Farini lui avaient rendu, au fond, un énorme service. Face à de si petits hommes, il semblait, sans l'être, un géant.

Cinquième partie

--

Le père de la patrie

(1861-1882)

Sarnico

« Aux Armes, Italiens ! L'esclavage doit finir ! »

« À Caprera, Garibaldi est comme un jeune garçon en vacances. Il semble avoir complètement oublié qu'il a libéré dix millions d'Italiens, ne parle pas de politique et a déclaré nettement ne plus vouloir être membre du parlement », écrivait en janvier 1861 Jessie White Mario qui était venue lui rendre visite. Et c'était ainsi, en fait, qu'il plaisait à tout le monde d'imaginer le héros : modeste au milieu de tant de gloire ; simple et sans dignité particulière.

Mais la réalité était assez différente. Chaque vendredi, sur le petit môle de l'île, le bateau « postal » déversait des flots de visiteurs. Il arrivait de vieux amis, des compagnons d'armes, des fanatiques dont il était l'idole et auxquels une signature sur un album suffisait ; mais il arrivait également des socialistes russes, des philanthropes anglais, des émancipateurs américains, des délégations patriotiques, des politiciens, des porteurs de programmes incendiaires, des émissaires occultes de Mazzini, des agents secrets du roi, des caravanes d'émigrés vénitiens, trentins, istriens, romains, des proscrits hongrois, polonais, espagnols, grecs, allemands, russes, serbes, valaques. Garibaldi recevait tout le monde, écoutait tout le monde et répétait à tout le monde : « Au printemps !… Au printemps ! »

Sans doute, en quittant Naples, était-il bien décidé à s'enterrer à Caprera en la compagnie des quelques fidèles qui l'y avaient suivi : Stagnetti, Gusmaroli, Basso, Frusciante et Canzio, qui devait épouser Teresita d'ici peu et devenir ainsi son gendre. Il était revenu à ses habitudes rustiques et à ses passe-temps de prédilection : la chasse, la pêche, l'élevage des abeilles. Mais, par la suite, contre les écueils de Pile avaient commencé à venir se briser le ressac de la gloire.

Guerzoni, qui ne s'était jamais montré tendre pour Garibaldi et avait même exprimé des jugements perspicaces et peu flatteurs sur lui, écrivait à présent que les chants de son épopée remplissaient la terre et que, dans le monde entier, jamais entreprise n'avait paru aussi merveilleuse que la sienne. Un ministre des États-Unis rapportait à Washington que Garibaldi était « une des plus grandes puissances de l'Europe ». Et Lady Shaftesbury supplia le héros de lui envoyer une boucle de ses cheveux. Le héros lui répondit qu'il n'en avait plus, car on l'avait dépouillé même de sa chevelure ; il fallait attendre qu'elle repoussât. Alors Cavour, qui, bien entendu, faisait contrôler sa correspondance et était capable de toutes les perfidies, expédia à Londres une énorme quantité de cheveux presque authentiquement garibaldiens — avec la signature, fausse, elle, du héros —, afin qu'ils fussent distribués avec soin aux « fidèles ».

Il était logique, ou pour le moins humain, que tout cela provoquât un contrecoup dans l'esprit du héros, surtout après les humiliations et les offenses qu'on lui avait infligées gratuitement à Naples. Il ne se rendit peut-être pas compte de ce que, plus qu'à ses succès militaires, c'était à l'ingratitude du roi et de Cavour qu'il devait toute cette popularité. Et, au lieu de s'en tenir à ses projets de retraite, il y vit une grande occasion de revanche.

« Au printemps revient le beau temps ! » répétait-il à ses amis.

Et, avec un grand luxe de détails, il exposa au duc de Sutherland qui vint le trouver en janvier un plan pour déchaîner une révolution depuis Mantoue jusqu'au Bosphore afin de « débarquer » l'empereur d'Autriche ainsi que le sultan ottoman. Il est vrai que, peu de jours après, il écrivit au contraire à Mazzini qu'il n'avait pas de projet. Mais il mentait parce qu'il se méfiait de l'apôtre qui avait encore une fois tenté de lui faire prendre parti contre le roi.

« Je ne suis pas d'accord avec vous à propos de Victor-Emmanuel, lui répondit Garibaldi. Il a reçu la fatale éducation des princes et n'a pas connu comme nous la rude école du monde, mais il est bon, et il y a en lui le levier ou le pivot que cherchait l'Italie de Machiavel et de Dante. Il nous faut lui inspirer une confiance illimitée, je crois que c'est le seul moyen de le détacher des mauvaises herbes qui l'entourent et qui ne se maintiennent que grâce à la méfiance qu'elles savent lui inspirer à notre égard. Pour ma part, du reste, je n'ai jamais compris d'autre république que le bien de mon pays, qui a le système de gouvernement que souhaite la majorité, et j'ai conscience de n'avoir jamais jusqu'ici trouvé sur terre un homme plus républicain que moi. »

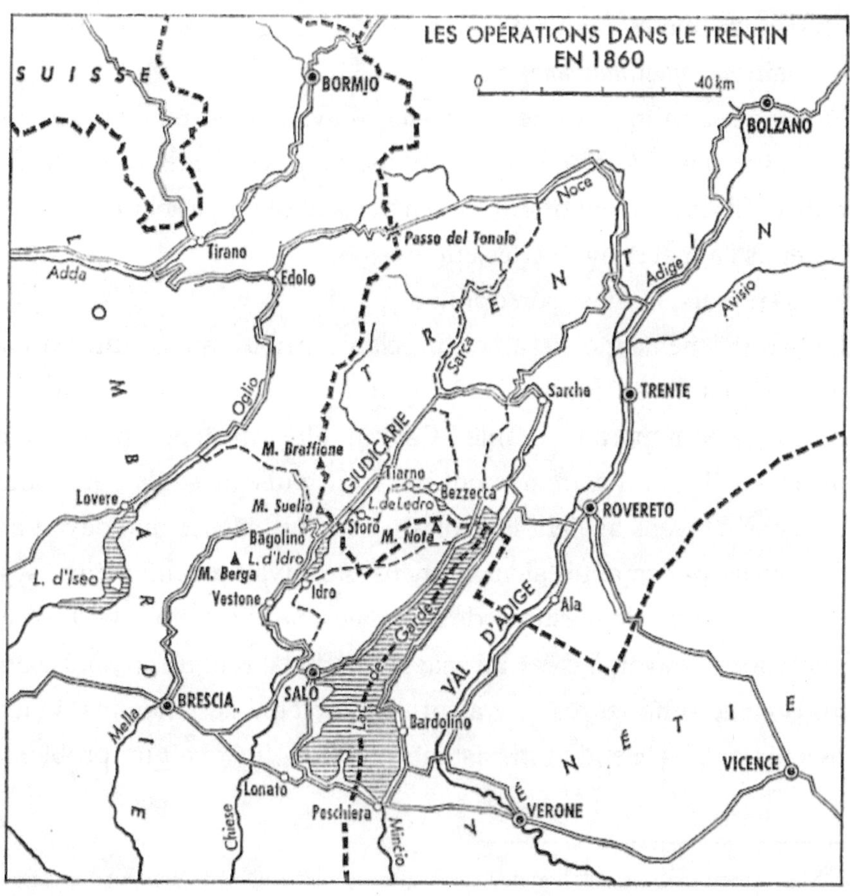

Comme on le voit, les idées politiques de Garibaldi continuaient à être plutôt confuses ; mais, sur un point, elles étaient très précises, et même sur deux : le roi était le roi, c'est-à-dire le seul qui avait titre à délivrer des « ordres de marche » à quiconque voulait tenter quelque chose en Italie. Le second point était que, pour que la Patrie fût grande, il fallait la libérer de cette politique « de cochons et de renards » comme il l'écrivit à Camozzi, et du parlement qui n'était qu'un « petit couvent de vendus et de beaux parleurs ».

Ces opinions elles-mêmes, proclamées dans ses lettres et ses messages à ses amis, contribuèrent beaucoup à sa popularité dans une opinion publique qui n'a pas eu besoin de Guglielmo Giannini pour connaître le *qualunquisme*[22].

Fidèle à ses promesses, le 27 janvier, il avait écrit aux électeurs du premier collège de Naples qu'il n'acceptait pas la candidature de député qu'ils lui avaient offerte : « Ma place n'est pas au parlement. Ici, j'attends l'appel de nouvelles épreuves. »

Mais en mars, il révisa son opinion.

Le 14 de ce même mois avait été proclamé le nouveau royaume d'Italie. À la chambre siégeaient 443 députés avec une écrasante majorité de centre droit, parti favorable à Cavour. Elle y avait été envoyée par un corps électoral extrêmement restreint, puisque seuls deux pour cent des citoyens avaient le droit de vote. Les tâches que devait affronter ce parlement étaient immenses. Il avait à unifier huit systèmes de poids, de mesures, de monnaies, de législations et d'administrations. Il avait à créer un marché national unique en abolissant les douanes intérieures. Il y avait un problème des chemins de fer, très rares dans le sud et inexistants en Sicile. Il y avait un problème

---

[22] Mouvement politique italien de l'après-guerre, né du mécontentement des classes moyennes devant l'impéritie des parlementaires. Le qualunquisme n'est pas sans analogie avec notre « poujadisme » — bien qu'il n'ait jamais eu la même violence ni dans les buts ni dans le langage.

de l'analphabétisme qui atteignait quatre-vingt-dix pour cent de la population dans le sud et quarante dans le nord. Il y avait le brigandage, phénomène complexe qui avait à la fois pour causes des revendications légitimes et sociales. Mais tout cela, pour la majorité des gens, était secondaire par rapport à la question romaine.

Le 18, Pie IX avait encore confirmé qu'il condamnait ce qui venait de se passer en Italie, c'est-à-dire l'unité nationale. Le 27, Cavour répondit en répétant son grand principe : « Une Église libre dans un État libre », ce qui, en d'autres termes, voulait dire : annexion de Rome avec toutes garanties d'indépendance pour l'Église. Après quoi, il fallait aborder le problème de l'attitude à avoir envers les volontaires garibaldiens.

Ce fut alors que Garibaldi décida de se mêler à cette politique « de cochons et de renards » en faisant partie du « petit couvent ».

Il télégraphia de nouveau aux électeurs de Naples (qui, entre-temps, l'avaient élu malgré son refus) qu'il acceptait leur investiture et il s'embarqua pour Gênes. Mais, auparavant, sur le débarcadère de Caprera, il déclara à une délégation d'ouvriers venus lui rendre hommage :

« Victor est entouré de gens sans cœur, sans patriotisme, d'hommes qui ont créé une scission entre l'armée régulière et les volontaires. Ces gens indignes ont semé la discorde et la haine, ils ont dressé l'un contre l'autre les deux forces, les deux éléments qui auraient dû marcher ensemble pour libérer Venise et Rome. Mais, je le répète, le roi est trompé. Nombre des individus qui composent le parlement ne correspondent pas dignement aux vœux de la nation. »

L'écho de ces paroles parvint à Turin en même temps que l'annonce de l'arrivée imminente de Garibaldi, provoquant des indignations et une certaine panique. C'étaient surtout les gens de gauche qui étaient consternés, les Crispi, les Bertani, les Rattazzi, etc. ; ils avaient une grande confiance en Garibaldi sur le champ de bataille, mais sur les bancs du parlement, ils lui en accordaient beaucoup moins. Les hommes politiques du centre droit étaient furieux et prétendaient obtenir que l'on convoquât l'insolent d'autorité, afin qu'il répondît de ses paroles qu'on jugeait offensantes à l'égard de l'Assemblée et du roi.

Garibaldi ne vint pas à l'Assemblée, il y fit tout bonnement irruption, en chemise rouge, poncho gris, sombrero à la main, entouré de ses plus grands fidèles, Macchi et Zuppetta, avec l'air de quelqu'un qui s'apprête à affronter non pas une discussion mais une bataille. Un tonnerre d'applaudissements le salua sur les bancs de la gauche, un murmure de stupeur et de sarcasmes sur ceux de la droite. Ricasoli et Fanti parlèrent. Puis le président donna la parole à Garibaldi.

Contre toute attente, il ne prononça que des mots pleins de sérénité. Il remercia Ricasoli d'avoir soulevé la question des volontaires et fit l'éloge de la Concorde. Puis, se tournant vers Cavour, il ajouta :

« Pour ma part, je demande aux représentants de la nation si, en tant qu'homme, je pourrai jamais serrer la main de celui qui, en Italie, m'a traité comme un étranger. »

Cavour se contint et le président parvint, à force d'agiter sa sonnette, à calmer le tohu-bohu infernal qui s'était déchaîné. Mais, impavide, Garibaldi continua à accuser le Premier ministre d'avoir essayé de provoquer une guerre fratricide contre les Chemises Rouges. Un nouveau tohu-bohu éclata, et cette fois Cavour y prit part, incapable de se retenir, jusqu'à ce que la séance fût suspendue pour un quart d'heure.

Après cette interruption, Garibaldi revint à la charge, cette fois contre Fanti, qui répliqua. Il parlait à sa façon habituelle, ampoulée, se perdant dans des périodes trop longues dont la grammaire ressortait dans un état désespéré, et ses amis frémissaient en le voyant ainsi gaspiller ses cartes maîtresses. Tant et si bien que Bixio finit par se lever et par demander la parole :

« Je me lève au nom de l'Italie et de la concorde », dit-il.

Et tout le monde cria, en poussant un soupir de soulagement :

« Bravo ! »

Bixio prononça un discours qui, à force de se vouloir conciliant, parut ambigu comme celui de Marc Antoine après l'assassinat de César. Il en appela continuellement à la Patrie, au nom de laquelle il demanda que l'incident fût oublié et enterré dans une accolade générale. Cavour lui répondit en le remerciant, en s'associant à sa proposition, en rappelant à tout le monde que c'était lui qui avait soutenu Garibaldi en 1859, en promettant un traitement convenable pour les volontaires dont il loua l'attitude, mais en concluant qu'il n'était plus utile de les maintenir sous les armes en temps de paix.

Garibaldi se déclara « pleinement insatisfait ». Il dit qu'on ne pouvait pas parler de paix tant que les Autrichiens campaient sur le Mincio et que les Français commandaient Rome ; et, au sujet de 1859, il ajouta :

« C'est une histoire douloureuse, celle-là. Quand j'arrivai à Turin, les volontaires accoururent, mais on ne me donna que les bossus et les estropiés… » Phrase qui dut remplir d'orgueil les pauvres vétérans ! Et la discussion recommença plus âpre que jamais, jusqu'à ce que Cavour conclût sur un ton mélancolique :

« Le général et moi, il y a une chose qui nous sépare : j'ai cru remplir mon devoir en conseillant au roi la cession de Nice… »

Quatre jours plus tard, le 22 avril, *La Perseveranza* publia une lettre ouverte de Cialdini à Garibaldi :

« Depuis que je vous connais, j'ai toujours été votre ami, et je le fus même dans un moment ou l'être et le dire était encourir le blâme de beaucoup de gens. Aujourd'hui, vos paroles à la Chambre me détrompent péniblement, mais entièrement. Vous n'êtes pas l'homme que je croyais, vous n'êtes pas le Garibaldi que j'aimais. Je ne suis plus votre ami et, franchement, ouvertement, je passe dans les rangs de vos adversaires politiques. Vous osez vous placer au niveau du Roi en affectant à son égard, lorsque vous en parlez, la familiarité d'un camarade. Vous entendez vous placer au-dessus des usages en vous présentant à la Chambre dans le plus étrange des costumes… » Garibaldi répondit :

« Mon Général, moi aussi, j'ai toujours été votre ami et j'ai toujours admiré vos actes. Aujourd'hui, il en sera donc comme il vous plaira, car je ne désire certainement pas m'abaisser à me justifier à propos des allusions que contient votre lettre quant à mon incorrection vis-à-vis du Roi et de l'armée ; dans tout cela, je suis fort de ma conscience de soldat et de citoyen italien. Quant à ma façon de m'habiller, je ne la changerai pas avant que l'on me dise que nous ne sommes plus dans un pays libre où chacun peut s'habiller comme il l'entend… » Il poursuivait en disant que ce n'était pas lui qui, sur le Volturne, avait donné à ses soldats l'ordre de tirer sur les troupes régulières, mais qu'on avait commandé à l'armée régulière de « combattre la révolution personnifiée par Garibaldi ». Et il concluait en se déclarant prêt à donner satisfaction à quiconque se croyait offensé par sa façon de procéder.

Un duel ?

Il semblait bien que l'on ne dût pas y échapper. Mais le Roi se mêla à l'affaire en exigeant une réconciliation non seulement entre les deux généraux, qui se serrèrent la main chez la marquise Pallavicino, mais également entre Garibaldi et Cavour qui furent convoqués au Palais Royal. Les journaux se dépêchèrent de publier l'information que les deux ennemis avaient fait la paix. Mais, le soir même, Garibaldi écrivit à Guerzoni : « Pour ma part, je n'ai pas serré la main de Cavour. »

Le 1er mai, il était de retour à Caprera. Cependant, à présent, l'Italie ne le considérait plus comme un Cincinnatus, mais comme un Camille. Lorsqu'on le lui dit, le général répondit en souriant que, si on faisait allusion au Camille romain, il n'avait rien à objecter ;

l'important était qu'on ne le confondit point avec le Camille[23] pié-montais. Pour fêter son retour, Bixio, Medici, Crispi, Missori, Sacchi, Calvino et d'autres encore s'étaient joints aux fidèles habituels. On but à la santé de Canzio et de Teresita qui étaient sur le point de se marier et l'on chanta en chœur un nouvel hymne écrit par Ermanno Jezzi :

« Garibaldi le veut — nous le jurons, nous le jurons !
De Rome à Venise, l'heure sonne déjà ! »

Les visiteurs continuaient à affluer à Caprera de toutes les parties du monde. Une dame anglaise trouva un journalier qui piochait en te-nue de général piémontais. Surprise, elle lui demanda comment il avait eu cet uniforme, apprit que Garibaldi le lui avait donné et le lui acheta séance tenante. Tout le monde riait en apprenant que les ânes s'appelaient Pie IX, Farini, Louis-Napoléon, etc., tandis que les che-vaux — espèce noble — avaient été baptisés Marsala, Calatafimi, Volturne et rendus à la liberté. C'était surtout d'Angleterre qu'arri-vaient les témoignages d'admiration inconditionnelle. À Brighton, dix-sept mille personnes s'étaient cotisées à raison d'un *penny* cha-cune pour lui envoyer un don. Un autre lui fut envoyé sous les es-pèces d'un jardinier, Webster, qui devait mettre ses compétences à la disposition du Héros.

Cette sorte de « culte de la personnalité », que Mazzini commenta parfois — mais à mi-voix seulement — avec une ironie où entrait peut-être un peu d'envie, serait montée à la tête de quiconque n'au-rait eu les réserves de simplicité et de pureté de Garibaldi. Toutefois, cela l'amena à croire que rien ne lui était désormais impossible, et à caresser des rêves absurdes de régénérescence universelle. L'idée de conduire un million d'hommes à la libération de Rome et de Venise, mais aussi à celle de la Hongrie, de la Croatie et de la Pologne ne lui

---

23 Le prénom de Cavour étant Camillo (Camille).

semblait pas du tout absurde, si bien qu'avec son manque de précautions habituel, il envoya des émissaires à Constantinople pour tâter le terrain en vue d'une nouvelle croisade. Il parlait ouvertement d'un débarquement en Albanie pour remonter par les Balkans jusqu'à Varsovie.

Le 6 juin lui parvint la nouvelle de la mort de Cavour. Le Premier ministre avait succombé à une attaque imprévue de thrombose, et les saignées qui lui furent faites jusqu'à sa dernière goutte de sang n'avaient pas contribué à le sauver. Mais il était malade depuis longtemps et, au lieu de se reposer et de se soigner, il avait continué à dérober de nombreuses heures au sommeil pour les consacrer au travail. Ses nerfs secoués avaient été mis à dure épreuve par l'assaut que lui avait livré Garibaldi. Il l'avait avoué lui-même, quelques jours après, à ses amis :

« Le coup a été d'autant plus grave, avait-il déclaré, qu'il m'a fallu cacher la blessure. »

Ce joueur pusillanime et ambigu était peut-être plus sensible qu'il ne l'admettait, et en certaines circonstances, il avait reconnu que, bien qu'il eût dû lui barrer la route et le traiter avec rudesse, Garibaldi avait été précieux pour l'accomplissement de l'unité nationale.

Garibaldi n'en dit jamais autant à son sujet ; cela ne fut pas dû à un manque de générosité ni de sincérité, mais au fait qu'à la différence de l'habile comte piémontais, il ne savait pas établir la distinction entre l'homme et le politicien. Au terme de sa fameuse passe d'armes avec le général, à la Chambre, Cavour avait dit que ce qui les séparait irrévocablement et faisait d'eux des ennemis, c'était la question de Nice. Cela n'était vrai qu'en partie. Même sans l'affaire de Nice, ils se seraient combattus, car ils représentaient deux conceptions opposées et inconciliables du *Risorgimento*.

Cavour était un tricheur et un menteur, mais il se croyait le droit de l'être : chose que Garibaldi n'aurait jamais admise. Il se servit de tout et de tous pour parvenir à ses fins, même de la révolution qu'il abhorrait, mais dont le prétexte lui était nécessaire pour conduire à son terme son œuvre unificatrice. L'ingratitude envers ceux qui y collaboraient lui semblait plus un devoir qu'un droit.

Ce n'était pas un Italien et, pour cette raison également, il ne comprit ni n'aima Garibaldi, qui l'était au contraire à mille pour cent, en dépit des découvertes généalogiques des héraldistes allemands. C'était un homme d'État du XVIII° plutôt que du XIX°, attentif seulement aux intérêts de l'État qu'il servait et, peut-être même, plus encore à ceux de la Dynastie qu'à ceux de l'État. Pour lui, l'Italie n'était qu'une conquête du Piémont : il ne l'aimait pas, et même il en parlait mal la langue. Facilement entraîné par ses passions dans sa vie privée qui n'eut rien d'exemplaire, il était froid et distant dans sa vie publique où il ne voyait ni ami ni ennemi, seulement des pantins dont on tire les ficelles. Sans doute, l'animosité de Garibaldi à son égard le surprit-il : il pensait qu'il avait compris la règle du jeu et qu'il s'y conformerait. Et si Garibaldi était mort avant lui, nous pouvons être sûrs qu'il aurait pris part aux cérémonies de ses funérailles et qu'il y aurait prononcé, sans effort ni hypocrisie, un discours extrêmement noble où il aurait reconnu tous ses mérites ; Garibaldi, par contre, ne voulut pas reconnaître les siens et n'envoya pas même un télégramme. Sans doute ne se rendit-il jamais compte, même pas a posteriori, que Cavour, s'il avait vécu, l'eût empêché de commettre ces bourdes auxquelles le poussa au contraire son successeur Rattazzi, par faiblesse et par maladresse.

À la fin août, le président des États-Unis, Lincoln, lui offrit le commandement d'une armée au cours de la guerre civile qui opposait les États du Nord aux esclavagistes du Sud. Garibaldi hésita. Il envoya le colonel Trecchi chez le roi pour savoir ce qu'il en pensait. Il le fit par un scrupule de correction, dit-il ; mais, en réalité, dans l'espoir que le roi lui interdirait d'accepter pour lui confier une charge dans sa propre patrie. Mais le roi répondit qu'il pouvait l'accepter. Garibaldi ne s'y décida pourtant pas. Il demanda à Lincolin le commandement non pas d'une, mais de toutes les armées nordistes, pendant que des appels lui parvenaient de toutes les régions d'Italie pour lui demander de ne pas partir. Ce fut peut-être la grande occasion manquée de Garibaldi. Le Héros des Deux Mondes était plus taillé pour le Nouveau que pour l'Ancien et l'on peut se demander ce qu'il serait devenu là-bas s'il avait répondu favorablement à l'invitation qui lui fut faite. Avec ses idées simples, avec sa défiance envers la politique et la diplomatie, il semblait un homme spécialement créé pour l'Amérique des pionniers, innocente et rude, d'il y a cent ans. Et Hollywood continuerait de sortir à la chaîne des « Westerns » consacrés à sa geste, car il y avait en lui l'étoffe d'un Buffalo Bill.

À la fin septembre, Speranza fit une nouvelle apparition. Elle arriva à Caprera sans s'être fait annoncer, avec Missori, Nullo et d'autres grands fidèles.

« Oh, fit le général en la voyant, quel bon vent vous amène ? »

« Vos *Mémoires* », répondit Speranza.

Garibaldi prit un air embarrassé.

« J'ai écrit quelque chose, en fait, balbutia-t-il, mais j'ai décidé de ne pas le publier de mon vivant. »

C'était faux et Speranza le savait. Oubliant les engagements qu'il avait pris auprès d'elle, le général en avait contracté d'autres auprès de Dumas qui n'était pas homme à y renoncer, particulièrement en ce moment où il était sur le point de sombrer dans le gouffre de ses dettes. Dumas était le seul collaborateur de Garibaldi qui, à Naples, fût parvenu à se faire rembourser d'une façon décente par le gouvernement piémontais. Il avait remis une note de frais de 83 690 lires qui lui avait été acquittée intégralement. Puis il en avait encore demandé 7 743 et, pour finir, il avait proposé d'écrire une histoire des Bourbons de Naples destinée à montrer à toute l'Europe les méfaits de leur gouvernement, pourvu qu'on lui fît une avance de quatre mille ducats. Mais ses créanciers ne lui laissèrent pas le temps d'empocher toute cette prébende.

Toutefois, en bonne Allemande, Speranza ne désarmait pas. Et Garibaldi consentit à lui donner à lire le peu qu'il avait écrit. Speranza se retira avec la liasse dans la chambre de Teresita. Mais, presque immédiatement, Canzio y fit irruption pour lui demander grossièrement :

« Vous voulez manger ? »

Ce fut un repas glacial. Speranza fit la connaissance de Ricciotti qu'elle n'avait encore jamais vu, car, depuis sa tendre enfance, il avait été accaparé par Mrs. Roberts qui l'avait amené à Londres où il avait désappris complètement sa langue natale.

Le jour de son départ, Speranza remit au général les honoraires qu'elle avait reçus de Hoffmann et Campte pour les Mémoires, et un coffret de cigares.

« Vous me faites toujours des cadeaux, murmura le général confus, et je ne fais rien pour les mériter. »

« Donnez-moi le manuscrit. »

« Non ! » répondit sèchement Garibaldi.

Peu avant son embarquement, Canzio s'approcha d'elle et lui confia que le général voulait conserver ce manuscrit pour ses enfants, car, pauvre comme il l'était, il n'avait rien d'autre à leur laisser. Speranza s'émut et n'insista pas. Alors Garibaldi vint la saluer à l'embarcadère et ils se séparèrent affectueusement.

Une autre visite marquante fut celle que lui fit Lassalle en compagnie de son amie et disciple la comtesse Hatzfeld. Le grand socialiste allemand, ami et ennemi de Marx, avait un grand plan à soumettre à Garibaldi : une marche sur Venise en synchronisation avec des révolutions à Berlin, Vienne, Budapest, Varsovie et Belgrade. Lassalle était un tribun irrésistible qui avait un peu le défaut de croire que les choses qu'il souhaitait étaient déjà arrivées. Garibaldi l'écouta et répondit qu'il allait y réfléchir. Mais, à ses yeux, Lassalle puait son Mazzini.

Le 15 décembre, à Gênes, se réunirent ces Comités pour des mesures en faveur de Rome et de Venise dont, en janvier, il avait accepté la présidence. Garibaldi n'y assistait pas. On l'avait fait venir à Turin peut-être justement pour l'en empêcher, et le roi lui avait dit :

« Bientôt j'irai dans le midi et j'y organiserai les volontaires. Vous verrez, vous verrez. Repartez tout de suite à Caprera. »

Garibaldi était reparti tout de suite à Caprera. Et là, il avait appris que le problème débattu à la réunion des Comités avait été le suivant : « Les ouvriers doivent-ils ou non s'intéresser à la politique ? »

Garibaldi avait déjà exprimé carrément, en son temps, son opinion : « Les ouvriers ne doivent pas s'intéresser à la politique. » Mais, à Gênes, on n'en avait pas tenu compte et c'était la thèse des radicaux qui avait prévalu, selon laquelle les ouvriers devaient non seulement s'intéresser à la politique, mais encore s'en faire l'élément déterminant. Furieux, Garibaldi envoya sa démission.

« Entre deux propositions, il se prononce toujours pour celle qui n'est pas mienne », commenta Mazzini.

De Naples, l'Apôtre était retourné à Londres convaincu que l'Italie née de ce mélange de Chemises Rouges et d'uniformes bleus, de diplomatie secrète et de barricades éphémères ressemblait plus à celle de Machiavel qu'à celle de Dante.

« Mais, ajoutait-il, ma constellation est celle du Chien : c'est son destin d'aboyer sans que personne ne lui prête attention. »

Sa santé déclinait. Il fumait cigare sur cigare et n'avait plus du tout d'appétit. Il cachait sous son manteau les mauvais plats que lui cuisinait sa logeuse pour les distribuer aux pauvres, dans la rue. Son teint n'était plus pâle mais terreux, et sa vue s'affaiblissait, mais il ne voulait pas entendre parler de médecin ni de médicaments. Il n'aurait surtout pas su comment les payer.

Au contraire, après ce que lui avait dit le roi, Garibaldi piaffait. Mais il ne tenait pas compte du nouveau Président du Conseil, Bettino Ricasoli, dit le « baron de fer », qui conspirait lui aussi, bien entendu, comme le roi, mais dans un sens diamétralement opposé. Ricasoli ne voulait pas de guerre, d'aventure, d'histoires. Il pensait que l'Italie avait besoin d'un peu de paix intérieure pour conduire à terme des réformes fondamentales, — dont, celle qui lui tenait le plus à cœur, la réforme agraire. « L'agriculture me semble un apostolat ! » disait-il. Lorsque le sénateur Plezza lui rapporta que Garibaldi voulait marcher à tout prix, il demanda, ennuyé :

« Mais où ? »

« N'importe où », répondit Plezza.

Ricasoli réfléchit un peu à la question, puis il chargea le sénateur d'aller à Caprera proposer au général la présidence des Tirs à la Cible. Comme substitut d'une « marche », c'était plutôt modeste ! Garibaldi accepta tout de même, en pensant peut-être, qu'une fois qu'on aurait mis le fusil dans les mains des Italiens, il pourrait les amener à tirer où il voudrait. De Paris, Nigra envoyait des rapports inquiétants qui permettaient de comprendre facilement que ce qui se passait entre Napoléon et Victor-Emmanuel échappait au contrôle de la diplomatie d'État.

« De grands événements se préparent, avait dit mystérieusement le roi à son Premier ministre, sinon pour le printemps, du moins pour l'automne, ni vous ni moi ne pouvons les empêcher… »

La passion de ce monarque pour les complots était insatiable. Il entretenait une correspondance secrète, comme Mazzini.

Le baron écrivit sèchement à Nigra de dire clairement et sans ambages à l'empereur qu'il s'arrêtât de « pousser l'Italie sur la voie des folies ». Bien entendu, l'empereur le rapporta immédiatement à Victor-Emmanuel et Victor-Emmanuel renvoya son Premier ministre qu'il remplaça par Rattazzi.

Garibaldi arriva à Turin le 4 mars 1862, jour où précisément le nouveau gouvernement se présentait devant les Chambres, et la *Gazzetta* publia qu'il avait exhorté les députés qui étaient de ses amis à soutenir le ministère. Rattazzi le reçut le 9 et lui dit que désormais ça y était : *on marchait*. On marchait, avec l'accord de Napoléon, contre l'Autriche et c'était à lui, Garibaldi, qu'était confiée la charge de prendre l'initiative en partant des côtes Dalmates ou de la Grèce en direction de la Hongrie. On lui fournirait tout ce dont il avait besoin : des armes et un million de lires.

Le lendemain, Garibaldi était à Gênes pour présider l'Assemblée des Comités en faveur des mesures à prendre au sujet de Rome et de Venise et des Associations pour l'Unité. Il avait oublié son litige avec les mazziniens, sa démission, etc. Le temps n'était plus aux discussions idéologiques sur la compétence politique des ouvriers. Il fallait, dit-il, « ne faire qu'un seul faisceau de toutes les forces, à la romaine ». Submergés par les « trombes d'eau de son éloquence », comme le dit par la suite Guerzoni, les congressistes décidèrent de fondre les Comités et Associations en une « Société Emancipatrice ». Et la séance fut levée au cri de « Rome et Venise ! »

Des jours durant, la presse ne contint plus qu'une série d'informations qui mirent en émoi l'opinion publique — et pas seulement celle de l'Italie. Chez le sénateur Plezza où logeait Garibaldi, ministres, généraux, députés allaient et venaient. Il était constamment invité à dîner au palais royal. Le gouvernement avait consenti à ce qu'il recrutât deux bataillons de carabiniers mobiles qui seraient placés sous le commandement de son fils Menotti. Que devaient en penser les gens ? Ils pensèrent, bien entendu, que tout le monde était d'accord, surtout lorsqu'on vit les plus grands protagonistes — le général et le roi — partir avec un parfait synchronisme, l'un pour Naples, l'autre pour la Lombardie.

Le voyage de Garibaldi n'avait véritablement rien de « privé ». Escorté d'une suite nombreuse de fils et de lieutenants, il voyagea dans des trains mis à sa disposition par le gouvernement. Les maires venaient à sa rencontre, les municipalités l'hébergeaient, les préfets l'invitaient à dîner, l'armée l'acclamait et lui présentait les armes ; les vétérans en chemises rouges l'escortaient et montaient la garde à sa porte ; les dames et les femmes du peuple pénétraient dans sa chambre, décidées à tout ; les fenêtres disparaissaient sous les drapeaux ; les cloches sonnaient à toute volée ; et, malheureusement, les balcons s'ouvraient tout grands. Quand le général y faisait son apparition, les foules hurlaient : « Rome et Venise ! » et il répondait : « Oui, Rome et Venise ! »

À Milan, il lui fallut une heure pour aller de la gare à l'Hôtel de Ville. Là, il harangua « le peuple des cinq journées, capable d'en faire vingt-cinq, s'il le faut », et il le pria de ne jamais chasser de son esprit « la Carabine, la Carabine, la Carabine » ! Lorsqu'il alla rendre visite à Manzoni[24], ce dernier se jeta presque à ses pieds en s'exclamant : « C'est moi qui dois vous rendre hommage, moi qui suis si petit par rapport à n'importe lequel des Mille, et bien plus encore par rapport à leur Duce ! »

Guerzoni, l'un des rares Italiens qui gardaient la tête sur les épaules, écrivit que Garibaldi ne comprenait absolument pas « à quel point le goût de la rhétorique, du mélodrame et du carnaval n'était qu'un caractère héréditaire de ses concitoyens ». En les voyant jurer sur l'épée et sur la croix, dans la rue et dans les églises, il se persuada que tous n'avaient qu'un seul désir : mourir pour Rome et pour Venise.

Le 5 mai, jour anniversaire du départ des Mille de Quarto, Garibaldi se trouvait à Trescore, chez son vieil ami Gabriele Camozzi. À cette occasion, les délégués de la Société Emancipatrice l'avaient rejoint. Parmi eux se trouvait Alberto Mario qui jeta un seau d'eau froide sur l'enthousiasme du général en lui disant de se tenir sur ses gardes vis-à-vis des gens de Turin, lesquels voulaient le diriger sur la Grèce dans le seul but de se débarrasser de lui.

« Mario, vous êtes un mazzinien ! hurla Garibaldi furieux.

---

[24] Le plus célèbre des romanciers italiens du xix siècle. Son œuvre principale, *Les Fiancés*, reste le roman le plus populaire auprès des lecteurs italiens.

— Ni mazzinien, ni garibaldien, répondit l'autre. J'ai une tête et je n'ai besoin de personne pour m'en servir.

— C'est là le tort que vous avez ! » dit le général.

La nouvelle que les enrôlements pour une attaque de l'Autriche avaient commencé était entrée maintenant dans le domaine public. Elle parvint jusqu'à Naples où le roi était plongé dans les festivités. Soucieux, le souverain envoya le général Saintfront à Trescore. Mais le lendemain, 13 mai, c'était une véritable bombe qui éclatait ! À Gênes, des voleurs avaient dévalisé la banque Parodi et s'étaient enfuis à bord d'une tartane. Par hasard, il s'agissait précisément de celle que le colonel Cattabene avait louée secrètement pour le compte de Garibaldi. Rejointe par la police, elle avait été perquisitionnée. Et, entre autres papiers, on y avait découvert le plan de l'action préparée par Garibaldi pour attaquer le Tyrol — attaque qui devait avoir lieu le 29.

Cette fois, le gouvernement était contraint d'agir. Le 14, les préfectures de Brescia et de Bergame reçurent l'ordre d'immobiliser sur place les volontaires, pendant que les troupes régulières bloquaient les cols du Tonal, du Stelvio et du Caffaro. À Sarnico, Francesco Nullo était arrêté en compagnie de Roberto Ambiveri qui se trouvait avec lui par hasard. Tous deux furent transférés à Brescia, et Ambiveri protesta en vain : « Ces Piémontais de merde ! Ah, nous sommes bien gouvernés ! Le roi part à la chasse à cent milles de Turin pendant que sa valetaille — celle de Napoléon plutôt — cherche à créer n'importe quel prétexte pour vous arrêter. » De fait, il y eut de nombreuses autres arrestations…

Furieux comme il le devenait toujours quand sa bonne foi était surprise, Garibaldi quitta Trescore, se précipita à Bergame, enjoignit au préfet de demander immédiatement la libération des prisonniers et ouvrit tout grand le balcon. Camozzi dut se démener pour l'empêcher de faire un discours et se livrer à quelque geste irréparable.

Mais désormais, les passions étaient déchaînées. Le 14 au soir, à Brescia, une petite foule se rassembla devant les prisons pour réclamer l'élargissement de Nullo. Personne ne répondit de l'intérieur. Les manifestants s'ébranlèrent vers la préfecture — en petit nombre, car il pleuvait à verse. D'une fenêtre, quelqu'un répondit à leurs hurlements que le préfet était au théâtre. Ils allèrent donc au théâtre, mais le préfet n'y était pas. Ils repartirent près des prisons et recommencèrent à crier. Soudain, le portail s'ouvrit tout grand et une fusillade fit trois morts et un blessé grave parmi les manifestants.

Le lendemain, l'Italie était à feu et à sang. Manifestations sur manifestations se succédèrent dans tout le pays. Au Parlement et dans la presse éclatèrent des polémiques violentes qui opposèrent encore une fois l'Italie modérée et l'Italie radicale. Dans la *Perseveranza*, Romualdo Bonfanini qualifiait la conduite de Garibaldi d'« américaine » (il voulait dire sud-américaine) et réclamait l'arrestation du général. Il parut un opuscule intitulé : Garibaldi ou la loi ? Mais la place publique était avec Garibaldi, contre la loi. Une circulaire de Rattazzi aux préfets porta le désarroi à son comble : « Le gouvernement, disait-elle, croit avoir de justes motifs pour déclarer inexistante toute participation de l'illustre général à des entreprises ayant de semblables buts. » Cela voulait-il dire que Rattazzi était lui aussi avec Garibaldi contre la loi ?

Rattazzi n'était pas avec Garibaldi, mais il ne pouvait pas le désavouer non plus, étant donné les engagements qu'il avait pris auprès de lui. Le nouveau Premier ministre n'avait ni l'habileté de Cavour, qui savait se servir de la révolution sans se compromettre, ni le caractère de Ricasoli qui savait dire non. Ambigu, ondoyant, servile vis-à-vis du roi et timide face à l'opinion publique, Rattazzi s'était pris à son propre piège. On n'a jamais su si, au cours de leurs rencontres de mars, il avait donné carte blanche à Garibaldi. Peut-être que non. Mais il est certain qu'il ne lui avait pas dit clairement jusqu'où il pouvait aller, sans doute avec le secret espoir que le général le comprendrait de lui-même et n'agirait pas de façon à compromettre le gouvernement. Ce qui veut dire qu'il ne devait pas avoir une grande connaissance des hommes.

Garibaldi fit irruption à Turin le 2 juin. Et comme le Parlement était convoqué pour le lendemain, tout le monde crut qu'il y ferait une intervention de grand style, celui de ses sorties habituelles.

Mais il envoya une lettre conciliante dans laquelle il donnait des incidents de Sarnico et de Brescia la version suivante :

Les *garçons* s'étaient mis en tête qu'il désirait tenter un coup de main contre l'Autriche et de toute part, ils étaient venus en foule autour de lui. Il les avait invités à rentrer chez eux, mais ils n'avaient rien voulu savoir. Alors il les avait réunis à Trescore pour un exercice de tir à la cible. Comme, pour tirer à la cible, ils avaient besoin de fusils, les garçons s'étaient mis à en réunir. Mais uniquement pour tirer à la cible. « Rien n'est plus faux que de dire qu'il s'agissait d'une tentative d'invasion du Tyrol. » Son cri — continuait la lettre — était toujours : « Victor-Emmanuel et malheur à qui touche à l'idée salvatrice ! »

Dans cette lettre, seule la dernière phrase était de Garibaldi. Le reste — c'était visible d'une lieue — était l'œuvre de Rattazzi. Les députés le dirent sans ambages en déchaînant un véritable charivari. Pour le calmer, Bixio, l'homme des « raccommodages », se leva. « Le ministre, dit-il, ne sait pas tout ce que le général pouvait avoir dans l'esprit. Ou, pour mieux dire, s'il en a su quelque chose, il a refusé d'y donner son adhésion. »

Non sans mal, Rattazzi obtint à nouveau la confiance et, six jours plus tard, il faisait libérer Nullo et les autres incarcérés. « Qui pourrait y comprendre quelque chose ? écrivait Locatelli dans la *Gazzetta di Bergamo*. Garibaldi nie hautement l'expédition au Tyrol et cela paraît être ce que l'on a trouvé de plus habile pour arranger au mieux le scandale. Faisons purement et simplement, nous aussi, acte de foi ; nions purement et simplement avoir entendu de nos propres oreilles les dispositions détaillées de l'expédition et les noms de ceux qui étaient désignés pour passer en tête ; nions purement et simplement avoir vu de nos propres yeux les cartes topographiques… »

Pour attendre que la tempête se calmât, Garibaldi s'était retiré dans la paix de la villa Cairoli, à Belgirate, et il ne voulait voir personne. Il ne reçut que Speranza, immédiatement accourue. Cette femme affectueuse et obstinée lui demanda encore une fois les *Mémoires*. Encore une fois Garibaldi les lui refusa, mais, peut-être pour la consoler, il la mit au courant de l'entreprise qu'il méditait et elle fut l'une des deux seules personnes auxquelles il se confia.

L'autre fut le roi, avec lequel il conféra secrètement ; mais personne n'a jamais su quels conseils — ou quels ordres — il en reçut.

Pressentant sans doute quelque chose, Rattazzi l'avait convoqué à Turin, et leur discussion avait dégénéré en une véritable altercation. Le Premier ministre reprochait au général de l'avoir conduit, par ses imprudences, au sein d'une mer de difficultés. Il avait dû rendre compte du million promis à Garibaldi et raconter qu'il l'avait utilisé à des mesures destinées à encourager l'émigration. Et, vis-à-vis des ambassadeurs étrangers, il avait dû admettre qu'il voulait provoquer une révolte dans les Balkans et que c'était seulement plus tard qu'il s'était aperçu que « ces fous » avaient l'intention de marcher sur Venise. Pour son compte, Garibaldi reprocha au ministre son ambiguïté ; et il n'avait pas tort.

Le 25 juin, il était à Caprera avec Menotti et un groupe de fidèles, parmi lesquels Missori et Guerzoni. Ils y restèrent tout juste le temps qui leur fut nécessaire pour préparer quelques bagages, puis ils s'embarquèrent pour Palerme. Guerzoni écrivit : « Aucun de ceux qui l'accompagnèrent à Palerme sur son invitation ne sut jamais de ses lèvres où il allait et pourquoi il y allait. »

Garibaldi répondit à ceux qui tentèrent de le lui demander : « Nous allons vers l'inconnu. Après, qui vivra verra ! »

Aspromonte

Les enthousiasmes que sa nouvelle apparition déchaîna en Sicile firent pâlir ceux qu'il avait suscités en Lombardie. Il semblait qu'il fût
revenu aux beaux temps de sa glorieuse expédition. D'ailleurs, certains compères de la belle époque étaient là eux aussi : Pallavicino
qui exerçait les fonctions de préfet et Medici, commandant de la
Garde nationale. À Palerme, il y avait encore d'autres hôtes d'importance : les fils du roi. Mais ils furent tout de suite oubliés. La ville
était aux pieds de Garibaldi, suspendue à ses lèvres.

Ces lèvres, pourtant, restèrent closes pendant quelques jours, et personne ne réussit à apprendre ce que le général était venu faire. Plus
tard, dans ses *Fragments au crayon* — qui ne furent pas insérés dans
ses *Mémoires* — il écrivit qu'il était venu pour détourner le péril d'un
mouvement autonomiste dont personne cependant n'avait eu vent.

Mais, le 15 juillet, eut lieu une revue de la Garde nationale sur le Fo-
rum italien et Garibaldi y assista à la place d'honneur, entre le maire
et le préfet. À l'improviste, sous les acclamations que lui dispensait
la foule, il se leva et répondit :

« Peuple de Palerme, le maître de la France, le traître du Deux Décembre, celui qui versa le sang de nos frères de Paris, occupe Rome
sous le prétexte de protéger la personne du pape, de protéger la religion, le catholicisme. Mensonge ! Mensonge ! Il est mû par l'envie,
la rapine, l'infâme soif du pouvoir, et il est le premier à alimenter le
brigandage. Il s'est fait le chef des brigands, des assassins. Peuple des
Vêpres, peuple de 1860, il faut que Napoléon évacue Rome. S'il est
nécessaire, nous ferons de nouvelles Vêpres ! »

Cette invective — sans doute improvisée — provoqua une immense
ovation à Palerme et une tout aussi immense consternation à Turin.
Devant le parlement houleux, Rattazzi nia, discuta, démentit,

déplora ces paroles insensées, blâma publiquement Pallavicino pour les avoir écoutées sans réagir et le remplaça par un autre préfet. Mais désormais, Garibaldi était « lancé » et plus personne ne pouvait l'arrêter. Le poncho autour du cou, il commença son pèlerinage à travers les « lieux saints » de sa gloire : Alcamo, Calatafimi, Carleone. À Marsala, « terre d'heureux augure », il invita l'assistance à le suivre à Rome. Et l'assistance, qui, deux ans auparavant, ne l'avait pas même suivi jusqu'à Palerme, répondit :

« Rome ou la mort ! »

Ce cri, qui malheureusement était destiné à retentir en d'autres occasions de l'histoire italienne, produisit un effet énorme sur l'orateur qui en fit la ritournelle de tous ses discours ultérieurs.

Fra Pantaleo, tout de suite accouru à son côté, s'en empara à son tour et le substitua à l'*Ite missa est*. Dans toutes les églises des pays où il passait, le frère soudard officiait, le pistolet à la ceinture, en présence du général qui répétait en chœur avec les fidèles :

« Rome ou la mort ! »

Il y eut une cascade de discours, alternant avec des proclamations. Proclamations adressées à tout le monde : aux Siciliens, aux Romains, aux Italiens, et même « aux peuples slaves sous la domination autrichienne et ottomane » qui n'avaient apparemment rien à voir avec ses objectifs. Mais, qui sait ? Peut-être à ce moment-là n'avait-il pas encore choisi le lieu sur lequel marcher et les Balkans pouvaient encore devenir son but.

En attendant, les volontaires affluaient de toutes parts vers Palerme. Et ils défilaient devant les troupes régulières qui les saluaient fraternellement. Les autorités ne comprenaient pas si elles devaient les considérer en amis ou en ennemis. Le nouveau préfet, De Ferrari, fit afficher un édit dans lequel il était déclaré que le gouvernement désapprouvait le général, mais les passants déchiraient les affiches sous les yeux de la police qui faisait semblant de ne pas voir. Tout le monde était convaincu que, comme en 1860, il s'agissait d'une feinte :

une révolution approuvée par le roi qui l'aidait en sous-main tout en feignant de la désavouer.

Le 1° août, à Ficuzza, Garibaldi parla à ses trois mille volontaires :

« Aujourd'hui encore nous réunit la cause sacrée de notre Pays ; aujourd'hui encore, sans demander ce qu'il y aura à faire, où il faut aller, quelle sera la récompense de vos fatigues, vous êtes accourus le sourire aux lèvres, la joie au front, au banquet des batailles, défiant les puissants dominateurs étrangers et jetant l'étincelle divine du réconfort dans l'âme de nos frères esclaves. Fatigues, désagréments, périls sont mes promesses habituelles... »

Le 3, proclamation de Victor-Emmanuel :

« Au moment où l'Europe rend hommage au bon sens de notre Nation et reconnaît ses droits, il est douloureux à mon cœur que de jeunes gens sans expérience et pleins d'illusions, oublieux de leurs devoirs, fassent un insigne de guerre du nom de Rome, ce nom auquel tendent dans la concorde les vœux et les efforts communs... La responsabilité et la rigueur des lois passeront sur ceux qui n'écouteront pas mes paroles... »

Mais, on le sait, l'Italie est un pays de « fourbes ». Et personne ne se résigna à ne pas l'être assez pour croire que le roi et Garibaldi s'opposaient pour de bon. Quels genres d'Italiens auraient-ils été, s'ils l'avaient fait ? Du reste, Garibaldi était le premier à exclure l'existence de cette opposition et sans doute avait-il de bonnes raisons. Medici le supplia :

« Mets ta main sur ton cœur, pense à l'Italie, pense à tout ce qui a été fait par miracle. Ne t'obstine pas dans le chemin où tu t'es engagé, il conduit inévitablement à la guerre civile... »

D'autres amis accoururent pour le conjurer. Cucchi et Türr vinrent de la part du roi. Kossuth et Klapka lui écrivirent que, trahissant la cause de la révolution balkanique, il ruinait sa gloire de ses propres mains. Se précipitèrent également pour le convaincre les députés Calvino, Mordini et Fabrizi. Au retour, en passant à Naples, ils y trouvèrent ce La Marmora que nous connaissons et qui avait les menottes faciles : il les fit arrêter. « J'ai arrêté les députés. Dois-je les fusiller ? » télégraphia-t-il à Rattazzi. « Mettez-les en liberté et excusez-vous auprès d'eux », répondit Rattazzi.

Rien ne put le convaincre. Le 20 août, il était à Catane après une marche à travers l'île qui renforça sa conviction que le roi était de son côté. Il rencontra des colonnes de l'armée régulière qui lui intimèrent l'ordre de faire halte, puis modifièrent leur route pour lui céder le pas. Lorsqu'il manquait de vivres, l'« ennemi » lui en donnait. Tout le monde savait — ou croyait savoir — que Garibaldi possédait un « talisman », une petite feuille de papier placée dans un écrin de métal, attaché avec un cordonnet de soie blanche. Personne ne l'avait jamais vu ni jamais lu ce qui y était écrit, car Garibaldi n'avait jamais eu à le montrer. Mais tout le monde savait qu'il le possédait et pensait que c'était le roi qui le lui avait donné.

Catane accueillit Garibaldi en chemise de nuit, car il était deux heures du matin quand le général y pénétra. Mais les cloches n'en sonnèrent pas moins. Et la ville fut frappée de délire. Dans la rade, il y avait plusieurs navires de guerre, mais leurs commandants avaient reçu cette directive précise de Turin : « Agissez selon les circonstances, mais gardez toujours à l'esprit l'intérêt de votre roi et du pays. » Restait à savoir ce qu'était cet *intérêt*. L'amiral Albini réunit ses subalternes en conseil. L'un d'entre eux déclara qu'il avait vu le « talisman ». Était-ce bien dans *l'intérêt* du roi et du pays que les hommes de Garibaldi s'élancèrent sur une flottille de barques à rames à l'abordage de deux vapeurs au mouillage, l'un battant pavillon français, l'autre italien, et s'en emparèrent avec des hurlements de joie ? Albini donna ordre à ses hommes de tourner leurs yeux et leurs canons d'un autre côté.

Et peut-être, si Garibaldi fût parvenu jusqu'à Rome, cet ordre aurait-il valu à l'amiral Albini une promotion ou une médaille. Mais Garibaldi n'y parvint pas et l'amiral fut contraint d'endosser la responsabilité de cette intervention manquée par une lettre de démission. Qui a dit que l'Italie s'est pourrie en grandissant ? Elle a toujours été telle que nous la connaissons.

À quatre heures du matin, le 25 août, les deux vapeurs débarquèrent deux mille volontaires sur la côte calabraise, entre Melito et le cap des Armes, presque au même endroit que la première fois. Un navire les bombarda comme alors, mais il était piémontais et non plus bourbonien. Certainement, il s'agissait d'une feinte pour verser de l'eau au moulin des diplomates. Garibaldi dirigea ses hommes vers Reggio, envoyant des éclaireurs. Tout le monde était sûr de faire une révolution bien à l'italienne, c'est-à-dire en accord avec les carabiniers. Soudain, au contraire, ils entendirent une fusillade. Ils s'arrêtèrent surpris. Qu'arrivait-il ? Un détachement de soldats réguliers s'était porté à leur rencontre. Jusque-là, rien d'étrange : cela était arrivé également en Sicile. Mais ceux-là avaient tiré. Et, lorsque les garibaldiens avaient crié qu'ils ne voulaient pas combattre contre eux, qu'ils étaient des amis, des Italiens — Rome, etc. —, les réguliers s'étaient remis à tirer. On n'avait pas le choix : ou contre-attaquer — et ce serait le début d'une guerre civile — ou les éviter en se retirant dans l'intérieur sur le plateau d'Aspromonte. Garibaldi, l'homme des « ordres de marche », choisit sans hésiter le second terme de l'alternative.

Ce fut une dure diversion. Il pleuvait à verse sur ces hommes brutalement réveillés à une réalité qu'ils n'avaient pas prévue, et aussi facilement découragés qu'ils pouvaient s'enflammer d'enthousiasme. Ils n'avaient pas de vivres et la région âpre et brûlante ne leur en fournissait pas. Ils ne savaient pas où ils allaient. Garibaldi lui-même l'ignorait et il s'était confié à ses guides. La population était peu nombreuse et hostile ; c'étaient des bergers qui voyaient en ces hommes des bandits et tremblaient pour leurs troupeaux. Les guides eux-mêmes se révélèrent des ennemis. Au lieu de conduire la colonne directement au refuge forestier d'Aspromonte — qui n'était qu'à dix heures de marche —, ils la firent tourner tout autour pendant quatre jours et quatre nuits.

Le refuge, avaient-ils dit, était un dépôt de fournitures. Mais lorsque les volontaires y parvinrent enfin, ils le trouvèrent vide. Garibaldi compta ses hommes : de deux mille, ils n'étaient plus que cinq cents. Les autres s'étaient éparpillés à la recherche de pommes de terre, unique ressource de ce sol avare, et la plupart revinrent. Même Garibaldi fut obligé de manger des pommes de terre à moitié crues, car il n'y eut pas moyen d'entretenir un feu avec des brindilles imbibées d'eau. Son visage s'était obscurci comme il ne l'avait jamais été et aucun de ses hommes ne vit pendre à son cou le cordonnet de soie blanche auquel aurait dû être accroché l'écrin de métal renfermant le « talisman ».

La rencontre avec les soldats réguliers eut lieu au matin du 29 août. Ils étaient environ 3 500 bersagliers et Garibaldi les vit de loin. Il fit reculer les siens jusqu'à l'orée de la forêt, mais avec l'ordre formel de ne pas tirer, quoi qu'il pût arriver. Il était persuadé que, une fois en face de lui, les soldats tomberaient à genoux et s'uniraient aux volontaires pour marcher tous ensemble sur Rome. C'est pourquoi il se mit devant, bien en évidence, avec sa chemise rouge, son poncho gris, la main droite sur la garde de son sabre, la gauche sur la hanche. Les bersagliers continuaient à avancer en éventail. Les voici à cinq cents mètres, puis à trois cents, puis à cent : Garibaldi, à présent, ils le voyaient très bien, ils ne pouvaient pas le confondre avec qui que ce soit — et pourtant ils continuaient à avancer. Le moment était terrible. Soudain, résonna le son d'une trompette et les bersagliers tombèrent effectivement à genoux devant Garibaldi, mais pour épauler leurs carabines dans sa direction et lui tirer dessus.

Une balle le frappa à la cuisse gauche, mais il se tourna vers les siens pour leur répéter : « Ne tirez pas ! »

Une autre balle l'atteignit au pied droit. Garibaldi eut une grimace de douleur, mais il fit un pas en avant au milieu de la grêle de projectiles.

« Général ! » hurla Enrico Cairoli en accourant vers lui.

« Ce n'est rien », répondit-il en essayant encore d'avancer, et il s'affaissa. On le transporta sous un arbre, pendant que la fusillade se faisait plus nourrie.

 « Avancez en criant : Vive l'Italie ! » ordonna-t-il.

Mais ce cri ne produisit aucun effet. Les bersagliers le noyèrent sous leurs balles et les garibaldiens finirent par tirer eux aussi. Cela dura une dizaine de minutes qui suffirent pour faire douze morts — cinq garibaldiens et sept réguliers — et trente-quatre blessés — quatorze réguliers et vingt garibaldiens. Puis tout le monde se retrouva autour de l'arbre sous lequel gisait Garibaldi, un cigare à la bouche. Trois médecins de sa troupe — Ripari, Basile et Albanese — étaient en train d'examiner ses blessures. Les réguliers offraient des cigarettes aux garibaldiens qui n'en avaient pas. Et les garibaldiens, en échange, leur offraient du feu en craquant des allumettes. On se reconnut entre « pays » et ce fut bientôt un chassé-croisé de dialectes.

Finalement, arriva à bride abattue un officier du roi, le lieutenant Rolondo qui, sans descendre de cheval, sans même faire le salut, et surtout sans voir le ridicule de ses paroles en cette situation, enjoignit au général de se rendre.

« Je sais depuis trente ans — et bien mieux que vous — ce qu'est la guerre. Apprenez que les parlementaires ne se présentent pas d'une telle manière ! »

Et, se retournant vers ses officiers, Garibaldi leur ordonna :

« Désarmez-le ! »

Le vainqueur Rotondo se laissa arracher son sabre des mains et Dieu sait quelles vexations il aurait eu encore à subir si, au même moment, n'était arrivé le colonel Pallavicini. Ce dernier descendit de cheval, ôta son béret, s'inclina sur le blessé et lui enjoignit lui aussi de se rendre, mais à l'oreille. Satisfait, Garibaldi fit signe que oui.

La descente sur Scilla, dans la nuit du 29 au 30, fut pénible. Le général était étendu sur un brancard rudimentaire, couvert de plusieurs manteaux. Il fumait cigare sur cigare, pendant qu'un officier faisait couler de l'eau fraîche sur ses blessures. Le cortège était précédé d'éclaireurs dont les torches illuminaient le sentier. À minuit, on fit halte dans la cabane du berger Vincenzo qui, en 1860, avait aidé Garibaldi. Le blessé but un bouillon de chèvre et on le laissa reposer pendant quelques heures. À l'aube, le 30, on reprit la route. Le temps s'était remis au beau et, dans le ciel nettoyé de nuages, le soleil était fort. Pour abriter le général, les porteurs lui fabriquèrent une ombrelle avec des branches de lauriers. On aurait dit la procession du *Corpus Domini*.

Garibaldi avait demandé à Pallavicini d'être embarqué sur un navire anglais et le colonel avait répondu par un évasif : « On verra. » Mais lorsqu'ils furent proches de la mer, Garibaldi vit qu'on avait envoyé pour l'attendre la frégate à vapeur Duca di Genova et il en fut indigné. Pallavicini n'en menait pas large. Il obéissait à des ordres, répondit-il, il ne savait pas.

Pendant qu'on le transportait à bord, Garibaldi aperçut, debout sur le gaillard d'arrière d'un navire voisin, la main droite sur la garde de son épée en une pose victorieuse, le commandant de cette glorieuse expédition : le général Cialdini. Celui-ci ne salua pas son ennemi blessé et vaincu. Il n'ôta même pas sa cigarette de sa bouche. Décidément, les généraux de l'armée piémontaise étaient rarement victorieux. Mais, en compensation, lorsque cela leur arrivait, ils étaient de mauvais vainqueurs.

Et maintenant qu'est-ce qu'on en fait ? se demandait, le 30 août, Romualdo Bonfadini, au sujet de Garibaldi débarqué à la Spezia et enfermé au fort de Varignano.

Mais il n'était pas le seul à se poser cette question. Se la posaient — avec plus d'angoisse que lui-même — le roi et Rattazzi, qui ne se sentaient pas du tout la conscience tranquille à l'égard de leur prisonnier. Le roi pouvait affirmer avec vigueur qu'il n'avait jamais remis au rebelle aucun « talisman » ; en privé, il devait reconnaître que, « jusqu'à un certain point », le général avait exécuté ses ordres. Où, quand et comment Garibaldi avait-il outrepassé ce « certain point », l'histoire n'a jamais été en mesure de le préciser. Mais sans doute s'agissait-il d'un « point » à l'italienne, à fixer à *posteriori* plutôt qu'*a priori*. Quant à Rattazzi, il avait tout simplement cherché à imiter Cavour en lâchant Garibaldi dans la nature afin de persuader Napoléon qu'il valait mieux laisser entrer les troupes piémontaises à Rome de manière à en interdire l'accès à ce fou. Mais, pour jouer le jeu de Cavour, il fallait être Cavour, Rattazzi ne faisait pas le poids.

En attendant, l'Italie était en émoi et le fort de Varignano semblait devenu le sanctuaire de Notre-Dame de Lorette, vu le nombre des amis, et surtout des amies du général, qui y venaient en pèlerinage. Jusqu'à Giuseppina Raimondi, son épouse légitime, qui y accourut. Elle ne fut cependant pas reçue.

En revanche y fut reçue Speranza qui avait appris la nouvelle à Londres où elle s'était rendue pour prononcer une communication au congrès international en faveur de la protection des animaux et immédiatement elle s'était précipitée en Italie. Elle trouva son ami dans une cellule lugubre de l'aile des condamnés aux travaux forcés. Le commandant de la prison, Ansaldi, était très gentil avec lui, mais il n'avait pu mettre à sa disposition ni une table, ni une chaise, ni literie, ni linge. Le fort était surveillé par un régiment au complet, que commandait Eugenio di Santarosa, fils de Santorre, le conspirateur de 1821. Speranza loua une maison située en face du fort et, chaque jour, elle venait visiter le prisonnier pour lui porter des plats qu'elle cuisinait elle-même. En la voyant passer, les gens murmuraient :

« C'est la cuisinière de Garibaldi ! »

Un commissaire de police la suivait pas à pas. Un jour, il lui ordonna de le suivre chez le préfet.

Vingt-trois chirurgiens se penchèrent autour du lit du malade pour étudier ses blessures. Celle de la cuisse était déjà en voie de cicatrisation. Par contre, celle du pied avait de quoi préoccuper.

La balle s'était encastrée dans la cheville et il était difficile de l'extraire. Tous le sondaient avec leurs bistouris. Garibaldi serrait les dents et disait : « Coupez si c'est nécessaire » ; mais il ne se plaignait pas.

La presse de l'Europe entière publiait des informations au sujet de *meetings*, de manifestations et de souscriptions en faveur de Garibaldi. À Leipzig, à Paris, à Stockholm, à Londres, c'était une succession d'appels en faveur de la libération du héros. « Si Napoléon est las de la vie, il lui suffit de toucher à un seul cheveu de Garibaldi », écrivait le Daily News. Le consul des États-Unis, Canisius vint lui offrir de nouveau le commandement d'une armée contre les sudistes esclavagistes. Garibaldi répondit que, dès qu'il serait libre et guéri, il accourrait sans doute défendre sa patrie américaine (car personne ne réussit jamais à lui ôter de l'esprit qu'il était citoyen américain). Ses admirateurs anglais lui expédièrent à leur frais un spécialiste, Partridge, pour qu'il l'examinât. Lord Palmerston lui envoya un lit souple. Une foule suppliante bivouaquait sous les murs du fort dans l'espoir de mettre la main sur quelque relique. Une gaze tachée du sang du héros était payée à prix d'or. Et Dieu sait combien en furent mises dans le commerce, qui ne comportaient que des taches de sang de poulet ou de n'importe quel autre animal ?

Dans les cercles conservateurs et militaires de Turin, on discutait au contraire pour savoir qui devait juger et condamner Garibaldi. Le Sénat ou le Tribunal de guerre ? Mais le roi avait d'autres idées en tête. Sa fille Maria-Pia était sur le point d'épouser le roi du Portugal. C'était une bonne occasion pour promulguer purement et simplement une amnistie. À ce mot, La Marmora et Cialdini entrèrent dans une colère noire. Ils avaient pris très au sérieux la rencontre d'Aspromonte ; dans leurs rapports, ils l'avaient transformée en grande bataille : grande et décisive au point de justifier les soixante-seize médailles de la valeur militaire qu'on avait distribuées aux participants, pour ne rien dire de la promotion « pour mérites spéciaux » qui avait été accordée au colonel Pallavicini.

Mais le roi resta ferme dans son propos. Il avait reçu un message de Napoléon qui donnait son placet à l'amnistie, et même la sollicitait. Il dit :

« Le ministre fait son métier. Je fais le mien. »

Et il signa le décret.

Garibaldi en fut informé le 5 octobre.

« On accorde l'amnistie aux coupables ! » répondit-il, sombre, à celui qui lui portait la nouvelle, et il détourna la tête.

Le 11, on lui rendit son épée. Mais il ne put quitter le fort avant le 22, lorsqu'on le transporta en secret à l'hôtel Milan de la Spezia. Là eut lieu une grande consultation à laquelle participa le grand chirurgien français Nélaton qui déclara l'amputation inutile. On décida cependant de transporter le malade dans la clinique la plus confortable de Pise, où Speranza le suivit avec ses recettes culinaires. Mais on ne la laissa pas entrer à l'Auberge des Trois Donzelles où on avait logé le général. Découragée, elle décida de rentrer à Rome, mais à Livourne elle apprit que le pape l'avait bannie de ses États et qu'on la redemandait à Pise où, à sa grande surprise, elle eut libre accès à la chambre de Garibaldi.

« À Rome, c'est moi qui vous y conduirai », lui dit le général sans lui expliquer le moins du monde pourquoi il n'avait plus voulu la recevoir. « Vous y entrerez à mon côté. »

Le 23 novembre, quatre-vingt-sept jours après qu'elle y fût entrée, la balle fut extraite de la cheville de Garibaldi. Ce fut le professeur Zanetti, de Florence, qui réussit à la saisir entre ses pinces. Garibaldi tenait entre ses dents un mouchoir pour ne pas crier et serrait dans sa main celle de Jessie White Mario. Assistaient à l'opération ses médecins traitants : Ripari, Baile et Albanese. Il était pâle et transpirait de douleur, mais il ne se plaignit pas.

« Pardieu, ça y est ! » dit-il seulement entre ses dents lorsqu'il sentit le projectile sortir de la blessure.

Quelqu'un lança la nouvelle par la fenêtre et les cloches de Pise se mirent à sonner.

Le 20 décembre, sur le petit lit souple de Palmerston, on le transporta sur le *Sardegna* en route pour Caprera.

« Mais pour avoir le droit de dire toute la vérité aux grands, écrivait à l'époque Guerzoni en manière de bilan, il faut savoir d'abord la dire aux peuples. Sarnico et Aspromonte, ce furent en grande partie les Italiens qui les firent. Bien qu'à leur décharge il faille dire que le mage-capitaine les a ensorcelés par son ascendant, le gouvernement les a embrouillés de ses équivoques, le parti révolutionnaire les a surpris par ses témérités, il n'en est pas moins vrai que, si Garibaldi n'avait pas trouvé, dès le premier moment, tant d'encouragements sous forme d'acclamations, de promesses et d'offres, il n'aurait jamais pu, je ne dis pas engager, mais simplement concevoir ces deux entreprises téméraires... »

Bezzecca

Dans ses Mémoires, Garibaldi liquide les quatre années 1862-1866 par ses simples mots : « Vie inactive, inutile. » En fait, elles ne comportèrent pas, pour lui, de grands événements. Jusqu'au 6 janvier 1863, il dut rester au lit, car sa blessure au pied suppurait encore. Le 6, il essaya de se lever avec des béquilles, mais il n'y réussit pas et dut se contenter d'un fauteuil à roulettes dans lequel il se faisait conduire dehors pour prendre l'air et le soleil. Ce fut une longue et douloureuse convalescence. C'est en juin seulement qu'il put essayer à nouveau de se servir de béquilles. Et c'est seulement à Noël qu'il put les remplacer par un bâton. En somme, cela prit une année entière.

Il la passa à écrire et à dicter : lettres, souvenirs, et surtout proclamations. Il en adressa trois aux Polonais qui, le 18 janvier, s'étaient insurgés contre la Russie, une au peuple anglais afin qu'il prît la tête d'une croisade pour libérer les peuples slaves, une à l'Europe tout entière, une aux soldats de l'armée russe pour qu'ils désertent, une aux ouvriers français pour qu'ils se rebellent contre Napoléon et abandonnent la cause du pape. Les proclamations étaient le genre littéraire où il aimait le plus mettre la main, car elles se prêtaient à un style oratoire et rhétorique et à de faciles références à l'Histoire sur laquelle il continuait à avoir quelques idées — toujours aussi confuses, du reste.

Les souffrances physiques ne l'abattaient pas. Bien que son pied mît du temps à guérir et que certains de ses disciples fussent très sceptiques sur la possibilité qu'il ne redevînt jamais l'homme qu'il avait été, Garibaldi considérait ce repos forcé comme tout à fait provisoire et continuait à se tenir en contact étroit avec les chefs révolutionnaires européens. Avec les Polonais qui vinrent le trouver, il mit tout simplement à l'étude un vaste plan d'attaque de la Russie par

Constantinople à travers la Roumanie, la Bessarabie, la Podolie et la Galicie !

Y croyait-il vraiment ou le faisait-il pour s'accrocher à l'illusion d'être encore l'Homme du Destin, le dépositaire d'une mission à accomplir ? On ne sait. De toute façon, il n'hésita pas à expédier Menotti sur un vapeur qui cachait dans sa cale tout le petit arsenal de Caprera, y compris un petit canon ; et, au sujet de cette entreprise, il échangea une correspondance nourrie avec Hertzen.

Il s'insurgeait contre les médecins et contre leurs soins, il ne voulait pas être traité comme un malade. Il n'y avait plus de femmes, à présent, dans l'île. Teresita, mariée à Canzio, vivait à Gênes avec son mari ; elle ne venait trouver son père qu'entre deux naissances ;elle eut dix-huit enfants ! Battistina Ravello avait été « exilée » à Nice avec la petite fille qu'elle lui avait donnée, Anita.

Et c'est là l'une des plus curieuses pages de la vie de Garibaldi, que, après avoir tant manifesté l'intention d'épouser cette pauvre fille lorsqu'elle était enceinte, il ait accepté par la suite, sans rien dire, que ses parents et ses amis, coalisés contre elle, l'éloignassent de l'île. Il lui envoyait, ou plus exactement lui faisait envoyer, une petite pension ; mais il ne s'intéressait ni à son sort ni à celui de sa fille. La vie affective du héros était pleine de contradictions. C'était comme si, pour aimer quelqu'un, il avait eu besoin de l'avoir sous les yeux. À peine s'en éloignait-il, qu'il semblait l'avoir tout à fait oublié. De ses trois premiers enfants, tout compte fait, il ne s'était occupé que par intermittences, entre deux opérations à Montevideo et à Nice. Il leur consacrait alors ses journées, s'amusait avec eux, les éduquait, bien qu'à sa façon. Mais, qu'il partît pour la guerre ou pour l'exil, il pouvait rester des années et des années sans ressentir aucune nostalgie à leur sujet. Menotti, Ricciotti et Teresita avaient été pratiquement élevés par Maman Rosa, puis par les époux Deidery auxquels il était rare que Garibaldi écrivît pour en demander des nouvelles. Par la suite, Ricciotti avait été tout simplement « cédé » à Emma Roberts qui l'avait emmené à Londres. Et, en dépit de ce que la légende a prêté de romantique à son amour pour sa première femme, Anita, la vérité est qu'il accepta son veuvage avec une extrême facilité et qu'il s'en consola très vite. Garibaldi ne devint un bon mari et un bon père qu'avec sa troisième femme et les deux enfants, Clelia et Manlio, qu'il eut d'elle. En 1863, ce moment n'était pas encore arrivé ; et, en dépit de son pied, il continuait à se sentir non pas l'homme de sa famille, mais celui du destin, à mettre en route des plans de révolutions et à préparer d'impossibles croisades contre les Habsbourg, le tzar et le sultan. En septembre, Speranza vint le voir. Elle avait été alarmée par un bruit qui courait, selon lequel Garibaldi était très malade. Sur le vapeur, elle voyagea en compagnie d'une dame israélite anglo-italienne, Sarah Nathan, qui portait un message important de Mazzini au héros. Les deux visiteuses le virent venir à leur rencontre sur ses béquilles, mais vif, reposé et frais comme il ne l'avait jamais été. Speranza raconte que Sarah Nathan offrit trente mille francs à Garibaldi afin qu'il consentît à participer à un attentat contre Napoléon prévu à la date du 4 janvier 1864 et que Garibaldi réagit avec une indignation véhémente en criant :

« L'Italie se fera, mais pas avec le poignard du traître ! »

Puis il se lança dans un réquisitoire contre Mazzini et son machiavélisme cynique.

L'imagination de Speranza doit avoir ajouté ou retranché quelque chose à l'épisode, car il se concilie assez mal avec la lettre affectueuse qu'écrivit quelques jours plus tard le héros à l'exilé de Londres pour « sa fermeté indestructible… qui paraît d'autant plus grande qu'apparaissent dans toute leur évidence ces misérables pygmées qui s'emploient à diriger les destinées de notre pays. »

Le dernier geste effectué par Garibaldi au cours de cette année 1863 fut de se démettre de son siège de député. Il essaya d'en expliquer les raisons dans plusieurs lettres adressées aux journaux, mais ces derniers furent saisis. Alors, il fit imprimer un manifeste et l'envoya à Naples pour qu'on l'affichât sur les murs. Il y disait toujours la même chose : qu'il ne pouvait pas rester dans un parlement qui avait approuvé la cession de Nice et qui, à présent, — ajoutait-il — était en train de traiter la Sicile comme terre de conquête. « Néanmoins vous me trouverez toujours avec le peuple en armes sur la route de Rome et de Venise. Adieu. »

En 1864, il se rendit en Angleterre.

Les buts qu'il se proposait au cours de ce voyage, personne n'a jamais été en mesure de les éclaircir avec quelque précision. Peut-être ne les connaissait-il pas lui-même. Des invitations, il en avait déjà reçu beaucoup, de Londres, où s'était constitué tout spécialement un comité pour fêter convenablement le héros. Mais il en attendait une, formelle, de la part du gouvernement de Palmerston qui hésitait à prendre un tel engagement : Garibaldi était toujours un chef rebelle qui, non seulement provoquait les méfiances des puissances conservatrices d'Europe, mais aussi celles du gouvernement italien lui-même.

Le comité envoya alors à Caprera, en qualité d'ambassadeurs, les époux Chambers de Liverpool : lui, un *tory* respectable et pacifique ; elle, une femme sur le retour, douée de peu d'attraits féminins, mais activiste en diable. Ils s'installèrent dans la maison du héros, elle pénétra dans sa chambre et ne lui laissa plus ni sommeil ni paix, avec la pleine approbation de son mari, tout content de s'être ainsi déchargé sur un autre du poids de cette épouse encombrante.

Fatigué, Garibaldi finit sans doute par dire oui. Lorsqu'il apprit la chose, Lord Palmerston s'alarma ; et, pour éviter que l'arrivée de cet hôte incommode ne procurât des difficultés à son gouvernement, il décida d'assumer la paternité de cette invitation en faisant publier par le Daily Telegraph une note où il était affirmé que le général avait accepté l'hospitalité anglaise, car il avait besoin d'un changement d'air pour rétablir sa santé.

Et l'Italie officielle fut frappée de surprise par la nouvelle que Garibaldi était parti de Caprera ; l'alarme fut grande, car, pendant deux jours, on ignora sur quel navire et pour quelle destination il s'était embarqué ; la Bourse s'effondra et, entre les différentes préfectures et capitaineries, ce fut un chassé-croisé de télégrammes fiévreux. Dans des archives privées de Bergame que les historiens n'ont pas encore explorées, il existe un gros dossier plein de ces témoignages de l'anxiété fébrile qui parcourut alors le pays. Où était-il sur le point de « marcher », alors, Garibaldi ? De nouveau sur Rome ? De nouveau sur Venise ? Sur la Dalmatie ? Sur Constantinople ? Préfets et généraux demandaient au ministre de l'Intérieur Peruzzi : « Que devons-nous faire s'il débarque ? » Et le Premier ministre Marco Minghetti, répondit personnellement : « Agir énergiquement aux termes de la loi. » Le préfet de Livourne objecta : « Mais Garibaldi est député. Puis-je l'arrêter ? » Et Peruzzi : « S'il provoque la confusion, oui, comme perturbateur de l'ordre public. » Le commandant de la base de Naples demanda tout simplement un navire de guerre pour s'opposer par la force à son débarquement éventuel. Telle était la crainte qu'inspirait cet homme désarmé et infirme !

En réalité, Garibaldi n'avait pas du tout l'intention d'user d'un subterfuge. Il avait seulement pris place sur le vapeur *La Valetta*, de la *Peninsular Oriental Company*, qui, en route de Marseille à Malte, avait fait un crochet par Caprera. L'accompagnaient naturellement les époux Chambers, ses fils Menotti et Ricciotti, son médecin traitant Basile, Basso, et Guerzoni en tant que secrétaire et historiographe. Il avait également invité Speranza à le suivre, mais cette dernière avait fini par comprendre en quoi consistaient les invitations de cet homme étrange ; elle avait refusé.

À Malte, les voyageurs descendirent du *La Valetta* et montèrent sur le *Ripon* en route pour Southampton. À Guerzoni qui lui demandait les raisons de son voyage, le général répondit qu'il devait servir à lui assurer l'appui anglais pour la libération de la Grèce, de la Pologne et de Venise : ce qui signifiait pratiquement une guerre contre la Turquie, la Russie et l'Autriche, simultanément. Une autre fois, il lui dit au contraire qu'il voulait profiter de la question du Schleswig-Holstein pour provoquer une croisade anti-allemande en faveur du Danemark. Avec d'autres, il parla vaguement d'une réunion « au sommet » des révolutionnaires européens. Mais peut-être que sa réponse la plus sincère, il la fit lorsqu'il déclara, d'une façon générale, que « de toute chose, il naît quelque chose. » Car c'était au fond la véritable règle par laquelle se laissait conduire Garibaldi, homme allergique plus que tout autre aux programmes et aux plans préétablis.

Le *Ripon* arriva à Southampton un dimanche où il pleuvait à verse. Mais une foule enthousiaste emplissait le débarcadère, les cloches sonnaient joyeusement, tous les bâtiments du port avaient hissé le grand pavois, et la cité tout entière était tapissée de drapeaux anglais et italiens.

La sympathie de l'Angleterre pour Garibaldi était grande et sincère. Dans les pâtisseries londoniennes, on vendait des biscuits « Garibaldi ». Dans les rues, on voyait des dames porter des chemisiers « Garibaldi ». Il y existait jusqu'à un savon à barbe « Garibaldi » — lequel, c'était de notoriété publique, ne se rasait pourtant jamais. Bien des choses contribuaient là-bas à rendre populaire le héros italien. Il y avait l'admiration naïve et orgueilleuse des simples petites gens qui reconnaissaient en lui un des leurs, monté au faîte de la gloire. Il y avait son charme mélodramatique de brigand au grand cœur, de bandit chevaleresque, de Robin des Bois latin, qui faisait tellement « couleur locale » et donnait dans l'œil des femmes, particulièrement. Il y avait l'enthousiasme pour le champion des grands idéaux dont l'Angleterre se considérait comme la dépositaire — ceux de la Liberté et de la Démocratie. Mais il y avait aussi des arrière-pensées politiques : Garibaldi était l'ennemi de Napoléon et du pape, les deux bêtes noires des Anglais.

Debout sur le pont, le héros agita son chapeau pour répondre aux vivats de la foule. Sous son manteau gris, on apercevait sa chemise rouge. Parmi tous ces forcenés, une seule personne le regardait d'un œil peu amène, sans faire un signe de salut : c'était Rosas, le dictateur argentin contre lequel il avait combattu pendant tant d'années et qui, ayant perdu son poste, s'était réfugié en Grande-Bretagne.

Dès qu'on eut accosté, le duc de Sutherland, MM. Seely et Negretti, tous les trois membres du comité grimpèrent sur le pont. Garibaldi leur remit un billet qui fut tout de suite communiqué aux journaux et publié. Il y disait : « Mes chers amis, je désirerais ne pas être l'objet de manifestations à caractère politique. Je vous prie particulièrement de ne pas donner prétexte à des désordres. »

Lorsqu'il lut cela, Palmerston poussa un soupir de soulagement : Garibaldi savait se conduire en hôte bien élevé. Mais les ouvriers s'en montrèrent peu satisfaits et ils décidèrent un *meeting* pour protester contre ceux qui voulaient « monopoliser le héros ».

Ce dernier, en fait, avait été pratiquement séquestré par le député Seely dans sa maison de l'île de Wight. Mais il reçut tout de suite les plus hautes personnalités de l'Ordre et du Désordre. Là vint Gladstone, chancelier de l'échiquier. Là vinrent Hertzen et Mazzini.

Là vint Tennyson, qui était tout ensemble le Carducci et le Pindare de l'Angleterre et qui lui récita son ode fameuse : *La charge des Six-Cents*. Garibaldi l'écouta, n'y comprit pas grand-chose et lui rendit sa politesse en lui récitant à son tour son morceau préféré de Foscolo.

Tennyson l'écouta à son tour, n'y comprit rien, et, de retour chez lui, il écrivit : « Quel être noble ! Ses manières sont d'une simplicité que je n'ai jamais vue à personne dans nos îles ni nulle part ailleurs. » Puis il se reprit et ajouta : « Il possède la divine stupidité du héros. »

Le Héros, sur un yacht mis à sa disposition par l'amiral de Portsmouth, assistait à des manœuvres de tir organisées spécialement pour lui, où participait l'escadre tout entière.

Le 11 avril, un demi-million de Londoniens se réunirent devant la gare de Londres où, dans un train spécial, Garibaldi arriva à deux heures et demie de l'après-midi. Sa voiture mit six heures pour parvenir jusqu'à la maison du duc de Sutherland. Hertzen écrivit que, pour la première fois, il avait vu une fête anglaise se dérouler sans ivrognes et sans *pickpockets*. Mack Smith dit aussi qu'il s'agit là d'un événement « extraordinaire et mémorable ».

Mais tout le monde ne fut pas du même avis. Karl Marx, qui, au fond, méprisait Garibaldi, qualifia l'événement de « déplorable bouffonnerie ». La reine Victoria déclara qu'elle avait honte de ces folies et Disraeli se refusa à aller serrer la main de ce « pirate ». Comme toujours, les grands révolutionnaires communistes et les grands réactionnaires étaient parfaitement d'accord.

Ce fut une superbe parade. Six fanfares ouvraient la marche. Puis (on ne sait pourquoi) venait la corporation des cordonniers. Puis des banderoles portant l'inscription : « Bienvenue à Garibaldi. »

Puis la Société de Tempérance. Puis les carrosses des « notables ». Un cortège qui n'en finissait pas et qui, le plus souvent, devait s'ouvrir un chemin entre les haies d'une foule qui, à chaque pas, se refermait pour arrêter la voiture de Garibaldi, le toucher, lui serrer la main, l'embrasser.

Ce n'est qu'à sept heures et demie que la voiture atteignit la maison du duc. Au pied du grand escalier, la duchesse attendait, devant un parterre de dames et de gentilshommes. Elle était belle, jeune, blonde, fragile, très blanche de peau, et portait une robe de soirée digne d'une reine. Garibaldi était noir de suie et il transpirait, paraissant encore plus « brigand » que d'habitude.

Il resta l'hôte de cette maison princière pendant quinze jours, jusqu'au 22 avril, et ce ne fut qu'une suite ininterrompue de cérémonies, de réceptions, de festivités, telles qu'aucun étranger ne s'en était jamais vu offertes par l'Angleterre. Le 12 au matin, il écouta l'« adresse » des habitants du quartier, puis il y eut un déjeuner offert par la duchesse mère de Sutherland, où il fut entouré par Lord Granville, Lord Russell, le duc et la duchesse d'Argyl, Gladstone et sa femme, le comte et la comtesse de Clarendon, pendant que la musique des Life Guards jouait son Hymne à perdre haleine. Le soir, banquet, réception, discours. Le lendemain, visite officielle à l'arsenal de Woolwich où les ouvriers traînèrent sa voiture exactement comme cela lui était déjà arrivé en 1860, à Palerme et à Naples. Le soir, autre banquet de quarante couverts : Garibaldi, assis sur une espèce de trône, vit défiler devant lui la fine fleur de l'aristocratie d'Angleterre et d'Ecosse. Le soir suivant, grand gala à Covent Garden où, lorsqu'il entra, le général fut littéralement submergé sous les fleurs. Ce fut une véritable compétition. Garibaldi était devenu « d'obligation » dans toute maison qui désirait maintenir son rang social et politique. Le futur Edouard VII, se moquant des opinions de la reine sa mère, se précipita à Londres spécialement pour le rencontrer. La championne du non-conformisme, Florence Nightingale, qui était déjà en correspondance avec lui, sollicita une visite de sa part. Les étudiants d'Oxford, sophistiqués et pleins de réserve, le voulurent parmi eux et l'accueillirent par trois salves d'applaudissements, qui étaient la dignité *maxima* qu'ils pussent accorder à un hôte. Au cours d'une cérémonie solennelle à Guildhall, on le proclama *civis britannicus*, citoyen anglais.

Docile et calme, Garibaldi se laissait conduire par son amphitryon dans cette farandole de fêtes et de cérémonies si peu conformes à sa nature, et tout le monde louait sa contenance à la fois simple et pleine de dignité. Cet homme spontané savait être, lorsqu'il le fallait, un bon acteur. Il accueillait les hommages comme s'il y était habitué ; il eut des paroles gentilles pour tous, il alla jusqu'à faire semblant d'apprécier la cuisine britannique si sophistiquée, lui qui d'habitude ne se nourrissait que de stockfish, de tomates crues, de fèves et de fromage. Et il ne sema un léger désarroi autour de lui qu'une seule fois, lorsque, entouré d'une gerbe de duchesses et de comtesses, il tira de sa poche une moitié de toscan et enveloppa ses interlocutrices dans un nuage de fumée âcre qui manqua de peu les faire s'évanouir. Toutefois, quelle que fût l'heure jusqu'à laquelle on l'ait fait veiller, le matin, à six heures, comme toujours, il était levé, et il se faisait son café tout seul parce que celui que passait le duc ne lui plaisait pas.

En homme simple qu'il était, il ne se rendait pas compte qu'on le maintenait ainsi perpétuellement plongé dans une atmosphère officielle, moins pour donner de la solennité à sa visite que pour le soustraire aux milieux révolutionnaires, aux tentations populaires et à celles de la place publique. Mais le 16 avril, un samedi, il se rendit à un concert organisé par les Italiens au Palais de Cristal où il entendit son hymne :

> « O Garibaldi notre sauveur,
> Nous te suivrons au champ d'honneur. »

Le lendemain matin, de bonne heure, le docteur Fergusson, médecin de la reine, vint lui rendre visite ; il ne l'avait pas le moins du monde fait appeler, car il se sentait très bien, mais le docteur le visita tout de même, le trouva affaibli et fatigué et lui ordonna le repos absolu.

Garibaldi ne comprit pas ; et, comme on était un dimanche, journée vide, le soir, il alla diner chez Hertzen qui lui avait préparé une rencontre avec la « crème » des révolutionnaires européens, Mazzini en tête. Guerzoni, qui y assista, nous a laissé un pathétique compte rendu de la scène. Mazzini porta un toast « à la liberté des peuples et à celui qui, par ses actions, en est la vivante incarnation : Giuseppe Garibaldi ». À son tour, ce dernier leva son verre à Mazzini : « mon maître, l'homme qui veillait seul quand tout le monde sommeillait ». Le dîner se déroula dans une atmosphère de grande amitié. À un moment donné, cependant, la conversation tomba sur la religion et Mazzini déclara : « Un athée ne peut avoir le sens du devoir.

— Que dire de moi, en ce cas ? répondit Garibaldi dont le regard s'obscurcit. Je suis athée. Le sens du devoir me manque-t-il donc ?

— Oh, vous, répliqua Mazzini sur le ton de la plaisanterie, vous l'avez sucé avec le lait maternel… »

Et cela avait l'air d'un compliment.

Le lendemain, le docteur Fergusson fit savoir aux journaux — lesquels s'empressèrent de le publier — que « le général Garibaldi admettait être fatigué ». Surpris, et ne parvenant pas à comprendre le motif pour lequel il devait être fatigué à tout prix, Garibaldi appela Basile, se fit visiter par lui et envoya aux journaux, avec prière de le publier, un bulletin de santé tout à fait favorable. Sainte Naïveté !

Une correspondance nourrie reliait à ce moment Londres et Turin. Sur la table de Minghetti et de Peruzzi, s'amoncelaient les lettres des agents italiens en Angleterre : « … Mazzini propose à Garibaldi la présidence de la ligue des nationalités opprimées que sont en train de constituer à Londres les plus influents des émigrés ayant mandat régulier de leurs comités révolutionnaires respectifs, à condition que Garibaldi prenne l'initiative d'une insurrection en Vénétie. Une ligue puissante, très large, dirigée par Garibaldi en tant que généralissime de toutes les forces révolutionnaires européennes. Ce projet très vaste, considérable, ne fut accueilli ni par un refus ni par un engagement formel de la part de Garibaldi. Il a demandé un mémoire exact sur toutes les forces, tous les moyens que ces éléments pourraient fournir. Il protesta que, tant qu'il foulait le sol anglais, il ne saurait manquer aux égards dus à l'hospitalité. Dans ses lettres à ses amis, Mazzini avoue que Garibaldi, aujourd'hui plus qu'auparavant, est l'arbitre de la situation politique européenne, que ses succès en Angleterre ont donné des dimensions de géant à sa personnalité et que l'homme est indispensable… »

Voici une autre lettre, de Gaulterio, celle-là, préfet de Gênes, qui depuis longtemps était chargé de la surveillance du général : « La manière dont jusqu'ici il s'est adapté aux salons et aux banquets me fait juger encore plus exact ce que j'ai très souvent pensé, à savoir qu'un titre de duc et un apanage qui lui seraient décernés par un acte du

Parlement assureraient pendant un temps la fortune de ses enfants, en garantissant son capital du gouffre que représentent les vautours qui l'entourent, et pourraient rendre cet homme inoffensif… »

Ces lettres furent certainement montrées au roi ; mais celui-ci, à son habitude, avait organisé son propre service d'information à l'insu de ses ministres et l'avait confié à M. Porcelli, qui avait été expédié en toute hâte sur les talons du Héros. Porcelli se présenta à Garibaldi au nom du roi et, toujours au nom du roi, lui demanda s'il se sentait capable d'organiser une révolution en Galicie. Le général répondit qu'on pouvait y réfléchir. Mais quatre jours plus tard, il reçut la visite du général Klapka, l'homme que Porcelli et le roi avaient précisément désigné comme chef de l'insurrection. Garibaldi se persuada alors que la chose était sérieuse et accepta à condition qu'on agisse dans l'année.

On n'a jamais su exactement à quoi tendait le roi en faisant (en faisant faire) ces propositions à Garibaldi pendant son séjour à Londres. On peut supposer de la manière la plus simple du monde que, préoccupé et un peu jaloux de l'accueil qu'avait reçu le Héros en Angleterre, et du regain d'enthousiasme que cette chaleureuse réception avait suscité en Italie (où, comme on sait, on ne devient « quelqu'un » que lorsqu'on est « connu à l'étranger »), il voulut le compromettre aux yeux de ses amphitryons qui, bien entendu, étaient informés de ces intrigues. Mais le fait est que Victor-Emmanuel était effectivement, à ce moment-là, en train de tramer des projets destinés à provoquer une révolution en Europe centrale — quelle qu'elle fût — afin de trouver un trône où placer son cadet, le duc d'Aoste. Et c'était à ce sujet qu'il correspondait également avec Mazzini, qui penchait pour les Balkans, alors que lui-même inclinait pour la Galicie. Il est par conséquent probable que Porcelli ait proposé le projet galicien à Garibaldi pour le soustraire au complot balkanique de Mazzini.

Pour lui faire enfin comprendre qu'il était fatigué, le chef du gouvernement lui-même, Palmerston, l'invita à diner et eut avec lui une conversation « entre quat'z yeux ». Ils parlèrent de Venise et Palmerston lui recommanda, de façon générale, de ne pas précipiter les choses. Sur un ton agressif, Garibaldi répondit que partout où les hommes étaient retenus sous l'esclavage, on ne courait pas le risque de « précipiter quoique ce fût ». Palmerston comprit qu'avec un type de ce genre il n'y avait rien à faire ; et, comme les protestations des bien-pensants contre le vent de folie garibaldienne qui soufflait sur toute l'Angleterre se faisaient de plus en plus nombreuses et que les échos de Vienne, de Leningrad, de Paris se faisaient de plus en plus défavorables, il décida de confier à Gladstone la mission délicate de dire au général que le climat de Caprera était peut-être meilleur pour sa santé.

Gladstone s'acquitta de sa mission avec le plus grand tact. Mais, à un certain moment, il fut contraint de s'apercevoir que, lorsqu'on parlait avec Garibaldi, il fallait oublier que l'on avait du tact et lui dire les choses sans détour.

Garibaldi eut la réaction qu'a toujours un homme surpris dans sa bonne foi. Il se leva d'un bond et déclara : « Je pars demain ! »

Gladstone et Palmerston levèrent les bras au ciel. Il est vrai que la reine n'eût pas demandé mieux. Il est vrai qu'un *Te Deum* d'action de grâces aurait été entonné par tous les catholiques d'Angleterre, furieux contre « ce représentant de la révolution socialiste en Italie et de théories que je n'ai pas besoin de qualifier », comme l'avait déclaré Mgr. Manning. Mais Dieu sait quelle bacchanale auraient menée les quatre-vingt-dix pour cent de la population — et tout particulièrement les ouvriers qui, déjà, voyaient d'un mauvais œil cette « appropriation » de Garibaldi perpétrée par le gouvernement et l'aristocratie — et quelles accusations ils auraient soulevées contre les dirigeants et contre la Cour à l'occasion de ce départ improvisé !

Mais pour amener Garibaldi à se retirer lentement et progressivement, la diplomatie de Gladstone ne suffit pas. Il y fallut celle des duchesses de Sutherland, mère et belle-fille — surtout belle-fille —

qui invitèrent le général à se reposer trois jours à Clifden Park, villa princière située dans les environs de Maidenhead. Lorsque Garibaldi quitta Londres pour s'y rendre, le 22 avril, une foule « immense essaya de lui barrer la route en criant : « Ne partez pas, mon Général, ne partez pas ! »

Dans toute la ville étaient en train de se tenir des *meetings* contre le gouvernement et l'accusation d'avoir provoqué la fuite de Garibaldi retentit jusqu'au Parlement où Palmerston et Gladstone se défendirent en déclarant qu'ils n'y étaient pour rien et que seule était coupable « la malheureuse santé du général ».

Avant de partir pour Clifden Park, il alla s'agenouiller sur la tombe de son Foscolo adoré, à Chiswich. Et la dernière visite qu'il fit avant de quitter l'Angleterre fut pour son vieux compagnon d'armes Peard, en Cornouaille. Toutes les gares de cette riante contrée étaient pleines de gens qui dormaient à la belle étoile pour être sûrs de ne pas rater le train du Héros et l'occasion de l'acclamer. Avant de s'embarquer sur *l'Ondine*, le yacht du duc, Garibaldi fit une déclaration dans laquelle il remerciait l'Angleterre et son gouvernement pour la généreuse hospitalité qu'il avait reçue et louait l'ordre et la liberté qu'il y avait trouvée. Mais il écrivit à ses amis : « On m'oblige à quitter l'Angleterre. »

Durant la traversée, le perspicace Guerzoni nota :

« Garibaldi apprit tout de suite le rôle d'hôte satisfait, de commensal complaisant, de héros respectueux du protocole qui lui était imposé par tant d'amabilité, et il abandonna pour une fois son naturel que lui avaient imposé le destin et son passé. D'un autre côté, ses hôtes commencèrent par l'assourdir d'acclamations, le gaver de dîners, l'ensevelir sous les cadeaux, faire pleuvoir sur lui toasts, adresses, poésies, le mener de-ci, de-là, à droite, à gauche, partout où il leur plut, en le montrant sur toutes les estrades et dans toutes les fêtes, comme un phénomène vivant et la *great attraction* à la toute dernière mode ; puis, lorsqu'ils en furent saturés et dégoûtés, ils le prièrent de s'en aller, et il s'en alla. De ce voyage, en vérité, Garibaldi rentrait après avoir obtenu de grands et de nombreux honneurs, plus grands et plus nombreux qu'aucun homme n'en avait jamais reçus dans ce pays, mais aucun résultat substantiel, aucune aide même indirecte, aucun bénéfice même lointain. Aider la Pologne, soulever la Vénétie, entreprendre une guerre de course contre l'Autriche avec de l'argent, des armes et des bâtiments anglais étaient les trois buts cachés — vagues encore quant aux moyens de les obtenir, mais fermement arrêtés dans son esprit — qui l'avaient poussé à ce fatigant pèlerinage et nous savions à présent qu'il n'était parvenu à aucun de ces trois buts. Garibaldi obtint tout du peuple anglais. Tout sauf ce qui lui tenait à cœur. »

Mais Guerzoni écrivait sous la morsure de la déception que lui avait causée l'accord manqué entre Garibaldi et Mazzini, accord qui ne dépassa pas le stade des toasts et des bonnes paroles. En réalité, le général n'avait rien obtenu du peuple anglais, non seulement parce que le peuple anglais ne pouvait pas lui donner — soyons justes — de quoi aider la Pologne, soulever la Vénétie, armer une flotte corsaire contre l'Autriche, etc., mais aussi parce qu'il ne semble pas que Garibaldi n'ait demandé aucune de ces choses. « Les trois buts cachés » qu'aux dires de Guerzoni il poursuivait restèrent cachés à tous, peut-être même à Garibaldi lui-même.

Le complot qui se développa après le retour de Garibaldi peut être reconstitué pratiquement jour par jour dans tous ses détails, grâce aux « rapports confidentiels » et aux « minutes » qui se trouvent dans ces archives de Bergame auxquelles nous avons déjà fait allusion plus haut. Comment ces documents ont-ils échoué là, on l'ignore. Mais il semble que le secrétaire général du ministère de l'Intérieur, Silvio Spaventa, les ait amenés chez Camozzi, un jour où il y fut reçu. Sans doute avait-il l'intention de les détruire, mais il ne dut pas en avoir le courage et il finit par les laisser en dépôt à ses amis, enfermés dans une valise. Après la mort de Spaventa, le comte Gamba, notaire des Camozzi, fouilla dans ces papiers, en comprit l'importance et passa des années et des années à les rétablir dans leur ordre chronologique pour en enrichir sa déjà importante collection de documents historiques.

De ce matériau, il apparaît d'une manière lumineuse que Garibaldi était à présent sous la surveillance de trois services d'informations qui se faisaient la guerre les uns les autres. Mazzini, qui espérait toujours arracher le général à l'influence savoyarde et en faire le drapeau de son « parti d'action » républicain et révolutionnaire, avait auprès de lui Guerzoni qui l'informait minute par minute de tout ce qui se passait. Le roi gardait contact avec lui et le surveillait en la personne de Porcelli. Le gouvernement — et, pour lui, le préfet Gualterio — trouva son agent en Canzio, mari de Teresita et gendre du Héros.

Canzio ne fit pas cela gratuitement. « Il finira par demander trois ou quatre mille francs… », écrivait Gualterio à Peruzzi, le 13 mai. « Naturellement, je ne suis pas autorisé à le faire, mais je te préviens en ajoutant que, de toute façon, il serait bon de les lui donner par versements afin de conserver des garanties au sujet de ses services. En attendant, comme on en est arrivé au point où il est venu m'offrir lui-même de correspondre avec moi en langage conventionnel, par télégraphe, même si l'urgence l'exige, je te saurais gré de m'indiquer quelqu'un à la Maddalena, qui, dans ce cas, pourrait recevoir et transmettre les télégrammes. Naturellement, je ne peux exiger de Canzio qu'il ponde des rapports comme un brigadier de gendarmerie. » Enfin, quelques jours après, Canzio envoya une lettre de Caprera rédigée en ces termes : « Souviens-toi de 8.1.11.21.14.1.14.21 mes traites, même celle-ci ; autrement je serais 19.11.28.4.21.14.24.25 et 16.17.19.23.18.23.14.1.24.23 ! » Ce qui, déchiffré au moyen de la « clé » convenue entre Gualterio et lui, voulait dire : « Souviens-toi de déchirer toujours mes lettres, même celle-ci ; autrement je serais découvert et déshonoré ! »

Comme souvent il arrive aux espions, Canzio mit dans l'accomplissement de sa mission la conscience qui lui manquait pour l'assumer. Dès son arrivée à Caprera, il envoya un rapport pour informer Gualterio que, dans l'entourage du général, le vent ne soufflait pas en faveur de Mazzini. La fameuse histoire des toasts de Londres avait été une pure invention de Guerzoni, assurait Canzio, car Garibaldi n'avait jamais prononcé le mot « Maître ». Et les hommes qui sont autour du général ici dans l'île, ajoutait-il, ne font que maudire le nom de Mazzini et de ses deux mouchards, Guerzoni et Bertani. Quant à ce dernier, tout le monde est convaincu que, lorsqu'il alla trouver le général blessé à Varignano et proposa de lui couper le pied, il ne le fit que dans l'espoir de rendre le blessé définitivement invalide. Et Frusciante soutient même que Bertani voulait vendre le pied de Garibaldi. Et il garde épinglé à la tête de son lit un dessin représentant Bertani, et portant au-dessous de lui tous les chefs d'accusation qu'il a relevés contre lui, allant du vol à la lâcheté et à la trahison.

Minghetti et Peruzzi avaient énormément à cœur cette polémique aigrie entre garibaldiens et mazziniens. Mais ils avaient non moins à cœur les mystérieux rapports entre le général et le roi, lequel ne les mettait pas le moins du monde au courant de ce qu'il était en train de tramer. Canzio reçut par conséquent l'ordre de surveiller les allées et venues de Porcelli qui rendit visite au général quatre fois durant le seul mois de mai. Mais il ne put que signaler ses arrivées et ses départs et c'est seulement de la cordialité avec laquelle Garibaldi accueillait son hôte qu'il déduisit que ses rapports avec le roi étaient beaucoup, beaucoup plus chauds et affectueux que ceux qu'il entretenait avec Mazzini. Cependant, lui-même ignorait le contenu des conversations ultra-secrètes entre les deux hommes. Contenu que nous connaissons : le roi confiait à Garibaldi l'entreprise galicienne, via Constantinople. Il aurait un million de lires ; des armes autant qu'il lui en faille. Garibaldi avait accepté et donné rendez-vous aux chefs garibaldiens à Ischia.

Canzio signala immédiatement le départ imminent pour Ischia. Mais il dit que le général y allait à cause de ses rhumatismes qui le faisaient effectivement souffrir beaucoup à ce moment-là. L'embarquement était fixé pour le 17 juin sur *l'Ondine*, que le duc de Sutherland avait laissée à la disposition du général. Mais auparavant, il se produisit dans l'île quelques événements nouveaux. Dans un sursaut de moralisme, Garibaldi chassa Stagnetti qui, quoiqu'ayant laissé une famille en Amérique, s'était mis en ménage avec une femme de la Maddalena et lui avait fait une ribambelle d'enfants. Puis arriva Guerzoni, et Canzio menaça de partir avec Teresita. Mais Garibaldi le retint.

« Stefano, lui dit-il, ce n'est pas moi qui l'ai fait venir, mais il est là. Du reste, il tient dans ses mains ma correspondance. Il faut qu'il mette tout en ordre. Ce sera vite fait, vous verrez. »

Scrupuleusement, Canzio le rapporta à Gualterio en se disant « estomaqué » (justement lui !) de l'« impudence » de Guerzoni.

Le 17, quand *l'Ondine* parvint à Caprera pour prendre à son bord le général, l'anxiété s'empara à nouveau du gouvernement comme cela était arrivé au moment de son départ pour l'Angleterre. Bien que les rapports de Canzio eussent appris aux ministres où allait Garibaldi, ils ne s'y fiaient tout de même que jusqu'à un certain point. Et si, au cours du voyage, il changeait d'idée et débarquait en Sardaigne, ou à Palerme ou à Naples ? Toutes les préfectures furent de nouveau en état d'alarme, mais cette fois cela dura moins longtemps, car le lendemain *l'Ondine* jeta ponctuellement et tranquillement l'ancre dans le golfe d'Ischia.

À présent, il s'agissait de savoir ce qu'avait décidé Garibaldi, c'est-à-dire quels étaient les objectifs de sa nouvelle « marche » ; car, à Turin, on ne croyait pas à l'engagement qu'il avait pris au sujet de Constantinople et de la Galicie. L'inspecteur de police Manzi se hâta de louer un appartement pour trois de ses informateurs dans cette même maison Zavota où le général s'était installé. Mais immédiatement, ceux-ci s'aperçurent que la difficulté de cette « mission » ne consistait pas dans le manque, mais dans l'excès des informations à transmettre. En fait, tout le monde venait de tous les coins d'Italie visiter le général cloué dans son petit lit par l'arthrite, et tout le monde, en sortant, donnait à haute voix une version différente de ses intentions. Les mazziniens étaient divisés en deux groupes : les uns disaient que Garibaldi était décidé à marcher sur Venise, comme le désirait et le recommandait l'Exilé de Londres, qui entre-temps s'était précipité à Lugano ; les autres, au contraire, que son idée, était toujours Rome. Mais d'autres encore juraient que Garibaldi était avec le roi pour une expédition en Hongrie (et non plus en Galicie).

Le 2 juillet, dans la chambre du général, eut lieu une réunion plénière qui dura de neuf heures à midi. La décision finale fut Rome. Les mazziniens intégraux auraient préféré Venise, mais même Rome suffisait pour arracher Garibaldi au roi et au gouvernement et le ramener dans les rangs du Parti d'Action. Mais, quand tout semblait conclu, le général avança une réserve ; il dit que, si la France, comme semblaient l'indiquer les dernières informations, contractait une « entente cordiale » avec l'Angleterre et se déclarait ouvertement contre la Sainte Alliance réactionnaire, il serait nécessaire de changer d'objectif pour la « marche ». Tout le monde sortit en murmurant contre le duc de Sutherland que l'on croyait l'inspirateur de cette manœuvre. Mais Garibaldi y pensait, effectivement, à Rome. Et même, il avait élaboré un plan pour y entrer par surprise, grâce à un ancien égout qui partait des environs d'Ostie pour déboucher dans le voisinage du Vatican ; et il avait envoyé Ceccarelli l'explorer. Pourtant, au moment où Ceccarelli se livrait à cette exploration, Garibaldi avait déjà changé d'opinion et recommençait à parler de Venise. Les mazziniens exultèrent, mais le général précisa que la route de Venise passait par Constantinople. Il ne fallait pas beaucoup d'hommes, dit-il. Trente suffiraient.

Les informateurs — parmi lesquels cette fois il n'y avait plus Canzio, resté à Caprera — rapportèrent ponctuellement toutes ces déclarations et tous ces projets à Turin, y créant finalement une telle confusion et une telle nervosité que Peruzzi décida d'envoyer un navire de guerre. Mais il n'existait pas moins de confusion et de nervosité parmi les chefs du parti d'action. De Londres, Mazzini écrivait à l'un d'eux : « Je ne sais comment interpréter le fait qu'il existe des conspirations à l'intérieur des conspirations elles-mêmes. Si le roi était d'accord avec Garibaldi, pourquoi ne pas me prévenir, puisqu'il était également d'accord avec moi et que nous tendons tous les trois au même but, c'est-à-dire à provoquer un mouvement en Galicie pour prendre ensuite, par ricochet, la Vénétie ? Serait-ce que l'un de nous deux a été trompé, ou même tous les deux en même temps ? »

Un jour, sur le vapeur qui faisait route vers Ischia, se trouvaient d'une part Porcelli, l'homme du roi, et de l'autre les dirigeants du parti d'action, conduits par Guerzoni et Mordini. Ils se regardaient en chiens de faïence, sans s'adresser la parole. Ils débarquèrent tous ensemble chez Garibaldi, à la maison Zavota, où Porcelli fut reçu le premier. L'entrevue fut brève. À la fin, le général apparut sur le seuil, le visage sombre, et déclara aux actionnistes qu'on ne partait plus, l'entreprise était tombée à l'eau, que chacun retournât chez soi.

Ce fut la fin de tout. Guerzoni qualifia Porcelli d'« ambassadeur d'alcôve ». Le colonel lui envoya ses témoins. Au cours de la rencontre, Guerzoni fut blessé à la joue et à la main. Quatre jours plus tard, l'organe du parti d'action, *Il Diritto*, publia une espèce de proclamation dont les auteurs, sous l'indication générique : les « soussignés », dénonçaient la tentative de détourner vers les pays étrangers les meilleures forces révolutionnaires italiennes en la qualifiant de haute trahison.

Garibaldi renvoya Guerzoni, mais ce dernier jura à n'en plus finir qu'il n'était pas l'auteur de ce texte. Le roi, se voyant découvert, renonça pour un temps à ses machinations et promit à ses ministres de se conduire dorénavant en honnête homme. Et Garibaldi, plus affligé de rhumatismes qu'auparavant, se fit transporter en chaise à porteurs à bord du *Zuavo di Palestro* qui le ramena le 18 juillet à Caprera. Là, les « services » de Canzio reprirent.

Garibaldi est hors de lui, écrivait-il. Il est persuadé d'être exploité et mystifié par Mazzini et Bertani. Rien qu'à entendre prononcer devant lui le nom de Guerzoni, il s'emporte. Il ne veut plus se mêler de politique. Il est même convaincu que les gens du Parti d'Action lui ont dérobé une serviette contenant de précieux documents : entre autres le manuscrit où il expliquait pourquoi il avait accepté son affiliation au Grand Orient des deux franc-maçonneries, de rite italien et de rite écossais. Il l'avait fait, car il comptait réunir grâce à elles toutes les forces vives de la nation afin de pouvoir en disposer au moment et dans les buts voulus. Mais à présent, il a donné sa démission afin d'être mieux en mesure de démentir ce document s'il l'on vient à le dévoiler. En parlant des mazziniens avec Menotti, il lui a dit : « Ne me parle pas de ces tristes individus, je sais malheureusement ce qu'ils valent, c'est par leur faute si je me trouve dans cet état. » Après Ischia, Mazzini ne lui a plus écrit. Sa dernière lettre était aigre-douce et se terminait sur ces mots : « Je vous embrasse comme un frère, faites-en autant, et restons-en là. » Il a accueilli froidement Mordini et l'a congédié tout de suite. Il parle toujours du roi avec respect et sans rancœur. Mais, ajoute Canzio, Caprera est une « résidence désagréable ». On n'y mange que de la viande et du bouillon de chèvre et il n'y a pas d'argent. Le général se trouve si serré qu'il songe à reprendre sa carrière de capitaine de bateau…

Septembre arriva. Napoléon s'engagea à retirer sa garnison dans les deux années qui suivraient. L'Italie promit de ne pas en profiter pour annexer Rome par la force et elle en donna des garanties en transférant sa capitale à Florence. Le pays exulta : non parce que Napoléon abandonnait Rome, mais parce que « la capitale abandonnait Turin. » Les Milanais et les Napolitains furent particulièrement enthousiastes.

Garibaldi s'était plongé dans une correspondance amoureuse avec l'Angleterre d'où l'avaient suivi des lettres passionnées, Mary Seely : « ... Je suis allée revoir votre petit lit, pleine d'émotion. J'étais occupée à le contempler lorsque j'ai aperçu près du chevet le mouchoir dont vous vous étiez servi... Ah, dites-moi que vous me le donnez... Depuis que vous avez quitté l'Angleterre, tout ce qui n'est pas associé à votre souvenir a cessé de m'intéresser. Si vous n'y avez pas été, je n'ai pas envie d'entrer dans une pièce. Si votre portrait n'est pas dans un album, je ne me soucie pas de le regarder. Si les gens ne parlent pas de vous, je voudrais qu'ils gardent le silence. » La duchesse mère de Sutherland (58 ans) : « Comme je vous voudrais ici ! Chacune de mes pensées, chacune de mes idées vole vers Caprera ! » La duchesse, belle-fille, Anna (vingt-six ans) : « Je vous aime d'un amour qui durera toujours et toujours... Tenez-vous la promesse que vous m'avez faite de lire le Nouveau Testament ? »

Comment avait fait Garibaldi, qui désormais approchait de la soixantaine, et qui avait été accablé par tant de réceptions et de cérémonies, pour avoir laissé tant de souvenirs derrière lui — nous l'ignorons, en vérité. Cependant, avec les maîtresses de maison, il n'était pas demeuré en reste.

Speranza arriva également. Mais, cette fois, elle ne lui demanda pas les *Mémoires*. Elle demanda que Garibaldi lui confiât la petite Anita que Battistina Ravello, à Nice, élevait sans lui donner la moindre instruction. Garibaldi écrivit à la pauvre femme pour qu'elle remît l'enfant entre les mains de Speranza. Mais Battistina refusa. « La malveillance de cette femme ne m'est que trop connue », commenta-t-il. Nous ne savons dans quelle mesure cela était juste. Du reste, il ne s'en montra pas trop déçu.

1865 débuta — enfin ! — sans conspiration,

« À Caprera, il y a entre quarante et quarante-cinq personnes, trente ouvriers plus quinze familiers ou hôtes. Il y a cent-quarante vaches laitières, deux cent quatre-vingts chèvres, cent brebis. Elles fournissent le lait et la laine. Caprera rapporte trois mille lires. On y vit de chasse et de pêche. Le vin ne manque pas, il arrive de tous les côtés. Ainsi que les caisses de pâtes, riz, sucre, café. À la table du général, il y a d'ordinaire quinze personnes. Les plus jeunes des ouvriers de Caprera s'exercent au tir à la cible et à l'escrime. Les plus habiles sont Menotti, Ricciotti et Canzio. Teresita s'occupe des besognes domestiques, donne le grain aux poulets, surveille la cuisine, travaille au jardin et, le soir, joue du clavecin. Elle monte à cheval avec de grandes bottes et des vêtements succincts et va fréquemment à la chasse au cerf ou au sanglier dans la Gallura. »

Cette description est due à une nouvelle recrue féminine, Elisabeth von Streikelberg, peintre, sculpteur, poétesse, musicienne, mais également allemande et, par conséquent, précise. Elle se présenta à Garibaldi en lui disant qu'elle désirait faire son buste.

« Je suis ennuyé de cette persécution de photographes, de peintres, de sculpteurs. Je préférerais faire une journée de marche plutôt que de supporter une pose » ; répondit Garibaldi. Puis il regarda mieux la jeune fille et ajouta : « Avec vous, c'est différent. »

Elisabeth ne réussit pas qu'à le faire poser, elle parvint également à le faire parler. Le général lui dit que, depuis qu'il était revenu d'Amérique, il n'avait plus été heureux. Les Italiens n'étaient pas comme il les avait rêvés : ils s'ignoraient les uns les autres et chacun n'en voulait faire qu'à sa tête.

« Mais, dit Elisabeth, les jeunes ont répondu à votre appel !

— Ah, mademoiselle, s'exclama le héros, vous croyez cela ! »

La table où l'on prenait les repas était très longue et, chaque jour, il fallait y ajouter quelque couvert. C'était la princesse de Oppen Schilden, propriétaire du château de Carlo Felice à la Maddalena, avec une demoiselle à elle. C'était le comte polonais Manke. C'était le duc de Sutherland (sans la duchesse). C'étaient deux officiers américains de l'armée nordiste. Quiconque arrivait, du reste, pouvait prendre part au repas, toujours frugal mais abondant. Dans sa simplicité, Garibaldi avait une certaine allure de patriarche antique.

Plantugli était un beau jeune homme toujours de bonne humeur, plein d'attentions, serviable. Il préparait l'eau et la glaise pour Elisabeth, et pendant qu'elle modelait, il déclamait des poésies pour la faire patienter et retenir l'attention du général. Élisabeth en tomba amoureuse, mais le jeune homme, ses tâches accomplies, était introuvable : il grimpait sur le Tigelone, disait-il, pour partager la vie des brebis au pâturage.

Un après-midi eurent lieu les compétitions de tir. Les cibles étaient des silhouettes représentant des soldats autrichiens et français, alignés sur trois lignes : une pour les carabines lourdes, une pour les carabines légères, une pour les pistolets. En tant que président du Tir National à la Cible, Garibaldi attachait beaucoup d'importance à cet exercice, l'inaugurait solennellement en tirant le premier coup et, à la fin, distribuait les prix aux vainqueurs.

Elisabeth fut invitée à y participer et tira bien. Mais au même moment, fit irruption, montée sur un poulain sans selle, une bergère aux manières un peu exagérées, sous un chapeau à larges bords, la carabine en bandoulière.

« Comment, cria-t-elle. Vous tirez à la cible sans moi ?

— Nous t'avons avisée en tirant le premier coup, répondit Garibaldi.

— Et toi, comment vas-tu ? lui demanda la jeune fille.

— Tu ne le vois pas ? » répliqua le général.

La jeune fille l'inspecta des pieds à la tête : « Oui, oui, dit-elle, tu vas bien, je suis contente. » Puis elle aperçut Elisabeth et demanda : « Qui c'est, celle-là ? »

On le lui dit.

« Alors c'est ma sœur », fit la jeune fille et elle courut l'embrasser.

Le Garibaldi l'invita à tirer. La jeune fille posa son chapeau, épaula sa carabine et sa balle alla se ficher sous la mamelle gauche d'un soldat autrichien, exactement au centre de la cible.

Ce fut un tonnerre d'applaudissements et le général lui remit le prix de la victoire : un poignard.

Quelques jours plus tard, Teresita invita Elisabeth à rendre une visite à la bergère qui s'appelait Fiorina. Elles grimpèrent sur le Tigelone. Et, là-haut, sous un saule, elles virent Plantugli et la jeune fille qui faisaient l'amour, heureux, sans pudeur ni conscience de commettre le moindre péché. L'arrivée des deux femmes ne les troubla aucunement. Ils dirent qu'ils étaient fiancés. Elisabeth demanda quand ils comptaient se marier.

« C'est déjà fait », répondit avec candeur Fiorina.

C'est la chronique que nous a laissée mademoiselle Streikelberg dans son Pèlerinage à Caprera, seul document que nous possédions pour cette année 1865.

C'est en 1866, que se présenta la grande occasion de libérer Venise, mais pas du tout de la manière que Garibaldi avait espérée, c'est-à-dire par une généreuse initiative révolutionnaire. Ce furent la « politique de cochons et de renards » et la diplomatie exécrée qui, comme d'habitude, préparèrent la « combinaison » où vinrent s'insérer les intérêts italiens. À Berlin, le Chancelier de fer, Otto von Bismarck, — d'un fer beaucoup mieux trempé que celui dont était fait le baron italien Ricasoli — trouva que le moment était venu de retirer à l'Autriche le primat du monde germanique et de lui substituer celui de la Prusse ; un allié comme l'Italie, qui immobiliserait une partie des forces ennemies, lui parut commode. Le 6 mars, parvinrent à Florence, nouvelle capitale du royaume, les propositions concrètes de Bismarck.

L'Autriche, en ayant eu vent, courut au plus pressé et offrit immédiatement et sans contrepartie la Vénétie à l'Italie pour qu'elle déclinât l'alliance. Mais, plus encore que la Vénétie, l'Italie voulait la guerre : une guerre naturellement victorieuse autant que glorieuse qui libérât le pays de ce vague complexe d'infériorité qui l'affligeait par suite de la façon dont l'unité nationale s'était effectuée. La Lombardie était un cadeau de Napoléon ; les États Centraux, Toscane et Romagne, s'étaient unis de leur propre mouvement sans révolution ni bataille ; le reste avait été un don de Garibaldi. Plus que de sang et de bataille, le Risorgimento s'était nourri de manœuvres et d'intrigues. Il était nécessaire de lui donner enfin une légitimation militaire, un blason héroïque.

Au cours des derniers mois, on avait précisément augmenté les impôts pour développer les armements. Le nouveau président du conseil, La Marmora, l'homme qui avait les menottes faciles avait, en bon général piémontais, des idées fausses, mais claires. Il était convaincu que la force d'un pays consiste uniquement dans la quantité de ses effectifs militaires, dans la qualité de ses forteresses et le calibre de ses canons. Il avait dépensé des centaines de millions pour ces « objectifs » et, à présent, il ne tenait pas à les laisser improductifs. Le roi, qui aspirait à la gloire sur le champ de bataille et se considérait comme un grand stratège, pensait comme lui. Ils repoussèrent les propositions autrichiennes, et, le 8 avril, conclurent une alliance avec la Prusse — un traité offensif et défensif. Mais ils se refusèrent à coordonner les manœuvres de l'armée italienne avec celles de l'armée prussienne, en y voyant qui sait quel affaiblissement de leur propre prestige. Nos généraux étaient persuadés de n'avoir rien à apprendre de Von Moltke.

À Caprera, Garibaldi attendait qu'on l'appelât, mais personne ne lui donna signe de vie.

Le 13 mars, il écrivit aux charpentiers de Gênes qui lui offraient le titre de président de leur association (il en possédait déjà une douzaine, de ces titres) : « Je vous renouvelle mon acceptation. Ce sera le plus beau jour pour l'Italie et pour moi, si je le vois, celui où l'ouvrier se lèvera pour accomplir les destinées de la patrie que ne veulent ni ne peuvent accomplir les castes privilégiées. »

Tout le mois d'avril passa et les « castes privilégiées », en dépit de ses sollicitations, restèrent muettes. Par chance, Garibaldi avait à présent un passe-temps. Teresita était enceinte pour la troisième fois et le général s'était employé à trouver une nourrice. Il avait expédié Achille Fazzari pour en chercher une dans la région d'Asti.

« Mais, lui avait-il recommandé, qu'elle soit laide », car avec tous ces hommes seuls, là, à Caprera, contraints à l'abstinence par la vertu ombrageuse des femmes sardes, une belle nourrice pouvait devenir un véritable fléau.

Fazzari s'en était tenu à la consigne. Francesca Armosino avait des formes rondes mais un visage résolument déplaisant. Issue d'une famille de paysans, elle avait eu un enfant « naturel », puis avait émigré à Turin où elle était devenue servante à la pension Vauchet où Fazzari l'avait découverte. Dès qu'il sut l'histoire, Garibaldi se mit à la recherche du séducteur qui était un carabinier et essaya de l'amener à régulariser la situation. Mais le carabinier se déroba, prétextant que seuls Dieu et les étudiants qui fréquentaient la pension Vauchet connaissaient la façon dont elle s'était comportée. Alors le général, qui à certains égards pouvait se montrer moraliste tatillon, essaya de la marier à son valet de chambre Maurizio. Mais celui-ci se récusa également.

C'est ainsi qu'arriva un certain jour du printemps. Il était deux heures de l'après-midi, il faisait chaud ; et Garibaldi, pour n'être dérangé par personne, était allé s'étendre au frais dans la cabane de la Fontanaccia. Là, gisant sur une botte de paille, les vêtements défaits, il y avait la vilaine Francesca. À bien la regarder, au cours de cet après-midi lourd de sirocco, Garibaldi ne la trouva plus aussi vilaine.

Dans la seconde semaine de mai, les « castes privilégiées » donnèrent finalement signe de vie par une lettre du ministre de la Guerre, Pettinengo, qui lui annonçait la constitution, par ordre du roi, d'un corps de volontaires sous le commandement de Garibaldi, lequel serait appelé au moment opportun. Ce corps, précisait une seconde lettre, opérerait sur la côte dalmate.

C'était précisément ce que Garibaldi voulait : un commandement autonome et un théâtre d'opérations lointain, où il aurait la plus grande liberté d'initiative. Mais, hélas, c'était également ce que désirait éviter La Marmora, lequel avait abandonné à Ricasoli la direction du gouvernement pour assumer celle de l'État-Major.

La Marmora avait toujours déclaré que « pour surveiller vingt mille garibaldiens il faudrait quarante mille réguliers » et il entendait les contrôler étroitement. C'est pourquoi, plutôt qu'à la Dalmatie, il les destinait au Tyrol, sûr que dans ces montagnes ils ne créeraient d'embarras à personne. Garibaldi avala la couleuvre, mais présenta quelques requêtes. Il voulait, dit-il, un escadron de cavalerie, un bataillon de bersagliers, quelques pièces d'artillerie, quelques bateaux sur le lac de Garde pour tenter un débarquement en arrière de Vérone et enfin quelques officiers bénéficiant de sa confiance : son fils Menotti, Bixio, qui l'avaient suivi à Aspromonte, et, enfin, qui sait pourquoi, le général qui, précisément à Aspromonte, lui avait demandé sa reddition : Pallavicini. Enfin, il demandait que l'uniforme des volontaires fût la chemise rouge.

La chemise rouge, on la lui accorda de bon cœur. Il pourrait se faire suivre par Menotti. Mais pour le reste, il se trouva devant un mur. On ne lui donna pas de canons, car « des volontaires peuvent les perdre ». On lui refusa les officiers d'Aspromonte, car on ne s'y fiait pas. Ainsi, tout recommençait, comme en 1859…

Mais, comme en 1859, Garibaldi ne se laissa pas décourager. Il quitta Caprera le 10 juin, s'embarqua sur le *Piemonte* et accourut à Côme, à Monza, à Varese, à Bergame. Les volontaires étaient nombreux, le désordre partout. Pour imposer une discipline, plus de Medici, de Türr, de Missori, de Cosenz, désormais passés dans l'armée régulière. En matière de vêtements et d'armement, c'était à s'arracher les cheveux. Les gibernes manquaient, les pantalons et les guêtres étaient rares. Au lieu des carabines modernes qui avaient été promises, rien d'autre que les habituels fusils à pierre. Mais en compensation, Garibaldi était toujours là avec son enthousiasme inchangé et contagieux.

« Les Mille n'étaient pas différents ! tonna-t-il du balcon. Que l'on donne des fusils à ces hommes en béret, en chapeau haut de forme, en mouchoir blanc noué sur la tête, et on verra ce qu'ils savent faire ! »

Il promulgua une sorte de Dix Commandements qui contenaient des directives de ce genre : « Qui sa lâcheté montrera, à coups de pied traité sera… C'est en fuyant que l'on subit les pertes les plus graves, alors que les courageux sont toujours victorieux et sont rarement tués. Les hommes de tous grades prendront fréquemment des bains dans le lac. » Il s'agissait, éternellement, de la pédagogie militaire du pauvre Anzani et de la *guerilla* sud-américaine. Le mot d'ordre fut : « Soyez des aigles », ce qu'on pouvait traduire par : occupez les hauteurs.

Malheureusement, les hauteurs, elles étaient déjà occupées par les Kaiserjaeger, une troupe alpine d'élite splendidement armée et équipée. Et pourtant, en cinq jours de combats acharnés, les volontaires sans gibernes réussirent à leur arracher le mont Suello et le pont sur le Caffaro, à force de coups de main peu spectaculaires, mais durs et sanglants. Ils étaient sur le point de déboucher dans les Alpes Giudicarie et sur la route de Trente, lorsque le 25 juin, arriva un télégramme de La Marmora : « Défaite irréparable, retraite au-delà de l'Oglio, sauvez l'héroïque Brescia et la haute Lombardie. »

Que s'était-il passé ?

Il s'était passé que, comme d'habitude, les généraux italiens La Marmora et Cialdini, qui s'étaient partagés le commandement, non contents d'agir indépendamment des Allemands, avaient aussi agi indépendamment l'un de l'autre, sabotant chacun les efforts de son collègue au lieu de collaborer avec lui. Le front qu'ils avaient disposé, long et éparpillé, favorisant les forces autrichiennes qui, bien que ne disposant que de la moitié de leurs effectifs, étaient au contraire concentrées dans le Quadrilatère et, par conséquent, pouvaient agir de façon massive sur le point qu'elles voulaient attaquer. Il leur suffit d'un petit succès à Custoza pour que tout le dispositif italien chavirât. Les commandants perdirent la tête et quatre-vingt mille Italiens se retirèrent de cinquante kilomètres sans même être poursuivis par les quarante mille Autrichiens, découvrant la Lombardie tout entière et laissant sur le terrain non des morts et des blessés, mais des armes et des magasins de vivres.

Garibaldi n'exulta pas de joie à cette nouvelle comme il est probable qu'aurait fait La Marmora si Garibaldi avait connu la défaite. Il rappela ses avant-gardes du Tyrol où elles avaient déjà pénétré et concentra ses dix mille volontaires à Lonato au sud du lac de Garde, pour barrer la route aux Autrichiens s'ils venaient à avancer sur Brescia. Mais les Autrichiens n'avancèrent pas et Garibaldi reprit l'initiative sur le Suello et sur le Caffaro, en conjurant ses hommes d'effacer la honte de Custoza.

Ce fut une série d'assauts du type de Calatafimi, et Garibaldi, pour les conclure, dut fréquemment se jeter en personne dans la mêlée jusqu'à ce qu'une balle le frappât à la cuisse gauche. La blessure n'était pas grave mais elle l'empêchait cependant de marcher et de monter à cheval. L'ennemi revigoré était passé à la contre-attaque. Le 8 juillet, il tenta de reconquérir le Suello, mais il fut repoussé de façon sanglante à la baïonnette.

Ce même jour, par une manœuvre digne de Napoléon, Von Moltke écrasait l'armée autrichienne à Sadowa et l'anéantissait, décidant par une seule bataille du sort de toute une guerre. En échange, ses alliés italiens n'avaient d'autres succès à lui offrir que ceux de Garibaldi.

Stimulés par leur chef, les pauvres volontaires sans gibernes ni capotes continuaient à « être des aigles » et à arracher hauteur sur hauteur à l'arme blanche. Le général blessé les suivait en voiture. Il voulait parvenir à Trente avant la paix qu'il sentait imminente. Le 16, le général Kuhn surprit l'avant-garde de Nicotera qui avait poussé trop avant. Garibaldi arriva à temps avec sa voiture pour la sauver, bombarda le fort autrichien d'Ampola avec des batteries hissées grâce à des cordes à la force des bras, l'obligea à se rendre et entra dans Bezzecca.

Cette pénible victoire qui avait coûté le sang de 2382 volontaires ne suscita aucun enthousiasme dans une Italie démoralisée après la défaite de l'armée à Custoza et de la marine à Lissa, où la flotte italienne, forte de douze cuirassés, sous le commandement de Persano, se fit battre par sept cuirassés autrichiens.

Ce fut le dernier épisode de cette guerre malheureuse et inutile, faite seulement pour fournir des sujets à l'inguérissable éloquence militaire des Italiens, plutôt à court de matériaux, et qui les avait au contraire conduits à la plus cuisante des humiliations. Seul Garibaldi en sortait à son avantage. Il était en train de marcher sur Trente, lorsque lui parvint un nouveau télégramme de La Marmora, le contempteur des volontaires : « Des considérations politiques exigeant impérieusement la conclusion d'un armistice, pour lequel il est demandé que toutes nos forces se retirent du Tyrol, par ordre du roi, vous prendrez donc vos dispositions afin que, à quatre heures du matin, après-demain 11 août, les troupes qui dépendent de votre commandement quittent la frontière autrichienne. » Quelques heures plus tard, Garibaldi répondit : « J'ai reçu votre dépêche. J'obéis. »

On dit que, au cours de ces quelques heures, la tempête fit rage dans l'âme du général et qu'avant d'obéir, il eut la tentation de transgresser l'ordre. « J'ai vu, écrivit Jessie White qui, naturellement, était accourue, des officiers briser leurs épées, des soldats se jeter à terre, se rouler sur le sol encore trempé du sang de leurs frères. »

Comme cela s'était passé pour la Lombardie, l'Autriche céda la Vénétie à Napoléon pour qu'il la cédât à son tour à l'Italie, comme une aumône faite à un ennemi vaincu. Et ce ne fut là que l'avant-dernière humiliation. La dernière, ce fut le spectacle qu'offrirent au monde les généraux italiens qui se mirent immédiatement à s'accuser mutuellement, chacun essayant de rejeter sur l'autre la responsabilité de la défaite. Celui qui paya pour tous fut Persano auquel le Sénat, réuni en Haute Cour de Justice, retira tous ses galons.

Garibaldi retourna à Caprera ulcéré. Moins par les défaites de l'armée, pour laquelle il ne pouvait nourrir de tendresse, que par l'attitude des paysans vénitiens et trentins qui n'avaient pas tiré un seul coup de fusil contre les Autrichiens, pas même lorsqu'ils les avaient vus en déroute. Avait-il donc combattu toute sa vie pour la liberté et l'indépendance nationale d'un peuple qui, dans le fond, ne désirait ni l'une ni l'autre ?

À Caprera l'attendait une Francesca enceinte. Garibaldi entrait dans sa soixantième année.

Mentana

« Aux urnes, Italiens ! »

Ce cri, était nouveau dans le répertoire de Garibaldi et en contradiction ouverte avec ce qu'il avait toujours pensé et dit de cette « politique de cochons et de renards », du parlement et du gouvernement. Mais au début de cette même année 1867, le ministère Ricasoli avait dissout les chambres et décidé de nouvelles élections : et ses amis de la gauche avaient fait appel au héros.

Mais sans doute une autre raison l'incita à accepter d'être candidat, Garibaldi, sur le point d'avoir soixante ans, accusait pleinement son âge. Il ne s'était jamais complètement remis de sa blessure d'Aspromonte. L'immobilité avait été nocive à son organisme, ruiné par l'arthrite. Bien qu'il opposât une héroïque résistance aux souffrances physiques et ne se plaignît jamais, son visage amaigri et pâle les trahissait. Le vieillissement avait été soudain. Ses cheveux s'étaient faits rares, sa barbe blanche, son regard terne. Il s'éveillait toujours aussi tôt le matin, mais se levait plus tard.

Cependant, il ne voulait pas s'avouer fini — du moins tant que la question romaine restait à régler. Et sans doute la campagne électorale lui parut-elle la manière la plus efficace de remettre la question à l'ordre du jour. En même temps, il retrempait sa propre énergie déclinante. L'action éloignait la « limite d'âge » et le moment d'être versé dans la réserve.

Dans la seconde moitié de février, les époux Mario, Jessie et Alberto, le virent arriver à l'improviste chez eux, à Florence.

« Nous avons à parler de beaucoup de choses », dit-il.

Il parla surtout de Clelia, l'enfant que venait de mettre au monde Francesca Armosino. Il avait à peine eu le temps, avant de partir, de soulever sa fille dans ses bras, de la plonger dans un bain d'eau froide et de planter en son honneur un pin qui ombrage toujours la maison de Caprera. Il déclara également qu'il voulait donner le nom de la petite pour titre à un roman qu'il avait l'intention d'écrire.

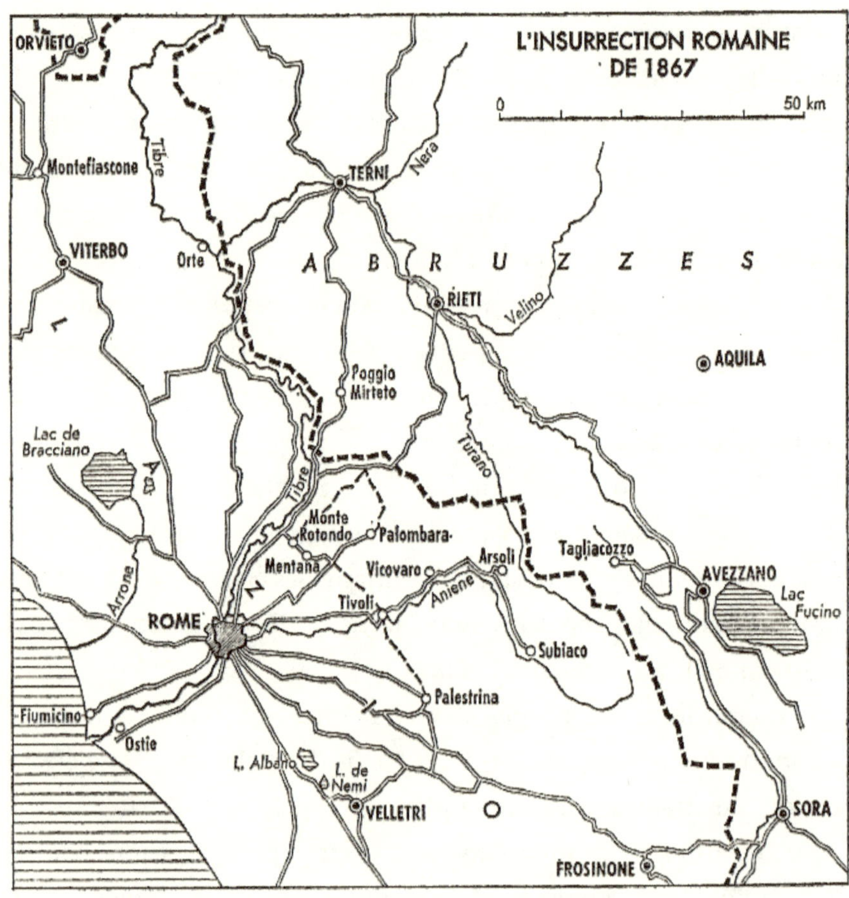

Puis on aborda les questions politiques et Alberto Mario lui apprit que les Vénitiens l'attendaient pour décerner un triomphe glorieux au Héros de Bezzecca.

« Tant mieux, répondit le général, ils seront encore plus désireux de faire claquer les trois couleurs au-dessus du Capitole. »

Et ce fut — « les trois couleurs sur le Capitole » — le slogan de la campagne électorale de Garibaldi.

Aux termes de la « Convention de septembre » (1864), la France s'était engagée à retirer dans les deux ans à venir ses garnisons de Rome, pourvu que l'Italie renonçât à en faire sa capitale, qui serait établie à Florence. Effectivement, les troupes françaises avaient été évacuées en décembre 1866, mais à leur place on avait organisé une armée pontificale composée de « volontaires catholiques » parmi lesquels, comme par hasard, figuraient les plus beaux noms de l'aristocratie française. Ils formaient la « Légion d'Antibes », comme on l'appelait, du nom de la ville où elle s'était constituée.

Ainsi, pour rester le maître de Rome et le protecteur du Pape, Napoléon avait-il tourné la Convention, fournissant par là même aux Italiens un prétexte à la dénoncer eux-mêmes. D'ailleurs, s'il excluait expressément une attaque de l'extérieur, l'accord n'envisageait nullement le cas d'une insurrection. Et c'était justement ce qu'espéraient les radicaux du Parti d'Action, persuadés que « le raz de marée de Custoza et de Lissa » ne pouvait être racheté que par un grand mouvement du peuple qui, partant de Rome, s'étendrait à toute l'Italie et proposerait à nouveau une solution républicaine et démocratique au problème de l'unité nationale.

« Aux urnes, Italiens ! » criait Garibaldi de tous les balcons de toutes les villes italiennes. « En Italie, il faut assurer la liberté menacée et mise en péril par le cléricalisme et ses complices. Dans la nouvelle Chambre, il ne faut pas que disposent de votes les partisans des projets liberticides ni les satellites des dynasties déchues, tous solidaires de l'Empire et de la Papauté… »

Des places publiques montait le souffle chaud de cet enthousiasme que les démagogues n'ont jamais eu de mal à susciter en Italie. Et Garibaldi était un démagogue. Il croyait aux choses qu'il disait et il en disait de terribles. La Papauté était la « négation de Dieu », une « institution pestilentielle », un « nœud de vipères ». Au reste, s'il fallait un fondement juridique à ses thèses anti-pontificales, il était prêt à soutenir que le seul pouvoir légal qui existât à Rome était celui que l'Assemblée républicaine de 1849 lui avait confié à lui, Giuseppe Garibaldi, et que le pape avait illicitement usurpé.

Les tonnerres d'applaudissements qui le saluèrent au cours de ces réunions « océaniques » lui montèrent à la tête, comme toujours. Il se risqua même à attaquer l'Église sur le terrain théologique, quitte à sortir de ses disputes avec saint Thomas d'Aquin et saint Augustin dans un bien plus mauvais état que de ses batailles contre les généraux sud-américains et bourboniens. Il remit en question l'Évangile dont il fournit une interprétation personnelle basée sur la raison et le progrès. Il opposa sa nouvelle Parole à celle de Jésus et, lorsque quelques forcenés, en Romagne, lui amenèrent leurs enfants pour qu'il les baptisât, il le fit avec le plus grand sérieux, sans le moindre sens du ridicule et sans faire éclater de rire les pauvres foules enivrées par son éloquence.

Le ministre français, au nom de Napoléon III, fit des représentations à Rattazzi, entre-temps revenu à la présidence du Conseil. Et Rattazzi lui donna l'assurance que l'agitateur se contenterait de violences verbales — excès que le gouvernement ne pouvait empêcher, vu l'état de faiblesse dans lequel il se trouvait après les déconvenues de 1866. Garibaldi l'apprit, qualifia Rattazzi de « bourrique du pape » dans une harangue publique, réunit son état-major à Vinci, envoya Cucchi à Rome pour y organiser l'insurrection, Menotti dans le Mezzogiorno et Acerbi à la frontière ombrio-toscane pour y recruter des volontaires. Et, à Sienne, il annonça : « Dès que les chaleurs seront passées, nous bougerons. »

Tout le printemps et tout l'été passèrent dans cette frénétique activité oratoire. Mais, le 9 septembre, il arriva à Genève pour participer à l'inauguration du Congrès international de la paix où il avait été invité.

Il comptait sans doute y poser à nouveau la question de Rome devant l'opinion publique européenne. La Suisse était un pays protestant qui ne pouvait pas nourrir de sympathie pour le pape et, parmi les congressistes, se trouvait la fine fleur du progressisme mondial, de Bakounine à Quinet et Leroux. Mais, dès le début, les choses tournèrent plutôt mal. Garibaldi devait arriver à Villeneuve en vapeur et en plein jour, ce qui aurait favorisé un de ces accueils enthousiastes auxquels il était habitué désormais. Mais, sur intervention de la police française, le vapeur ne partit pas et le Héros arriva en train, à une heure impossible.

À Genève, cela se passa mieux. Il fut accueilli par des salves de canons. Un attelage à quatre chevaux, précédé par deux estafettes, le conduisit sous les applaudissements du peuple jusqu'au palais Fazy, où on le nomma président honoraire du Congrès. Malheureusement, il ne se contenta pas de ces honneurs et voulut présenter une motion. Pendant qu'il la rédigeait, Jessie s'approcha de lui.

« Qui veut rentrer avec moi doit être prêt le mercredi 16, lui dit le général.

— Prêt à quoi ? demanda Jessie.

— À aller à Rome.

— Mais ne sommes-nous pas à Genève pour écouter prêcher en faveur de la paix ? »

Garibaldi posa son doigt sur l'article 8 de sa motion et lut :

« Seul l'esclave a le droit de faire la guerre au tyran : c'est le seul cas où la guerre puisse être permise. »

La motion ne contenait pas seulement ce passage. Elle disait que la guerre entre les nations est impossible parce qu'elles sont sœurs et que les litiges qui pouvaient les opposer devaient être résolus par le Congrès auquel chaque peuple avait le droit de participer ; seule la papauté, « la plus nocive de toutes les sectes », en serait exclue. Le Pape serait déclaré déchu de sa mission de tutelle sur la religion de Dieu, laquelle religion serait désormais prise en charge par le Congrès qui s'emploierait à la défendre et à la propager au nom de la Vérité et de la Raison.

Garibaldi lut ce texte dans un silence de mort. Qu'importe — il n'entendait pas perdre son temps en commentaires. L'automne était précoce, cette année-là, et « la fin des chaleurs » approchait. Quand il repassa la frontière italienne, tout le monde savait ce qu'il s'apprêtait à faire, car, comme d'habitude, il n'avait pris aucun soin pour conserver le secret. Pas davantage, les autorités ne se soucièrent de l'arrêter, semble-t-il. Seuls quelques amis lui déconseillèrent d'agir, parmi lesquels Crispi, mais à titre personnel. Le général lui répondit d'être tranquille, il était sûr de son fait : « quelques coups de fusil en l'air » suffiraient pour allumer l'incendie révolutionnaire à Rome.

Il est très probable que le roi et Rattazzi pensèrent comme lui, sur la foi des rapports exagérés de leurs agents dans la Ville Eternelle. De toute façon, c'est la seule hypothèse qui puisse en partie justifier, ou du moins expliquer, une passivité gouvernementale qui, sur bien des points, confinait tout simplement à la connivence.

Nombre des fusils avec lesquels les garibaldiens étaient armés venaient directement des magasins de l'armée. Les concentrations de volontaires se faisaient en plein jour et le télégraphe portait en clair les ordres du général à ses lieutenants : Menotti, de Terni, et Acerbi, d'Orvieto, se dirigeront sur Monterondo ; Nicotera, de l'Aquila, et Salomone, de Pontecorvo, avanceront sur Velletri ; Canzio préparera une expédition maritime en vue d'un débarquement entre Montalto et Corneto.

Le soir du 24 septembre, Garibaldi était l'hôte de l'ingénieur Angelini, à Sinnalunga. Comme à son ordinaire, il s'était couché tôt et était sur le point de s'endormir lorsqu'un lieutenant de carabiniers se présenta, porteur d'un mandat d'arrêt contre lui, Basso et Del Vecchio qui l'accompagnaient. La maison était cernée. On fit grimper les trois prisonniers dans un train qui ne fit même pas halte à Florence et ne s'arrêta qu'à Pistoia où Basso et Vecchio furent mis en liberté. À ce dernier, Garibaldi fit passer en cachette un billet où il avait rédigé au crayon une de ses proclamations habituelles : « Les Romains ont le droit qu'ont tous les esclaves : celui de s'insurger contre leurs tyrans, les prêtres. Les Italiens ont le devoir de les aider et j'espère qu'ils le feront même, si l'on devait emprisonner cinquante Garibaldi. En avant, persévérez dans vos belles résolutions, Romains et Italiens. Le monde entier vous regarde et vous, votre œuvre accomplie, vous marcherez le front haut et vous direz aux nations : nous avons débarrassé pour vous la route de la fraternité humaine de son plus abominable ennemi : la Papauté ! » Le train se remit en marche et ne s'arrêta plus qu'à Alexandrie. Et là, on enferma le général dans la citadelle.

Qu'est-ce qui avait bien pu suggérer au roi et à Rattazzi d'employer ainsi la « manière forte », si éloignée de la bienveillance qu'ils avaient montrée jusqu'alors ?

Aujourd'hui encore, on ne le sait pas avec précision. Jusqu'à un certain point, le gouvernement avait sympathisé avec Garibaldi et, en sous-main, il avait même financé un exilé romain, Ghirelli, afin qu'il organisât une « Légion romaine ». Mais Ghirelli, parvenu à Orte, avait dévalisé le bureau de poste, promulgué un impôt de vingt-cinq mille francs et interrompu la ligne de chemin de fer. Sans doute cette déception contribua-t-elle elle aussi à ébranler la confiance de Rattazzi dans les aspirations révolutionnaires des Romains, dont le soulèvement était indispensable pour ôter à Napoléon le prétexte d'une intervention. Mais sans doute aussi y avait encore plus contribué le bruit qui commençait à courir — lancé par on ne sait qui — qu'un accord secret était intervenu entre Mazzini et Garibaldi en faveur d'une solution républicaine de la question romaine. Et c'était cela qui avait toujours été le cauchemar du roi et de ses ministres pour qui le véritable ennemi n'avait jamais été ni l'Autriche, ni la France, ni le pape, mais la révolution.

De toute façon, Garibaldi réagit avec une violence qui montre combien il s'était peu attendu à son arrestation. À Alexandrie, les soldats qui devaient le garder l'accueillirent au cri de : « À Rome ! » Il leur répondit par une harangue contre le pape. Le lendemain il reçut la visite de Jessie White qui lui apporta sa fameuse baignoire de caoutchouc dont désormais le général ne pouvait plus se passer. Elle s'en retourna avec un paquet de lettres adressées un peu à tout le monde — y compris aux États-Unis et à l'Angleterre — dont il invoquait la protection. Il déclarait en outre ne plus vouloir être le citoyen d'un pays comme l'Italie.

L'Italie cependant se livrait à des manifestations de protestation dans toutes les rues et sur toutes les places publiques. Les préfets dénonçaient dans leurs dépêches la grave menace qui en résultait pour l'ordre public ; et, naturellement, « ils déclinaient toute responsabilité ».

Rattazzi se dépêcha d'expédier au prisonnier le général Pescetto, ministre de la Marine pour « négocier » sa libération : il serait reconduit à Caprera pourvu qu'il donnât sa parole qu'il y resterait. Bien que, après douze heures de discussion, les négociations aient échoué, Garibaldi fut tout de même réexpédié dans son île, mais sous l'escorte de neuf navires de guerre. À bord de l'*Esploratore* où il avait été embarqué, il écrivit à Crispi : « … Après avoir longuement examiné la situation, je ne vois qu'un seul moyen d'y porter remède à la satisfaction de la nation et du gouvernement. Envahir Rome avec l'armée italienne et tout de suite. »

En dépit de ses colères, il ne croyait pas être en résidence forcée pour de bon. Si bien que, le 2 octobre, il télégraphia à Crispi : « Voulez-vous envoyer vapeur pour me conduire continent. » Embarrassé, son vieil ami, qui était également l'ami de Rattazzi, lui répondit de prendre patience.

Mais il était difficile de prendre patience avec les informations qui arrivaient des États Pontificaux. Fidèle aux ordres reçus de son père, Menotti y avait pénétré le 7 octobre, avait occupé Nerole et Montelibretti, pendant qu'Acerbi s'était établi à Torre Alfina et Nicotera, avec huit cents hommes, à Vallecorsa. Les troupes pontificales s'étaient partout rendues, mais la révolution n'avait pas éclaté à Rome.

En lisant le journal et la correspondance de Crispi, on comprend quelle consternation régnait dans les cercles gouvernementaux : non à cause des succès faciles des volontaires garibaldiens, mais à cause de l'insurrection manquée « de l'intérieur ». Et on peut en déduire le plan de Rattazzi comme étant à peu près le suivant : garder en résidence surveillée Garibaldi pour montrer à l'Europe que, même sans lui et ses « provocations », le peuple romain était décidé à s'unir à l'Italie. C'est pour cela qu'après l'arrestation du général, il avait laissé Menotti et les autres lieutenants continuer leurs préparatifs et qu'il les avait même secondés en sous-main. À présent, sans doute aurait-il voulu les arrêter. Il était trop tard.

À Caprera, Garibaldi piaffait. « Entre Rome et moi, écrivit-il dans une proclamation, existe depuis longtemps un pacte solennel. À tout prix je tiendrai ma promesse et serai avec vous. » Mais les navires de guerre croisaient autour de l'ile qui, de plus, était en quarantaine à cause d'une épidémie de choléra. Le 8 octobre, il tenta de s'embarquer sur le bateau postal de la Maddalena, mais le *Sesia* barra la route au vapeur, prit à son bord le fugitif et le reconduisit à Caprera. Cette fois, le blocus était sérieux. Jessie réussit toutefois à le rompre et porta sur le continent un message désolé du prisonnier : « Engagez le monde entier à ne pas me laisser dans cette geôle ! » Le message fut remis à Crispi, qui haussa les épaules.

Mais à ce moment-là, Canzio était déjà à l'œuvre. Il était parti le 8 octobre de Livourne, à bord d'une pinasse. Il débarqua dans la petite île de Santa Maria et courut chez Collins pour qu'il avertisse le général de son arrivée. Garibaldi lui expédia aussitôt Basso et Teresita pour combiner une rencontre. Les navires de guerre les virent tous deux s'embarquer sur le *Principe di Piemonte*, le petit bateau qui faisait le service de Caprera et ils lui tirèrent dessus. Debout sous la mitraille, la fille d'Anita cria qu'ils voulaient « venger sur des femmes l'affront qu'ils avaient subi à Lissa ». Et, du coup, chevaleresquement, la canonnade cessa.

Au crépuscule, Garibaldi descendit sur la plage, la barbe teinte en noir. Ses gardiens croyaient lui avoir confisqué toutes ses embarcations, mais l'une d'entre elles avait échappé à leur vue, si petite qu'un buisson de lentisque avait suffi à la dissimuler. Dès qu'il fit sombre, il la tira hors de sa cachette et la mit à l'eau. Les navires de guerre étaient à quelques centaines de mètres, disposés en une file ininterrompue. Le fugitif passa sans être vu au milieu d'eux, avançant à l'aide d'une seule rame. Il entendit la voix des matelots sur le pont et eut peur qu'une vague plus grosse que les autres l'envoyât contre le flanc de l'un des bateaux.

Quand il atteignit la Maddalena, il y avait des gardes sur le rivage. Gêné par son arthrite et sa blessure, il ne fut pas facile à Garibaldi de manœuvrer entre les écueils et les buissons. Il réussit tout de même à atteindre la maison des Collins, où Susini l'attendait. Avec lui, puis avec Cuneo et Basso, un peu par voie de mer, un peu à dos de cheval, il passa en Sardaigne, traversa la Gallura et, deux jours plus tard, il était à bord de la pinasse de Canzio, via Monte-Cristo et Livourne.

Sa fuite de Caprera provoqua dans la presse européenne presque la même « sensation » que celle de l'île d'Elbe par Napoléon. Elle comportait un mélange d'aventure, de romantisme, de roman de cape et d'épée qui frappait l'imagination, et le fait que tout le monde avait été pris à l'improviste n'y fut pas pour peu de chose.

Le dernier télégramme du commandant de l'escadre qui gardait l'île disait : « Rien à signaler, le général boude dans sa maison » ; il était arrivé au moment même où ledit général, paraissant à un balcon de la place Santa-Maria Novella, à Florence, recevait les acclamations délirantes d'une foule frappée de stupeur et folle d'enthousiasme.

Une fois débarqué à Livourne, personne n'avait plus osé l'arrêter. Du reste, il n'y avait plus personne qui eût pu assumer cette responsabilité, car le gouvernement de Rattazzi était démissionnaire et celui de

Menabrea n'avait pas encore été formé. Il criait à la foule réunie sur la place : « Ne comptez pas vos efforts. Pour chaque coup de fusil, rendez-en dix. L'inertie est la fin de tout ! » Le mandat d'arrêt contre lui fut signé quand il était déjà parti en train pour Rieti, et il fut précédé par un télégramme de Crispi qui l'atteignit à Passo Corese : « Passez immédiatement frontière. Ordre arrêter le général déjà lancé. Les carabiniers arrivent. » Ils arrivaient du reste avec un retard bien calculé pour arrêter Garibaldi — s'il était revenu vaincu. C'est ce que confia à mi-voix le roi au ministre britannique Paget en lui disant que, si son armée avait été suffisamment puissante, il aurait soutenu le général contre les Français ; mais, vu sa faiblesse, il se promettait de soutenir les Français contre le général subversif. À moins, cela s'entend, que ce dernier ne soit vainqueur.

Dans la Ville Eternelle, il y avait à ce moment-là l'historien allemand Gregorovius qui, dans une lettre adressée à un ami, se porta témoin de bonnes intentions qu'avaient les Romains de descendre dans la rue. Malheureusement, ajouta-t-il, juste au moment prévu, éclata un orage et la révolution resta barricadée dans les maisons pour ne pas se voir paralysé par rhumatismes. Les quelques tentatives qui furent faites pour l'allumer furent l'œuvre de garibaldiens venus du dehors et tournèrent toutes mal. Cucchi tenta de s'emparer, par un coup de main, du Capitole mais il fut repoussé. Guerzoni, qui essayait d'introduire des armes dans la ville, fut surpris à la Porte San Paolo. Seuls Monti et Tognetti réussirent à faire sauter une aile de la caserne Serristari : beaucoup de bruit pour un maigre résultat, car il n'y avait pas de troupes, celles-ci étant sorties en patrouille. Ce fut à la Villa Glori que se déroula le seul « épisode héroïque » qui sert régulièrement de contrepoids aux défaites italiennes et leur donne du pathétique : à la tête de soixante-quinze garibaldiens qui avaient pénétré jusque-là dans la nuit, Enrico Cairoli tomba auprès d'Antonio Mantovani. Il s'éteignit dans les bras de son frère Giovanni qui devait mourir deux ans plus tard lui aussi des blessures reçues au cours de cette rencontre. Et c'est ainsi que, des cinq frères, tous garibaldiens, il ne resterait plus que Benedetto, futur président du Conseil. Car ce genre de famille existe aussi en Italie.

Avant que ces tentatives n'aient eu lieu et n'aient échoué, Garibaldi avait annoncé à ses troupes que Rome était en insurrection. Mais sans doute, plus qu'à ses troupes, cette information était destinée à l'opinion publique européenne afin qu'elle empêchât Napoléon III d'intervenir. Trop tard, hélas. Les renforts français avaient déjà embarqué à Marseille et le général Menabrea, enfin au pouvoir, avait amené le roi à signer une proclamation dans laquelle il désavouait l'entreprise et à donner l'ordre au général Ricotti d'« agir éventuellement en accord avec les troupes françaises ». « Eventuellement », bien entendu ! Il y a toute l'Italie dans cet adverbe.

En attendant, à la tête de sept mille hommes, divisés en trois colonnes : Acerbi à droite, Nicotera à gauche, Menotti au centre, Garibaldi marchait sur Rome. Il savait ne pas avoir assez d'hommes pour emporter la ville ; mais il était sûr qu'en le voyant paraître sur les collines environnantes, elle allait s'insurger. Et, pour cela, il fallait s'emparer de Monterotondo, en dépit des murailles et de l'artillerie qui défendaient la place. L'assaut échoua. Garibaldi, qui cette fois ne put les commander en personne à cause de ses infirmités, s'aperçut que ses troupes n'étaient plus celles de Calatafimi et du Volturne. La pluie des derniers jours, la boue et la maigreur de l'ordinaire avaient suffi à les démoraliser. Pour la première fois démoralisé lui aussi et à moitié paralysé par les rhumatismes, il se fit porter dans un couvent et dormit cette nuit-là dans un confessionnal. Le lendemain 26, Canzio essaya de nouveau en employant un stratagème : il se procura une balle de soufre et grâce à elle mit le feu aux portes de la ville. Les volontaires y pénétrèrent dans un nuage jaune et puant qui les cachait aux défenseurs et Garibaldi laissa transpirer sa jubilation dans une énième proclamation : « Volontaires italiens ! La Grèce eut ses Léonidas, la Rome antique, ses Fabius, l'Italie moderne a ses

Cairoli, avec cette différence qu'aux côtés de Léonidas et de Fabius il y avait trois cents héros, alors qu'auprès d'Enrico Cairoli il n'y en avait que soixante-dix... »

Mais le succès lui-même ne parvint pas à ranimer le feu sacré révolutionnaire chez les Romains. La ville demeura calme même quand des patrouilles de Chemises Rouges se montrèrent sur le Monte Sacro et c'est en vain que Garibaldi fit allumer, durant la nuit, des feux sur les hauteurs.

Le 30, les premiers contingents français commencèrent à débarquer à Civita-Vecchia, pendant que les effectifs de Garibaldi diminuaient. Étant donné que rien n'arrivait à Rome et que, par conséquent, il était impossible d'y instaurer une République, les mazziniens se retiraient. Et les monarchistes se retiraient également, puisque l'expédition était officiellement désavouée par le roi. Nicotera lui-même disparut, laissant le commandement à Orsini.

Sans doute Garibaldi comprit-il qu'il allait au-devant d'un désastre, mais sa légende l'empêchait de l'éviter en se retirant à temps. Le 2 novembre, il décida de concentrer ses troupes à Tivoli, pour avoir les Apennins derrière lui en cas de défaite et il donna l'ordre d'abandonner Monterotondo à l'aube. Le désordre et l'indiscipline qui régnaient dans ses rangs provoquèrent un retard de sept heures qui se révéla fatal. Les volontaires furent rejoints à Mentana par neuf mille franco-pontificaux commandés par le général Kanzler. Ce fut une brève et furieuse rencontre que Garibaldi crut avoir remportée par son habituelle attaque à la baïonnette, face à laquelle Kanzler recula.

Mais d'autres troupes françaises étaient en train d'arriver de Civita-Vecchia, armées de nouveaux fusils, les *Chassepots*.

Cette fois, ce furent les Chemises Rouges qui reculèrent et c'est en vain que Garibaldi tenta de les arrêter.

« Venez mourir avec moi ! cria-t-il désespérément. Avez-vous peur de venir mourir avec moi ? »

Désormais, il était clair que tel était son désir : mourir là, sous les murs de Rome. Mais Canzio saisit le mors de son cheval et l'entraîna. « Pour qui voulez-vous vous faire tuer, mon général ? Pour qui ? »

Et surtout, les munitions elles aussi se faisaient rares. Le général battu dut se résigner à suivre ses hommes dans leur retraite, après avoir abandonné cent cinquante morts sur le champ de bataille et mille six cents prisonniers entre les mains de l'ennemi. Le général De Failly télégraphia à Paris que les fusils Chassepots avaient fait merveille et tout le monde le crut parce que tout le monde avait intérêt à le croire : la France pour donner du prestige à son industrie lourde qui s'était plutôt disqualifiée au cours des derniers temps, l'Italie pour trouver une circonstance atténuante à la défaite afin de la rendre moins amère à son orgueil. Pourtant, les Chassepots s'étaient révélés les pires engins : ils s'enrayaient, chauffaient trop vite et, en fait, durent être remplacés en toute hâte.

Dès qu'il eut franchi la frontière, Garibaldi télégraphia qu'on mit à sa disposition un vapeur pour le reconduire à Caprera et il monta dans le train : évidemment, il était sûr de l'impunité.

Mais à Figline Valdarno le colonel des carabiniers Camosso monta dans son wagon afin de l'arrêter. Pour toute réponse le général descendit et alla dans la salle d'attente prendre une tasse de bouillon. Il la dégusta lentement, comme s'il n'entendait même pas le colonel qui le priait de remonter dans le train. Pour finir, on dut l'y porter inerte tel un colis.

De nouveau enfermé dans le fort de Varignano, il demanda « réparation » et adressa un appel au consul des États-Unis. Mais personne ne lui répondit et, pendant trois semaines, il dut rester prisonnier. Le 21 novembre, Gualterio, qui à présent était ministre de l'Intérieur, télégraphia de Florence au sous-préfet de la Spezia :

« Déchiffrez vous-même. Obtenez discrètement du colonel Camosso une déclaration par écrit où il dise que le général a avoué en sa présence que Rattazzi lui déclara : allez et au premier coup de fusil l'armée vous suivra. S'il a dit encore autre chose au sujet d'armes et de munitions fournies à Caprera, qu'il le déclare également. Expédiez-moi cette déclaration personnellement en secret. »

Évidemment, Menabrea s'intéressait plus à liquider Rattazzi qu'à chasser le pape. Mais Garibaldi ne fit aucune déclaration.

Gualterio envoya également à Varignano Mme Elvira Lavagnolo, sœur de l'officier garibaldien Bidischini, qui tenta d'expliquer au prisonnier combien il serait beau de faire un voyage en Égypte afin d'y contempler les pyramides.

« C'est bien le moment de parler des pyramides d'Égypte ! » répliqua Garibaldi.

Le roi l'apprit et ordonna à Menabrea :

« Mettez à la disposition de Garibaldi un bateau pour qu'il puisse rejoindre Caprera et, à sa place, envoyez ce ministre en Égypte. »

C'est ainsi que fin novembre Garibaldi retourna chez lui, las, vieilli, et déçu plus que jamais. Il exprima son amertume dans des lettres à ses amis où il parla ouvertement de « trahison ».

Tout le monde l'avait trahi, dit-il. Non seulement le roi, en le vendant à la France, mais également Mazzini qui, par jalousie, avait invité les volontaires à déserter. Ce n'était pas vrai. Mazzini n'avait pas été favorable à l'expédition de 1867, comme il ne l'avait pas été à celle de 1862, car il continuait à croire que c'est seulement en se libérant eux-mêmes que les Romains auraient eu la possibilité de proclamer la république. Mais, désormais, Garibaldi n'était plus en mesure de voir les choses objectivement. Et cela nous amène à croire que, s'il y avait eu quelque chose d'ambigu dans l'attitude de Rattazzi — et cela ne faisait aucun doute — l'imagination de Garibaldi avait beau coup brodé par-dessus, quoiqu'en toute innocence.

De toute façon, dès lors, Garibaldi se sentit seul et victime de tous. Il le montra bien dans ses *Mémoires* en passant presque sous silence ses désastres d'Aspromonte et de Mentana pour s'étendre agressivement sur ceux des Piémontais à Custoza et Lissa.

La dernière aventure

Mais, à ces motifs de solitude spirituels et politiques, s'en ajoutèrent d'autres, sentimentaux et domestiques, ceux-là.

Impitoyablement, Francesca faisait le vide autour de lui, au profit des membres de sa tribu. Déjà, Frusciante avait été éloigné.

L'un après l'autre, Basso, Pastoris, Fazzari le suivirent. Ricciotti était en Australie. Menotti et les Canzio espacèrent de plus en plus leurs visites. Et la maison de Caprera, jadis si libéralement ouverte à tous les hôtes de passage, n'avait plus à présent ni chambres, ni lits, ni places à table disponibles, car tout était occupé par les parents de l'ancienne nourrice née à Asti. Tout d'abord c'étaient son père et sa mère qui étaient venus s'y établir de façon *quasi* permanente. Puis arriva son frère Pietro qui, pour justifier sa présence, assuma les fonctions de secrétaire du général. Puis ce fut le tour de sa sœur Lina et de son mari Vincenzo Bianchi qui y eurent deux enfants, lesquels y restèrent même après la mort de Lina, avec leur père.

Garibaldi ne fit rien pour s'opposer à ce changement massif de son entourage dont il souffrit peut-être en silence. Cet homme assoiffé de batailles et extrêmement courageux en face de l'ennemi cherchait la paix lorsqu'il était chez lui et s'était toujours montré faible avec ses femmes. Mais à présent, il l'était encore plus à cause de ses infirmités. Il dépendait de Francesca et Francesca le servait avec dévotion. Et elle obtenait sa récompense en monopolisant sa vie intime et affective.

Garibaldi chercha une évasion et une consolation en se mettant à écrire des romans. Le premier fut *Clélia ou le gouvernement des prêtres*. Il comportait 747 pages, 76 chapitres, un appendice et un épilogue et commençait par cette présentation de l'héroïne :

« Comme elle était belle, la perle du Transtévère ! Des tresses brunes très épaisses — et des yeux ! leur éclat frappait comme la foudre celui qui osait la fixer. À seize ans, son port était majestueux comme celui d'une matrone antique. Oh ! Raphaël aurait trouvé en Clélia toutes les grâces de sa femme idéale, mêlées à la robustesse virile de son homonyme, l'héroïne qui se précipita dans le Tibre pour fuir le camp de Prosenna. Oh, oui ! Elle était belle, Clélia ! Et qui aurait pu la contempler sans sentir brûler dans son âme la flamme vive que lançaient ses yeux ? Mais les éminences ? Ces serpents de la cité sainte, dont les limiers cherchent une pâture aux désirs libidineux de leurs maîtres en usant de tous les infâmes artifices de la corruption, ne savaient-ils pas qu'un tel trésor vivait dans l'enceinte de Rome ? Ils le savaient — et l'un d'entre eux aspirait depuis quelque temps à faire sienne cette beauté qui descendait des vieux Quirites... »

Le roman fourmille de personnages et, à chaque page, éclatent les invectives : contre les Français, contre les mazziniens, contre les modérés, et surtout contre les prêtres, « écume de l'enfer », parmi lesquels se détache la figure du fils d'un pape Farnèse qui « viola un évêque de Fano dont il était tombé amoureux ». À la page 66, l'auteur, saisi du doute de s'être montré peut-être un peu excessif, avertit : « Si trop souvent je trempe ma plume dans le fiel et, au pinceau caressant, préfère la pointe du terrible poignard du *carbonero*, j'en ai le droit — et pour cause ! »

Garibaldi confessait qu'il s'était mis à écrire surtout pour gagner les quelques sous dont il avait un urgent besoin — ou sans doute dont Francesca l'avait persuadé qu'il avait un urgent besoin — mais aussi « pour m'entretenir avec la jeunesse italienne sur ce qu'elle a accompli et sur la dette sacro-sainte qu'elle a d'accomplir ce qui reste à faire, en disant un mot des gouvernants et des prêtres, en ayant conscience d'être dans le vrai. »

Dès qu'elle eut vent du roman, Speranza accourut à Caprera pour s'en assurer l'exclusivité et pour décider une bonne fois pour toutes du sort d'Anita, la fille que Garibaldi avait eue de Battistina Ravello, qui continuait à ne vouloir la céder à personne. Cette fois, Speranza réussit dans ses deux entreprises. Elle eut Clélia et elle eut aussi Anita, bien que celle-ci, qui maintenant avait neuf ans, quand elle vit le moment d'embarquer, se soit débattue en proie à des convulsions. On dut la porter sur le bateau où elle administra force gifles et coups de griffes à la pauvre Speranza. Cette dernière parvint toutefois à l'amener jusqu'à Winterthur, en Suisse, où elle la confia aux soins de Fraulein Meier, une institutrice qu'elle paya de ses propres deniers et qui, bien que depuis longtemps dans le métier, déclara plus tard n'avoir jamais eu affaire à une pareille sauvage.

Le livre se révéla plus difficile à caser. Dès la lecture des premières pages, les éditeurs les plus enthousiastes de Garibaldi, les plus convaincus que son nom était capable de faire « recette », déclinaient l'offre qui leur était faite. Speranza retourna à Caprera, humiliée, le manuscrit dans sa valise. Garibaldi — qui en avait déjà commencé un autre, *Cantoni, le volontaire* — fut navré, mais il se consola : « Si mes œuvres littéraires sont jugées de cette façon, je les mets de côté avec les autres de mes écrits : je les laisserai en héritage à mes enfants. Ils auront plus de valeur après ma mort. »

Speranza s'attarda peu. Pour elle également l'air de Caprera devait être devenu peu respirable. Au moment de son départ, Garibaldi lui confia quelques lettres en la priant de les poster sur le continent, car le courrier de Caprera était surveillé. Il tint cependant à l'informer de leur contenu. Il s'agissait d'une adresse à la presse pour qu'elle fît savoir au monde que, si la condamnation prononcée à Rome contre Monti et Tognetti, les *dynamiteros* qui avaient fait sauter la caserne Serrristori, était exécutée, deux prêtres payeraient de leurs vies dans chaque ville d'Italie.

Ces lettres ne parvinrent pas à destination. Elles finirent entre les mains de la police qui attendait Speranza à Livourne et fouilla ses bagages. Monti et Tognetti furent exécutés le 24 novembre ; aucun prêtre ne le paya de sa vie. Depuis quelque temps son anticléricalisme avait atteint un caractère obsessionnel et il n'y a pas une seule de ses proclamations publiques ni de ses lettres qui n'en répètent les thèmes. Il trouvait du reste un vaste écho au sein de ce public italien craintif et irréligieux, conformiste et anarchiste, bouffe-curée sans être laïque, qui voyait en Garibaldi une sorte de pape à rebours sur qui déverser sa bigoterie atavique. Il commença alors à circuler des gravures le représentant crucifié, son âme lui sortant du corps pour s'envoler aux cieux. On composa jusqu'à une prière qui disait en guise de Pater-Noster : « Que ta volonté soit faite dans les casernes et sur les champs de bataille. Donne-nous nos munitions de chaque jour. Ne nous induis pas en la tentation de compter le nombre de nos ennemis. Mais libère-nous des Autrichiens et des prêtres. » Un catéchisme contenait des passages du genre : « … Qu'obtient-on en étant victorieux ? D'être vu par Garibaldi en personne et toutes sortes de plaisirs sans mélange… Quelles sont les trois personnes distinctes de Garibaldi ? Père de la Nation, fils du Peuple, et esprit de la Liberté. » Rien n'incline à croire que ce soit Garibaldi qui ait inventé de pareilles absurdités ni même qu'il leur ait donné son imprimatur. Rien non plus, malheureusement, ne prouve qu'il les désapprouvât, en ait rougi de honte ou tout simplement souri. Elles témoignent donc tout à la fois d'une totale absence d'humour, c'est-à-dire d'autocritique et de sens de la mesure, chez Garibaldi, et du niveau mental du peuple italien.

Francesca était de nouveau enceinte et, en 1869, elle lui donna une seconde fille qui fut appelée Rosa, du nom de la mère du héros et de celle qui était morte à Montevideo. Lorsqu'il l'annonça à Speranza, qui s'était à présent établie en Crète, il en éprouva lui-même un peu de honte. « Il est temps d'en finir, n'est-il pas vrai ? D'autant que je vieillis à vue d'œil. »

C'était vrai, il vieillissait à vue d'œil et il y avait des jours où il ne pouvait pas même se lever à cause des douleurs qui lui rompaient les os. Mais toutes ces souffrances ne le faisaient pas renoncer à son bain. Il s'était fait installer dans sa chambre une sorte de niche en bois, avec un siège. Lorsqu'il en avait refermé le couvercle, seule sa tête en émergeait. En dessous, un fourneau à pétrole. La chaleur provoquait une intense exsudation. Trempé de sueur, il se mettait dans une baignoire et Francesca lui versait dessus un seau d'eau froide. Puis elle l'enveloppait dans un peignoir éponge, le frottait vigoureusement — après quoi il s'allongeait sur son lit, bien couvert. Ce n'étaient pas des médecins — du reste, il n'en consultait jamais — qui lui avaient prescrit ce traitement. Il avait toujours cru aux vertus thérapeutiques de l'eau froide et continua à y recourir même après que l'âge et l'arthrite l'eussent rendue peut-être à déconseiller. À coup sûr, il avait un cœur robuste. Francesca lui coupait aussi les ongles, la barbe, les cheveux et elle ne jetait jamais les produits de ces émondages. Dans son attachement à ces reliques, il y avait tout à la fois de l'affection et du calcul : la paysanne piémontaise savait qu'une mèche de Garibaldi avait sa cotation boursière. Dans leurs conversations les plus intimes, elle ne l'appelait ni Giuseppe, ni Peppino, mais « mon général ». Et dans cela aussi, il entrait tout à la fois de l'humilité et de l'orgueil.

Au lit, Garibaldi écrivait. On lui avait offert une table conçue spécialement à cet usage, dont l'axe était incliné. Les feuilles de papier y étaient fixées. Péniblement, il les remplissait au crayon d'une écriture maladroite qu'il repassait ensuite à l'encre. Dès qu'il avait fini un chapitre, il le rangeait soigneusement sous la liasse. Lorsqu'il allait mieux, il se levait tôt, au contraire, buvait un verre d'eau et — mais seulement un peu plus tard — réclamait une tasse de café. Si, même, il se sentait en forme, il retrouvait sa bonne humeur et exprimait son contentement en chantant sur un air connu une chanson de son invention où il taxait d'infamie la « vente » de sa « Nice chérie » au tyran étranger.

Avec les années, son timbre de ténor s'était mis à barytonner, tout en restant délicat et gracieux. Le long exercice du commandement lui-même n'avait pas réussi à le rendre dur.

Il portait toujours la chemise rouge ; et ses pantalons avaient toujours été ceux qu'il s'était cousus lui-même avec le dé et la grosse aiguille dont les matelots se servent pour réparer les voiles.

Mais ils n'avaient pas de boutons, car il ne savait pas faire les boutonnières ; à leur place, il y avait un ruban. Si, lorsque l'arthrite ne le tourmentait pas, la journée était belle, il sellait sa vieille « Marsala » — relativement aussi vieille que lui, puisqu'elle avait presque trente ans — et faisait sur sa croupe le tour du propriétaire, s'arrêtant même pour tailler les oliviers. La mort de sa fidèle monture fut pour lui une grande douleur. Jusqu'au dernier moment, il chercha à lui prolonger la vie et, ne sachant plus à quel remède recourir, il fendit une pastèque, la vida de sa pulpe, la remplit de vin de Marsala qu'il donna à boire à la pauvre bête en espérant que, puisqu'elle était sicilienne, elle pourrait peut-être retrouver ses forces dans le nectar de son pays. En fait, Marsala se ranima, mais ce fut seulement sous l'effet de l'ivresse — puis elle exhala son dernier souffle dans un long hennissement.

Même à présent qu'il était malade, sa façon de se nourrir n'avait pas changé, elle était restée simple et rustique. Du reste il avait toujours mangé peu. Ses seuls excès, il les faisait à la saison des fèves ; pendant des mois, c'était là son unique plat, avec le fromage de brebis. Ses autres gourmandises étaient le potage passé à la sénoise, la morue et le stockfish. Il avait rarement envie de viande. Mais lorsque cela lui arrivait, il la faisait cuire à la sud-américaine, un gros quartier placé « à même » des charbons ardents, mangeant la fine couche noircie par les braises, puis remettant le reste à rôtir.

Le plus souvent il se contentait d'olives salées et d'une tomate coupée en quartiers et assaisonnée de basilic, d'huile et de vinaigre. Du vin, il n'en buvait qu'un demi-verre dans de l'eau, à chaque repas. Il était par contre resté un amateur de maté qu'il se préparait lui-même et qu'il suçait avec une *bombilla* pendant l'hiver. L'été, il se désaltérait en buvant l'orgeat que Francesca faisait elle-même pour lui avec des amandes pilées.

À présent, c'était curieux, il commençait à donner des preuves d'avarice ; par exemple, il surveillait avec beaucoup de minutie la préparation de la salade, car il craignait toujours que l'on n'y gaspillât son huile et il avait banni le sucre de la maison pour le remplacer par le miel de ses ruches. Tout laisse croire que c'était Francesca qui lui avait passé sa radinerie paysanne, en lui faisant croire qu'ils étaient poussés par la faim, afin de le pousser à demander cette pension que le gouvernement lui avait si souvent proposée et qu'il avait toujours repoussée avec dédain. L'ancienne nourrice avait banni de la table de Caprera nappe et serviettes en disant que l'on consommait du savon à les laver ; à présent, le couvert était mis sur des feuilles de journaux.

Mais c'étaient là des renonciations qui coûtaient peu à Garibaldi.

Aux premiers jours de 1870, on apprit à Caprera qu'un mandat d'arrêt avait été lancé contre Ricciotti, qui avait quitté l'Italie pour venir s'occuper d'un projet de tunnel entre Messine et Reggio de Calabre. Il semble qu'il ait été entouré de personnages soupçonnés de conspirer !

« Jeunesse mazzinienne ! commenta Garibaldi ; et il ajouta avec colère : si je viens à apprendre que Ricciotti a été mis en prison, je boirai un verre de vin à la santé de ceux qui l'y auront envoyé ! »

À tel point en était arrivée sa haine contre Mazzini, cet « homme infaillible qui ne tolère aucune observation de qui que ce soit… qui parle toujours du peuple sans le connaître » ! Du reste, le maître lui retournait le compliment en le qualifiant d'« ignorant, stupide à tête de lion ». Entre les deux, la rupture était consommée. Garibaldi — bien que ne laissant échapper aucune occasion de répéter son aversion pour cette « politique de cochons et de renards », continuait à s'en mêler par des lettres adressées à ses amis, aux journaux, et souvent tout bonnement « au peuple ». Il en écrivit à Giulio Barrili pour *Il telegrafo*, de Livourne, à Enrico Bugnami pour *La plebe* de Lodi et aux Espagnols qui avaient renversé la monarchie et proclamé la république. Il n'avait plus que sa plume pour rester encore sur la brèche, attirer l'attention, rappeler à tous que Garibaldi n'était pas mort. Une bonne nouvelle arriva de Londres : un éditeur anglais avait fini par accepter Clélia qu'on avait traduit et publié sous le titre de *The rule of the Monk*. L'exemple encouragea un éditeur italien Rechiedei. Mais le succès fut maigre dans les deux pays ; et franchement on ne saurait s'en étonner. Cela aussi renforça en lui la crainte d'être déjà oublié et raviva sa jalousie à l'égard de Mazzini. Le 28 octobre, anniversaire de Mentana, il écrivit à Canzio : « Ce prophète infaillible, qui faillit mourir pendant l'expédition des Mille et triompha à Mentana, marche aujourd'hui la visière relevée, ne s'apercevant pas, dans son ambition démesurée de général en chef, qu'il est toujours un obstacle à l'unification de notre malheureuse patrie. Si, en public, je me tais, c'est pour ne pas donner prétexte à se réjouir aux ennemis de l'Italie, mais j'écrirai en son temps sur ce républicain isolé pour lequel Dante, Machiavel, etc., sont des minus. »

C'est à cet état d'âme qu'il nous faut nous référer pour comprendre deux choses qui, sans cela, sont inexplicables : sa froideur en ce qui concerne l'annexion de Rome et sa décision de se porter au secours de la France.

En 1870, la Prusse déclara la guerre à Napoléon III, dont les armées furent rapidement battues à Sedan par celles de Von Moltke. Le gouvernement italien en profita immédiatement pour porter sa capitale à Rome en enlevant la ville au pape resté sans protecteur. Il est vrai que l'entreprise n'était pas de celles qui peuvent soulever l'enthousiasme et les artifices de rhétorique les plus ingénieux eux-mêmes ne pouvaient pas faire passer la brèche de la Porte Pia pour un glorieux fait d'armes. L'Italie posait la dernière pierre de son unité nationale, dont seules restaient exclues Trente et Trieste, « en sourdine » et en profitant des malheurs d'autrui. Toutefois, pour un patriote comme Garibaldi qui avait marché sur Rome deux fois et s'était proposé comme but suprême de la rendre à l'Italie et d'en chasser les prêtres, l'événement aurait dû paraître sensationnel. Malheureusement, il s'accomplit sans sa participation.

Ce « père de la Patrie » supportait mal que sa fille grandît et n'eût plus besoin de lui.

Quant aux mobiles qui le conduisirent en France, il serait vain de les chercher dans ses sentiments d'affection envers ce pays. Il est vrai que son antipathie allait surtout à Napoléon et à son régime liberticide et cléricalisant, régime qui venait de tomber à la faveur de la dégelée prussienne. Mais il n'était pas plus tendre pour les Français en général, après ses expériences d'Amérique du Sud, où ils s'étaient toujours montrés hostiles à son égard, et la cuisante désillusion de Mentana. Sa fille Clélia se rappelait l'avoir entendu répéter, chaque fois que la conversation tombait sur eux, les vers du *Misogallo* — le Misogaulois ! — d'Alfieri :

> « Tourne, vire, ce sont des Français
>
> plus tu leur pèses et moins ils payent. »

Et pourtant, à la nouvelle que les Allemands avançaient sur Paris et que Gambetta avait proclamé la levée en masse pour transformer la France en un immense champ de bataille, il lui télégraphia : « Je mets à votre service le peu qu'il reste de moi. Disposez-en. »

À ses amis, il déclara qu'il agissait ainsi pour la cause de la justice et de l'humanité. Et sans doute fut-ce cela qui le poussa, en plus de sa propension innée pour le beau geste en faveur des faibles et des vaincus : car, dans tout héros véritable, il y a une pointe de Don Quichotte. Et aussi, pour lui dicter ce télégramme, il y avait en ce vieil homme le désir de redevenir Garibaldi.

Il souffrait d'une de ses attaques d'arthrite lorsque, le 4 octobre, arriva à Caprera le colonel Bordone, un officier français qui avait fait la Sicile avec lui. Mais il jeta ses béquilles en entendant que Crémieux, le ministre français de la Défense avait dit :

« Ah, ce cher Garibaldi ! Si nous pouvions le faire entrer dans Paris, quel effet cela produirait ! »

La moitié de la flotte italienne continuait à monter la garde autour de Caprera ; mais, sans doute, relâcha-t-elle les mailles du filet, car, pour l'éviter, il ne lui fut pas besoin de recourir à des stratagèmes comme en 1867 : que l'agitateur allât agiter la France, cela importait peu au gouvernement italien.

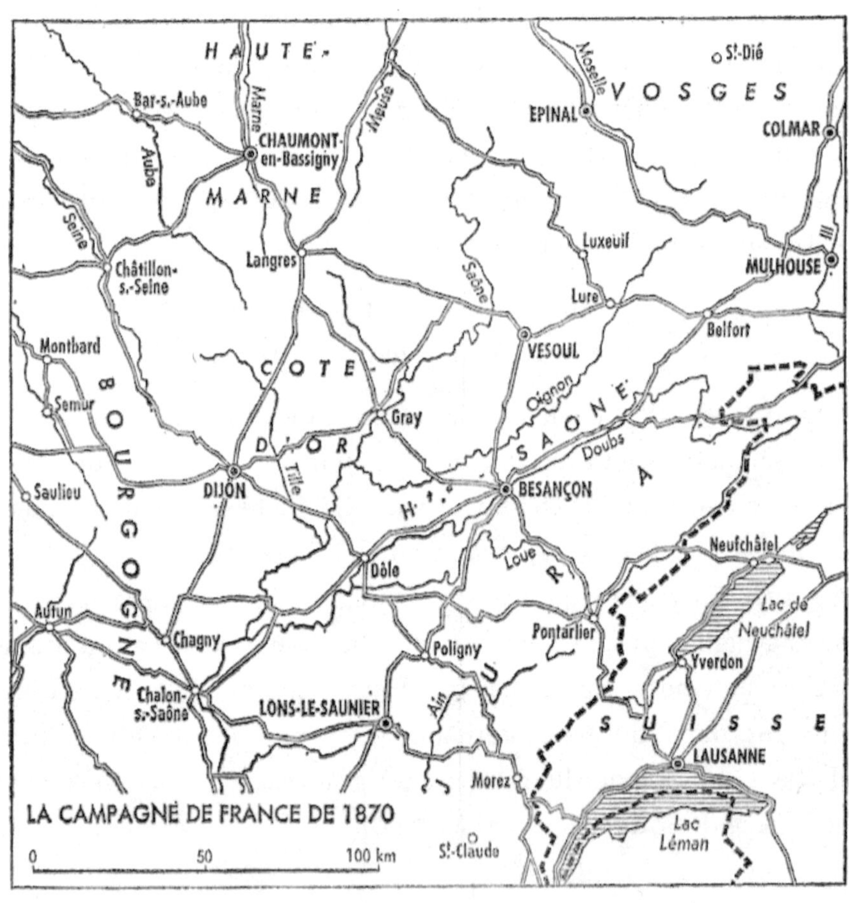

Marseille lui fit un accueil triomphal et tout à fait conforme au tempérament de cette ville. Mais Crémieux, oublieux de ce qu'il avait déclaré à Bordone (si jamais il le lui avait dit), gémit et se prit la tête entre ses mains :

« Ah, mon Dieu, il arrive ! Il ne manquait plus que cela ! »

À Tours l'attendait Gambetta, arrivé de Paris en ballon atmosphérique comme un héros de Jules Verne et qui, après l'avoir remercié pour ses bonnes intentions, l'invita à se rendre à Chambéry (où sans doute les Allemands n'arriveraient jamais) pour y prendre le commandement de 300 volontaires. Pris d'une colère aveugle, Garibaldi frappa du poing sur la table.

Piémontais, Italiens ou Français, les hommes politiques étaient-ils donc tous les mêmes ? Dans une lettre rédigée sur un ton violent et solennel, il informa Gambetta qu'il retournait le lendemain à Caprera. Gambetta, comme tous ses collègues du gouvernement, n'aurait sans doute pas demandé mieux. Mais il se trouvait vis-à-vis de lui dans la même situation embarrassée où s'étaient trouvés naguère Victor-Emmanuel, Cavour, Ricasoli, Rattazzi et Menabrea. Il savait que, même en France, aux yeux des masses, Garibaldi était un drapeau auquel on ne pouvait pas renoncer. Et il le pria de repasser le voir.

« Si monsieur Gambetta tient à me voir, répondit Garibaldi, qu'il me fasse l'honneur de venir chez moi demain matin. Mais de bonne heure, car je compte partir à huit heures. »

Le lendemain, avant huit heures, Gambetta lui fit cet honneur. Il avait dans sa poche la nomination de Garibaldi au poste de « commandant de tous les corps francs des Vosges depuis Strasbourg jusqu'à Paris ».

De quelle sorte de troupes il s'agissait et de combien d'hommes elles disposaient, Garibaldi le vit à Dôle où elles se concentraient pour barrer la route aux quarante mille Allemands du général Werder. Cela représentait en tout et pour tout environ cinq mille hommes —

mélange pittoresque, babélique et inquiétant de ressortissants français, espagnols, polonais, grecs ou algériens, quand ce n'étaient pas des apatrides à la provenance incertaine. Il y avait les « Francs-Tireurs » du Rhône, de Gand et de l'Isère ; les « Éclaireurs de Gray » ; la « Compagnie de Colmar et d'Oran » ; les « Enfants perdus de Paris » ; les « Combattants d'Orient » ; le « Bataillon de l'Égalité de Marseille » ; les « Volontaires de la Mort et de la Revanche ». Ils étaient déguisés de toutes les façons, en militaires, en brigands, en héros, en civils, et munis de toutes les sortes d'armes, *Tabatière*, *Chassepot*, *Remington*, carabine suisse, etc. Le tout récent *Spencer Rifle* côtoyait le fusil à pierre. Tel n'avait qu'une matraque et tel autre une hache. L'idéaliste coudoyait le repris de justice. Dans le chaos, tous les pays deviennent de véritables Italies. Et la France de Gambetta l'était devenue à un point tel que, lorsqu'arriva la poignée de volontaires italiens que commandaient Menotti, Ricciotti, Canzio et Tanara, ils y firent presque figure de soldats prussiens par leur ordre et leur discipline.

Mais Garibaldi était habitué à ce genre de troupes, très adaptées au type de guerre qu'il entendait mener et qui, du reste, était le seul que l'on pût mener. Il ne faut donc pas s'étonner si, même sans vouloir exagérer l'importance de ses succès qui furent modestes et comptèrent peu dans l'ensemble de la campagne, il ait été le seul général à en remporter, du côté français. Dans le domaine du coup de main et de l'embuscade, il valait tous les généraux de l'Empire.

Les Allemands ne réussissaient pas à saisir ces francs-tireurs fantômes qui massacraient leurs patrouilles de uhlans à cheval dans les bois où ils les entraînaient. Par la suite, leurs professeurs de tactique et de stratégie eurent le tort de sous-estimer l'épuisement auquel Garibaldi soumettait les troupes de Moltke et de ne pas suffisamment y réfléchir. Ils auraient pu en tirer des leçons utiles pour la Seconde Guerre mondiale qui devait avoir lieu soixante-dix ans plus tard. Car le Niçois fut le véritable précurseur des maquis — qui, comme on sait, ne remportent jamais de victoires décisives, mais remettent toujours en question celles de l'ennemi.

À Autun, il ne laissa pas échapper l'occasion de commettre une maladresse politique. Ignorant qu'il se trouvait dans une ville cléricale et bonapartiste, il réquisitionna dix-sept couvents et deux séminaires pour loger ses hommes, et il déclara à tous les échos que Napoléon était « le plus stupide des tyrans ». La population de la ville entra en fureur et M. Reyras, un magistrat sévère, écrivit que Garibaldi était un complice de Bismarck et ses hommes : « une bande de vandales, de bandits, de voyous, de misérables, de hyènes en quête de cadavres qui paralysent la défense d'Autun, n'ont en tête que la chasse aux galons, ont coûté en un mois un million deux cent cinquante mille francs et mènent la "dolce vita" (oui, déjà à cette époque !) en prenant part à des trafics louches sur les frontières. »

Il y avait sans doute quelque chose de vrai dans cette description. Cela n'empêche qu'à Châtillon-sur-Seine la 4e Brigade commandée par Riccioiti surprit un gros corps d'infanterie prussien, mit hors de combat 200 hommes, en fit prisonnier 167 parmi lesquels 13 officiers que Garibaldi remit entre les mains des Français en les recommandant à leur générosité. Persuadé d'avoir affaire à un ennemi beaucoup plus nombreux, Werder lança sur lui vingt mille hommes, allégeant ainsi la garnison de Dijon. Et c'est alors que Garibaldi conçut le projet téméraire d'attaquer la ville par surprise. Ses hommes allaient se battre un contre quatre et sans artillerie, mais en compensation ils possédaient un hymne que Garibaldi avait personnellement composé en français et qui disait :

> « Aux armes ! Aux armes ! Aux armes !
> L'étranger veut nous envahir.
> Aux armes ! Aux armes ! Aux armes !
> Nous saurons le punir. »

Ils attaquèrent au cours de la nuit du 25 au 26 novembre et, bien entendu, malgré leur hymne, ils furent repoussés. Mais quand les Prussiens tentèrent à leur tour d'attaquer Autun, ils durent eux aussi se retirer.

L'hiver arriva, et la neige, et Garibaldi fut paralysé dans son lit par une crise d'arthrite. Il occupa son temps à écrire des lettres chez lui. À Francesca, il envoya un médicament pour les deux enfants ; à Teresita, la fille d'Anita, des comptes-rendus de batailles. La résistance française était déjà entrée en agonie. Le dernier espoir du gouvernement républicain résidait dans l'armée réunie en hâte sur la Loire par le général Bourbaki qui à présent marchait sur Dijon. Pour ne pas être encerclés, les Allemands abandonnèrent la ville et Garibaldi reçut la mission de l'occuper et de la défendre tandis que Bourbaki avançait sur Belfort. Mais les Prussiens revinrent aussitôt sur Dijon pour refermer leur tenaille sur la dernière armée française.

Le 21 janvier au matin, le général Manteuffel attaqua la ville de deux côtés et Garibaldi, pour la première fois depuis qu'il était en France, monta à cheval pour diriger le combat en personne. La bataille dura trois jours et fut dure et sanglante. Les meilleurs des garibaldiens y tombèrent : Imbriani, Perla, Cavallotti, Pastoris, Bassi, Gnecca, Settignani, Leonardi, Valdata, Cerruti, Canova, l'ancien général polonais Bossack. On combattit de si près que plusieurs fois on put entendre Garibaldi crier à son artillerie : « Ne tirez pas ! Ne tirez pas ! Ce sont les vôtres ! »

Repoussés, les Prussiens réitérèrent leur tentative le jour suivant, en attaquant le fort de Pouilly, position-clé de la défense, occupée par les brigades que commandaient Ricciotti et Canzio. Par trois fois, ils réussirent à s'y établir et par trois fois ils en furent chassés par d'impétueuses contre-attaques à l'arme blanche. La deuxième fut si violente que la retraite des Prussiens se transforma en une débandade pure et simple et l'un de leurs régiments, le 61° de Poméranie, abandonna son drapeau entre les mains de Ricciotti. Ce fut le seul drapeau que l'armée de Moltke perdit au cours de cette guerre ; il est toujours conservé au musée des Invalides à Paris. Lorsque Bismarck le sut, il fut pris d'une colère noire.

« Il me faut ce Garibaldi, éclata-t-il, je veux le faire promener dans les rues de Berlin avec une pancarte dans le dos où sera écrit : Voici l'ingratitude de l'Italie. »

Mais ses généraux ne réussirent pas à le lui amener. Ils écrasèrent l'armée de Bourbaki qui tenta de se suicider et ne laissèrent pas d'autre issue à la France que la reddition. L'armistice fut signé le 29 janvier, mais il excluait les combattants du Jura et de la Côte-d'Or qui se résumaient au seul Garibaldi, puisque le général Clinchant, qui avait pris la succession de Bourbaki, était en marche vers la Suisse avec les lambeaux de son armée.

Descendu de cheval, Garibaldi conduisit sa troupe à travers les mailles de l'encerclement ennemi, confiant à Menotti le soin de protéger ses arrières. Il ne capitula pas, n'abandonna aux mains des Allemands ni un prisonnier ni un blessé. Le vieux *guérillero* marchait à la tête de ses soldats, s'appuyant douloureusement sur un bâton et caressant dans sa poche une lettre qu'il avait reçue peu de jours auparavant. Elle était de Francesca et disait : « Je suis très malheureuse à cause de Rosa qui depuis ton départ a cherché partout papa en se souvenant très bien de toi. Le 28 novembre, ça a commencé par la coqueluche, la plus forte que je n'aie jamais vue. Pourtant Rosa, si belle et si forte, a réussi à la supporter. Quand je croyais que la coqueluche était complètement guérie a éclaté une fièvre gastrique occasionnée par les vers. Le jour de Noël, j'ai reçu ton télégramme et, le même soir, tout de suite, j'ai pris le sirop dont tu me parlais et je le lui ai donné. Et j'ai fait prévenir en même temps le médecin de la Maddalena. Mais à cause du mauvais temps, il n'a pas pu venir avant quatre ou cinq jours et Rosina a souffert nuit et jour de cette fièvre sans jamais goûter un peu de repos. Tu peux penser combien j'ai souffert de me trouver sur cet écueil isolé par le mauvais temps. Je lui ai administré de la Santonia, de la Carollina, un onguent à l'huile et à la camomille sur sa poitrine, je lui ai fait boire de l'huile d'olive, du bouillon de poule frais tous les jours, je lui ai fait des cataplasmes de farine de lin sur l'estomac pour atténuer un peu l'inflammation, car la fièvre qu'elle avait n'était pas supportable pour une enfant de dix-huit mois huit jours. Le 26, le médecin de la Maddalena est arrivé et m'a prescrit beaucoup de petites choses. Mais il m'a dit tout de suite qu'il serait impossible de la guérir. Je lui ai dit de ne pas regarder à la dépense pourvu qu'il nous rende notre chère Rosa en bonne santé. Il a continué à venir la voir tous les jours, mais c'est tout ce qu'il a pu faire pour notre petite. Le 31 décembre, à huit heures du soir, elle a été prise de convulsions qui ont duré toute la nuit. À minuit, les convulsions ont cessé pendant cinq minutes. Elle a appelé papa et maman et je lui ai donné trois baisers. Puis les convulsions ont recommencé, accompagnées de cette très forte fièvre ardente qui lui a duré jusqu'au Premier de l'an à huit heures du soir. À huit heures précises, elle a été prise d'une quinte de toux et, avec ces fortes convulsions, elle est restée étouffée. Elle a expiré dans mes bras. »

Lorsque cette lettre lui était parvenue, Garibaldi savait déjà la mort de sa petite fille. Le maire de La Maddalena lui avait télégraphié la mauvaise nouvelle en se plaignant de ce que Francesca se fût refusée à lui remettre la dépouille afin de l'enterrer, comme le voulaient les termes du règlement local, dans le cimetière du chef-lieu. La femme s'était retranchée dans sa maison et, à travers les lattes d'une persienne, avait tenu en joue le maire et le fossoyeur avec son fusil. Ils avaient dû battre en retraite. Elle entendait conserver chez elle le cercueil jusqu'au retour de son mari pour l'enterrer avec lui à Caprera. Ainsi fit-elle. Rosa inaugura le petit cimetière Garibaldi où trouvèrent ensuite leur sépulture le héros, Anita, Teresita, Manlio, Francesca et, en dernier lieu, Clelia sans l'autorisation des autorités sanitaires.

À la fin de sa retraite, Garibaldi se trouva élu député par six départements français. L'Assemblée se réunit à Bordeaux et le président lut une lettre du héros qui disait : « Pour remplir un dernier devoir envers la République, je suis venu à Bordeaux où siègent les représentants du pays, mais je renonce à l'honneur qui m'a été fait. »

Lorsque la séance était déjà close, il se leva pour demander la parole. Il portait la chemise rouge, le poncho et, sur la tête, une calotte.

« Chapeau ! » cria un député.

Mais Garibaldi conserva le sien. Cela fut considéré comme un geste de provocation. En fait il y eut des protestations, des invectives et beaucoup quittèrent la salle. Sec, le président, qui était le vieux comte Benoît d'Azy, demanda à l'importun ce qu'il avait à dire, puisque la séance était close.

« Pourquoi close ! cria-t-on des tribunes du public. Parle, Garibaldi ! Parle ! »

Mais, les yeux tournés vers le président, Garibaldi attendait son autorisation.

« Qu'est-ce que c'est que ça ? fit Thiers moqueur.

— Ça, c'est Garibaldi, hurla-t-on des tribunes, et il vaut mieux que vous tous réunis ! »

Garibaldi ne parla pas et, sans doute, ce fut beaucoup mieux. Sa seule apparition avait suffi à créer même en France une ligne de démarcation entre ce qu'aujourd'hui on appellerait le « pays légal » et le « pays réel ». Lorsqu'il sortit dans la rue, la foule l'acclama.

« Ne nous quittez pas ! Ne nous quittez pas ! » hurla-t-on et il croyait être dans une ville italienne.

Mais Garibaldi les quitta pour gagner Marseille où il devait prendre le bateau pour Caprera. La ville, qui l'avait déjà accueilli en triomphe, lui fit des adieux mémorables. Et, trois semaines plus tard, à l'Assemblée de Bordeaux, Victor Hugo se fit le porte-parole du sentiment populaire de la France :

« Personne, dit-il, ne se leva pour défendre cette France qui, tant de fois, avait pris dans ses mains la cause de la civilisation : pas un roi, pas un État. Un homme seul… »

Des bancs de la droite s'élevèrent des hurlements et des injures, mais Hugo continua :

« Parmi tous les généraux qui combattirent pour la France, Garibaldi est le seul qui n'ait pas été vaincu. Il y a trois semaines, vous avez refusé de l'écouter. Aujourd'hui, vous refusez de m'écouter. J'irai parler plus loin. »

Et, en fait, il partit pour un exil volontaire.

En réalité, en l'empêchant de parler, c'est-à-dire de proférer qui sait quelles bourdes, le comte Benoît d'Azy rendit un grand service à Garibaldi. Il finit en beauté. Malgré son esprit embrouillé et confus, il fut supérieur à cette Assemblée dont le chauvinisme mesquin ne fut dépassé que par celui de certains patriotes italiens qui écrivirent que la France n'avait survécu que grâce à Garibaldi et prétendirent reconnaître en lui un stratège plus grand que Moltke.

De Garibaldi jusqu'à Bartali, voilà avec quels matériaux ont été alimentées depuis plus d'un siècle les rancœurs entre la France et l'Italie.

Le long crépuscule

« Que l'on contraigne le plus batailleur des condottieri, le plus infatigable des chevaliers errants à endosser les vêtements de l'apôtre verbeux ou du gazetier polémiste, en somme que l'on transforme l'homme d'action en homme de parole, et l'on trouvera la plus intérieure, la plus véritable raison des contradictions, des erreurs, des défauts qui assombrissent de la façon la plus sinistre la dernière période de la vie de Garibaldi », écrivit Guerzoni. En réalité, personne ne contraignait Garibaldi à se transformer en gazetier sinon sa volonté désespérée de se survivre. Il inondait l'Italie d'articles, de lettres, de proclamations, et chacune de ses interventions provoquait forcément des réactions. Certains de ses amis les plus sûrs se virent eux-mêmes obligés de répliquer avec sévérité à ses mélanges idéologiques, l'un dans *Roma del Popolo* et l'autre dans l'*Unita*.

À Petroni, le héros répondit par une lettre interminable où, aux faits personnels, se mêlent des bribes confuses d'utopie saint-simonienne, de réformisme socialiste, de nationalisme exaspéré et en même temps d'internationalisme pacifique. Tous éléments qui se retrouvent dans le *Testament Politique* qu'il rédigea à la fin de cette même année, pour résumer sa pensée :

« 1) à mes enfants, à mes amis et à tous ceux qui partagent mes idées, je lègue : mon amour pour la liberté et pour la vérité ; ma haine pour le mensonge et les tyrannies.

« 2) le prêtre, au cours des derniers moments de la créature humaine, profitant de l'état d'épuisement où se trouve le moribond et de la confusion qui souvent y succède, s'avance et, mettant en œuvre n'importe quel honteux stratagème, répand avec toute l'imposture où il est passé maître le bruit que le défunt a accompli ses devoirs de catholique en se repentant de ses convictions passées.

En conséquence, je déclare que, me trouvant aujourd'hui en pleine possession de ma raison, je ne veux accepter en aucun cas l'odieux ministère — méprisable et scélérat — d'un prêtre, car je le considère comme l'ennemi atroce du genre humain et de l'Italie en particulier. Et que je crois que c'est seulement en état de folie ou d'ignorance bien crasse qu'un individu peut se confier à un successeur de Torquemada.

« 3) après ma mort, je demande à mes enfants et à mes amis de brûler mon cadavre (je crois avoir le droit d'en disposer, ayant combattu toute ma vie en faveur du droit de l'homme) et de recueillir un peu de mes cendres dans un flacon de cristal qu'ils placeront sous le genévrier (de Phénicie), à gauche du chemin qui descend vers le lavoir.

« 4) j'espère voir s'accomplir la fin de l'unification italienne, mais si un tel bonheur ne m'était pas accordé, je demande à mes concitoyens de considérer les soi-disant « purs républicains », avec leurs exclusives, comme aussi dangereux pour l'Italie que les modérés et les prêtres.

«5) pour mauvais que soit le gouvernement italien, tant que ne se présente pas l'opportunité de le renverser, je crois mieux de s'en tenir au grand concept de Dante : faire l'Italie même avec le diable.

«6) s'adapter toujours à sa propre condition : à savoir que, lorsqu'on ne possède que dix livres, il faut n'en dépenser que neuf, car, si l'on en dépense vingt, la ruine est certaine et, en conséquence, l'on doit se vendre ou se suicider. Une telle maxime est sanctionnée par l'expérience, et il est certain que nous en possédons la preuve dans notre malheureux pays où une moitié de la Nation se vend comme coupe-jarret à l'autre.

«7) lorsqu'il sera possible, c'est-à-dire lorsqu'elle sera maîtresse de son destin, l'Italie doit se proclamer République, sans remettre son sort entre les mains de cinquante médecins différents qui, après l'avoir assourdie de leurs bavardages, la conduiraient à sa ruine. Mais choisir le plus honnête des Italiens et le nommer dictateur temporaire avec les mêmes pouvoirs qu'eurent les Fabius et les Cincinnatus. Le système dictatorial durera tant que la nation italienne ne sera pas plus instruite dans la liberté et que son existence sera menacée par ses puissants voisins. Alors la dictature cédera la place à un gouvernement républicain régulier. »

Le 10 mars 1872, Mazzini mourut à Pise, dans la maison de Pellegrino Rosselli, le gendre de Sarah Nathan.

Après Mentana, il s'était établi à Lugano. De là, il avait effectué de fréquents retours en Italie, particulièrement à Gênes. Il venait muni de faux papiers établis au nom de Brown et d'un chapeau mou tiré sur les yeux afin de ne pas être reconnu ; et, tout au long du trajet qui allait de la gare chez lui, il rencontrait à chaque pas des hommes armés et emmitouflés dans leurs vêtements, sans savoir s'il s'agissait de policiers chargés de le surveiller ou d'adeptes désireux de le protéger. Il n'avait pas cessé de comploter. Il avait essayé d'entraîner Bismarck dans ses complots et le Chancelier de fer s'était amusé de lui pendant quelque temps. Au printemps 1870, il avait confié à un ami le projet de se transporter à Palerme pour y préparer une insurrection républicaine. Pour ne pas changer, l'ami en question était précisément un espion. Et l'Apôtre n'avait pas plus tôt mis le pied en Sicile qu'il était arrêté et conduit à Gaète par les soins de Giacomo Medici — son Medici ! — préfet de la ville.

Ses amis lui envoyèrent des cigares, Cavour des livres (Shakespeare, Byron, Taine) et du papier. Le prisonnier composa alors ses *Lettres au Concile Œcuménique*, en luttant contre une fatigue invincible dont depuis quelque temps il ne parvenait plus à se défaire. À travers les grilles il voyait le ciel et il écrivit un jour : « Les étoiles resplendissent de cette lumière qui n'est visible que parmi nous. Je les aime comme des sœurs. »

On le libéra quelques jours avant la prise de Rome, qu'il qualifia comme « une nouvelle profanation monarchique ». Il était terriblement pauvre et désespérément seul, en pleine polémique avec deux nouveaux astres du firmament politique européen, Marx et Bakou-nine, sans avoir cessé de combattre les conservateurs auxquels il rappelait que ces deux faux prophètes, toutefois, « représentent, déviée, corrompue, déformée en grande partie par votre faute, une idée : la montée providentielle, inévitable des travailleurs. L'humiliation est le fruit que porte nécessairement l'indifférence que les classes moyennes professent pour les réformes sociales ».

Personne ne lui prêtait attention. Les Italiens le trouvaient antipathique, le considéraient comme un étranger né par erreur au milieu d'eux et ils n'avaient pas tort : est effectivement étranger en Italie quiconque possède une conscience morale rigoureuse et une conception tragique de la vie en tant que devoir à assumer et mission à accomplir. Au dernier moment, il le reconnut lui-même :

« Et l'Italie ? L'Italie de mes rêves ? L'Italie que j'ai prêchée ? L'Italie dont j'ai rêvé ? Est-elle seulement un phantasme ? Une parodie ? » Mais sur son lit de mort, il refusa ce doute inspiré par le désespoir et dit aux quelques personnes qui étaient réunies autour de lui : « Aimez activement notre pauvre patrie, elle est appelée à de hautes destinées. »

L'Italie officielle ne remua pas le petit doigt et ne prononça pas un mot à la disparition de cet homme qui avait essayé de doter le *Risorgimento* de ce qui lui avait le plus manqué : le sérieux.

Mais pas même Garibaldi ne trouva un accent d'émotion. Au contraire, alors que le cadavre de Mazzini était encore chaud, il écrivit à une amie de l'Apôtre :

« Très gente dame, il est donc mort avec des remords, votre ange ? J'en suis attristé, car, en dépit du mal que lui-même et surtout ses amis ont fait non pas à moi mais à la cause que nous avons servie ou cru servir ensemble, je ne haïssais pas Mazzini, tolérant par nature comme je suis. Ce que je vais vous dire sera prêcher dans le désert, car lorsqu'une femme a fait un ange d'un homme, il est difficile qu'elle puisse le trouver coupable. Dites-moi pourtant, madame, pourquoi Mazzini a toujours blâmé mon action depuis Milan en 1848 jusqu'en France en 1870 ? En 1848, à Lugano, son chef d'état-major Medici, alors que je proposais de rentrer en territoire lombard, invité à effectuer cette opération par le colonel suisse Luini qui promettait sa coopération, Medici, alors chef d'état-major de Mazzini et son porte-parole naturel, me répondait : "Nous ferons mieux !" Je ne veux pas entrer dans les détails de toutes les contrariétés que j'ai subies de sa part et plus encore de la part de ses amis. À Rome, en 1849. À Gênes en 1854. Pendant les campagnes de 1859 et de 1860, de 1862 et de 1867, madame, où par sa faute et par celle des siens, trois mille jeunes gens désertèrent mes rangs — peut-être les meilleurs — sur les champs de bataille de Monterotondo et de Mentana, sous prétexte d'aller dresser des barricades qu'ils ne dressèrent jamais et de proclamer des républiques qu'ils ne proclamèrent pas davantage. Et pour quelle raison blâmer la plus glorieuse entreprise effectuée par les Italiens dans les temps modernes, celle de France… »

Mazzini mort, restait cependant « la mazzinerie » et ce fut par polémique contre elle que Garibaldi s'attela à une révision générale de ses *Mémoires*, en éliminant ou minimisant tous les épisodes qui témoignaient en faveur de l'Apôtre et jusqu'à sa première rencontre avec lui. Mais bien d'autres chapitres de sa vie disparurent également : ses enthousiasmes saint-simoniens, sa fuite d'Italie, ses aventures sud-américaines. Dans la nouvelle édition, étaient très édulcorées les figures de Rossetti et d'Anzani qui cependant — surtout le second — avaient eu une immense influence sur lui. Et disparurent presque tout à fait la rencontre avec Anita, la bataille de San Antonio, l'épisode du cuisinier rechargeant les fusils pendant le combat du cantonnement ; bref, tout ce qui ne se prêtait pas à l'épopée.

À ces *Mémoires* ainsi revues et corrigées — c'est-à-dire devenues encore plus affligées de lacunes, conventionnelles et hagiographiques que celles des précédentes éditions qui l'étaient déjà suffisamment — il ajouta, précisément le jour de son soixante-cinquième anniversaire, une préface où, entre autres choses, il définissait ainsi sa vie : « Une vie orageuse, faite de bien et de mal, comme je crois que le sont celles de la plupart des gens. Conscience d'avoir cherché toujours le bien pour mes semblables comme pour moi. Et si j'ai fait le mal quelquefois, je suis certain de l'avoir fait involontairement… »

C'est le passage le plus sincère d'un livre qui semble tout entier construit pour servir de piédestal au monument de Garibaldi. Mais ce n'était pas là de la vanité. Garibaldi croyait en toute bonne foi que les livres servaient seulement à cela.

Au début de l'automne, Francesca s'aperçut qu'elle était à nouveau enceinte et, le 23 avril 1873, naquit un garçon qui reçut le nom romain de Manlio. Garibaldi ne se sentait plus de joie — joie où peut-être se mêlait un peu d'orgueil devant cette nouvelle preuve de virilité. À présent, ses autres enfants ne venaient plus que rarement à Caprera et si, au combat, ils lui avaient toujours donné beaucoup de satisfaction, en temps de paix ils lui donnaient tout autant de soucis. À Rome, Menotti s'était lancé dans la construction ; mais il ne s'y entendait pas très bien, avait eu les yeux plus gros que le ventre et risquait à présent d'être emporté par ses dettes. Ricciotti était retourné à Londres et y menait une vie qui remplissait de consternation les amis et les admirateurs de Garibaldi. Certains d'entre eux vinrent même à Caprera pour inciter le héros à rappeler le jeune homme à l'ordre. Mais le héros réagissait en bon père italien : sur le moment, il se montrait attristé par le compte rendu de tant de débauches, puis il finissait par s'en divertir et presque par s'en enorgueillir. Ricciotti avait vendu l'Étoile des Mille, drapeaux, reliques, souvenirs — et jusqu'au sabre de son père. Mais les femmes ne lui résistaient jamais, séduites par son auréole d'aventures et par le nom qu'il portait. Le vieillard finit par lui écrire, mais avec plus d'indulgence que de sévérité. Il savait bien que les chiots de sa première nichée étaient à présent des hommes faits et qu'ils ne reviendraient plus à Caprera que de temps en temps, pour les fêtes, car, de plus, l'accueil que leur réservait Francesca n'était pas très engageant.

Dans ce grand froid qui attriste toute vieillesse, Clelia lui avait déjà fait connaître à nouveau la chaleur des affections paternelles et il allait jusqu'à la laisser dormir dans son lit. Mais elle dut céder ces privilèges à Manlio qui avait le mérite d'être un garçon. Pour lui, papa Garibaldi accepta le plus douloureux et le plus difficile des sacrifices, renoncer au cigare, dès qu'il s'aperçut que le petit n'en supportait pas l'odeur et qu'elle le faisait vomir — chose qui n'a rien d'étonnant puisque les cigares que Garibaldi fumait sans interruption étaient des « toscans ».

Cependant, tout ceci ne l'empêcha pas de persévérer dans son activité épistolaire forcenée où, en même temps que les grands problèmes idéologiques, il abordait les questions pratiques et d'actualité. Il écrivit aux amis de la Société Démocratique de Finale Emilia afin qu'ils se fissent les promoteurs d'un assainissement du Pô qui, jusqu'alors, perdait de temps en temps la tête en rompant ses digues et en inondant les campagnes. « On ne remédie à rien, écrivait-il, avec des moyens privés et des souscriptions. Sinon, le danger passé, nous en serons au même point. Et les crues qui auront lieu de temps à autre feront encore des multitudes de malheureux. » Qui sait ce qu'il dirait si, rouvrant les yeux aujourd'hui, il voyait qu'à près de cent ans de distance, nous en sommes toujours à des souscriptions de secours *après* le sinistre ?

Mais il écrivit également à Bismarck sans savoir que, ce faisant, il marchait sur les brisées de Mazzini : « Prince, vous avez accompli de grandes choses dans le monde. Complétez aujourd'hui votre si brillante carrière en prenant l'initiative d'un arbitrage mondial. L'Allemagne, l'Angleterre, l'Italie, la Suisse peuvent très bien former le noyau autour duquel viendront se rassembler la Suède, le Danemark, la Hollande, la Belgique, la Grèce, puis la France, l'Espagne, la Russie, l'Autriche et l'Amérique. À Genève, siège de l'Arbitrage, chaque État enverra sa délégation. 1° Guerre impossible entre les nations. 2° Chaque différend entre elles sera jugé par l'arbitre mondial. Pour un tel résultat, vous aurez mérité la gratitude universelle. » Bismarck était celui-là même qui, tout juste vingt mois auparavant, voulait faire défiler Garibaldi en cage dans les rues de Berlin. Mais Garibaldi ne s'en souvenait plus. Entre l'une ou l'autre de ces lettres pour le progrès et la paix universelle, il préparait des armes et des munitions pour la libération des terres encore « irrédentes ». Dans chaque pays, à présent, l'industrie lourde avait pris son essor, et, en Allemagne tout particulièrement, elle fournissait des canons de grande portée. Garibaldi faisait fondre le plomb dans un grand chaudron, sur le devant de sa maison : la petite Clelia le versait dans des moules avec une louche, et c'était avec ces projectiles que Garibaldi pensait repartir un jour faire la guerre à l'Autriche, donnant là l'exemple type de cet artisanat militaire dont les Italiens devaient alimenter leur inguérissable rhétorique qui, quelque jour, devait en arriver aux fameux « huit millions de baïonnettes ». Mais de ce côté, les perspectives étaient sombres. Minghetti était revenu au pouvoir, Minghetti, l'homme de la « Convention de septembre », le « traître » de 1867, symbole, écrit Garibaldi, de la réaction clérico-monarchiste. Manlio perça sa première dent et son heureux père lui donna le surnom de « Bel Homme » qui devait toujours lui rester. Mais, comme pendant à ces joies domestiques, il avait également des préoccupations d'ordre financier que Francesca sut sans doute habilement souligner afin de le pousser à accepter la fameuse pension. Pour se soustraire à ce qui lui semblait un déshonneur, Garibaldi vendit le Yacht, cadeau de ses admirateurs anglais. Il en retira huit mille lires. À cette époque et pour un homme frugal comme lui, c'était presque la richesse. Mais, naïf et imprévoyant comme il l'était, il confia la somme — pour qu'il la déposât à Gênes — à son vieux compagnon de combats, Antonio Bo, qui n'arriva jamais à Gênes, préférant s'enfuir en Amérique avec l'argent — fort, à ce qu'il semble, de la complicité de

Ricciotti. Pour le héros, ce fut un coup dur : non seulement pour ses finances mais aussi pour sa confiance dans les hommes et surtout dans ceux qui l'avaient suivi aux combats. Encore une fois, il dut se persuader qu'un héros peut être également un coquin. Il fut contraint de solliciter un prêt à la Banco di Napoli qui le lui accorda, mais non sans prendre une hypothèque sur l'île, hypothèque qui devint dès lors le cauchemar de Garibaldi et plus encore de Francesca. En Italie, les journaux eurent vent de ces difficultés et expédièrent à Caprera des « envoyés spéciaux » pour enquêter. Ceux-ci se répandirent en de pathétiques descriptions du héros *qui chaque matin, s'appuyant sur son bâton et parfois même sur ses béquilles, poussait une charrette chargée de melons dont il tirait en tout et pour tout cinq lires.*
Les journaux reproduisaient les articles de leurs correspondants sous des titres du genre de : *À Caprera on manque de pain ! Garibaldi se trouve dans une misère noire ! Italiens, aidons Garibaldi !* L'impression fut énorme dans tout le pays et les conseillers municipaux de chaque ville se mirent à voter des pensions et des dons au héros jusqu'à ce que le ministre Cantelli soit contraint de leur rappeler que cela était illégal, car « accorder des récompenses nationales était un office d'État ».
Une enquête plus approfondie, effectuée à l'usage du gouvernement, fit toutefois apparaître que les choses étaient en réalité moins dramatiques. En dépit de la présence à Caprera de la famille Armosino au grand complet — ascendants, collatéraux et jusqu'à Felicetta, fruit des premières amours de Francesca —, la production de la ferme suffisait aux besoins du ménage. De plus, Francesca avait ses propres revenus. Elle les retirait de la vente des vins que l'un de ses amis, Vincenzo Gola, passait sur le continent sans frais de port — la compagnie Rubattino effectuant celui-ci gratuitement — et sans verser de taxes. Elle les retirait également du troupeau qu'elle administrait en toute propriété et qui se composait d'une centaine de bovins et de trois cents ovins. Elle avait investi ses revenus — sans rien en dire à

son « cher général » — en villas dans d'Ardenza et en propriétés dans la région d'Asti. C'étaient du reste des précautions légitimes : Francesca n'était pas la femme de Garibaldi, toujours soumis à ses liens matrimoniaux avec Giuseppina Raimondi. Elle devait donc penser à temps à son propre avenir et à celui de ses enfants. Et elle y pensait. Le 27 novembre 1874, la *Gazzetta ufficiale* publia le décret suivant : « Pour attester la reconnaissance de la nation italienne au glorieux concours qu'a prêté le général Garibaldi à la grande œuvre de son unité et de son indépendance, le gouvernement du roi est autorisé à inscrire sur le grand livre de la Dette publique de l'État une rente annuelle de cinquante mille lires en emprunt consolidé 5 pour 100 avec échéance au 1° janvier 1875 en faveur de Giuseppe Garibaldi ; il est également attribué au même une pension viagère annuelle de cinquante mille lires avec même échéance. »

Nous ne savons pas si Francesca dut se battre pour l'amener à accepter ce « Don National », comme on l'appela — ni dans quelle mesure elle dut le faire. Mais, cette fois-ci, Garibaldi résista et repoussa l'offre. « J'en aurais perdu le sommeil, écrivit-il à Menotti, j'aurais senti le froid des menottes sur mes poignets et la chaleur de mon sang dans mes mains : et chaque fois que me seraient parvenues des informations concernant les manigances gouvernementales et les misères publiques, mon visage se serait couvert de honte. Que ce gouvernement se cherche des complices ailleurs. »

Ce fut un geste digne du vrai Garibaldi, d'autant plus admirable que, même si Francesca n'était pas pauvre, lui l'était pour de bon, ou tout au moins croyait l'être. En compensation, peut-être aussi pour adoucir sa compagne parcimonieuse et prévoyante qui n'avait probablement pas du tout apprécié son refus, il avait écrit à Crispi de faire son possible pour lui obtenir son divorce d'avec Giuseppina. « Je serais prêt à me faire protestant, turc même, si cela pouvait me permettre de donner mon nom à mes enfants Manlio et Clelia. » Mais il était persuadé que le roi aurait pu, grâce à un décret, le libérer de ce mariage que, du reste, il n'avait pas consommé. En attendant, pour l'aider, ses amis et admirateurs mirent sur pied une affaire d'édition afin de publier son nouveau livre, *Les Mille*, dont la vente fut garantie par une souscription publique.

Garibaldi toucha onze mille trois cent soixante lires de droits d'auteur et fut un bestseller pour l'époque. Mais les organisateurs lui cachèrent que, sur douze mille six cent quarante bulletins de commande envoyés aux « notables » de toute l'Italie, plus de huit mille n'avaient pas été retournés. L'Italie était plus disposée à s'indigner de la pauvreté du héros et même à s'en émouvoir qu'à y porter remède.

Les Mille étaient — hélas ! — un roman qui commençait ainsi : « O Mille ! En ces temps de misère honteuse — à Dieu ne plaise que nous l'oubliions ! — l'âme se sent soulevée en pensant à vous, tournée vers vous lorsque, fatiguée de contempler des voleurs et de la pourriture, en pensant que vous n'êtes plus tous là — car la plupart d'entre vous ont semé leurs dépouilles sur tous les champs de bataille italiens — que vous n'êtes plus tous là, mais que vous restez encore suffisamment nombreux pour représenter le glorieux bataillon restant — vestige superbe et envié — toujours prêts à prouver à nos détracteurs orgueilleux que tout le monde n'est pas des traîtres et des lâches — que tout le monde n'est pas des prêtres sans pudeur au ventre dans cette terre dominatrice et esclave !… »

Le livre va de divagation en divagation, mélangeant, avec une pauvreté grammaticale et une ponctuation mal assurée chronique, fiction et invective, jusqu'à l'entrée en scène des « perfides », commandés, inutile de le dire, par le monsignor jésuite Corvo qui veut faire sienne Marzia, vierge immaculée. Et, dès lors, histoire et pornographie avancent bras dessus bras dessous dans le grouillement des personnages et le fatras des épisodes jusqu'à la libération de Marzia par un bandit généreux et patriote, Talarico, qui a pour premier lieutenant de sa bande une noble dame romaine qui s'est faite brigand pour échapper aux convoitises des *porporati* de la Curie. Cette dernière découvre en Marzia sa propre fille, fruit d'un viol que lui a fait subir monseigneur Corvo lequel, à cette révélation, devient fou, est enfermé dans un asile et, en voyant passer sous ses fenêtres le cercueil des deux pauvres femmes, trépassées entre-temps d'un choc nerveux, se jette dans le vide.

« Par bonheur, se console l'auteur à défaut de *happy end*, il tombe sans blesser les passants et se fracasse le crâne sur le pavé. »

En 1875, il retourna à Rome.

Le Don National refusé, restait à résoudre le problème financier. Garibaldi avait tout d'abord caressé le projet d'ouvrir à Caprera des carrières de granit. Dans ce projet, il faut voir aussi la main de Menotti qui avait déjà pressenti la Banque d'Italie en vue de la construction d'un nouveau siège grandiose via Nazionale. Une façade en « granit de Caprera » y ferait très bien. Mais le gouvernement opposa son refus à l'ouverture de carrières dans cette île qui était sur le point d'être incorporée dans les fortifications côtières du golfe de la Maddalena. Ce refus ralluma la colère de Garibaldi contre cette « politique de renards » qui dilapidait les richesses du pays en préparatifs de guerre absurdes. « Économie, économie, écrit-il, l'Italie a besoin de travaux pacifiques, non d'armements. »

Et il prit le vapeur pour Civita-Vecchia. Après tout, il était député, puisqu'il avait été réélu au cours des élections de l'année précédente. À Rome, il n'y était plus venu depuis ce fameux 3 juin 1849 où il en était sorti par la porte de San Giovanni à la tête de ses troupes décimées, avec Anita chevauchant à ses côtés. Le froid et l'humidité de l'hiver — on était en février — accrurent son arthrite, et, pendant la traversée, il souffrit les tourments de l'enfer. À Civita-Vecchia, ce ne fut pas une petite affaire de le hisser dans de train ; et ce fut encore pire lorsqu'il s'agit de l'en descendre quand il arriva à la Stazione Termini. Une foule immense — celle-là même qui s'était barricadée chez elle en 1867, lorsqu'il avait fait son apparition à Monterotondo et à Mentana — l'attendait, l'acclama et tira la voiture dans laquelle on l'avait péniblement étendu, jusqu'à l'hôtel Costanzi, via San Nicola da Tolentino, dont on ouvrit en grand le balcon pour lui. Le héros s'y montra pour prononcer le discours le plus court de toute sa vie. En chemise rouge, en poncho, et la calotte sur la tête, il déclara : « Romains, soyez sérieux ! »

Au cours des jours suivants, il se rendit à la Chambre pour prêter serment et reçut ses vieux lieutenants — Medici, Cosenz, Dezza, Türr —, à présent généraux dans l'armée du roi. Ensuite eut lieu sa visite au roi qui l'accueillit avec affection. Garibaldi en profita pour lui demander son intervention afin de trancher le problème de son mariage avec Giuseppina, qui l'empêchait de légitimer ses deux derniers enfants.

« Mon général, répondit le roi, je vous aiderais bien volontiers à légitimer les vôtres, comme j'aimerais le faire pour les miens. Mais les lois sont les mêmes pour tous et je ne peux pas les changer pour l'un ou l'autre. »

Toutefois, ils se quittèrent bons amis. Contrairement à ce que beaucoup avaient craint à la nouvelle de son arrivée, Garibaldi s'abstint de tout geste et de toute parole de provocation ; et même, il se montra docile et conciliant comme il ne l'avait jamais été, accepta volontiers de s'établir avec Francesca, Manlio et Clelia, à la villa Casalina, en dehors de la Porte Pia, et mena l'existence d'un député quelconque, participant à de nombreuses séances de la Chambre sans se laisser aller à ses habituelles ritournelles incendiaires. Un jour, il demanda que le gouvernement se fît le promoteur de l'« abolition absolue des guerres entre les nations » et, un autre, il patronna des établissements considérables destinés à la construction de cuirassés.

La raison de ce conformisme était que Garibaldi avait besoin de l'appui gouvernemental pour lancer le grand projet qu'il mûrissait depuis longtemps et qui aurait résolu tous ses problèmes : celui de gagner un peu d'argent et celui de revenir sur la scène politique en tant que premier grand rôle : l'amélioration de la campagne romaine par la déviation du Tibre au sud de la ville et la construction d'un grand port à Fiumicino. Il en avait déjà le plan dans sa poche — deux plans même, établis par les ingénieurs Molini et Castellani.

Et, par le canal de ses amitiés éparses dans le monde entier, il avait déjà lancé des appels à la moitié de l'Europe pour y mobiliser techniciens et capitaux. Bien entendu, il y avait mêlé une pointe de son éternelle rhétorique, en revendiquant Rome pour la mission universelle de servir de « berceau à l'union des peuples ».

On s'émut. De Londres arriva un certain Wilkinson, derrière qui nous ne savons pas quels groupes financiers se trouvaient. Wilkinson étudia ce projet ambitieux qui prévoyait à Fiumicino l'extension d'un port de deux millions de mètres carrés. Il dit que cent millions seraient nécessaires mais il s'engagea à les trouver en Angleterre si l'État italien garantissait un amortissement en trente ans à un intérêt de cinq pour cent. Garibaldi était enthousiaste : il lui semblait que le port était déjà « à bon port ». Mais l'ingénieur Gerrucci, inspecteur-chef au ministère, déclina la proposition : à Fiumicino, dit-il, on ne pouvait rien construire à cause des fonds qui n'étaient pas sûrs.

Garibaldi laissa Wilkinson perdre la partie sans même lui expliquer les raisons de son échec et il confia l'établissement d'un nouveau plan à Landi. Wilkinson remit un moratoire de 800 livres sterling, mais nous ne savons pas s'il n'a jamais été payé. Landi rédigea un projet plus modeste qui prévoyait une dépense totale de soixante millions de lires seulement, et qui fut présenté devant le parlement avec l'approbation du chef du gouvernement, Minghetti. Il fut approuvé aussi bien par la Chambre que par le Sénat et Garibaldi crut à nouveau que le port était à bon port. Mais pour y parvenir, il fallait trouver les soixante millions dans le budget.

En attendant la somme, Garibaldi eut recours au tribunal en vue de l'annulation de son mariage avec Giuseppina. Ses avocats étaient très en vue, puisqu'il s'agissait de Mancini et de Crispi. Et ils avaient de solides arguments. Ils soutenaient que le mariage n'avait jamais été valable puisque contracté par Giuseppina sans le consentement de son tuteur, comme le prescrivait la loi concernant les enfants adultérins. En second lieu, le mariage n'avait jamais été consommé. Et enfin, l'épouse se trouvait dans les conditions prévues par l'art. 58 du Code civil autrichien alors en vigueur dans la région, c'est-à-dire qu'elle était enceinte « par la main » (c'est ainsi que s'exprimait ledit code !) d'un autre.

Ainsi, entre un parlement et un tribunal qui firent traîner les choses en ajournements et en renvois, passèrent tout mai, tout juin, tout juillet et Rome s'abima dans son été subtropical et Garibaldi dans son arthrite éternelle que le sirocco aggravait. Il était fatigué jusqu'à la nausée de ces aller-retour « de commissions qui nomment des sous-commissions », et il confia à quelques amis qu'il soupçonnait qu'on essayait de le mener en bateau.

À ces préoccupations, étaient venues s'en ajouter d'autres, d'ordre domestique. D'Athènes, où Speranza l'avait amenée pour l'instruire, Anita avait écrit à son père une lettre désespérée dans laquelle elle racontait que Speranza la frappait, la tenait enfermée chez elle, l'empêchait de parler à qui que ce fût, et même de correspondre avec son père. C'était si vrai, ajouta-t-elle, qu'elle lui écrivait en cachette, en comptant sur la complaisance d'un menuisier qui travaillait dans la cour, au-dessous, pour poster sa lettre. Il s'agissait là sans doute de grossiers mensonges, mais Francesca fit semblant de les prendre au sérieux. Elle avait toujours été jalouse de Speranza qui continuait à venir de temps en temps à Caprera ; elle la soupçonnait de vouloir l'éloigner de son « cher général », en se servant d'Anita, et elle insinuait qu'elle maltraitait l'enfant pour se venger du père qui n'avait pas voulu l'épouser. Garibaldi ne crut certainement pas cette histoire puérile et absurde. Mais, étant donné que la jeune fille ne voulait pas rester avec sa bienfaitrice, il envoya Menotti la chercher à Athènes.

Anita revint avec son demi-frère. Elle avait à présent seize ans et il paraît qu'elle était plutôt avenante, mais rebelle et sauvage comme Battistina sa mère. Son père l'accueillit avec brutalité et la garda à Frascati où ils s'étaient tous transportés afin de fuir la chaleur, et où elle tomba amoureuse d'Antonio, le frère de Francesca, qui lui aussi, était venu à Rome.

Peu après, la famille rentra à Caprera pour y terminer les vacances. Et là, Anita fut frappée d'une insolation qui, en quelques heures, se transforma en méningite et la tua. Son père n'avait jamais nourri aucune tendresse à son égard, il en éprouva du remords et l'exprima dans une espèce de lettre à la pauvre défunte qui fut enterrée auprès de Rosa.

Mais une nouvelle arriva pour le consoler : le projet de Fiumicino avait attiré l'attention d'un financier de réputation internationale, Luigi Schanzer, et deux grosses sociétés de Paris étaient en train de mobiliser les quatre plus grandes banques d'Europe : Rothschild, Hope, Baring, Torlonia.

Garibaldi décida de repartir à Rome.

À Rome, un événement très important avait eu lieu en cette année 1876 : la droite avait dû céder le gouvernement à un cabinet de gauche présidé par Agostino Depretis. L'Italie bien-pensante et modérée retenait son souffle : à ses yeux, la gauche ne pouvait être que l'antichambre des barricades et de la révolution. Mais Garibaldi se réjouit énormément de cet événement faste, et il accepta de la part de la gauche ce qu'il avait refusé de la part de la droite : le Don National. Francesca ne fut certainement pas étrangère à cette décision. Toutefois, il s'en sentit humilié comme d'une abdication — et dans un certain sens c'en était une —, et pour se la faire pardonner, il déclara à ses amis qu'il avait accepté cet argent afin de « concourir pour le bien de Rome à la diffusion des travaux du Tibre ». Mais il procéda immédiatement à la répartition des cinquante mille lires de rente annuelle : vingt mille devaient aller à Menotti pour le sauver de la faillite, cinq mille à Ricciotti qui, entre-temps s'était établi en Australie, quatre mille à Teresita, deux mille à Francesca, deux mille à Clelia, deux mille à Manlio, dix mille à une société d'assurances en faveur de ses deux derniers enfants qui, lorsqu'ils auraient accompli leur vingt et unième année, toucheraient cent mille lires. Pour lui-même, il ne conserva que cinq mille lires qui allèrent naturellement arrondir les économies de Francesca lorsqu'elles ne servirent pas à payer les dettes de Ricciotti.

Le Tibre demeura pourtant là où il était. Une à une, les grandes banques se retirèrent de l'affaire de Fiumicino qui n'a jamais porté chance à personne. Mais le pire pour Garibaldi fut que le gouvernement demeura lui aussi où il était, c'est-à-dire là où la droite l'avait laissé. Une fois installé dans son fauteuil ministériel, Depretis et compagnie ne furent plus guère discernables des Minghetti qui les avaient précédés, les grandes réformes qu'ils avaient préconisées lorsqu'ils étaient sur les bancs de l'opposition s'échouèrent sur les sables de l'immobilisme et Garibaldi recommença à parler de cette « politique de cochons et de renards » et de la nécessité d'une dictature. À ceux qui lui objectaient qu'une dictature aurait tué la liberté, il répliquait qu'il ne fallait pas confondre un dictateur avec un tyran. Il suffisait de choisir un homme honnête et de lui donner les pleins pouvoirs pendant une période de deux ans seulement, comme cela se faisait dans la Rome Antique. Il ne disait pas que cet honnête homme s'appelait Garibaldi. Mais il le pensait.

Et comme personne ne semblait partager son opinion, il retourna à Caprera.

Le dernier devoir

En 1878, Victor-Emmanuel mourut. Des quatre Pères de la Patrie, Garibaldi resta le seul survivant. Amis et admirateurs continuaient à venir en pèlerinage à Caprera, mais ils y trouvaient un homme fatigué et distrait qui ne se rappelait que par moment être le héros des Deux Mondes. La politique elle-même ne l'intéressait plus que médiocrement et il n'y intervenait que rarement par des lettres à ses amis ou des articles de journaux afin de répéter toujours la même chose : que, chez les hommes de gouvernement, c'était à qui gouvernerait le plus mal, qu'il fallait bannir la guerre, que pour éduquer les Italiens à la liberté, un dictateur était nécessaire, etc. En réalité, la seule préoccupation qui le hantait était l'annulation de son mariage. Il avait peur de mourir et que ses enfants restassent « les enfants de la domestique » comme on disait dans toutes les paroisses et tous les salons d'Italie ; et il inondait de lettres Mancini et Crispi pour qu'ils protestassent contre les lenteurs du tribunal qui ne se décidait jamais à prononcer un verdict.

L'année précédente, il avait fait une donation fiduciaire de Caprera à son ami Giuseppe Guarnieri de manière à empêcher que l'île allât à Giuseppina. En cas d'annulation du mariage, Guarnieri devait la lui restituer. Et, une fois n'est pas coutume, il avait bien choisi son homme. Il avait pris d'autres précautions pour lui-même en chargeant le docteur G. B. Prandina des dispositions suivantes : « Sur le chemin qui conduit de la maison vers le nord, à une distance d'environ trois cents pas sur la gauche, se trouve une dépression de terrain limitée par un mur. Dans ce coin, on formera un tas de bois de deux mètres avec des morceaux d'acacia, de lentisque, de myrrhe et autres arbres aromatiques ; sur ce tas, on posera un petit lit de fer et sur celui-ci le cercueil découvert avec, à l'intérieur, les restes de la chemise rouge. Une poignée de ces cendres sera conservée dans une urne quelconque et placée dans la tombe de mes filles Rosa et Anita. »

Au printemps 1879, il décida à l'improviste de retourner à Rome, en dépit de la saison encore froide et pluvieuse, de l'avis des médecins et des supplications de Menotti. Il était de bonne humeur, semblait ragaillardi. Il s'embarqua en compagnie de Francesca, Clelia et Manlio sur le *Sardegna* que Rubattino lui envoya tout exprès. La tempête faisait rage, mais Garibaldi voulut gouverner lui-même le navire. « Il avait les jambes engourdies par le froid, raconte un excellent témoin, Mme Parodi, il était voûté, son visage émacié et ses mains tellement percluses qu'il ne pouvait pas même porter la droite jusqu'à son béret pour saluer. » Et pourtant, ainsi arrangé, il dirigea bien le bateau tout en caquetant joyeusement avec les matelots.

Ce qui le rendait euphorique, c'était la nouvelle de preuves recueillies par Achille Fazzari contre Giuseppina Raimondi. Fazzari était allé à Côme discuter avec le marquis Pietro Rocelli, l'auteur présumé de la fameuse lettre anonyme ; puis, grâce à un certain Camporini, il s'était mis en contact avec Stella Arrighi, ancienne femme de chambre chez les Raimondi. Cette dernière raconta que Giuseppina avait avorté entre août et septembre 1860 dans une villa située près de Geronico, avec l'assistance du docteur Bulgheroni et de la sage-femme Panighetti, morts tous deux. De plus, un certain Giuseppe Sanvittore, ancien courrier chez les Raimondi, se déclara prêt à témoigner que « Caroli avait l'habitude de se rendre à Milan presque toutes les nuits vers onze heures, auprès de Mlle Giuseppina qui l'attendait dans une chambre de la tour de sa villa, chambre qu'elle avait pris soin de faire chauffer et dans laquelle elle conservait son dîner préparé. Les billets de Caroli parvenaient secrètement à Mlle Giuseppina grâce aux domestiques qui les lui glissaient dans sa serviette. Mlle Giuseppina avait reçu un de ces billets le jour même de son mariage avec le général. »

Ce dossier en main, Fazzari tenta d'amener Giuseppina à reconnaître sa grossesse à l'époque de ses noces. Mais elle refusa à nouveau, car le fait restait à prouver puisque les deux personnes qui pouvaient en témoigner, le médecin et la sage-femme, étaient mortes. En échange, Giuseppina se déclara disposée à déclarer qu'« elle n'avait jamais eu de contact avec Garibaldi, et qu'elle n'avait jamais passé ne fût-ce qu'une heure avec lui dans le même lit. » Et son tuteur, l'avocat Gatti, rédigea pour elle l'attestation suivante :

« La soussignée, bien qu'elle considère qu'elle aurait pu se défendre des accusations élevées contre elle par le général Garibaldi dans son acte de citation par lequel il demande au Tribunal de Rome l'annulation du mariage qu'il a contracté avec elle, s'abstiendra cependant de le faire. Et ceci tant parce qu'une telle annulation répond à son propre désir que parce qu'en agissant ainsi elle sait apaiser l'âme d'un homme auquel les Italiens doivent tant de reconnaissance. »

Avec ces documents qui prouvaient la non-consommation du mariage, Garibaldi se sentait sûr du verdict que Crispi et Mancini croyaient imminent. Dans cette attente, Medici vint lui dire que le nouveau roi, Humbert, allait venir lui rendre visite, ici, dans la maison de Menotti où il s'était installé, via Vittoria. Garibaldi fut ému par cette attention et, quelques jours plus tard, il rendit cette visite en allant au Quirinal. Le jeune roi l'attendit en *tight* et le chef découvert, dans la cour, avec Medici ; il ne voulut pas qu'il se levât du *coupé* dans lequel il gisait étendu, car il vit que cela lui eût coûté un effort trop considérable ; et il s'entretint aimablement avec lui.

Toutefois, cela n'empêcha pas le vieux Héros d'accepter la présidence de la Ligue de la démocratie qui rassemblait tous les antimonarchistes, radicaux, unitaires, fédéralistes, républicains évolutionnistes et républicains insurrectionnalistes. Mais sa décision ne fut pas dirigée contre le roi ; il la prit pour donner du dépit à la « mazzinerie » qui voulait s'emparer de cette association. Pour finir, le 6 juillet, le tribunal se prononça : la demande d'annulation était repoussée, la femme légitime de Garibaldi restait Giuseppina Raimondi.

De retour à Caprera, furieux, Garibaldi fit pleuvoir sur l'Italie des lettres de protestation contre « ce nœud inique » qui faisait véritablement de ce verdict la honte de nos lois et de notre magistrature. Tout comme il avait demandé son intervention à Victor-Emmanuel, à présent, il demandait la sienne à Humbert, mais il en obtint le même refus et il ne pouvait en être autrement, bien qu'il ne le comprît pas et s'en irritât. Il s'adressa alors à Benedetto Cairoli, son cher Benedetto, qui à présent était à la tête du gouvernement à la place de Depretis. Mais lui non plus ne put rien faire. Alors, on ne sait si c'est au cours d'une crise de désespoir ou dans un sursaut de fourberie (l'un des très rares de sa vie, si même il en eût), il annonça publiquement qu'il allait écrire à son ami Victor Hugo pour que celui-ci lui obtînt la citoyenneté française grâce à son origine niçoise.

Cette information déchaîna la presse italienne. On obligeait le plus héroïque des Italiens, le plus italien des héros, à devenir Français ! Du coup, « le lien inique » devint une question nationale ; et la magistrature, elle aussi, avec l'habileté qui l'a toujours distinguée à adapter les rigueurs de la loi aux nécessités politiques, se prépara à la révision de la sentence en cours d'appel. Le subtil Pasquale Stanislao Mancini lui en fournit le prétexte en dénichant dans le code autrichien, toujours en vigueur lorsque Garibaldi se maria, un article qui prévoyait la nullité du mariage « contracté et non consommé ». Il avait fallu de nombreuses années pour faire dire non au tribunal. Quelques semaines suffirent pour faire dire oui à la cour d'appel.

Le 14 janvier 1880, le mariage avec Giuseppina Raimondi fut déclaré nul et le 26, le maire de la Maddalena, vint à Caprera, ceint de son écharpe tricolore, pour y célébrer celui entre Giuseppe Garibaldi, « agriculteur », et Francesca Armosino, « ménagère ». Témoins : Fazzari, Frusciante, Sgarallino et Variani. Autour des deux époux, s'étaient réunis pour fêter l'événement Menotti avec sa femme Italia

Bidischini, Teresita avec son mari Stefano Canzio, les parents de Francesca, ses frères Antonio, Giacomo et Pietro, sa sœur Lina avec son mari Vincenzo Bianchi, Clelia et Manlio qui à présent avait sept ans. Couché dans sa petite voiture, d'où désormais il ne se levait que rarement, Garibaldi était content, il s'émut et pleura. À une heure, tout le monde était à table. On mangea de l'agneau au four, à l'exception de l'époux qui n'avala que des lentilles. Après le repas, accompagnée au piano par une nièce de Canzio, Teresita chanta quelques romances. Puis tout le monde invita à grand bruit le nouveau marié à en faire autant et il y condescendit en entonnant :

> « O pêcheur de l'onde, venez pêcher ici,
> La belle est sur la barque et la barque s'en va. »

La presse italienne parla de l'événement et publia des articles récapitulatifs peu courtois à l'égard de Giuseppina. Celle-ci, qui était sur le point d'épouser Ludovico Mancini, déclara pour la énième fois qu'elle n'avait jamais été enceinte ; et son avocat ressortit une lettre adressée à elle par son cousin Rovelli le 13 juin, qui disait :

« Chère et distinguée madame, je vous écris à la hâte et dans un état d'émotion fébrile. Si je ne me trompe, la Providence me fera peut-être obtenir de vous une entrevue que je désire autant que la vie de mes enfants. Je vous en prie et je vous en conjure à chaudes larmes, acceptez de me parler après vingt ans. Je fus et je reste le meilleur, le plus sincère ami de toute la famille Raimondi. Ce sont d'infâmes circonstances qui ont pu me faire croire coupable de vos malheurs ; je suis innocent. Un jour, vous serez la première à me faire justice et j'espère que me seront rendues l'estime et l'affection de toute votre noble famille. Mais ce n'est pas de moi que je dois vous parler, ce n'est pas moi que je dois défendre. Vous imiterez la première femme de Napoléon Ier. Vous serez une héroïne. L'Italie et le monde entier vous décerneront des couronnes. Vous devez sauver Garibaldi d'un malheur prochain. Coûte que coûte, cet homme a une idée fixe, celle

de ne pouvoir légitimer les enfants de sa faiblesse ; il en perdra peut-être l'esprit ; sur ce que vous avez de plus sacré au monde, sauvez-le, écoutez-moi, un jour vous bénirez cette entrevue que m'inspire mon cœur. Je fais appel à votre grand cœur, faites contrainte à votre esprit si vous me désapprouvez, écoutez-moi, écoutez-moi. Je vous ouvrirai tout mon cœur, vous saurez la vérité tout entière. Vous ne savez rien des grands secrets, vous les connaîtrez. »
Mais les grands secrets ne furent pas révélés et ils attendent encore de l'être.

Ses anxiétés domestiques et financières apaisées, Garibaldi avait repris son activité épistolaire et journalistique en ouvrant une polémique avec l'âme de feu Mazzini et en proposant un nouveau grand projet fluvial. Après l'avoir en vain tenté pour le Tibre, il voulait à présent dévier le Pô pour le faire passer à Milan. En vieillissant, la manie lui était venue de détourner le lit des fleuves. L'arthrite le clouait à sa petite voiture en lui donnant des souffrances quelquefois atroces. Il ne cédait pas à ses douleurs physiques, mais il était devenu émotif et il se mettait à pleurer pour un rien. La seule chose dont il se plaignait, à présent qu'il devait rester enfermé chez lui, était de ne pas voir la mer à cause d'un rocher qui était en face de sa fenêtre. À son insu, Francesca le fit niveler par des terrassiers, et, pour son soixante-treizième anniversaire, elle lui prépara cette belle surprise. Voici le récit que, bien des années plus tard, elle fit elle-même de cette scène à Ugo Ojetti :
« … J'ai fait venir de Livourne un lit en fer à moustiquaire et une belle lampe et des chaises neuves et un fauteuil. J'ai fait venir aussi des pots de gardénias, la fleur qu'il aimait le plus. Pendant ce temps, les pêcheurs de la Maddalena avaient fondé une musique. Ils sont montés ici me demander l'autorisation de nommer Manlio leur président et de leur faire cadeau d'un drapeau. Je pouvais coudre les trois couleurs mais pas l'écusson qui était trop difficile. Avec les trois couleurs pour la musique, j'ai cousu beaucoup d'autres bannières pour

décorer la nouvelle chambre. Et ce fut le 4 juillet. "Maintenant tu me laisses faire", j'ai dit à mon mari. Et je l'ai habillé, et je l'ai arrangé, et je l'ai placé dans sa petite voiture. Moi seule, bien entendu, avec mes bras. J'étais forte, à ce moment-là. Et depuis le moment où nous nous sommes connus, personne n'a jamais touché à mon mari. Moi seule je le levais, je le changeais, je le mettais dans son bain, je le portais dans sa petite voiture. Je l'ai amené par-derrière, en tirant la petite voiture et en regardant son contentement. Nous avons traversé la salle à manger, puis l'autre pièce. J'ai ouvert avec une poussée de l'épaule la porte de la nouvelle chambre qui était toute pleine de soleil, bien entendu, on était en juillet et les fenêtres étaient grandes ouvertes. Pendant un moment, il en a eu le souffle coupé. Il regardait le lit, les fenêtres, la porte, la lampe, les bannières, les gardénias fleuris. Alors, au signal de Manlio, la musique de la Maddalena, qui était dehors, sous le pin, a entonné l'hymne. Mon mari s'est mis à pleurer, à pleurer, et il m'embrassait les mains, et il me tirait vers en bas pour m'embrasser la figure et puis il embrassait les enfants et recommençait à pleurer. Il répétait : "Remerciez votre Maman, remerciez votre Maman." Pendant un quart d'heure, je n'ai pas réussi à le calmer… »
Le remerciement qui aurait fait le plus de plaisir à Francesca aurait été qu'il la conduisit à San Damiano d'Asti afin qu'elle s'y montrât à ses « pays » au bras de son cher général. Il devait entrer dans ce désir pas mal d'envie de se venger des cancans qui avaient dû la prendre pour cible lorsqu'elle était restée enceinte sans mari.

Et à présent, voilà qu'elle avait pour mari l'homme le plus important d'Italie.

L'occasion se présenta en septembre, lorsqu'arriva un télégramme de Gênes annonçant l'arrestation de Canzio qui avait agité une bannière où il était écrit : « Cercle Républicain ». En protestation, Garibaldi envoya sa démission de député et se fit conduire sur le premier bateau en partance pour le continent. C'était le *Forte*, un remorqueur démantibulé qui, à vide, vint le prendre à Caprera. On dut le hisser à bord dans sa petite voiture, mais l'incident, au lieu de l'abattre, l'avait ragaillardi. Sur le remorqueur se trouvaient sept rescapés des « Soixante » avec lesquels il passa son temps à évoquer « ces jours-là ». Comme toujours, il était accompagné de Francesca, Clelia et Manlio.

À Gênes, on lui réserva un accueil enthousiaste et il déclara qu'il était encore prêt à se faire transporter dans un caisson sur le champ de bataille. Pour le moment, il se contenta de se faire porter jusqu'à la prison de Sant'Andrea pour embrasser Stefano qui fut relâché quelques jours plus tard. Puis, le 23 octobre, il poursuivit en direction de San Damiano où Francesca obtint la revanche désirée. Ils eurent droit à des fêtes, des discours et des tournées. Seul le curé se tint à l'écart, et même, dans un sermon qu'il fit du haut de sa chaire, il mit en garde son troupeau contre le danger d'être détourné du droit chemin par « certaines personnes ».

Mais maintenant qu'il se trouvait dans les parages, Milan voulut également profiter un peu de Garibaldi et l'invita à participer à la commémoration de Mentana et à l'inauguration de l'inévitable monument.

Son entrée dans la capitale lombarde fut un spectacle pathétique. Entre deux haies d'une foule chez qui l'enthousiasme céda tout de suite la place à la compassion, le Héros passa étendu sur un lit traîné à pas lents par une voiture, la barbe blanche, le visage cireux, les mains déformées cachées dans un foulard, la tête couverte d'une calotte or et argent, le corps tout entier enveloppé dans un manteau pontifical.

« Par Saint-Ambroise ! » murmura-t-on.

Tout le monde voulut lui rendre visite. Vint également Guerzoni qui lui dit qu'il était en train d'écrire une vie de Garibaldi. Le Héros fronça le sourcil dans une moue de défiance.

« Je vous remercie, lui dit-il, vous en êtes capable. Mais que de choses difficiles à comprendre ! Par exemple, savez-vous qui fit déserter nos

gens à Monterotondo, la veille de Mentana ? Ce furent les mazziniens ! »

Parler le fatiguait, car sa langue se tordait dans sa bouche. Guerzoni aurait voulu lui répondre qu'il se trompait, que ce n'était là qu'une idée fixe, mais il comprit que c'était inutile. En prenant congé, il allait lui donner la main, mais le Héros le prévint.

« Je ne peux vous donner la main, lui dit-il. Embrassez-moi. »

Guerzoni s'inclina sur ce visage de cire. Et ce fut la dernière fois qu'ils se virent.

Mais, pas même après son retour à Caprera, il ne capitula. Et il n'y eut pas d'événement politique de quelque importance où il ne se sentît tenu d'intervenir. Celui qui provoqua le plus sa colère fut l'annexion de la Tunisie par la France. Il se remit à abreuver de lettres les journaux : « Laver le drapeau italien traîné dans la boue à Marseille et déchirer le traité avec le bey de Tunis : c'est seulement à ce prix que les Italiens pourront recommencer à fraterniser avec les Français de l'Occident à l'Orient, nos voisins doivent comprendre qu'il est fini, le temps où notre Beau Pays n'était bon que pour leurs villégiatures. Et si ces c.... ont peur, les Italiens ne sont pas disposés à tolérer des outrages. » En réalité la France avait offert la Tunisie à l'Italie qui l'avait refusée. La querelle n'avait pas de sens et seule l'éloquence nationaliste finit par lui en donner un.

À en croire celle de chez nous, ce n'était pas la France qui, en 1859, avait fait l'Italie en se rangeant aux côtés du Piémont contre l'Autriche, mais c'était l'Italie qui, en 1870, avait sauvé la France, avec Garibaldi, à Dijon. La participation à ces fureurs patriotiques semblait ragaillardir le Héros. Autour de lui, plus jeunes que lui, mouraient ses vieux compagnons et ses fidèles : Malenchini, le chef des volontaires de Livourne ; La Masa, le don Juan vaniteux et bravache ; Pepoli ; Arese ; le docteur Zanetti qui avait extrait de son pied la balle d'Aspromonte. Mais il continuait à regarder devant lui et, peut-être, caressait-il secrètement l'espoir absurde de se faire vraiment porter dans un caisson sur un dernier champ de bataille.

À l'approche de l'hiver, les médecins lui conseillèrent un climat plus doux. Mais Garibaldi ne voulait rien savoir. Chaque matin, Manlio poussait sa petite voiture jusqu'au bord de la mer et le vieillard lui racontait, en se répétant à l'infini, ses aventures du Rio Grande et de la Mer de la Plata. Un jour, les roues s'engagèrent dans une descente trop raide, l'infirme tomba, sa tête cogna sur les cailloux et il perdit connaissance. Il revint à lui presque tout de suite mais une bronchite se déclara. Sa forte constitution résista mais Menotti accourut de Rome et le circonvint avec une proposition alléchante : sa participation au sixième centenaire des Vêpres Siciliennes de 1282 qui devait être la réponse la plus conforme au style rhétorique des Italiens à l'occupation française de la Tunisie.

En fait, le promoteur en était Crispi, francophobe jusqu'à la racine des cheveux. L'échéance était encore lointaine : la cérémonie aurait lieu au printemps. Mais Garibaldi irait l'attendre au Pausilippe, dans la villa Salsa que son propriétaire anglais, Mac Lean, mettait à sa disposition.

Le 20 janvier, l'*Esploratore* vint prendre le Héros à Caprera et son lit fut hissé à bord avec une grue. Le lendemain, le navire jeta l'ancre devant la villa au milieu d'une myriade de petites barques pleines à en chavirer de gens en liesse. Pour Garibaldi, il était triste de retourner là-bas dans cet état, après vingt-deux ans. Les Napolitains ne le reconnurent pas et beaucoup dirent que ce n'était pas Garibaldi. Le comte Giusso, le maire, recommanda à la population d'épargner au Héros « l'excitation causée par les visites et les rencontres qui, bien que très chères à son cœur, frapperaient trop gravement sa constitution ». Une fois n'est pas coutume : la population se montra disciplinée et, même, elle créa autour de la demeure de Garibaldi une zone de silence.

Ce fut un séjour calme. Tous les matins, le vieillard se faisait porter sur la grande terrasse. Donna Francesca (car à présent on l'appelait ainsi) l'abritait du soleil, Clelia et Manlio lui tenaient compagnie. Il contemplait la mer, Ischia, Procida, et le soleil et le repos lui redonnaient de la vigueur. Le 19 mars, jour de la Saint-Joseph, la rade devant la villa se remplit d'embarcations pavoisées d'où partit une acclamation comme il n'en part que du cœur de Naples. Avec une peine infinie, Garibaldi parvint à lever la main pour remercier.

Avec la santé, lui était revenue au corps sa furie polémique contre la France. Le 9 avril, il écrivit à Léo Taxil une lettre tout bonnement injurieuse que publia le lendemain *Il Piccolo*, de De Zerbi : « … Vos fameux généraux qui se sont laissé enfermer par les Prussiens dans des wagons à bestiaux et conduire en Allemagne après avoir abandonné à l'ennemi un demi-million d'héroïques soldats, font aujourd'hui les fiers-à-bras contre les populations faibles et innocentes de la Tunisie. » Et, à un ministre en fonction venu le trouver, il déclara : si le gouvernement italien devait reconnaître le traité du Bardo (qui sanctionnait l'annexion de la Tunisie par la France), « je me ferais pousser ici, à la Riviera di Chiaia ou à Toledo, et je cracherais au visage des gardiens de la paix et des sentinelles de l'armée jusqu'à ce que l'un d'eux me tue d'un coup de baïonnette. »

S'il tenait de pareils discours à Naples, qui sait ce qu'il allait dire à Palerme pour la commémoration des Vêpres ! pensait Depretis avec effroi. Par le canal du préfet Sanseverino, qui venait chaque jour rendre visite au Héros en compagnie de quelques médecins, il tenta de lui déconseiller le voyage. Peine perdue. Garibaldi était décidé et, le 24, il partit, non par mer, mais par le train, contre l'avis de tout le monde, afin de parcourir à l'envers son triomphal itinéraire calabrais de 1860. Il n'y avait qu'un seul remède et Depretis l'utilisa : il fit circuler dans toute la Sicile le bruit que Garibaldi était à l'extrême limite de ses forces et que, afin de ne pas le fatiguer, il fallait lui épargner jusqu'aux applaudissements. En fait, à Palerme, une foule immense

l'accueillit en silence, comme une dépouille funèbre, et c'est en silence qu'elle l'escorta jusqu'à la villa de la Colonelle qui lui était destinée. Et sans doute fût-ce pour réagir contre ce rôle de défunt qu'il lança aux Palermitains une violente proclamation. Mais au lieu de s'en prendre à la France, il s'en prenait cette fois au pape, qui n'avait à vrai dire pas grand-chose à voir avec les Vêpres : « Le soutien de toutes les tyrannies, le corrupteur des hommes qui, campant sur la rive droite du Tibre, lâche ses chiens noirs afin de fausser le suffrage universel, après s'être préparé à vendre l'Italie pour la centième fois. » Ce voyage avait été désastreux pour sa santé, si bien qu'il ne put pas sortir de la villa pendant deux semaines. C'est seulement à la fin de son séjour qu'on put le promener un peu. Il vit la petite église de Santo Spirito où, six cents ans auparavant, avait commencé le massacre des Français qui avaient osé porter la main sur une femme et, les yeux voilés de larmes, il alla contempler la hauteur de Gibilrossa sur laquelle il avait dit à Bixio : « Nino, demain à Palerme ! », et où à présent on allait dresser un monument à l'inauguration duquel il ne pourrait pas assister. Le 16 avril, le *Colombo* le ramena à Caprera. Aux Palermitains qui voulaient le retenir, il déclara qu'il devait rentrer, car il avait « un dernier devoir à accomplir ».
Il ne lui restait que quarante-quatre jours.

Une poignée de cendres

Le 1° juin, le docteur Cappelleti, médecin à bord du *Cariddi* ancré dans les eaux de la Maddalena, fut appelé d'urgence au chevet de Garibaldi qui respirait avec peine. Un catarrhe bronchiteux lui obstruait les bronches. Cappelleti ne se fit pas connaître en tant que médecin, car Garibaldi n'en voulait pas autour de lui ; mais, après avoir jeté un coup d'œil sur lui, il dit à Francescà et à Menotti qui veillaient le malade que le cas était grave et qu'il fallait appeler d'urgence le docteur Albanese de Palerme. Un télégramme lui fut envoyé mais, avant qu'il arrivât à destination, l'infirme fut frappé de paralysie du pharynx. Il demanda une plume et, d'une main tremblante, il écrivit un codicille au testament qu'il avait déjà rédigé :

« Mon fils Menotti, subrogé tuteur de mes enfants, conservera sur mes biens une autorité égale à celle de Manlio, même une fois sa tutelle caduque, mais non cependant les héritiers de Menotti. »

En plus d'Albanese, on avait averti les Canzio et Ricciotti. Mais aucun d'eux n'arriva à temps. Râlant, ne pouvant pas même avaler une goutte d'eau, mais conservant sa pleine connaissance, le Héros passa la nuit et presque toute la journée du lendemain. Il regardait la mer par la fenêtre, cadeau de Francesca. Sur l'appui, il vit deux fauvettes et murmura : « Ce sont peut-être les âmes de nos petites filles. » À un certain moment, il se toucha le front de sa main, dit : « Je transpire », et demanda où était Manlio et quelle heure il était. C'était six heures vingt du soir, mais il ne l'entendit sans doute pas. L'obscurité et le silence étaient descendus sur lui. Plus tard, Francesca assura que ses dernières paroles avaient été :

« Je meurs avec douleur de ne pas voir Trente et Trieste rendues à l'Italie. »

En un clin d'œil la nouvelle fut apportée par le télégraphe au-delà de la mer et gouvernement, parlement, provinces et communes se battirent à qui lui décernerait le plus de statues, de plaques, de noms d'avenues et de places. Un torrent de discours se déversa sur l'Italie, une marée de drapeaux en berne la submergea. On rêva d'un mausolée sur le Janicule ou au Capitole, ou tout bonnement au Panthéon, après un cortège funèbre traversant toute la mer Tyrrhénienne, escorté par la flotte au grand complet, les princes de sang à son bord. Mais, entre-temps, on avait ouvert le testament à Caprera et celui était formel. L'art. 12 réglait ainsi les funérailles : « Mon cadavre sera brûlé avec du bois de Caprera dans ledit site que j'ai indiqué par un poteau de fer, et un peu de mes cendres sera enfermé dans une urne de granit et placé dans la tombe de mes petites filles sous l'acacia. Ma dépouille sera revêtue de la chemise rouge, la tête dans le cercueil ou le petit lit de fer appuyé au mur vers le nord, le visage découvert, les pieds dirigés vers le poteau. Les pieds du cercueil ou du petit lit de fer seront assurés par de petites chaines de fer, comme ma tête. Ni le maire, ni qui que ce soit, ne participera à ma mort tant que la crémation ne sera pas accomplie. »

Une violente polémique éclata dans les journaux et, pour la première fois, on vit les modérés se ranger du côté de Garibaldi pour demander que ses volontés fussent respectées, tandis que les radicaux réclamaient à grand bruit des funérailles nationales et une magnifique sépulture à Rome. Même Crispi intervint : à Caprera, déclara-t-il n'existe rien permettant de procéder à une crémation, et on court le risque que les cendres du Héros restent mélangées à celles du bois. « À Rome ! À Rome ! » criait-on de toute part.

Un conseil de famille se réunit autour de la dépouille : Francesca, Menotti, Canzio, Teresita, Albanese, Crispi, Alberto Mario, Fazzari. Seuls Fazzari et Francesca furent pour l'application à la lettre des désirs du défunt. Les autres se prononcèrent pour l'embaumement « afin de ne pas blesser les sentiments religieux du peuple », mais ils furent divisés sur le lieu de la sépulture, tandis que le cadavre commençait à se décomposer et que le ton de la querelle montait dans la presse. Finalement, on se décida pour Caprera et la cérémonie fut fixée au 8 juin. Elle fut moins solennelle que prévu. En même temps que plusieurs ministres, y participèrent les présidents de la Chambre et du Sénat, un petit groupe de rescapés, les représentants d'environ trois cents associations avec leurs bannières respectives parmi lesquelles se dressait celle des Mille.

Il y avait des détachements de troupe avec leur fanfare. Et, dans la rade de la Maddalena, le *Cariddi* et le *Washington* saluèrent par des salves de leurs canons le cercueil qui, à trois heures quarante de l'après-midi, fut transporté à bras dans le petit cimetière de famille. Mais la plus grande partie des gens était restée à bord des bateaux de transport, épouvantés par le temps qui se gâtait. Et parmi eux se trouvaient plusieurs Excellences et même une Altesse, le duc Thomas de Savoie.

À cinq heures, du reste, l'orage s'abattit sur l'île et mit brutalement un terme aux funérailles en dispersant le cortège. Cinq cents personnes restèrent toute la nuit et toute la journée du 9 bloquées à Caprera, entassées dans la maison du Héros, dans ses resserres, dans ses étables. Des nouvelles alarmantes circulaient parmi eux au sujet d'émeutes qui auraient éclaté sur le continent. Mais il ne s'était rien passé de grave, en dehors de quelques manifestations contre les prêtres, quelques accrochages avec les carabiniers et un certain nombre de vols. Au Capitole, au cours de l'inauguration d'un buste de Garibaldi, l'honorable Bovio avait déclaré :

« Qui s'est éteint ? Une population, un royaume ? Non. César, Tommaso, Dante ? Non. Celui qui vient de s'éteindre était le verbe, l'énergie de la souveraineté de la nation. À présent, le sens du monde est cendres. »

C'est ainsi, avec le viatique de cette éloquence, que Garibaldi entra tout de suite dans la légende et y perdit toute mesure humaine.

L'exaltation dont il fut l'objet rendit à cet homme — qui avait tout ce qu'il fallait pour devenir le héros le plus populaire et le plus cordial du *Risorgimento* — le très mauvais service de le transformer en un personnage mythique et pratiquement inconnu. Le culte de la personnalité trouva en lui sa première incarnation nationale chez nous, et toute tentative pour lui redonner ses proportions véritables fut considérée comme une impiété. Il a fallu un siècle et une défaite salutaire pour le débarrasser de certains harnais et ramener hommes et choses sous un jour plus vrai.

La fascination magique qu'exerça Garibaldi sur les foules italiennes était peut-être due plus à ses défauts qu'à ses qualités. Il avait une conception « chromo » de l'histoire et c'est à des « chromos » qu'il réduisit les chapitres où il lui arriva de jouer un rôle. C'était un homme simple, généreux, courageux et honnête. Mais il n'était certainement pas le démiurge que les gens voient en lui. En ce qui concerne les affaires italiennes et tout particulièrement militaires, elles ont toujours eu quelque chose qui les a fait ressembler à des histoires de « bandes dessinées », c'est-à-dire un aspect improvisé, théâtral, bravache et embrouillé qu'elles auraient également eu sans doute même sans lui. Mais Garibaldi leur donna son aval et un blason. Les volontaires, les « intrépides », les « marcheurs » sur Fiume et sur Rome, sont tous ses fils. Et des fils qui ne possédaient ni sa candeur ni son désintéressement le furent aussi, lors de la dernière guerre, les Graziani et les Bergonzoli. La rhétorique insupportable et néfaste des « huit millions de baïonnettes » et de l'« infanterie reine des batailles » prit naissance dans son répertoire. Et son exemple provoqua la tentation italienne latente et inguérissable de la « poigne », de la « main de fer » dont lui-même avait prêché l'urgence dans une grande confusion d'instances démocratiques et autoritaires. L'« ici, il nous faut un homme », c'est Garibaldi qui l'inventa, qui a été tant bien que mal certainement le meilleur de tous les hommes, mais qui malheureusement a ouvert la voie à tous les autres. Qu'il ait importé en Italie des coutumes politiques et militaires sud-américaines ou qu'il n'ait fait que les réveiller, il est difficile de le dire. Pourtant on peut affirmer avec certitude qu'il n'eut pas beaucoup l'occasion de soupçonner qu'il existait de substantielles différences entre l'Italie et l'Amérique du Sud.

Il faudrait être aveugle pour ne pas voir que le *Risorgimento* se serait fait même sans Garibaldi, quoiqu'avec certaines modifications d'horaire. Mais il ne fait aucun doute qu'il lui apporta un souffle populaire que ni le Piémont avec son armée et sa diplomatie ni Mazzini avec son aristocratique rigueur idéologique n'auraient jamais pu faire naître. Il est vrai que dans les rangs des garibaldiens, il y eut toujours peu de gens « du peuple ». Mais il y en eut beaucoup pour l'acclamer. Et si la lutte pour l'unité nationale finit par prendre un sens même aux oreilles et pour l'esprit des masses italiennes déshéritées, ce fut entièrement grâce à Garibaldi, le représentant le plus caractéristique et le plus pittoresque d'un certain folklore italien, le « masque » le plus naturellement conforme aux goûts de la foule.

Au milieu de ce besoin désespéré de héros qu'avait l'Italie du xix° siècle, il est juste qu'il ait occupé le devant de la scène et le piédestal le plus élevé.